Themen und Probleme der Geschichte

Arbeits- und Quellenhefte für die Kollegstufe

Jüdisches Leben in christlicher Umwelt

Ein historischer Längsschnitt

Herausgegeben und bearbeitet
von Wolfgang Borchardt
und Reinhardt Möldner

So ist es vielleicht nicht verwunderlich, daß gerade aus dem Kreise der natürlichen Träger eines deutsch-jüdischen Geschichtsdenkens zuweilen ein Widerstreben oder gar die Weigerung auftaucht, mit der Vergangenheit konfrontiert zu werden, dem natürlichen Triebe des Erinnern Raum zu geben; aber es wird dabei übersehen, daß der Wunsch, die Vergangenheit der Vergessenheit anheim fallen zu lassen, bedeutet: endgültig Ja zu sagen zu dem nazistischen Werk der Vernichtung und Ausrottung. Erst mit dem Ausstreichen der deutschen Judenheit aus dem Buch der Geschichte wäre die Zerstörung vollkommen.
(aus: Max Kreutzberger, Zur Geschichte der Juden in Deutschland im 19. und 20. Jahrhundert, Jerusalem Academic Press, Jerusalem, 1971, S. 106)

Abkürzungen:
M   Textmaterialien (Primär- und Sekundärquellen)
K   Karte
B   Bild

Redaktion: Gerhard Weber
Herstellung: Julia Walch, Bad Soden

Bildquellen: aus: Anschläge. Politische Plakate in Deutschland von 1900–1970: S. 140, 144, 145, 148, 154 – Bibliothek der Universität von Amsterdam: S. 73 – aus: W. Bienert, Martin Luther und die Juden: S. 66 – British Library, London: S. 11 – aus: T.N. Gidal, Die Juden in Deutschland von der Römerzeit bis zur Weimarer Republik: S. 34, 49, 51, 83, 84, 97, 100, 114, 133 – Landesmuseum Braunschweig: S. 110 – aus: G. Liebe, Das Judentum in der deutschen Vergangenheit: S. 41, 79 – Reinhardt Möldner, Alfeld: S. 139 – Oberhausmuseum, Passau: S. 37 – Stadtarchiv Worms: S. 48 – Universitätsbibliothek Heidelberg: S. 25
Karten: Klaus Becker, Frankfurt
Umschlagentwurf: Atelier Kirst/Böttcher, Frankfurt/M.
Umschlagbild: Chanukka-Leuchter aus Eisenblech (19. Jahrhundert), Synagoge in Hornburg; heute im Braunschweigischen Landesmuseum.

1. Auflage 1991
Alle Drucke dieser Auflage können, weil untereinander unverändert, im Unterricht nebeneinander verwendet werden.
© 1991 Cornelsen Verlag Hirschgraben, Frankfurt am Main
Das Werk und seine Teile sind urheberrechtlich geschützt. Jede Verwertung in anderen als den gesetzlich zugelassenen Fällen bedarf deshalb der vorherigen schriftlichen Einwilligung des Verlages.
Satz: Robert Hurler, Notzingen
Druck: Saladruck, Berlin
ISBN 3-464-64804-4
Vertrieb: Cornelsen Verlagsgesellschaft, Bielefeld
Bestellnummer 648044

VORWORT

Die Geschichte des Zusammenlebens von Juden und Christen in Deutschland und den Nachbarländern ist in den letzten Jahren wieder verstärkt in den Blickpunkt des Interesses nicht nur der Geschichtswissenschaft, sondern auch des Geschichtsunterrichts getreten. Den Ausgangspunkt bildete dabei neben der Auseinandersetzung mit der jüdischen Religion vor allem die Frage nach den Wurzeln der Shoah (Holocaust).

Die Aufarbeitung der Geschichte der Juden in Deutschland und des Zusammenlebens von Juden und Christen setzt ein umfassendes Geschichtsverständnis voraus. In dieser Geschichte verbinden sich Elemente der Sozial- und Wirtschaftsgeschichte, der politischen und Geistesgeschichte, der Kulturgeschichte und der Religionsentwicklung zu einer unlösbaren Einheit. Dem versucht die vorliegende Auswahl von Quellen und Materialien Rechnung zu tragen. Die grundlegende Zielsetzung der Autoren bestand darin, ein Arbeitsbuch zu konzipieren, in dem Materialien für einen historischen Längsschnitt zusammengestellt sind. Diese Arbeitsmaterialien sollten nach Umfang und Schwierigkeitsgrad so bemessen sein, daß sie insbesondere für den lehrergesteuerten Fachunterricht in der Sekundarstufe II einsetzbar sind, sich aber auch zum Selbststudium eignen. Im Blickfeld war dabei vor allem der Geschichtsunterricht; es war aber auch das Ziel, Möglichkeiten zur Entwicklung eines fächerübergreifenden Unterrichts zu schaffen.

Anders als in den meisten vorliegenden Quellensammlungen und Gesamtdarstellungen, die für die Unterrichtsvorbereitung bedeutsam sein können, wird mit diesem Arbeitsbuch keine zeitliche oder thematische Eingrenzung der Themenstellung vorgenommen. Vor allem wird die Geschichte des Zusammenlebens von Juden und Nichtjuden nicht begrenzt auf die Geschichte der Judenfeindschaft bzw. des Antisemitismus. Das heißt, Geschichte soll nicht nur aus der Perspektive der Shoah betrachtet werden. In den meisten vorliegenden Quelleneditionen wird die Geschichte der Juden in Deutschland als relativ ungebrochene, folgerichtige Entwicklung bis zur nationalsozialistischen Politik der Judenvernichtung dargestellt. Dabei verschwinden viele Aspekte eines friedlichen Miteinanders und einer gegenseitigen fruchtbaren kulturellen Durchdringung aus dem Blickfeld. Gleichzeitig wird die Aufarbeitung der innerjüdischen Diskussion zu Problemen des Zusammenlebens von Juden und Nichtjuden in Deutschland vernachlässigt. Mit der vorliegenden Quellensammlung soll durch die verstärkte Einbeziehung von Materialien aus der innerjüdischen Diskussion diese Dimension der Geschichte deutlicher akzentuiert werden. Damit wird auch der gerade bei diesem Thema wichtige Perspektivenwechsel ermöglicht.

Bei der fachwissenschaftlichen Auswahl der Quellen wurde zum einen auf bereits vorliegende, themenbezogene Quelleneditionen bzw. solche Sammlungen, die früher erschienen sind und heute mehrheitlich vergriffen sind, zurückgegriffen. So sind z. B. im Umfeld jüdischer Historiker des Kaiserreichs und der Weimarer Republik eine Reihe von Quellensammlungen veröffentlicht worden, die zum Teil zentrale Texte enthalten. Diese Sammlungen wurden ausgewertet und heutigen Ansprüchen der Edition angepaßt. Auch lokal- und regionalgeschichtliche Untersuchungen, in denen anschauliche Materialien für die neuere Zeit abgedruckt sind, wurden eingearbeitet.

Zum anderen haben aber auch besonders geeignete Texte aus der Sekundärliteratur (z. B. Äußerungen von jüdischen und nichtjüdischen Historikern) Eingang in die Materialsammlung gefunden. Ergänzt wurden diese primär- und sekundärwissenschaftlichen Materialien durch häufig weitgehend unbekannte literarische Materialien wie Romanauszüge und Gedichte sowie umfangreiches Bildmaterial. Eigens für diesen Band entwickelte Karten sollen die historische und geographische Einordnung der vorgestellten Materialien erleichtern und vertiefen.

Mit dem vorliegenden Arbeitsbuch wird versucht, einen großen historischen Bogen von den ersten Zeugnissen jüdischen Lebens im Mitteleuropa des spätantiken Römerreiches bis in unsere heutigen Tage nachzuzeichnen. Im Rahmen der thematischen Schwerpunktsetzungen wurden solche Themenfelder bewußt knapper behandelt, die an anderen Stellen leicht zugänglich sind. Dies gilt insbesondere für das Thema „Israel" im historischen wie aktuell politischen Sinne, in abgeschwächter Weise aber auch für die Politik der Judenverfolgung und -vernichtung des Nationalsozialismus.

Die Autoren hoffen, mit dieser Quellen- und Materialsammlung, die auch eine Fülle schwer zugänglicher Texte wieder einer größeren Öffentlichkeit erschließt, Lehrern und Schülern eine Hilfe für die Aufarbeitung der Geschichte des Zusammenlebens von Juden und Christen in Deutschland und – punktuell auch – seinen Nachbarländern zu geben. Die Auseinandersetzung mit dieser Geschichte kann sicherlich auch – über das engere Thema hinaus – einen Beitrag zur Erklärung von Vorurteilen und Feindbildern, Rassismus und Ausländerfeindlichkeit heute leisten.

INHALT

A. **Judentum in Mitteleuropa in der Spätantike und dem frühen Mittelalter** 5
1. Spätantikes christliches Römerreich 5
1.1 Anfänge des jüdischen Lebens in Mitteleuropa 6
1.2 Verhältnis von Christen und Juden im spätantiken Römerreich 7
2. **Jüdisches Leben im Frankenreich zwischen dem 6. und 11. Jahrhundert** ... 8
2.1 Soziale Aspekte 9
2.2 Rechtliche Aspekte 12
2.3 Religiöse Aspekte 14

B. **Die Kreuzzüge als säkulare Wende** ... 16
1. Berichte von Pogromen 16
1.1 Zum Ersten Kreuzzug 16
1.2 Zum Zweiten und zu den weiteren Kreuzzügen 19
2. Folgen für das Innenleben der jüdischen Gemeinden 21
2.1 Religiöses Leben 22
2.2 Weltliches Leben 23
2.3 Literarisches Leben 24
3. Die Wende im christlich-jüdischen Zusammenleben 26

C. **Entrechtung, Ausgrenzung und Verfolgung im Mittelalter** 29
1. Judenfeindschaft der Kirche 31
1.1 Blutbeschuldigung und Ritualmordvorwurf 32
1.2 Hostienschändung 37
1.3 Zwangstaufen und Zwangspredigten, Religionsdisputationen u. Talmudverbrennungen 39
2. Judenfeindschaft der weltlichen Macht .. 43
2.1 Wirtschaftstätigkeit 43
2.2 Kleiderordnung und Judenfleck 47
2.3 Judenrecht 49
2.4 Judensteuern/Schutzgelder 50
2.5 Verpfändung der Juden 52
3. Die Pest von 1348 bis 1350: Die Juden als Sündenböcke 53
4. Die Vertreibung der Juden 56
4.1 Beispiele aus Deutschland 57
4.2 Beispiele aus anderen Ländern 60

D. **Christlich-jüdisches Verhältnis im Zeitalter der Reformation und des Absolutismus** 65
1. Die Reformation und die Juden 65
2. Jüdisches Leben im 16.–18. Jahrhundert . 69
2.1 Grundlagen 70
2.2 Entwicklung des innerjüdischen Lebens ... 71
2.3 Juden in Brandenburg-Preußen 74
3. Leben im Ghetto 77
3.1 Ghettoisierung 77
3.2 Verfolgungen im Ghetto 78
4. Jüdische Hoffaktoren 82

E. **Das Zeitalter der Emanzipation** 88
1. Das Toleranzgebot der Aufklärung 88
2. Toleranzedikte 93
3. Der Kampf um die Emanzipation und Assimilation 99
3.1 Fortschritte und Rückschläge bei der Emanzipation 100
3.2 Ergebnisse und Bewertungen 102
3.3 Reformjudentum und Orthodoxie 104
3.4 Wissenschaft vom Judentum und das jüdische Erziehungswesen 109
4. Die Situation der jüdischen Bevölkerung in Deutschland in der zweiten Hälfte des 19. Jahrhunderts 111
5. Die völkisch-nationale Judenfeindschaft und der Antisemitismus 116
5.1 Positionen und Folgen völkisch-nationaler Judenfeindschaft 117
5.2 Erscheinungsbild des Antisemitismus 122
5.3 Folgen und Schlußfolgerungen des Antisemitismus 127
6. Die Antwort der Juden auf die völkisch-nationale Judenfeindschaft und den Antisemitismus 129
6.1 Abwehr des Antisemitismus 131
6.2 Jüdischer Nationalismus und Zionismus .. 133

F. **Das Judentum im 20. Jahrhundert** 137
1. Juden in Deutschland während des Ersten Weltkriegs und der Weimarer Republik ... 137
1.1 Deutsche Juden und der Erste Weltkrieg .. 138
1.2 Jüdisches Leben in der Weimarer Republik 140
1.3 Ostjuden in Deutschland 145
1.4 Antisemitismus und Judenfeindschaft in Deutschland vor 1933 146
2. Juden unter nationalsozialistischer Herrschaft 151
2.1 Vom Boykott zum Pogrom (1933–1938) .. 153
2.2 Novemberpogrome und die Folgezeit (1938–1942) 163
2.3 Shoah (Holocaust) 169
3. Der Kampf um die Gründung des Staates Israel 178
4. Jüdisches Leben in Deutschland nach der Shoah 182
4.1 Die Situation in der unmittelbaren Nachkriegszeit 183
4.2 Die jüdische Gemeinschaft in der BRD und der DDR 184

G. **Anhang** 190
1. Der jüdische Kalender 190
2. Glossar 190
3. Zum jüdischen Leben in Deutschland heute 192
4. Karten 196

A. Judentum in Mitteleuropa in der Spätantike und dem frühen Mittelalter

1. Spätantikes christliches Römerreich

Bereits lange vor der Entstehung des Christentums lebten Juden in Gemeinden zusammengeschlossen im Römischen Reich. Nicht nur in der Hauptstadt Rom, sondern auch in wohl allen Provinzen lebten Juden als eine Glaubensgemeinschaft unter anderen. Einen großen Zuwachs erhielten viele dieser frühen Gemeinden als Folge der jüdischen Aufstände gegen die römische Herrschaft in Palästina in den Jahren 66 bis 73 und 132 bis 135: jüdische Sklaven wurden nach Rom und in alle Provinzen verschleppt. Viele von ihnen wurden später von Glaubensgenossen freigekauft und blieben als freie Bürger in ihren neuen Wohnsitzen.

Auch in Mitteleuropa lassen sich die Anfänge des jüdischen Lebens auf die Zeit der römischen Besetzung zurückführen (vgl. K 1, S. 196). Vor allem am Rhein und an der Donau lebten nachweislich Juden in den römischen Städten. Ihre Herkunft läßt sich nicht exakt nachweisen. Alten Berichten aus jüdischen Gemeinden zufolge sollen bereits vor der Zeitwende Juden in verschiedenen Städten Mitteleuropas gelebt haben. Es gibt aber keine historischen Belege, die diese These beweisen oder widerlegen. Den ersten gesicherten Nachweis für die Existenz einer jüdischen Gemeinde in Deutschland bildet eine Verordnung des Kaisers Konstantin die Juden Kölns betreffend aus dem Jahre 321 (vgl. M 2). Aus dieser Quelle ergibt sich aber auch der Hinweis darauf, daß schon früher Juden in Köln gelebt haben müssen.

Der fortschreitende Zerfall des römischen Imperiums, spätestens seit dem dritten Jahrhundert, brachte zunächst keine entscheidenden Veränderungen für das Leben der Juden mit sich. Viele waren im Besitz des römischen Bürgerrechts und lebten kulturell integriert, vor allem in den großen Städten. Erst die Entwicklung des Christentums von einer kleinen jüdischen Sekte zur Staatsreligion im Laufe des vierten Jahrhunderts begann diese Situation zu verändern. War das Christentum im Römischen Reich zunächst noch blutig verfolgt worden, so entwickelte sich im vierten Jahrhundert eine Tendenz zur zunehmenden Tolerierung des christlichen Glaubens. Den Höhepunkt dieser Entwicklung bildete das Mailänder Edikt aus dem Jahre 313, in dem die römischen Kaiser Konstantin und Licinius das Christentum als gleichberechtigte Religion anerkannten. Immer stärker wurden in der Folgezeit nichtchristliche Kulte zurückgedrängt, bis schließlich 392 von Theodosius I. ein Verbot der „heidnischen Kulte" erfolgte, nachdem im Jahr zuvor das Christentum Staatsreligion geworden war.

Die wachsende Ausdehnung des Christentums und der zunehmende Einfluß seiner Vertreter auf die spätrömischen Herrscher wirkte sich nur langsam nachteilig für die Juden aus. Zwar wurden erste Verordnungen erlassen, die auf eine deutliche Trennung von Christen und Juden hinzielten (vgl. M 5), aber erst mit der Entwicklung zur Staatsreligion entstanden nachdrückliche Bestrebungen zur Herstellung der religiösen Einheit im Reich, von denen auch die jüdische Gemeinschaft immer stärker betroffen war. Dennoch lebten in dieser Zeit Juden und Christen friedlich zusammen. Auch die vorhandenen rechtlichen Beschränkungen (vgl. M 7 und M 8), deren praktische Wirksamkeit schwer einzuschätzen ist, sowie die judenfeindlichen Äußerungen einiger Kirchenväter beeinträchtigten dieses Bild nicht wesentlich.

1.1 Anfänge des jüdischen Lebens in Mitteleuropa

M 1 Zur Bedeutung der Geschichte in der jüdischen Religion

Von ihren ersten Anfängen an hat die israelitische Religion ihren Gott als einen Gott der Geschichte betrachtet. Sie führt ihre Entstehung auf einen Bundesschluß zwischen JHWH und Israel zurück, und dieser Bund bewährt sich von seiten Israels in der Erfüllung des göttlichen Gebotes, von seiten seines Gottes in der Fürsorge für sein Volk. Das geschichtliche Leben des Volkes war so die Stätte, an der es seines Gottes inne wurde. Diese geschichtliche Konzeption wurde in der Religion der Propheten zu weltgeschichtlicher Höhe gesteigert. Die dem israelischen Staate von den Weltmächten des Vorderen Orients drohende Vernichtung wurde, wie bereits erwähnt, als Strafgericht seines eigenen Gottes gedeutet, der sich der Weltmächte als seiner Werkzeuge bediente. Er wurde zum Weltengotte, indem er zum Gott der Weltgeschichte wurde. Von hier aus spannte sich der Blick in die Zukunft wie in die Vergangenheit. Unmittelbar lag in dem Bewußtsein der Propheten die Richtung auf die Zukunft. Der Untergang des Volkes, den sie androhten, war nicht ein Letztes, sondern ihm folgte die Erneuerung, die eine neue Gemeinschaft zwischen Gott und Israel und damit ein neues Heil brachte. Das Heil dieser Zukunft aber blieb nicht auf Israel beschränkt, es vollendete sich in dem Gottesreich, an dem alle Völker Anteil hatten. Die religiöse Zukunftshoffnung schafft so eine die ganze Völkerwelt umspannende Einheit des Zieles, auf das alle Geschichte gerichtet ist. Die religiöse Geschichtsbetrachtung aber greift zugleich in die Vergangenheit zurück und faßt die verschiedenartigsten überlieferten Elemente zur Einheit eines Geschichtsbildes zusammen. Die Geschichte Israels und die Stammessagen von seinen Vorfahren werden mit den mythischen Stoffen von der Entstehung der Welt und der Menschen und den Schicksalen der ersten Menschengeschlechter zu einem Geschichtsbilde verbunden, das nach einem einheitlichen göttlichen Plan gestaltet ist. So ergibt sich ein religiöses Geschichtsbild, das Vergangenheit und Zukunft zu einem großen Ganzen zusammenschaut, eine religiöse Weltansicht, die ganz auf dieses einmalige Werden der Geschichte bezogen ist. In dem geschichtlichen Werden und nicht in dem gleichförmigen Sein der Natur liegt die eigentliche Offenbarung des göttlichen Willens, die Erfüllung und Befriedigung aller religiösen Sehnsucht.
(J. Guttmann, Die Philosophie des Judentums [1933]. ND Wiesbaden: Fourier 1985, S. 19)

M 2 Verordnungen Kaiser Konstantins über die Juden Kölns (321/331)

Die beiden Verordnungen entstammen dem Codex Theodosianus (vgl. M 4) und stellen die nachweislich älteste Erwähnung der Juden in Deutschland dar:

§ 3. Den Decurionen [Stadtverwaltern] in Köln. – Allen Behörden erlauben wir durch allgemeines Gesetz, die Juden zur Kurie [Rathaus, städtische Amtsgeschäfte] zu berufen. Damit ihnen aber eine Entschädigung für den früheren Brauch [ihre Befreiung von jeder Amtstätigkeit] verbleibt, so wollen wir jeweils zweien oder dreien das Vorrecht gewähren, durch keinerlei Berufungen in Anspruch genommen zu werden.
§ 4. Den Rabbinen, Archisynagogen [Synagogenvorstehern], Synagogenvätern [Synagogenältesten], sowie den übrigen, welche an demselben Ort [Köln] ein Amt bekleiden. – Wir verordnen, daß die Rabbinen, Archisynagogen, Synagogenväter, sowie die übrigen, welche in den Synagogen ein Amt bekleiden, von jeder persönlichen Leistung frei sein sollen.
(J. Höxter, Quellenbuch zur jüdischen Geschichte und Literatur, Bd. III. Morascha, Zürich 1983, S. 3)

M 3 Zu den Anfängen jüdischen Lebens in Deutschland

Wie alt und wie zähe das Band ist, das Band zwischen Juden und Deutschen, zwischen Deutschland und den Juden, das die Ereignisse der letzten sechs Jahre mit äußerster Gewalt zerrissen haben, das spiegelt der Satz: „Die Juden sind eigentlich viel länger in Deutschland als die Deutschen." Dieser Satz ist eine Übertreibung, aber er gewinnt vollkommene Richtigkeit, wenn man von deutschen Städten spricht. Denn zu einer Zeit, als die germanischen Stämme noch ausschließlich in Einzelgehöften siedelten, bildeten sich auf deutschem Gebiete Städte im Anschluß an die römischen Kastelle, und in diesen Siedlungen, in Köln und in Trier, in Mainz und Metz und Worms und Regensburg, haben bereits Juden gewohnt, haben dort gelebt, als Händler, als Handwerker, als Bauern, als Weinbauern, haben gelebt als durchaus geachtete Bürger mit den anderen.
(J. Bab, Leben und Tod des deutschen Judentums [1939]. Berlin: Argon 1988, S. 11 f.)

Arbeitshinweise

1 Klären Sie anhand des Textes von Julius Guttmann (M 1) den Zusammenhang von Geschichte und Religion für Juden.

2 Ermitteln Sie Julius Babs zentrale These (M 3) und nehmen Sie zu ihr Stellung. Beziehen Sie dabei M 2 mit ein.

3 Informieren Sie sich in einschlägiger Literatur (z. B. Handbücher zur deutschen bzw. europäischen Geschichte) über die Zulässigkeit von Babs Gleichsetzung von Deutschen und Germanen, und überdenken Sie Ihr Urteil von Aufgabe 2 nochmals.

1.2 Verhältnis von Christen und Juden im spätantiken Römerreich

M 4 Dekret Kaiser Konstantins (315 n. Chr.)
Aus dem Codex Theodosianus, einer unter Kaiser Theodosius 438 abgeschlossenen Sammlung von Gesetzen und Verordnungen, die seit Konstantin erlassen wurden.
Den Judäern, ihren Obersten und Patriarchen bedeuten wir: sollte nach Veröffentlichung dieses Gesetzes jemand wagen, sich an demjenigen, der ihre schädliche Sekte verlassen und sich zum Kulte Gottes [des christlichen] bekehrt hat, mit Steinen oder in irgendeiner anderen Weise zu vergreifen, wie es heute unseres Wissens zu geschehen pflegt, so wird er den Flammen übergeben und mitsamt seinen Helfershelfern verbrannt werden. Sollte sich aber jemand aus dem Volke ihrer gottlosen Sekte anschließen oder ihren Zusammenkünften beitreten, so wird er zusammen mit ihnen [die ihn bekehrt haben] der verdienten Strafe verfallen.
(J. Höxter, Quellenbuch zur jüdischen Geschichte und Literatur [1927ff.], Bd. I. Zürich: Morascha 1983, S. 110)

M 5 Beschluß der Synode von Laodicea (350)
Auf einer der Provinzialsynoden der frühen Kirche, die sich nach dem ersten ökumenischen Konzil von Nicäa (325) einbürgerten, wurde der folgende Beschluß gefaßt.
Daß die Christen nicht judaisieren und am Sabbat nicht müßig sein[1], sondern an diesem Tage arbeiten sollen; den Tag des Herrn aber sollen sie besonders ehren und wenn möglich an demselben nicht arbeiten als Christen. Werden sie aber als Judaisten erfunden, so sollen sie von Christus ausgeschlossen sein.
(Carl Joseph von Hefele, Conciliengeschichte. Freiburg: Herder ²1873, S. 767)

1 Wie aus Gal. 4, 10 und Kol. 2, 16 hervorgeht, haben einige christliche Gemeinden noch lange den Sabbat gepflegt und die jüdischen Ritualgesetze eingehalten.

M 6 Edikt des Kaisers Theodosius I. von 388
Kein Jude darf eine christliche Frau zur Ehe nehmen und kein Christ sich mit einer Jüdin verheiraten. Und sollte jemand etwas der Art begangen haben, so ist dieses Verbrechen dem Ehebruch gleich zu stellen, und jedem ohne Unterschied soll es freistehen, deshalb eine Anklage zu erheben.
(R. Bernstein [Hrsg.], Quellen zur jüdischen Geschichte. Von den Anfängen bis ins Zeitalter der Emanzipation. Stuttgart: Klett 1973, S. 14)

M 7 Edikt des Kaisers Honorius von 412
Niemand soll, wenn er sonst unschuldig ist, als Jude bedrückt werden, und sein Glaube, es möge nun derselbe sein, wie er wolle, darf ihm keineswegs zur Schmach gereichen; auch dürfen an keinem Orte die Synagogen oder Wohnungen der Juden niedergebrannt oder auf irgendeine andere Weise ohne triftige Ursache beschädigt werden, weil im Gegenfalle, wenn sich auch einer von ihnen mit Verbrechen belastet hat, deswegen doch immer die Macht der Obrigkeiten und der Schutz der öffentlichen Gesetze vorhanden ist, ohne daß jemand es nötig hätte, sich selbst zu rächen. Aber wie wir auf dieser Seite für das Beste der Juden Sorge tragen, so müssen wir auch auf der anderen dieselben warnen, daß sie nicht etwa im Gefühl ihrer Sicherheit übermütig werden und sich unbesonnenerweise ein Ungebührnis gegen die christliche Kirche zu Schulden kommen lassen.
(R. Bernstein [Hrsg.], Quellen zur jüdischen Geschichte. Von den Anfängen bis ins Zeitalter der Emanzipation. Stuttgart: Klett 1973, S. 14)

M 8 Verordnungen des Kaisers Theodosius II. von 439
31. Januar 439: Kein Jude [...] soll Ämter und Würden erhalten, ihm soll die Verwaltung der Stadt nicht erlaubt sein, auch soll er nicht das Amt eines Verteidigers der Stadt ausüben. Wir halten es für eine Sünde, daß die Feinde der himmlischen Majestät und der römischen Gesetze die Vollstrecker unserer Gesetze sein sollen [...] und daß sie auf Grund der Autorität des erworbenen Ranges die Macht haben sollen, nach ihrem Belieben über Christen zu richten und zu entscheiden, ja häufig selbst über Bischöfe unserer heiligen Religion; das beleidigt unseren Glauben. – Aus dem gleichen Grunde verbieten wir, daß irgendeine Synagoge ein neues Gebäude errichtet. [...]
(E. L. Ehrlich, Geschichte der Juden in Deutschland. Düsseldorf: Pädagogischer Verlag Schwann ³1960, S. 8)

Arbeitshinweis
Beschreiben Sie anhand der Materialien des Kapitels 1.2 die Veränderung des gesellschaftlichen Status der Juden, nachdem der christliche Glaube staatlich anerkannt worden war.

2. Jüdisches Leben im Frankenreich zwischen dem 6. und 11. Jahrhundert

Ein friedliches Zusammenleben war kennzeichnend für die gemeinsame Geschichte von Juden und Christen vom frühen Mittelalter bis zu den Kreuzzügen. Unter den fränkischen und sächsischen Kaisern lebten Juden weitgehend ungestört in der christlichen Umwelt. Zwar gab es rechtliche Ausnahmebestimmungen wie einen eigenen Judeneid (vgl. M 11), aber es gab weder eine judenfeindliche Grundstimmung in der christlichen Bevölkerung noch bei den weltlichen Herrschern. Im Gegenteil: Auch Juden nahmen einflußreiche Positionen bei Hof und im gesellschaftlichen Leben ein und erfreuten sich großer Wertschätzung bei den weltlichen Herrschern. Insbesondere unter Karl dem Großen und Ludwig dem Frommen befanden sich Juden in privilegierten politischen und wirtschaftlichen Positionen. Das Interesse der weltlichen Herrscher an diesen Juden ging vor allem auf deren Bedeutung für die Entwicklung von Handel und Wirtschaft zurück. Jüdische Kaufleute verfügten häufig über bessere internationale Beziehungen als ihre christliche Umwelt. Sie konnten so zu Leistungsträgern der wirtschaftlichen Entwicklung werden. Die Weltläufigkeit einiger exponierter jüdischer Kaufleute stand im Gegensatz zu dem begrenzten Wirkungskreis der meisten christlichen Konkurrenten. Ihre guten internationalen Kontakte auch in die islamischen Länder hinein ließen sie zu nützlichen Helfern der weltlichen Herren werden.
Die hohe Wertschätzung, der sich jüdische Kaufleute bei den meisten weltlichen Herrschern bis ins 11. Jahrhundert erfreuten, wurde von einigen bedeutenden Vertretern der Kirche ebenso mit Mißtrauen beobachtet wie der unbefangene Umgang der christlichen mit der jüdischen Bevölkerung. Es gab deutliche Anzeichen für die Furcht christlicher Würdenträger vor einer zunehmenden Attraktivität des Judentums für die christliche Bevölkerung (vgl. z.B. M 13). In Verbindung mit einer grundlegenden Skepsis gegenüber dem Einfluß jüdischer Kaufleute auf die weltlichen Herrscher entwickelte sich aus dieser Furcht die Bestrebung zur verstärkten Abgrenzung der christlichen Kirche gegen das Judentum und der christlichen Bevölkerungsmehrheit gegen die jüdische Minderheit. Noch blieben diese kirchlichen Abgrenzungsbestrebungen aber ohne tiefgehende Wirkung. Die Intensivierung der Anstrengungen zur Bekehrung der Juden war in der Regel noch nicht mit Zwangsmaßnahmen verbunden. Das friedliche Zusammenleben von Christen und Juden wurde durch antijüdische Stellungnahmen kirchlicher Würdenträger nicht grundsätzlich beeinflußt, zumal einige herausragende Persönlichkeiten wie Papst Gregor I. (590 bis 604) eine gemäßigtere Haltung gegenüber den Juden einnahmen.
Die jüdischen Gemeinden am Rhein und an der Donau, aber auch in Lothringen und anderen Teilen Frankreichs, entwickelten sich zu Zentren religiöser Gelehrsamkeit. Insbesondere das Studium des Talmuds, des nach den fünf Büchern Mose (der Thora) wichtigsten Werkes des Judentums, wurde entscheidend weiterentwickelt. Jüdische Gelehrte wie Rabbi Gerschom (960 bis 1028) und Rabbi Salomo ben Isaak, genannt „Raschi" (1040 bis 1105), waren die herausragenden Kenner und Interpreten von Thora und Talmud. Ihre Verordnungen und Gutachten wurden grundlegend für die jüdischen Gemeinden weit über Mitteleuropa hinaus. Bis zum 11. Jahrhundert blühte das Judentum in Mitteleuropa kulturell und wirtschaftlich auf (vgl. K 2, S. 196).

2.1 Soziale Aspekte

M 9   Schreiben Papst Stephans III. an Bischof Aribert von Narbonne (729)

Von Kummer ergriffen und zu Tode geängstigt, empfingen wir von dir die Kunde, daß das Judenvolk, das stets aufsässig gegen Gott und unseren Bräuchen abhold war, auf christlichem Grund und Boden in voller Gleichberechtigung mit den Christen lehenszinsfreie Erbgüter in Städten und Vorstädten sein eigen nennt, und zwar auf Grund der ihnen ehemals von den Frankenkönigen verliehenen Vorrechte. Christen bebauen jüdische Weinberge und Äcker, Christen und Christinnen wohnen unter einem Dach mit diesen Verrätern und besudeln Tag und Nacht ihre Seele durch Worte der Gotteslästerung; die Unglückseligen müssen sich täglich und stündlich vor diesen Hunden erniedrigen, indem sie all ihren Launen zu Willen sein müssen. [...] Schon die Gerechtigkeit verlangt es, daß die diesen Verrätern gegebenen Versprechen als nichtig erklärt werden, damit der Tod des gekreuzigten Erlösers endlich gerächt werde.
(R. Bernstein [Hrsg.], Quellen zur jüdischen Geschichte. Von den Anfängen bis ins Zeitalter der Emanzipation. Stuttgart: Klett 1973, S. 27f.)

M 10   Stellung des Juden Isaak bei Kaiser Karl dem Großen (801/802)

In den Annalen Einhards, des Geschichtsschreibers Kaiser Karls des Großen, findet man folgenden Eintrag.
A. 801. Man meldete, daß der Jude Isaak, welchen der Kaiser vor 4 Jahren zu dem vorgenannten König der Perser [Kalif Harun al Raschid] mit Lantfrid und Sigimund, seinen Gesandten, geschickt hatte, mit großen Geschenken zurückgekehrt wäre. Lantfrid und Sigimund waren nämlich beide auf dieser Reise gestorben. Im Oktober dieses Jahres kam der Jude Isaak aus Afrika zurück mit einem Elefanten und landete in Porto Venere, einem Hafen im Golf von Spezia; und weil er des Schnees wegen die Alpen nicht überschreiten konnte, so überwinterte er in Vercelli.
A. 802. In diesem Jahr, am 20. Juli, kam Isaak mit dem Elefanten und den übrigen Geschenken, die von dem Perserkönig geschickt worden waren, und übergab zu Aachen alles dem Kaiser. Der Elefant hatte den Namen Abulabaz.
(J. Höxter, Quellenbuch zur jüdischen Geschichte und Literatur [1927ff.], Bd. III. Zürich: Morascha 1983, S. 3f.)

M 11   Bestimmung Kaiser Karls des Großen und seines Sohnes Ludwig über den Eid eines Juden[1] gegen einen Christen (vor 814)

Streue Sauerampfer zweimal vom Kopf aus im Umkreis seiner Füße [nach anderer Lesart: umgürte

---

1   vgl. Kap. C, M 35

ihn vom Kopf bis zu den Füßen mit Dornen]; dort soll er stehen, wenn er schwört und in der rechten Hand die fünf Bücher Mosis halten nach seinem Gesetz, und wenn er den hebräischen Text nicht haben kann, so soll er den lateinischen haben [und schwören]: so mir Gott helfen soll, derselbe Gott, der das Gesetz Mosis auf dem Berge Sinai gegeben hat, und so der Aussatz des Syrers Naaman nicht über mich kommen soll, wie er über jenen gekommen ist, und die Erde mich nicht verschlingen soll, wie sie Datan und Abiron [Abiram] verschlungen hat: ich habe in dieser Sache nichts Böses gegen dich verübt.
(J. Höxter, Quellenbuch zur jüdischen Geschichte und Literatur [1927ff.], Bd. III. Zürich: Morascha 1983, S. 4)

M 12   Erzbischof Agobard von Lyon über das Ansehen der Juden (826/827)

Dennoch ist es höchst notwendig, daß Eure fromme Sorge wisse, wie der christliche Glaube von den Juden in einigen Stücken geschädigt wird. Sie rühmen sich nämlich [womit sie einfältige Christen belügen], daß sie Euch teuer seien wegen der Patriarchen, daß sie ehrenvoll von Euch aus- und eingehen dürfen, daß die ausgezeichnetsten Leute ihre Gebete und ihren Segen begehren und bekennen, einen solchen Gesetzgeber haben zu wollen, wie sie selber. Sie behaupten, Eure Räte seien auf uns erzürnt ihretwegen, weil wir verböten, daß die Christen ihren Wein tränken. Um dies zu beweisen, rühmen sie sich, viele Pfunde Silbers aus Weinverkauf von ihnen gelöst zu haben und es gehe aus den Kirchengesetzen nicht hervor, daß sich Christen ihrer Speisen und Getränke zu enthalten hätten. Sie weisen Verordnungen in Eurem Namen vor, die mit goldnen Siegeln versehen sind und Worte enthalten, die wir für wahr ansehen. Sie weisen Frauenkleider vor, die ihren Weibern von Euren Verwandten und den Frauen der Hofbeamten geschenkt seien. Sie berufen sich auf den Ruhm ihrer Vorfahren. Gegen das Gesetz wird ihnen erlaubt, neue Synagogen zu erbauen. Ja, es kommt so weit, daß unkundige Christen sagen, die Juden predigten ihnen besser als unsere Priester, ja, was der Gipfel ist, sogar die obengenannten Sendboten haben befohlen, die Märkte, die an Sabbaten abgehalten zu werden pflegten, zu verlegen, damit ihre Sabbatfeier nicht gehindert würde, und haben es in ihr Belieben gestellt, an welchen Tagen künftig die Märkte abgehalten werden sollten. Die Sendboten behaupten dabei, daß diese neue Einrichtung wegen der Arbeitsruhe am Sonntag dem eigenen Vorteil der Christen diene. In Wahrheit ist sie bloß zum Vorteil der Juden. Denn die, die in der Nähe wohnen, können, wenn sie am Sabbat die nötigen Lebensmittel kaufen, desto bequemer Zeit haben, am Sonntag die Messe und die Predigt zu hören; wer aber gelegentlich des Marktes von auswärts kommt,

trifft sogar einen Abend- und einen Morgengottesdienst und kann nach Beendigung der Messe mit Erbauung nach Hause zurückgehen.
(J. Höxter, Quellenbuch zur jüdischen Geschichte und Literatur [1927ff.], Bd. III. Zürich: Morascha 1983, S. 6f.)

M 13 Bericht über den gelehrten Diakon Bodo (839)

Bischof Prudentius von Troyes, der 835–861 die westfränkischen Reichsannalen fortsetzt, berichtet:
Der Diakon Bodo, einem alemannischen Geschlecht entsprossen und von frühester Jugend an der Hofschule in der christlichen Religion und der klassischen Literatur erzogen, hatte im Jahr vorher von dem Kaiser dank seiner Redegabe die Erlaubnis zu einer Wallfahrt nach Rom verlangt und mit vielen Geschenken auch erhalten. Verlockt von dem Feind des Menschengeschlechts, verließ er das Christentum und bekehrte sich zum Judentum. Sobald er nämlich seinen verräterischen und verruchten Plan mit den Juden eingegangen war, scheute er sich nicht, den Verkauf seiner Begleiter an die Heiden schlau in die Wege zu leiten. Nachdem er diese in die Sklaverei zerstreut und nur einen, der angeblich sein Neffe war, zurückbehalten hatte, verleugnete er beklagenswerterweise den Glauben an Christus und bekannte sich zum Judentum. Er ließ sich Haar und Bart wachsen, vertauschte noch dazu seinen Christennamen mit dem Namen Eleasar und heiratete, sogar mit dem Kriegergürtel geschmückt, die Tochter eines Juden. Den vorgenannten Neffen zwang er gleicherweise, zum Judentum überzutreten. Endlich begab er sich, von elender Begierde besessen, mit den Juden um die Mitte des August nach der spanischen Stadt Saragossa. Welche Trauer dies dem Kaiser und allen, die durch die Gnade des christlichen Glaubens erlöst sind, bereitete, zeigte offensichtlich die Unmöglichkeit, den Kaiser von der unglaublichen Tatsache zu überzeugen.
(J. Höxter, Quellenbuch zur jüdischen Geschichte und Literatur [1927ff.], Bd. III. Zürich: Morascha 1983, S. 7f.)

M 14 Bericht eines arabischen Geographen über jüdische Kaufleute (um 850)

Dies ist nun der Weg der ‚Radaniten‘[1] genannten jüdischen Kaufleute. Diese Kaufleute sprechen persisch, rumisch [griechisch], arabisch, aber auch die Sprache der Franken, Spanier und Slaven. Sie reisen von West nach Ost und wieder zurück, bald zu Lande, bald zu Wasser. Von Westen her bringen sie Eunuchen, Sklavinnen, Knaben, Seide, Rauchwaren und Schwerter mit sich. Sie schiffen sich im Lande der Franken, am Gestade des Westmeeres [Mittelmeeres] ein, um sich nach Faram [Pelusium] zu begeben; dort verladen sie ihre Waren auf die Höcker der Kamele und nehmen den Landweg nach Kulsum [Suez], eine Reise, die fünf Tage in Anspruch nimmt. Aus Kulsum schlagen sie den Wasserweg über das Ostmeer [Rotes Meer] nach Aldschar und Dschedda [Arabien] ein und reisen dann weiter nach Sind, Indien und China. Auf dem Rückweg führen sie Moschus, Aloe, Kampfer, Zimmet und andere Erzeugnisse des Morgenlandes mit sich, kehren nach Kulsum zurück, dann nach Faram, von wo aus sie wiederum das Westmeer überqueren. Manche nehmen den Weg nach Konstantinopel, um dort ihre Waren abzusetzen, während andere direkt in das Land der Franken zurückkehren.
(Ibn-Chordadbe, Buch der Straßen und Königreiche. In: S. Dubnow, Weltgeschichte des jüdischen Volkes, Bd. IV. Das frühe Mittelalter. Berlin: Jüdischer Verlag, 1926, S. 111 Anm. 1)

M 15 Zur Bedeutung der internationalen Beziehungen der Juden im 10. und 11. Jahrhundert

a) Es bestanden also weltumfassende Verbindungen zwischen den überall zerstreuten jüdischen Gemeinden in einer Zeit, als Abendland, Morgenland und die byzantinisch-slavische Welt sich fremd und sehr häufig feindselig gegenüberstanden. Wie eng speziell die Juden der Mittelmeerländer untereinander zusammenhingen, zeigt ein erst neuerdings entdecktes Aktenstück vom Jahre 1034. […] Die bisher bekannt gewordenen Quellenzeugnisse sind jedoch viel zu spärlich und vereinzelt, um auf sie gestützt, von einer Vorherrschaft der Juden im Welthandel sprechen zu können.
(G. Caro, Sozial- und Wirtschaftsgeschichte der Juden im Mittelalter und der Neuzeit, Bd. I. Das frühere und das hohe Mittelalter. ND Hildesheim: Georg Olms 1964, S. 195f.)

b) Diese reisenden Kaufleute aus dem Rheinland widmeten sich nicht nur dem Handel, sondern sie waren als Gelehrte zugleich auch Kulturvermittler. Sie nahmen ihr Wissen und ihre geistigen Errungenschaften mit in die Ferne und brachten neue Erfahrungen, neuerworbenes Wissen sowie verschiedenerlei Schrifttum in die Heimat zurück, durch welches das geistige Leben dort neue Impulse erhielt. Andererseits gelangten auch jüdische Kaufleute und nach Wissen suchende Juden aus den östlichen Ländern in die bereits im 10. und 11. Jahrhundert zu großem Ansehen gelangten jüdischen Zentren am Rhein und studierten dort.
(R. Edelmann, Jüdisches Geistesleben am Rhein von den Anfängen bis 1945. In: Konrad Schilling [Hrsg.], Monumenta Judaica. 2000 Jahre Geschichte und Kultur der Juden am Rhein. Handbuch. Köln: Stadt Köln ³1964, S. 670)

---

1 Die ethymologische Herkunft des Begriffs Radaniten ist bisher ungeklärt.

B 1 Christliche Weltkarte aus dem 13. Jahrhundert

M 16 Zum Handel der Juden bis zum 11. Jahrhundert

Da das Leben vornehmlich auf der Naturalwirtschaft beruhte, waren die Möglichkeiten, Handel zu treiben, sehr begrenzt. Die Grundherrschaften versorgten sich weitgehend selbst, nur Luxusartikel bezog man aus der Ferne, namentlich von den Messen und Jahrmärkten, auf denen sich der Fernhandel konzentrierte. Kunden waren die reichen Grundherren, die Grafen und Bischöfe, der königliche Hof sowie die Klöster und kirchlichen Würdenträger. Ihren Kaufwünschen zu dienen, waren die Juden mit ihren weitreichenden Beziehungen besonders befähigt. Aus verschiedenen Nachrichten geht hervor, daß Juden kaufmännische Agenten der Könige waren, daß sie Klöster und hohe Kirchenfürsten mit „species" versorgten, worunter man wohl vornehmlich die Kostbarkeiten des Orients verstehen muß. Inwieweit sie diese Waren selbst aus dem Orient bezogen, ist unklar. Jedenfalls liegen Quellenbelege für einen direkten Orientverkehr erst aus dem Ende des 8. Jahrhunderts vor. Bis dahin, zum mindesten bis ins 7. Jahrhundert hinein, beherrschten die Syrer diesen Fernhandel und spielten im Zusammenhang damit auch im Binnenhandel eine beachtliche Rolle. Erst von dem Augenblick an, da die syrischen Häfen von den Arabern erobert wurden, traten die Syrer zugunsten der Juden zurück. [...]

Im Lokalhandel betätigten sie sich zunächst im Fleisch- und Weinvertrieb. Letzterer ist für die Juden von Lyon belegt. Dies hing mit den Bestimmungen des mosaischen Gesetzes zusammen, wonach gewisse Fleischteile als rituell unrein galten und deshalb nicht genossen werden durften. Es lag nahe, daß die Juden bestrebt waren, dieses Fleisch zum Verkauf anzubie-

11

ten. Ähnlich war es beim Wein; für seine Herstellung wie für seinen Verbrauch galten ebenfalls rituelle Bestimmungen. Was man nicht selbst verbrauchte, wurde verkauft, ja, vermutlich wurde direkt für den Verkauf erzeugt. Unter den anderen Gegenständen werden die Altwaren erwähnt; man hat wohl mit Recht vermutet, daß es sich dabei wenigstens teilweise um verhüllte Kreditgeschäfte handelte, um Darlehen auf Pfänder.
(H. Kellenbenz, Die Juden in der Wirtschaftsgeschichte des rheinischen Raums. Von der Spätantike bis zum Jahr 1648. In: K. Schilling [Hrsg.], Monumenta Judaica. 2000 Jahre Geschichte und Kultur der Juden am Rhein. Handbuch. Köln: Stadt Köln ³1964, S. 201 ff.)

Arbeitshinweise
1 *Beschreiben Sie die sozio-ökonomische Stellung der Juden im Frankenreich des frühen Mittelalters. Berücksichtigen Sie dabei vor allem ihren gesellschaftlichen Rang und ihren Umgang mit den Christen.*
2 *Ermitteln Sie die Vorwürfe, die man den Juden im frühen Mittelalter machte.*
3 *Der Bericht vom Übertritt des Diakons Bodo zum Judentum (M 13) läßt die Erkenntnis zu, daß das Proselytentum selbst in höchsten gesellschaftlichen Kreisen vorkam. Zeigen Sie die Reaktion der geistlichen und weltlichen Würdenträger auf den Übertritt Bodos.*
4 *Überprüfen Sie anhand der Quellen die gängige Behauptung, Juden seien seit eh und je Geldhändler, Trödelhändler und Wucherer gewesen.*

2.2 Rechtliche Aspekte

M 17 Privileg König Ludwigs des Frommen (814–840)

Bei dem vorliegenden Text handelt es sich um den ältesten erhaltenen Schutzbrief, der vor 825 ausgestellt wurde.
Allen Bischöfen, Äbten, Grafen, Vorstehern, Stellvertretern, Zentgrafen, Zollerhebern, sowie auch unseren Sendboten und allen unseren Getreuen, gegenwärtigen und künftigen, sei bekanntgegeben, daß wir die Hebräer, nämlich den Rabbi Domatus und Samuel, seinen Neffen, unter unseren Schutz genommen haben. Deshalb ordnen wir durch gegenwärtige unsere Urkunde an und befehlen, daß weder ihr noch eure Untergebenen und Nachfolger sich herausnehmen, besagte Hebräer unter irgendeinem Vorwand zu beunruhigen, noch sie zu schmähen, noch sie an ihrem Eigentum, das sie zur Zeit rechtmäßig besitzen, zu kränken oder mindern zu irgendeiner Zeit. Niemand soll Zoll noch Roßgeld noch Herbergsgeld noch Trinkgeld oder Rasengeld, Uferzoll, Torzoll, Brückenzoll, Balkenzoll, Zehrgeld von besagten Hebräern verlangen. Gleicherweise haben wir ihnen erlaubt, mit ihrem Eigentum Handel zu treiben und ihr Eigentum jedem, dem sie wollen, zu verkaufen. Auch soll ihnen gestattet sein, nach ihrem Gesetz zu leben und Christen zu ihrer Arbeit zu mieten, ausgenommen an den Fest- und Sonntagen. Sie sollen auch die Erlaubnis haben, ausländische Sklaven zu kaufen und innerhalb unseres Reiches weiter zu verkaufen. Wenn aber ein Christ einen Rechtsstreit wider sie hat, so soll er drei geeignete Christen und ebenso viele geeignete Hebräer zu Zeugen brauchen und mit ihnen seine Sache verfechten. Und wenn wiederum sie einen Rechtsstreit wider einen Christen haben, so sollen sie sich christliche Zeugen nehmen und mit ihnen jenen überführen. Auch haben dieselben Juden unserer Majestät von gewissen Leuten berichtet, die wider die christliche Religion dazu raten, daß die Sklaven der Hebräer, kraft der christlichen Religion, ihre Herren verachten und sich taufen lassen. Vielmehr überreden sie dieselben, sich taufen zu lassen, um sich von dem Dienst ihrer Herren zu befreien. Dies bestimmen keineswegs die heiligen Kanones, vielmehr entscheiden sie dahin, daß alle, die dies anstreben, strengstens mit dem Bannstrahl zu treffen sind. Und deshalb wollen wir, daß weder ihr selbst besagten Hebräern dies weiterhin tun, noch euren Untergebenen es zu tun erlauben sollt. [...] Schließlich verbieten wir, besagte Juden zu einem peinlichen Verfahren zu ziehen, d.h. weder zur Probe des Feuers noch des heißen Wassers noch auch zur Geißelung, wenn es nicht nach ihrem Rechte erlaubt ist.
(J. Höxter, Quellenbuch zur jüdischen Geschichte und Literatur [1927 ff.], Bd. III. Zürich: Morascha 1983, S. 4 ff.)

M 18 Privileg des Bischofs Rüdiger von Speyer (1084)

[...] Ich, Rüdiger, auch Huozmann genannt, Bischof von Speyer. Als ich den Weiler Speyer in eine Stadt verwandelte, glaubte ich die Ehre unseres Ortes noch zu vergrößern, wenn ich die Juden vereinigte. Ich brachte sie darauf außerhalb der Gemeinschaft und des Zusammenwohnens mit den übrigen Bürgern, und damit sie durch den Übermut des Pöbels nicht beunruhigt würden, umgab sie mit einer Mauer. Ihren Wohnplatz habe ich auf gerechte Weise angeschafft, den Hügel nämlich zuerst teils durch Geld, teils durch Tausch, das Tal erhielt ich von [einigen] Erben als Geschenk. Jenen Ort, sage ich, übergab ich ihnen unter der Bedingung, daß sie jährlich drei und ein halbes Pfund Speyerschen Geldes zum gemeinsamen Verbrauch der Klosterbrüder zahlen. Innerhalb ihres Wohnplatzes und außerhalb bis zum Schiffshafen und in dem Schiffshafen selbst gab ich ihnen das Recht, Gold und Silber frei zu wechseln und alles

Beliebige zu kaufen und zu verkaufen, und eben dieselbe Freiheit gab ich ihnen durch die ganze Stadt. Außerdem gab ich ihnen vom Besitztum der Kirche einen Begräbnisplatz mit erblichem Rechte. Auch gestatte ich, daß ein fremder Jude, der sich bei ihnen vorübergehend aufhalten wird, keinen Zoll zu zahlen habe; sodann daß, wie der Stadtvogt unter den Bürgern, ihr Erzsynagog [Archisynagogus = Synagogenvorsteher] Klagen, die zwischen oder gegen Juden erhoben werden, zu entscheiden habe. Ist dieser aber den Streit beizulegen nicht imstande, so soll die Sache vor den Bischof oder seinen Kämmerer gebracht werden. Nächtliche Wachen, Verteidigungen, Befestigungen haben sie bloß innerhalb ihres Gebietes zu verrichten, die Verteidigungen aber gemeinsam mit den Sklaven; Ammen und Knechte auf Miete können sie von den Unsrigen haben, geschlachtetes Vieh können sie, wenn es ihnen nach ihrem Gesetze zu essen nicht erlaubt ist, an Christen verkaufen, und den Christen ist es zu kaufen erlaubt. Endlich als Gipfel meines Wohlwollens habe ich ihnen Gesetze verliehen, die besser sind, als sie das jüdische Volk in irgendeiner Stadt des deutschen Reiches besitzt.
(J. Höxter, Quellenbuch zur jüdischen Geschichte und Literatur [1927ff.], Bd. III. Zürich: Morascha 1983, S. 8f.)

M 19 Zur Ansiedlung in den Städten
In den Städten wohnten die Juden in eigenen Straßen, was mittelalterlichem Brauch entsprach, den Gruppen, die durch kommerzielle und gewerbliche Interessen, durch gleiche Rechte und Lasten miteinander verbunden waren, pflegten in eigenen Gassen zusammenzuleben. Die Juden verband noch mehr: das Ritualgesetz, der gemeinsame Gottesdienst, die Sabbatheiligung und die Erziehung ihrer Kinder. Sie waren aber dadurch nicht von den Bürgern abgesondert. Dazu waren die Städte viel zu klein und die Judengassen zu nahe am Mittelpunkt des Verkehrs, dem Markt oder dem Hafen.
(I. Elbogen/E. Sterling, Die Geschichte der Juden in Deutschland. Frankfurt a.M.: Athenäum 1988, S. 19)

M 20 Privileg Kaiser Heinrichs IV. für die Juden von Speyer (1090)
[...] Juda der Sohn des Calonin [Kalonymos], David der Sohn des Massulan [Meschullam], Moses der Sohn des Guthiel [Jekutiel], mit ihren Genossen gelegentlich unserer Anwesenheit nach Speyer gekommen sind. [...] Auf die Verwendung und die Bitte des Bischofs Huozmann von Speyer also haben wir diese unsere Urkunde ihnen zu gestatten und zu geben befohlen; wonach wir durch die Gewalt unserer Hoheit gebieten und befehlen, daß fernerhin keiner, der unter unserer königlichen Gewalt mit irgendeiner Würde oder Macht begabt ist, weder ein Kleiner noch ein Großer, ein Freier noch ein Sklave, sie durch irgend ungerechte Forderungen zu beunruhigen oder anzufechten sich unterstehe, noch wage, von ihrem Eigentume, das sie an Ländereien, Gebäuden, Gärten, Weinbergen, Äckern, Sklaven oder anderen beweglichen und unbeweglichen Dingen besitzen, ihnen etwas zu entreißen. [...] Sie sollen auch das freie Recht haben, ihre Besitztümer mit jedem beliebigen Menschen auf ehrliche Weise zu verwechseln und innerhalb unseres Reiches frei und friedlich umherzuziehen, Handel und Geschäft zu treiben, zu kaufen und zu verkaufen, und keiner soll von ihnen Warenzoll verlangen und irgendwelche öffentliche oder Privatsteuern ihnen auferlegen. [...] Wenn aber ein gestohlenes Gut bei ihnen gefunden wird und der Jude aussagt, er habe es gekauft, so soll er durch einen nach ihrem Gesetze zu leistenden Eidschwur dartun, für wieviel er es gekauft hat, ebensoviel soll er dann erhalten und das Gut dem Eigentümer zurückstellen. Keiner unterfange sich, ihre Söhne oder Töchter wider Willen zu taufen; wer sie aber durch Zwang oder diebischen Raub oder gewaltsame Gefangennahme zur Taufe treibt, der soll zwölf Pfund Goldes an die Schatzkammer des Königs oder des Bischofs bezahlen. Will sich aber einer von ihnen aus freien Stücken taufen lassen, so soll er drei Tage bewahrt werden, damit man deutlich erkenne, ob er wirklich der christlichen Religion halber oder wegen eines ihm zugefügten Leides sein Gesetz abschwöre; und wie er das Gesetz seiner Väter verließ, so soll er auch ihre Besitztümer verlassen. Ihre heidnischen Sklaven soll keiner unter Vorgeben der christlichen Religion durch die Taufe von ihrem Dienst entbinden [...].
Es soll ihnen auch freistehen, Christen zur Verrichtung ihrer Geschäfte zu mieten, außer an Fest- und Sonntagen: einen christlichen Sklaven dürfen sie jedoch nicht kaufen. Wenn ein Christ gegen einen Juden oder ein Jude gegen einen Christen wegen einer Sache einen Rechtsstreit hat, so soll jeder von beiden, je nachdem sich die Sache verhält, nach seinem Gesetze seine Sache führen und seine Aussage erproben. Keiner soll den Juden zur Bewahrheitung seiner Aussage durch glühendes Eisen oder durch heißes oder kaltes Wasser zwingen, noch ihn geißeln, noch ins Gefängnis werfen. Er braucht nur zu schwören und zwar, wie es sein Gesetz befiehlt, nach vierzig Tagen: durch Zeugen kann er auch keinerlei Sache überführt werden. Wer wider dieses unser Edikt sie zwingen wird, soll einen Bann, das heißt drei Pfund Silbers zu zahlen gezwungen werden. Wer ihn aber verwunden wird, jedoch nicht zu Tode, soll ein Pfund Gold erlegen; ist aber derjenige, welcher einen Juden tötet oder verwundet, ein Sklave, so soll sein Herr entweder das oben angegebene Wehrgeld zahlen oder den Sklaven zur Strafe ausliefern. [...]
(J. Höxter, Quellenbuch zur jüdischen Geschichte und Literatur [1927ff.], Bd. III. Zürich: Morascha S. 9ff.)

Arbeitshinweise
1 *Geben Sie mit eigenen Worten den Inhalt des Privilegs Ludwigs des Frommen (M 17) wieder.*
2 *Vergleiche Sie das Privileg Kaiser Heinrichs IV. (M 20) mit dem Ludwigs des Frommen hinsichtlich des Kreises der Begünstigten und des Umfangs der Rechte.*
3 *Lediglich aus dem Privileg Bischof Rüdigers von Speyer (M 18) ist einiges über die Motive des Privilegiengebers erkennbar. Benennen Sie die Motive.*
4 *Stellen Sie die Bedeutung eines Privilegs für das mittelalterliche Rechtsgefüge fest, und klären Sie vor diesem Hintergrund die rechtliche Stellung der privilegierten Juden.*

2.3 Religiöse Aspekte

M 21 Zum Zusammenleben von Christen und Juden

Der Grundtenor der gegen die Juden im IX. Jahrhundert gerichteten Propaganda zeigt, daß es in diesem Zeitraum keine Spur eines von den Volksmassen getragenen besonderen Antisemitismus gibt. Im Gegensatz zu solchen Vorstellungen hat es den Anschein, als übe das Judentum auf die dem Christentum angehörende Bevölkerung eine unbestreitbare Anziehungskraft aus. In einer mehr allgemeinen Weise kann man die Feststellung treffen, daß die Menschen für das Zeugnis von der Botschaft des Judentums noch sehr aufnahmebereit sind, solange das Christentum in einer dogmatisch gefestigten Form noch nicht seine endgültige Herrschaft über die Gläubigen aufgerichtet hat.
(L. Poliakov, Geschichte des Antisemitismus, Bd. I. Von der Antike bis zu den Kreuzzügen. Worms: Georg Heintz 1977, S. 30)

M 22 Jüdisches Leben unter den sächsischen Kaisern

In Deutschland erfuhren die Juden in dieser Zeit unter den sächsischen Kaisern zwar keine Bedrückung, aber auch keine Begünstigung. Das Lehenssystem, das sich im deutschen Kaisertum am erfolgreichsten ausgebildet hatte, hinderte sie, Boden zu besitzen, und wies sie auf den Handel an. Jude und Kaufmann galten in Deutschland als gleichbedeutend. Die Reichen machten Geldgeschäfte, und die weniger Bemittelten machten Anleihen, um die Kölner Messe zu besuchen, und zahlten bei ihrer Rückkehr ihren jüdischen Gläubigern einen verhältnismäßig niedrigen Zins. [...] Ihre erste talmudische Autorität war Rabbi Gerschom (geb. um 960, gest. 1028). [...] Er legte seinen Jüngern den Talmud mit einer Klarheit und Faßlichkeit aus, wie schwerlich jemand vor ihm. Und in derselben Methode schrieb er auch Kommentarien zum Talmud. Bald wurde er als rabbinische Autorität von den deutschen, französischen und italienischen Gemeinden anerkannt [...].
Berühmt wurde R. Gerschom mehr noch durch die Verordnungen, die er erließ, als durch seine Talmudkommentarien. Jene wirkten versittlichend auf die deutsche und französische Judenheit. Er verbot die Vielweiberei, die auch unter den europäischen Juden im Gebrauch war, und gestattete sie nur in äußersten Notfällen. Er verordnete ferner, daß zu einer Ehescheidung auch die Einwilligung der Ehefrau nötig sei, während nach talmudischen Bestimmungen der Gatte ihr den Scheidebrief gegen ihren Willen zustellen darf. Er schärfte ferner das Briefgeheimnis streng ein, daß der Überbringer sich nicht erlauben dürfe, einen Brief, wenn auch unversiegelt, zu lesen. Bei dem damaligen Verkehr, wo Reisende die Briefpost besorgten, war diese Verordnung von besonderer Wichtigkeit für die mannigfaltigen Lebensinteressen. Die Übertreter dieser Verordnungen sollten dem Banne verfallen.
(H. Graetz, Volkstümliche Geschichte der Juden, Bd. IV. Das Judentum im Mittelalter bis zu den Verfolgungen in der Zeit des Schwarzen Todes [1888]. München: Deutscher Taschenbuch Verlag 1985, S. 31)

M 23 Zum Rabbiner Salomo ben Isaak, genannt ‚Raschi'

Salomo ben Isaak war der berühmteste Thora- und Talmudgelehrte seiner Zeit. Er wurde 1040 in Troyes (Lothringen) geboren und starb dort 1105. Er studierte und lebte zeitweise in Worms.
Die Schule, welche von R. Gerschom in Mainz begründet wurde, hob Raschi zu hoher Bedeutung. Sein Geist ging auf seine Schwiegersöhne und Enkel über, welche seinen vorzüglichen Jüngerkreis bildeten. Er hatte nämlich keine Söhne, nur drei Töchter, von denen eine im Talmud so gelehrt war, daß sie während der Krankheit ihres Vaters die eingelaufenen talmudischen Anfragen vorlas und die ihr diktierte Antwort zu Papier brachte. [...]
Durch Raschi und seine Schule wurde das nördliche Frankreich, die Champagne, die Heimat des Talmud, wie früher Babylonien; es wurde darin tonangebend in Europa. Die französischen Talmudkundigen wurden selbst in Spanien gesucht und reichlich für ihren Unterricht belohnt. Die Führerschaft, welche das jüdische Spanien von Babylonien übernommen hatte, mußte es seit Raschis Zeit mit Frankreich teilen. Während jenes das klassische Land für die hebräische

Poesie, Sprachkunde, wortgemäße Schriftauslegung und Philosophie blieb, mußte es diesem die Palme der talmudischen Gelehrsamkeit überlassen.
(H. Graetz, Volkstümliche Geschichte der Juden, Bd. IV. Das Judentum im Mittelalter bis zu den Verfolgungen in der Zeit des Schwarzen Todes [1888]. München: Deutscher Taschenbuch Verlag 1985, S. 63f.)

M 24 Papst Alexander II. zum Schutz der Juden (1063)

Nachdem sich die Bischöfe des südlichen Frankreich während des sogenannten Spanien-Kreuzzuges 1063 schützend vor die Juden gestellt hatten, schreibt Papst Alexander folgenden Brief an diese Bischöfe:
Der Bericht, den wir jüngst von Euch empfangen haben, hat uns wohlgefallen: wie Ihr nämlich die unter Euch lebenden Juden beschützt habt vor jenen, die gegen die Moslems nach Spanien [zu Felde] gezogen sind. In der Tat, bewogen durch ihr grobes Unwissen – es sei denn etwa gar durch Habgier –, haben sie gegen jene wüten wollen, welche die göttliche Güte vielleicht zur [Erlangung der] Gnade vorherbestimmt hat. So hat auch der Heilige Gregor[1] einige, die danach trachteten, sie zu vernichten, daran gehindert, indem er erklärte, es sei Sünde, jene vernichten zu wollen, die durch Gottes Barmherzigkeit erhalten geblieben sind, damit sie, nachdem sie Vaterland und Freiheit verloren haben, zur ständigen Sühne für das durch ihre Väter bei Vergießung von Christi Blut begangene Verbrechen verdammt, über alle Welt zerstreut leben. Auch einen Bischof, der eine ihrer Synagogen hat zerstören wollen, hat er daran gehindert. Das Problem der Moslems ist von dem der Juden ohne Zweifel grundverschieden. Gegen jene, welche die Christen verfolgen und sie aus ihren Städten und Wohnsitzen vertreiben, wird gerechterweise Krieg geführt, diese jedoch [die Juden] sind überall dazu bereit, zu dienen.
(B. Blumenkranz, Patristik und Frühmittelalter. A. Die Entwicklung im Westen zwischen 200 und 1200. In: K. H. Rengstorf/S. von Kortzfleisch [Hrsg.], Kirche und Synagoge. Handbuch zur Geschichte von Christen und Juden, Bd. 1. München: Deutscher Taschenbuch Verlag 1988, S. 113)

M 25 Zum Tode des Erzbischofs Anno von Köln (1075)

In der Vita Annonis Archiepiscopi Coloniensis (Lebensbericht des Erzbischofs Anno von Köln) findet sich für das Jahr 1075 beim Tod des Erzbischofs folgende Bemerkung über die Reaktion der Juden:

[…] Auch selbst in den Synagogen der Juden, der Feinde Christi, erhob sich schon ganz früh am Morgen[1] häufige Klage und Unruhe. Einzelne riefen immer wieder laut den Namen Annos, priesen seine Redlichkeit und die Rechtschaffenheit seines Lebens, und sie beweinten seinen Tod.
(Vita Annonis Archiepiscopi Coloniensis. In: Monumenta Germaniae Historica Scriptores, T. XI (S. A.), p. 503. Übersetzung: H. Berndt/R. Möldner)

M 26 Zum Bildungsniveau von Juden und Christen im 11. Jahrhundert

Die verhältnismäßig hohe Schulbildung der Juden, die in krassem Gegensatz zu der grenzenlosen Unwissenheit und Unbildung der christlichen Massen jener Zeit stand, war am wenigsten dazu angetan, die gegenseitigen Beziehungen zwischen den Bekennern der beiden Religionen erträglich zu gestalten. Unter den abergläubischen christlichen Volksmassen galten die Juden als Schwarzkünstler, Zauberer, als Bundesgenossen des Teufels. Ihr Hauptbestreben – so verkündete der Volksmund – gehe nur darauf, die Christen vom Wege der Wahrheit abzulenken; durch allerlei Zauberkniffe stürzten sie die Mönche ins Verderben und verführten diese dazu, sich mit Leib und Seele dem Teufel zu verschreiben und allerhand Missetaten zu vollbringen. Freilich wurden der Zauberei und des vertrauten Umgangs mit dem Satan nicht allein die gelehrten Juden sondern auch die ketzerischen Christen, die Freidenker, verdächtigt.
(S. Dubnow, Weltgeschichte des jüdischen Volkes, Bd. IV. Das frühere Mittelalter. Berlin: Jüdischer Verlag 1926, S. 155f.)

Arbeitshinweise
1 *Beschreiben Sie anhand der Materialien das Verhältnis zwischen den christlichen Kirchenautoritäten und den Juden im frühen Mittelalter.*
2 *Erklären Sie die im Vergleich zu späteren Zeiten auffallend tolerante, gemäßigte Haltung der kirchlichen Autoritäten gegenüber der jüdischen Minderheit in den Jahrhunderten vor 1000 n. d. Z.*
3 *Erklären Sie das trotz aller Toleranz der Autoritäten stets vorhandene emotionale Mißtrauen der Christen gegenüber den Juden.*

---

1 Vermutlich ist Papst Gregor I., 590–604, gemeint, möglicherweise aber auch Bischof Gregor von Tours.

1 Vermutlich gemeint: beim Morgengebet.

B. Die Kreuzzüge als säkulare Wende

1. Berichte von Pogromen

Die Verfolgungen während der Kreuzzüge

Die Kreuzzüge brachten eine Wende im bis dahin weitgehend friedlichen Zusammenleben von Christen und Juden. Den Anlaß für diese Wende bildete das Vordringen des Islam. Papst und Bischöfe sahen die Kirche im Osten des ehemaligen Römischen Reiches und die heiligen Stätten der Christenheit in Gefahr. Sie riefen auf zum Kampf gegen „die Ungläubigen" und „verruchten Heiden" (vgl. M 1/M 2). Die Stoßrichtung dieses Aufrufs ging zunächst gegen die islamischen Herrscher und Länder. Schon bald aber weitete sich das Ziel aus: In den Blickpunkt traten nun „die Ungläubigen" im eigenen Land.

Infolge des Kreuzzugsaufrufs von Papst Urban II. auf dem Konzil von Clermont (1095) formierte sich der erste von sieben Kreuzzügen, um den Kampf gegen die Ungläubigen aufzunehmen. Die Kreuzzüge fanden in der Zeit zwischen 1096 und 1270 statt:

1. Kreuzzug	1096–1099	5. Kreuzzug	1228–1229
2. Kreuzzug	1147–1149	6. Kreuzzug	1248–1254
3. Kreuzzug	1189–1192	7. Kreuzzug	1270
4. Kreuzzug	1202–1204		

Religiöser Fanatismus (vgl. M 5), soziale und wirtschaftliche Probleme (vgl. M 4) sowie die Aussicht auf eine Absolution von allen Sünden (vgl. M 2) motivierten nicht nur Geistlichkeit und Ritter, sondern – vor allem im Ersten Kreuzzug 1096 – auch viele Menschen aus den benachteiligten Schichten der Gesellschaft. Mit bis dahin unbekannter Wucht und Grausamkeit wurde der erste Schlag gegen „die Ungläubigen" im eigenen Land, die Juden, geführt (vgl. M 2ff.). Auch wenn sich geistliche und weltliche Herren bisweilen schützend vor die Juden stellten wie z.B. in Speyer, so waren sie – besonders wiederum im Ersten Kreuzzug – kaum in der Lage, die fanatisierten Massen aufzuhalten. Mordend und plündernd zogen diese Massen, meist unter Führung verarmter Adliger, vor allem am Rhein entlang und töteten Tausende, trieben Hunderte in den Selbstmord und vernichteten zahlreiche große Gemeinden vollständig. Religiöser Fanatismus gepaart mit wirtschaftlichen und sozialen Motiven beendete das friedliche Zusammenleben von Christen und Juden zumindest vorübergehend und leitete eine grundlegende Wende für die Stellung der jüdischen Minderheit in der christlichen Umwelt ein. Auch wenn sich seit dem Zweiten Kreuzzug 1147 die pogromartigen Übergriffe auf Juden und jüdische Gemeinden reduzierten, so war mit der Mordwelle des Ersten Kreuzzuges die Basis für ein vertrauensvolles Zusammenleben von Juden und Christen für lange Zeit zerstört worden.

1.1 Zum Ersten Kreuzzug

M 1 Papst Urbans II. Aufruf zum Kreuzzug (1095)

Der folgende Text stammt von dem Mönch Fulcher von Chartres, der Augenzeuge der Predigt war, die auf der letzten Sitzung des Konzils von Clermont in der Auvergne in Anwesenheit auch einiger weltlicher Barone gehalten wurde.

Getrieben von den Forderungen dieser Zeit, bin ich, Urban, der ich nach der Gnade Gottes die päpstliche Krone trage, oberster Priester der ganzen Welt, hierher zu euch, den Dienern Gottes gekommen, gewissermaßen als Sendbote, um euch den göttlichen Willen zu enthüllen. [...] Es ist unabweislich, unseren Brüdern im Orient eiligst die so oft versprochene und so dringend notwendige Hilfe zu bringen. Die Türken und die Araber haben sie angegriffen und sind in das Gebiet von Romanien vorgestoßen bis zu jenem Teil des Mittelmeeres, den man den Arm Sankt Georgs nennt; [...] Wenn ihr ihnen jetzt keinen Widerstand entgegensetzt, so werden die treuen Diener Gottes im Orient ihrem Ansturm nicht länger gewachsen sein.

Deshalb bitte und ermahne ich euch, und nicht ich, sondern der Herr bittet und ermahnt euch als Herolde Christi, die Armen wie die Reichen, daß ihr euch beeilt, dieses gemeine Gezücht aus den von euren Brüdern bewohnten Gebieten zu verjagen und den Anbetern Christi rasche Hilfe zu bringen. Ich spreche zu den Anwesenden und werde es auch den Abwesenden kundtun, aber es ist Christus, der befiehlt. [...]

Wenn diejenigen, die dort hinunterziehen, ihr Leben verlieren, auf der Fahrt, zu Lande oder zu Wasser oder in der Schlacht gegen die Heiden, so werden ihnen in jener Stunde ihre Sünden vergeben werden, das gewähre ich nach der Macht Gottes, die mir verliehen wurde. [...]

Mögen diejenigen, die vorher gewöhnt waren, in privater Fehde verbrecherisch gegen Gläubige zu kämpfen, sich mit den Ungläubigen schlagen und zu einem siegreichen Ende den Krieg führen, der schon längst hätte begonnen sein sollen; mögen diejenigen, die bis jetzt Räuber waren, Soldaten werden [...]; mögen diejenigen, die sonst Söldlinge waren um schnöden Lohn, jetzt die ewige Belohnung gewinnen; mögen diejenigen, die ihre Kräfte erschöpft haben zum Schaden ihres Körpers wie ihrer Seele, jetzt sich anstrengen für eine doppelte Belohnung. Was soll ich noch hinzufügen? Auf der einen Seite werden die Elenden sein, auf der andern die wahrhaft Reichen; hier die Feinde Gottes, dort Seine Freunde. Verpflichtet euch ohne zu zögern; mögen die Krieger ihre Angelegenheiten ordnen und aufbringen, was nötig ist, um ihre Ausgaben bestreiten zu können; wenn der Winter endet und der Frühling kommt, sollen sie fröhlich sich auf den Weg machen unter der Führung des Herrn.

(R. Pernoud [Hrsg.], Die Kreuzzüge in Augenzeugenberichten. Düsseldorf: Karl Rauch Verlag 1961)

M 2 Bericht des jüdischen Chronisten Salomo bar Simeon über den Überfall auf die Gemeinde Mainz (1096)

Der folgende Text wurde im Jahre 1140 geschrieben.
Damals nahmen die wilden Fluthen überhand und sie ersannen gegen das Volk des Ewigen unrechte Worte, indem sie sagten: „Ihr seid die Nachkommen derer, die unseren Gott umgebracht und gehängt haben." [...]

Es war am Neumondstag des Monats Sivan [d.i. der 25. Mai 1096], da kam der Graf Emicho, der Feind aller Juden – seine Gebeine mögen in einer eisernen Mühle zermalmt werden – mit einem großen Heere und lagerte nebst den Irrenden und dem Pöbel außerhalb der Stadt in Zelten, denn die Thore der Stadt waren vor ihm verschlossen. [...]

Es war um die Mittagszeit, da kam Emicho, der Bösewicht und Judenfeind, mit seinem ganzen Heere vor das Thor und die Städter öffneten ihm das Thor. Da sprachen die Feinde des Ewigen einer zu dem andern: „Sehet, sie haben uns das Thor geöffnet, jetzt lasset uns das Blut (des Gekreuzigten) rächen!" Als die Söhne des heiligen Bundes, die dortigen Frommen und Gottesfürchtigen, jene große Menge, jenes Heer so unzählig wie der Sand am Ufer des Meeres sahen, blieben sie dennoch ihrem Schöpfer getreu. Sie legten Panzer an und umgürteten sich mit Kriegswaffen von Groß bis Klein, Rabbi Kalonymos bar Meschullam, der Vorsteher, stand an der Spitze; aber in Folge der vielen Leiden und Kasteiungen hatten sie nicht die Kraft, den Feinden zu widerstehen. Damals kamen Schaaren und Truppen herangeströmt, bis Mainz gefüllt war von einem Ende zum anderen. Der Feind Emicho ließ vor den Ohren der Gemeinde ausrufen, die Feinde weg zu bringen und aus der Stadt flüchten zu lassen; die Verwirrung, von Gott gesandt war groß in der Stadt. Israels Männer umgürteten sich ein Jeder mit seinen Waffen im inneren Hofe des Bischofs und näherten sich alle dem Thore, um mit den Irrenden und den Städtern zu kämpfen, und sie kämpften gegen einander bis in die Mitte des Thores. Aber unsere Sünden verursachten, daß die Feinde siegten und die Thore einnahmen. Die Hand des Ewigen lag schwer auf seinem Volke und es versammelten sich alle Christen gegen die Juden in dem Hofe, um ihren Namen auszurotten. Es erschlafften die Hände unseres Volkes, als es sah, wie die Hand des frevelhaften Edom es überwältigte. [...] Auch der Bischof selbst floh aus seiner Kirche, denn auch ihn wollten sie töten, weil er Gutes für Israel gesprochen hatte. [...]

Die Feinde trafen gleich bei ihrem Eindringen in den Hof dort einige der vollkommen Frommen an mit unserem Rabbi Isac bar Mosche, einem scharfsinnigen Gelehrten. Dieser streckte zuerst seinen Hals hin und sie hieben ihm den Kopf ab. Sie hatten sich in Gebetmänteln mit Schaufäden daran gehüllt und saßen so in dem Hofe, um schnell den Willen ihres Schöpfers zu erfüllen; sie wollten nicht in die Gemächer flüchten, um eine Stunde länger leben zu können, denn in Liebe nahmen sie das himmlische Strafgericht an. Die Feinde schleuderten Steine und Pfeile gegen sie und sie hatten nicht den Gedanken, zu entfliehen. Da schlugen die Feinde alle, die sie dort fanden mit Schlägen des Schwertes, des Würgens und der Vernichtung. Als die in den Gemächern Versammelten

solche That der Gerechten sahen und wie die Feinde über sie herfielen, da schrieen sie alle: „Es ist das Beste, unser Leben zum Opfer zu bringen!" Und die Frauen dort gürteten mit Kraft ihre Lenden und schlachteten ihre Söhne und Töchter und dann sich selbst: viele Männer stärkten sich und schlachteten ihre Frauen, ihre Kinder und ihr Gesinde; die zarte und weichliche Mutter schlachtete ihr Lieblingskind; alle erhoben sich, Mann wie Frau, und schlachteten einer den anderen. Und die Jungfrauen, die Bräute und Bräutigame schauten durch die Fenster und riefen mit lauter Stimme: „Schaue und siehe, unser Gott, was wir zur Heiligung deines großen Namens thun, um dich nicht zu vertauschen mit dem Gekreuzigten." [...] Fraget doch nach und sehet zu, ob von der Zeit des ersten Menschen an eine so vielfache Opferung je gewesen ist, daß 1100 Opferungen an einem Tage stattfanden, alle gleich der Opferung des Isac, Sohnes Abrahams. Wegen jener einen Opferung auf dem Berge Moriah erbebte die Welt, wie es heißt: „Die Himmelsschaaren schrieen weit hin, und es verdunkelte sich der Himmel". Was haben sie erst jetzt gethan! Warum verdunkelte sich nicht auch da der Himmel, warum zogen die Sterne ihren Lichtglanz nicht ein, und Sonne und Mond warum verfinsterten sie sich nicht an ihrem Gewölbe, als an einem Tage, am dritten des Sivan 1100 heilige Personen ermordet und hingeschlachtet wurden.
(Bericht des Salomo bar Simeon. In: A. Neubauer/M. Stern [Hrsg.], Quellen zur Geschichte der Juden in Deutschland, Bd. II. Hebräische Berichte über die Judenverfolgungen während der Kreuzzüge. Berlin: Verlag von Leonhard Simion 1892, S. 88, 92, 94–98)

M 3 Klagelied des Kalonymos ben Jehuda auf die Märtyrer von Speyer, Worms und Mainz 1096

Kalonymos ben Jehuda, der in Mainz lebte und Augenzeuge der Ereignisse von 1096 war, dichtete das folgende Klagelied, das hier in der Übersetzung von Winter und Wünsche (1897) zitiert wird.

Wer giebt meinem Auge genügende Thränen
Zu beweinen die Morde, geübt an den Söhnen,
Den Alten, den Frauen, den Kindern, den Greisen
In meiner Gemeinde, der Stätte der Weisen? –
O beweint und bejammert, die gefallen durchs Schwert,
Das Israel, mein Volk, ohn' Erbarmen verheert.
[...]
So weine mein Auge, so klage mein Mund
Über die, die gefallen in schrecklicher Stund'
Zu *Speier* am Rhein; im Ijar am achten
Da erfüllte sich der Boshaften Trachten:
Die Alten gemordet, die Jüngling' erschlagen,
Sie weihten ihr Leben, doch ohne zu klagen,
Dem einzigen Gott; in heldhaftem Muth
Vergossen für ihn sie ihr Heldenblut.
O beweint usw.

An diesen Kummer, an diesen Schmerz
Knüpft andern Jammer mein blutendes Herz,
Wenn ich der ferneren Blutthaten denke,
Im Geiste auf *Worms* meine Blicke hinlenke,
Die Stadt der Großen und Herzensreinen,
Wie sie sich hingaben dem Einzigeinen;
Im Ijar und Siwan ein sind da gedrungen
In's Gotteshaus, da man das Hallel gesungen,
Die Mörder und metzelten alles nieder.
Darum ertönen die Klagelieder;
Sie seien ein Kranz, zum Gedächtnis gewunden
Für die, welche starben in Liebe verbunden.
O beweint usw.

Auch die Großen von *Mainz*, der berühmten Gemeine,
Erlagen dem Tode im heil'gen Vereine;
Sie, schneller als Adler und muth'ger denn Leu'n,
Sie standen bereit, sich dem Tode zu weihn.
Als wär' zerstört worden in diesen Tagen
Der heilige Tempel, so will ich klagen;
In Trümmern das Bethaus, verwüstet das Lehrhaus –
Wer kann wohl diesen Jammer ertragen? [...]
Und da schwerer kein Geschick kann sein,
Will ich der Wecker des Schmerzrufs sein;
Will jammern, weinen und mit Klagen
Und überall den Schmerz hintragen;
Von Morgens bis Abends seien die Seufzer gehört
Ueber Israel, mein Volk, das vom Schwerte verheert.
(A. Sulzbach, Die poetische Literatur vom 7. bis zum 17. Jahrhundert. In: J. Winter/A. Wünsche, Die jüdische Literatur seit Abschluß des Kanons. Berlin: Verlag M. Poppelauer 1897, S. 54f.)

M 4 Sozio-ökonomische Motive der Kreuzfahrer

Die soziale Bereitschaft zur Kreuznahme, die häufig unterschätzt wird, hat ganz sicher entscheidend dazu beigetragen, die Kreuzzugsidee in eine Bewegung umzusetzen. Der Zusammenhang zwischen der Kreuzzugsbegeisterung und den herrschenden ökonomischen und demographischen Bedingungen, vor allem in Frankreich um die Wende vom 11. zum 12. Jh., ist klar erwiesen. Bevölkerungszuwachs und stetige Verknappung des teilbaren Grundbesitzes bei niedriger und überdies katastrophenanfälliger Landwirtschaft setzten nicht nur in der bäuerlichen Bevölkerung, sondern gerade auch in der Schicht der niederadligen Lehnsträger dem materiellen Niveau sehr enge Grenzen. [...] Da die Kirche beschränkt aufnahmefähig war, blieben nur Fehden und Kriege um die Verteilung der knappen Ressourcen. Die Gottesfriedensbewegung, die diesem Übel abhelfen sollte, war ein zwar frommes, aber untaugliches Mittel, das den sozialen Druck eher konservierte als beseitigte. Diesen Bedingungen gesellten sich gleichsam als Beschleunigungsfaktoren gerade in den Jahren vor 1095 ungewöhnliche Wetterschwankungen hinzu,

Überschwemmungen und Trockenperioden; Mißernten, Hungersnöte und Epidemien machten die Härte und Unsicherheit des Daseins noch fühlbarer als sonst. Da bot der Kreuzzug den Ausweg, der auch Gottes Wille zu sein schien. So war es kein Wunder, daß der päpstliche Aufruf die Feudalschicht ebenso begeisterte wie die *pauperes*, die buchstäblich auf der Straße liegenden Scharen der bäuerlichen Bevölkerung und vor allem jener, die der Sog der Städte erfaßt hatte, die dort aber nur Randexistenzen geblieben waren. Nicht von ungefähr stammten große Teile der Kreuzheere aus den frühurbanisierten und präindustriellen Regionen Europas: aus Nordostfrankreich, Flandern, dem Rheinland, der Provence und (Ober-)Italien. Hatte nicht Urban II., der französische Papst, eigens darauf hingewiesen, daß neue Lehen und orientalischer Überfluß an die Stelle der heimischen Bedrückungen treten könnten? Der Gedanke lag in der Luft, denn das Ziel des Kreuzzuges lag dort, wo schon nach Auskunft der Bibel „Milch und Honig" fließen sollten.
(R.C. Schwinges, Die Kreuzzugsbewegung. In: F. Seibt [Hrsg.], Handbuch der Europäischen Geschichte, Bd. 2. Stuttgart: Klett-Cotta 1987, S. 182f.)

M 5   Eschatologische Motive der Kreuzfahrer
So wichtig die soziale Bereitschaft stets gewesen ist, um Kreuzzüge überhaupt zustande kommen zu lassen, so wenig erklärt sie das spezifische Erscheinungsbild, die Stoßkraft und die Langlebigkeit der Bewegung. Ohne die gleichzeitige, kulturelle Bereitschaft der lateinischen Christenheit hätte es den Typus des Kreuzzuges nie gegeben. Die Idee selbst, ein Bündel von religiösen, idealistischen und vor allem ideologischen Motiven muß die Menschen immer wieder in ihren Bann gezogen haben. Im einzelnen zwar längst vertraut, wurden sie durch ihre Verknüpfung miteinander jedoch innovatorisch brisant. Die folgenden dürften auch unter längerfristigen Aspekten die wichtigsten gewesen sein: die massenwirksame, eschatologisch begründete Jerusalemsehnsucht, der Wallfahrtsgedanke, die Idee des gerechten und heiligen Krieges, die Ablaß- und Privilegienkonzeption und der Glaube an die leitende, legitime Autorität des Papstes.
Jerusalem war für den Christen der Mittelpunkt seines Weltbildes, das entscheidende Symbol der Heilssuche, war nicht nur Stadt des Leidens und Sterbens, des Grabes und der Auferstehung Christi, sondern zugleich auch Stadt des Paradieses, Sammelpunkt der Auserwählten und der Ort, an dem sich die Zeiten erfüllen. [...]
Von keiner Kreuzfahrergruppe sind die *eschatologischen Erwartungen*, genährt von Zeichen, Wundern und Visionen, den typischen Realitäten der Massenpsyche, derart intensiv gehegt worden wie von den Massen der *pauperes*. Die Armen, die von der Gegenwart nichts, von der Zukunft alles erhofften, hatten es immer eilig, nach Jerusalem zu kommen, wo sie gleichsam in einer Massenapotheose den Lohn für ihr Lebensopfer zu erhalten trachteten.
(R.C. Schwinges, Die Kreuzzugsbewegung. In: F. Seibt [Hrsg.], Handbuch der europäischen Geschichte, Bd. 2. Europa im Hoch- und Spätmittelalter. Stuttgart: Klett-Cotta 1987, S. 185f.)

Arbeitshinweise
1 *Da der Originaltext der Predigten Papst Urbans II. in Clermont 1095 fehlt, muß der Bericht darüber von Fulcher von Chartres (M 1) als Quelle dienen. Untersuchen Sie den Bericht hinsichtlich*
a) des Anlasses,
b) der propagierten Feinde,
c) der gemachten Versprechungen,
d) des darin erkennbaren sozio-ökonomischen Hintergrundes.
2 *Berichten Sie anhand der Quellen M 2 und 3 über das Ausmaß der Ausschreitungen gegen die Juden. Berücksichtigen Sie dabei auch die Statistik M 2 aus Kapitel C.*
3 *Äußern Sie sich zu den Motiven der Kreuzfahrer. Beachten Sie dabei auch M 9.*

1.2 Zum Zweiten und zu den weiteren Kreuzzügen

M 6   Abt Peter von Cluny zur Verfolgung der Juden
Abt Peter vertrat das zu seiner Zeit mächtigste, begütertste und einflußreichste Kloster Cluny in Burgund. Von dort ging die Reformidee des 11. Jahrhunderts aus mit dem Ziel, die Kirche zu Armut und Gehorsam zurückzuführen und sie von staatlichen Zwängen zu befreien, ihr also unter Rückbesinnung auf ihre ureigensten Werte Macht und Einfluß zurückzugewinnen.
Gegenpol zu Cluny wurde der Zisterzienserorden (vgl. M 7).
Was nützt es aber, die Feinde des christlichen Glaubens in fernen Landen aufzusuchen und zu bekämpfen, wenn die liederlichen und lästernden Juden, die weitaus übler als die Sarazenen sind, nicht in fernen Landen, sondern [hier] in unserer Mitte so ungehemmt und so verwegen Christum und alle christlichen Sakramente ungestraft schmähen, mit den

Füßen treten, verächtlich machen? Wie soll Gottes Eifer die Kinder Gottes beseelen, wenn die Juden, diese schlimmsten Feinde Christi und der Christen, so ganz ungeschoren davon kommen? […] Wenn die Sarazenen verabscheut werden müssen, die, obgleich sie wie wir bekennen, daß Christus von einer Jungfrau geboren ist und in vielem, was ihn betrifft, mit uns übereinstimmen, dennoch [ihn als] Gott und Gottes Sohn […] bestreiten und seinen Tod und seine Wiederauferstehung […] in Zweifel stellen, um wieviel mehr müssen die Juden verabscheut und gehaßt werden, die nichts in bezug auf Christus oder den christlichen Glauben annehmen, und die jungfräuliche Geburt und alle Sakramente der Erlösung der Menschheit verwerfen, schmähen, verspotten? Ich sage dies nicht, um das Schwert des Königs oder der Christen zu ihrem Tode zu schärfen, denn ich weiß sehr wohl, daß von ihnen im göttlichen Psalm die Rede ist, wenn der Prophet im Geiste Gottes spricht: „Gott hat es mir an meinen Feinden bewiesen, töte sie nicht" (Ps. 59). Gott will nämlich nicht, daß sie ganz getötet werden, daß sie vollkommen zum Verschwinden gebracht werden, sondern daß sie zur größeren Qual und zur größeren Schmach, wie der Brudermörder Kain, zu einem Leben schlimmer als der Tod bewahrt bleiben.
(B. Blumenkranz, Patristik und Frühmittelalter. A: Die Entwicklung im Westen zwischen 200 und 1200. In: K.H. Rengstorf/S. von Kortzfleisch [Hrsg.], Kirche und Synagoge. Handbuch zur Geschichte von Christen und Juden, Bd. I. München: Deutscher Taschenbuch Verlag 1988, S. 120f.)

M 7 Aus dem Brief des Abtes Bernhard von Clairvaux an die Geistlichkeit Ostfrankens und Bayerns zur Verfolgung der Juden (1146)

Bernhard entstammte einer burgundischen Ritterfamilie und wurde 1115 zum Abt des Klosters Citeaux in Burgund gewählt. Noch im gleichen Jahr gründete er das Tochterkloster Clairvaux, dessen Name er erhielt. Bernhard wurde bald zur beherrschenden Persönlichkeit auf allen Gebieten des kirchlichen Lebens, dessen Wort in theologischen Streitfragen der Zeit häufig den Ausschlag gab.

Wir haben mit Freuden vernommen, wie der Eifer Gottes in Euch glüht, aber immer ist's nötig, daß die Bändigung der Vernunft nicht fehle. Nicht die Juden soll man verfolgen, nicht sie totschlagen, nicht einmal sie verjagen. Befragt darum die göttliche Schrift. Ich weiß, was man im Psalm prophetisch von den Juden liest: „Gott hat mich – so spricht die Kirche – über meine Feinde unterwiesen: töte sie nicht, damit meine Völker niemals vergessen". – Lebendige Zeichen sind sie uns, die Passion des Herrn darstellend. Deswegen sind sie in alle Gegenden verstreut; denn während sie gerechte Strafe für ihre Missetat leiden, sollen sie Zeugen unserer Erlösung sein. Drum fügt auch im selben Psalm die Rednerin, die Kirche, hinzu: „Verstreue sie in deiner Macht und stoße sie hinunter, Herr du mein Schutz" (Ps. 59). So ist es geschehen; verstreut sind sie, heruntergestoßen sind sie, harte Gefangenschaft tragen sie unter den christlichen Fürsten. […]
Ich schweige davon, daß, wo keine Juden sind, christliche Wucherer nur um so ärger die Juden machen, wenn man sie überhaupt Christen und nicht eher getaufte Juden nennen soll. Wenn die Juden völlig vernichtet werden, woher soll dann ihre für die Endzeit verheißene Rettung oder Wandlung erblühen?
(B. Blumenkranz, Patristik und Frühmittelalter. Die Entwicklung im Westen zwischen 200 und 1200. In: K. H. Rengstorf/S. von Kortzfleisch [Hrsg.], Kirche und Synagoge. Handbuch zur Geschichte von Christen und Juden, Bd. 1. München: Deutscher Taschenbuch Verlag 1988, S. 122ff.)

M 8 Der jüdische Chronist Ephraim bar Jacob über die Ereignisse in Köln (1146)

Ephraim bar Jacob wurde ca. 1132 in Bonn geboren und wohnte später in Köln. Der Bericht wurde etwa 1150 geschrieben.

Wohin die Kinder Israels ihre Augen erhoben, siehe, da zogen Dränger und Irrende herbei von allen Seiten her, um sie zu verfolgen und umzubringen. Sie fürchteten sich sehr und wandten sich nach den Bergen und Festungen und suchten dort Schutz, ein Jeder bei seinem bekannten Christen, bittend, dass, wer einen Thurm oder eine Veste besitze, sie aufnehmen möge in den Felsenschlössern und sie dort verberge, bis der Grimm vorübergezogen sei. Es war nach dem Laubhüttenfeste des Jahres 4906[1], da zogen sie ein Jeder aus seinem Orte und begaben sich in die Festungen. Die meisten der Cölner Gemeinde gaben dem Bischof von Cöln eine grosse Summe Geldes, damit er ihnen die Festung Wolkenburg[2] überlasse, die ihresgleichen im Lothringerlande nicht hatte. Durch viele Geschenke veranlassten sie die Entfernung des dortigen Burgwächters, so dass ihnen allein die Festung eingeräumt wurde und kein Fremder oder Christ bei ihnen blieb. Dafür hatten sie sich dem Bischofe hypothekarisch verpfändet mit ihrem Leben, ihren Häusern und ihrem Eigenthume, das sie in der Stadt Cöln hatten. Von der Zeit an, da unter den Völkern bekannt wurde, dass den Juden Wolkenburg überlassen worden war und alle Juden sich dorthin versammelt hatten, hörten sie mit der Verfolgung auf und es trug dies auch zur Rettung der übrigen in die Thürme entflohenen Juden bei.
(Bericht des Ephraim bar Jacob. In: A. Neubauer/M. Stern [Hrsg.], Quellen zur Geschichte der Juden in Deutschland, Bd. II. Hebräische Berichte über die Judenverfolgungen während der Kreuzzüge. Berlin: Verlag von Leonhard Simion 1892, S. 189f.)

1 September 1146
2 bei Königswinter a. Rh.

M 9 Befreiung von Zinsen für Kreuzfahrer
Beschluß des IV. Laterankonzils von 1215
Wenn aber jemand nach dem Heiligen Land geht und eidlich gezwungen ist, Zinsen zu geben, so befehlen wir, daß die Gläubiger solcher Leute bei Vermeidung kirchlicher Strafe angehalten werden sollen, sie des geleisteten Eides zu entbinden und von der Eintreibung der Zinsen Abstand zu nehmen. Wenn aber einer der Gläubiger sie trotzdem zur Bezahlung von Zinsen gezwungen hat, so befehlen wir, ihn mit der gleichen Strafe zur Zurückerstattung derselben zu zwingen. Was aber die Juden betrifft, so befehlen wir, sie durch die weltliche Macht zum *Erlassen der Zinsen* anzuhalten. Bis zur erfolgten Rückzahlung hat aller Verkehr von Christen mit ihnen bei Strafe des Bannes zu unterbleiben.
(J. Höxter, Quellenbuch zur jüdischen Geschichte und Literatur, [1927ff.]. Bd. III. Zürich: Morascha, 1983, S. 17f.)

M 10 Zur Reaktion der Juden auf die Verfolgungen
Die Juden selbst erfuhren diese Verfolgungen denn auch wie einen Blitz aus einem keineswegs verdüstert erscheinenden Himmel. Die Unsicherheit ihrer Lage wurde ihnen dadurch aber noch nicht erhellt. Erst als sich die Verfolgungen 1146/47, zu Beginn des zweiten Kreuzzugs, wiederholten – mit weniger Opfern zwar unter den Juden, aber unter breiterer Beteiligung der Christen –, als auch erste Ritualmordbeschuldigungen in Norwich 1144 und in Blois 1171 unabhängig von den Kreuzzügen größere Verfolgungen auslösten, als die Juden 1180 aus der französischen Krondomäne vertrieben wurden, da erst begannen sie zu begreifen, daß sie 1096 nicht von einer einmaligen Katastrophe getroffen worden waren, sondern eine umfassende und anhaltende Verschlechterung ihrer Lage erlebten, daß sie „von Unglück ausgehen zu Unglück".
(D. Mertens, Christen und Juden zur Zeit des ersten Kreuzzuges. In: B. Martin/E. Schulin [Hrsg.], Die Juden als Minderheit in der Geschichte. München: Deutscher Taschenbuch Verlag 1981, S. 46)

Arbeitshinweise
1 *Untersuchen Sie das Verhalten der christlichen Würdenträger in bezug auf die Judenverfolgungen (M 6 und M 7).*
2 *Beschreiben und erklären Sie die Reaktionen der Juden auf die Angriffe der Christen von 1096 und später (M 2, M 3, M 8 und M 10).*

2. Folgen für das Innenleben der jüdischen Gemeinden

Ohne Vorwarnung brachen die Verfolgungen des ersten Kreuzzuges über die jüdischen Gemeinden herein. Um so tiefgreifender waren die Spuren, die diese Ereignisse im Denken und Fühlen der Juden hinterließen. Dem Kampf ums bloße Überleben folgte das tiefe Erschrecken über die Brutalität und das Ausmaß des Hasses, von denen die jüdische Gemeinschaft vor allem im Zusammenhang mit dem Ersten Kreuzzug betroffen worden war. Die Klage über die Toten und Vernichtung der Gemeinden wurde ergänzt durch die Frage nach dem Sinn des Leidens. War das deutsche und französische Judentum bisher ein Zentrum der intensiven lebenszugewandten Beschäftigung mit Talmud und Thora gewesen, so entwickelten sich nun daneben mystische Glaubensrichtungen, die auf Abkehr von der Welt und demütige Hinnahme des göttlichen Willens abzielten. Diese religiösen Strömungen im deutschen Judentum spiegeln die mit dem Verstand nicht zu erfassende Leidenserfahrung deutlich wider. Die für das deutsche Judentum im ganzen späteren Mittelalter kennzeichnende Neigung zur Verinnerlichung der religiösen Selbstabschließung hat hier ihren Ursprung.
Aber nicht nur für das religiöse Leben brachten die Erfahrungen der Kreuzzüge eine tiefe Wende. Auch für das weltliche Leben lassen sich deutliche Veränderungen aufzeigen. Nach dem Überfall auf die jüdischen Gemeinden und der Plünderung jüdischen Besitzes schlossen sich die Überlebenden noch enger zusammen und begannen mit dem wirtschaftlichen Neuaufbau. Das Wissen um die Unsicherheit der eigenen Existenz beeinflußte jedes wirtschaftliche und soziale Engagement. Eine erste große Auswanderungswelle Richtung Osten setze ein. Nur wenigen jüdischen Persönlichkeiten wie dem Minnesänger Süßkind von Trimberg gelang es in der Folgezeit, zu den privilegierten Schichten der christlichen Gesellschaft Zugang zu finden. Der Prozeß der sozialen Deklassierung der jüdischen Minderheit, der bis ins 20. Jahrhundert andauerte, fand hier seinen Anfang.

2.1 Religiöses Leben

M 11 Klage über die Opfer der Verfolgungen (11. Jahrhundert)

Mose ben Meschullam, der im 11. Jahrhundert lebte, dichtete folgendes Klagelied:
Retter in der Not für Israels Stamm,
Seine Hoffnung, seine Hilf' in jeder Zeit,
Von uns genannt in Freud', in Leid,
Sieh am Boden liegen dein versprengtes Lamm!
Elend ist die ruhelos flüchtende,
Die auf schönere Tage verzichtende,
Die aus einem Weh gestürzt ins andere
Nur hört: Fort von hier und wandere!
Räuber, die sie überfallen,
Zerstörten Felder ihr und Hallen,
Nahmen ihre Güter,
Mordeten die Hüter,
Taten den Fuß in den Stock,
Legten um den Hals den Block;
Und da ihre Edlen in Haft
Oder hingerafft,
Und der Glanz entwich aus ihrer Mitte,
Blieb sie verwaist, eine verlassene Hütte.
Sie schreiet wie in den Wehen
Und Verzweiflung füllt ihr Herz,
Von ihrem Fall, dem Feind ein Scherz,
Sie nicht glaubt wieder aufzustehen.
Fort ist aus ihren Sälen der Gesang,
Dem Klagegeschrei wich der Hörnerklang;
Die Jünglinge sind geschlachtet,
Die Jungfrauen verachtet;
Dem Verfolger ein willkommenes Ziel,
Des wilden Schweines leichtes Spiel
Und schwerer Leiden Raub
Gleichet sie dem dürren Laub.
Nur du bleibst ihre Zuversicht,
Bist nicht für ihre Schmerzen taub,
Du verlässest sie nicht,
Und dir vertraut sie ihre Sache.
O laß sie schauen deine Rache
An dem stolzen Ungeheuer!
Leite, die dir einst war teuer,
Die kranke pflege und die wunde heile,
Den Schmerz der geschlagenen stille,
Mit deinem Glanz das Heiligtum erfülle
Und unser Hirt stets unter uns verweile.
(L. Zunz, Die synagogale Poesie des Mittelalters [1855]. Hildesheim: Georg Olms 1967, S. 193 f.)

M 12 Zum religiösen Leben

Die geistige Hegemonie in Mitteleuropa konzentrierte sich damals in den Gemeinden Nordfrankreichs und der deutschen Rheinlande, namentlich in Lothringen, das an gelehrten Rabbinern und Talmudakademien besonders reich war. Von hier eben ging der erste Versuch aus, die jüdischen Gemeinden zusammenzuschließen und die Selbstverwaltung zu zentralisieren. Den Grundstein hierfür legten um die Mitte des XII. Jahrhunderts die *Rabbinerkonferenzen* (Waadim). Drei Ursachen veranlaßten die Einberufung solcher Konferenzen: Unabweisbar war vor allem das Bedürfnis, die Selbstverwaltung der jüdischen Gemeinden auf eine einheitliche Grundlage zu stellen, sowie Rechte und Pflichten der Rabbiner und des geistlichen Gerichtshofes oder des „Beth-din", der auch zivilrechtliche Streitigkeiten unter den Gemeindemitgliedern zu schlichten hatte, genau zu umschreiben; zweitens galt es, die im Morgenlande ausgearbeiteten talmudischen Normen des Rechts und des Ritus an die veränderten Lebensverhältnisse der in Westeuropa mitten unter den christlichen Völkern lebenden Juden anzupassen; schließlich verlangten die außerordentlichen Umstände zur Zeit der Kreuzzüge, daß man die im Zusammenhang mit diesen zu ergreifenden Maßnahmen gemeinsam berate und beschließe. Die ersten Rabbinerkonferenzen wurden unter dem Vorsitz der maßgebendsten rabbinischen Autorität jener Zeit, des Rabbi Jakob Tam, eines Enkels des Raschi, zwischen 1150–1170, allem Anscheine nach in Troyes oder in Reims abgehalten. An einer dieser Versammlungen beteiligten sich ungefähr hundertundfünfzig Rabbiner.
(S. Dubnow, Weltgeschichte des jüdischen Volkes, Bd. IV. Das frühe Mittelalter. Berlin: Jüdischer Verlag 1926, S. 326)

M 13 Religiöse Verarbeitung der Verfolgungen

Aus dem Hauptwerk des Rabbiners Eleasar ben Juda aus Worms (um 1200), dessen ganze Familie von Kreuzzüglern ermordet wurde.
Die prächtigste Krone [...] ist die Krone der Demut; das erlesenste Opfer ist das zerknirschte Herz; die höchste Tugend der Schamhaftigkeit. [...] Der Demütige ist niedrig in seinen eigenen Augen, ist bescheiden, weichherzig und von zerknirschtem Gemüt. Wird er ob seiner bösen Taten an den Pranger gestellt, so dankt er dem Schöpfer dafür, daß die Welt wenigstens einen Teil seiner Fehler in Erfahrung gebracht hat, daß man ihn straft oder mit Vorwürfen überhäuft, damit er sich bessere. Er vergibt dem, der ihm Übles nachredet; er spricht wenig und nur mit halblauter Stimme; er denkt unverwandt an den Tag seines Todes. [...] Trifft ihn ein Unglück, verliert er seine Kinder und seine nächsten Angehörigen, so erstirbt er dennoch in Demut vor der Gerechtigkeit der Vorsehung [...] Werden sich in Tagen der Not Völker gegen dich erheben, um dich zum Abfall von deinem Glauben zu zwingen, so wirst du gleich den anderen dein Leben hingeben. Murre nicht beim Anblick des Wohlergehens und des Übermuts der Frevler, denn nur die Wege Gottes sind heilbringend, obschon die Wohltaten, die er Israel erweist, uns im Augenblick verborgen bleiben.

(E. ben Juda, Rokeach[1] [um 1200]. In: S. Dubnow, Weltgeschichte des jüdischen Volkes, Bd. IV. Das frühe Mittelalter. Berlin: Jüdischer Verlag 1926, S. 338f.)

M 14 Zum Märtyrertod der Juden

a) Die Tradition, um dieses Glaubens willen Tortur und Märtyrertod auf sich zu nehmen, bestand schon von altersher; seit der Zeit Hannas und ihrer sieben Söhne unter Herrschaft des Antiochus Epiphanes hatten die Juden die ausdrückliche halachische Vorschrift eingehalten, sich lieber erschlagen zu lassen als zu sündigen, wenn man von ihnen verlangte, eine der drei Übertretungen: Götzenanbetung, Inzest oder Blutvergießen zu begehen. [...]
Dennoch, freiwillige Massenselbsttötung und das Umbringen von Kindern gehörten nicht zu dieser Märtyrertradition. [...]
Die Märtyrer gingen in der Erwartung in den Tod, als Lohn für ihr Opfer „das große Licht" in der Welt, die da kommen wird, zu erblicken. Sie empfanden sich als Brandopfer, als ausgewählte Lämmer, die ohne Makel waren. [...]
Die Märtyrer sahen im Geist schon die Niederlage der Kreuzfahrer als den Tag der Rache und der Belohnung kommen, den Tag der historischen Regelung, der den Sieg des Judentums mit sich bringen würde.
(H. H. Ben-Sasson, Geschichte des jüdischen Volkes, Bd. II. Vom 7.–17. Jahrhundert. Das Mittelalter. München: C. H. Beck 1979, S. 40 f.)

b) Mit der gängigen Vorstellung von der Bestrafung der Sünden ließ sich die Katastrophe einfach nicht begreifen, denn die Aschkenasim[1] im Rheinland bildeten heilige Gemeinden, wie ihr Verhalten ja bewiesen hatte. Genau da ließ sich aber die Brücke zu Abraham schlagen. Die Märtyrer der Kreuzzugszeit hatten mit dem Ahnherrn des jüdischen Volkes gemein, daß beider Glaube auf die äußerste Probe gestellt wurde, und zwar nicht etwa, weil sie unwürdig gewesen wären, sondern ganz im Gegenteil gerade weil sie vollkommen waren. Sie blieb zwar das Grauen in lebendiger Erinnerung, doch es war in dieser Deutung nicht mehr absurd, und der tiefe Schmerz erfuhr wenigstens eine gewisse Linderung.
(Y. H. Yerushalmi, Zachor: Erinnere Dich! Jüdische Geschichte und jüdisches Gedächtnis. Berlin: Klaus Wagenbach 1988, S. 50f.)

Arbeitshinweise

1 Wegen der engen inhaltlichen Verbindung zwischen jüdischer Geschichte und jüdischem Glauben werden die historischen Erfahrungen der Juden in der Kreuzzugszeit auch religiös verarbeitet. Erläutern Sie anhand ausgewählter Materialien einige Aspekte dieser Verarbeitung.
2 Vergleichen Sie M 22 und M 23 aus Kapitel A 2.3 mit M 11 und M 13 aus Kapitel B 2.1, und erläutern Sie die Veränderung, die die Kreuzzüge für die Religion bewirkt haben.
3 Suchen Sie nach einer Erklärung für die Bereitschaft der Juden, lieber den Märtyrertod zu sterben als sich taufen zu lassen.

2.2 Weltliches Leben

M 15 Die Folgen der Kreuzzüge

Der erste Kreuzzug, der die christlichen Massen nach dem asiatischen Morgenlande hin in Bewegung setzte, trieb zugleich die jüdischen Massen nach dem Osten Europas. Die ersten Auswandererscharen, die sich nach den Schrecken des Jahres 1096 in Prag versammelt hatten, um weiter nach Polen oder Ungarn zu ziehen, wurden von dem böhmischen Fürsten Wratislaw zurückgehalten und ausgeplündert. Indessen vermochten solche Zwischenfälle den unaufhaltsamen Zug der jüdischen Auswanderer, die aus Deutschland über Böhmen dem ruhigen, von der Kreuzfahrer-„Gesittung" noch unberührt gebliebenen Polen zustrebten, auf die Dauer nicht zu unterbinden. Diese Auswanderung setzte sich durch das ganze XII. Jahrhundert fort. In der Zeit schwerer Bedrängnis und namentlich in der bedrohlicher Exzesse artete diese Bewegung in eine regellose Flucht aus, um in ruhigeren Perioden von neuem den Charakter einer nur durch wirtschaftliche Motive bedingten Emigration anzunehmen.
(S. Dubnow, Weltgeschichte des jüdischen Volkes, Bd. IV. Das frühe Mittelalter. Berlin: Jüdischer Verlag 1926, S. 427f.)

M 16 Folgen für die jüdische Gemeinschaft

Im XII. Jahrhundert mußte sich die Abschließung der Juden gegen die Umwelt, die schon durch ihre eigenartige Lebensführung bedingt war, unter dem von außen ausgeübten Drucke noch mehr verschärfen. Gleich einer von einem Wolf verfolgten Herde preßten sich die Gehetzten eng aneinander und suchten nach Möglichkeit in geschlossenen Siedlungen, fern von den ihnen feindlichen Nachbarn zu leben. Die in

1 Vgl. Glossar!

den meisten Städten seit jeher bestehenden *jüdischen Viertel* sperrten sich um diese Zeit immer mehr gegen die Außenwelt ab. Die Juden verließen die in den christlichen Stadtteilen gelegenen Häusern, während die Christen andererseits aus den jüdischen Vierteln nach und nach verdrängt wurden. Die autonome Gemeinde wird immer mehr zu einem besonderen jüdischen Städtchen mitten in der christlichen Stadt. Die Gefahr, von der alle gleich bedroht sind, schließt die Mitglieder der Gemeinde zu einem einzigen Schutzverband zusammen. Die Selbstverwaltung wird zur Selbstwehr. In den Urkunden jener Zeit tritt uns die innere Gliederung der Gemeinde schon mit ziemlicher Deutlichkeit entgegen; man unterscheidet:

einen „jüdischen Magistrat" (magistratus Judaeorum), dessen Präses, der in Deutschland Judenbischof (episcopus Judaeorum in Köln, in den jüdischen Urkunden: „Parnas") genannt wird, Rabbiner, Richter und andere synagogale Beamte.
(S. Dubnow, Weltgeschichte des jüdischen Volkes, Bd. IV. Das frühe Mittelalter. Berlin: Jüdischer Verlag 1926, S. 325)

Arbeitshinweise

1 *Ermitteln Sie die Ursachen für die Entstehung der jüdischen Ghettos ab dem 12. Jahrhundert.*
2 *Stellen Sie die Folgen zusammen, die die Verfolgungen für das Gemeinschaftsleben der Juden hatten.*

2.3 Literarisches Leben

M 17 Zu Süßkind von Trimberg
Süßkind von Trimberg war Minnesänger und lebte in der 2. Hälfte des 13. Jahrhunderts.
Es klingt kaum glaublich, daß das gegen Juden nicht sehr liebevolle Deutschland in dieser Zeit einen jüdischen Dichter in der Landessprache, einen jüdischen Minnesänger, erzeugt hat, der in schönen Weisen zu singen, Reim, Versmaß und Strophenbau zu behandeln verstand und soviel Anerkennung fand, daß er in den Dichterkreis ebenbürtig aufgenommen wurde. Süßkind (Suezkint) von Trimberg (einem Städtchen an der fränkischen Saale) hatte sich die Sangweise Walthers von der Vogelweide und Wolframs von Eschenbach angeeignet.
(H. Graetz, Volkstümliche Geschichte der Juden, Bd. IV. Das Judentum im Mittelalter bis zu den Verfolgungen in der Zeit des Schwarzen Todes. [1888] München: Deutscher Taschenbuch Verlag 1985, S. 137)

M 18 Süßkind von Trimberg, Minnelieder 1218–1232

a) O König, hochgelobter Gott.
O König, hochgelobter Gott, das All füllt deine Macht;
Du leuchtest mit dem Tage und dunkelst mit der Nacht,
Daß es der Welt an Freude und Frieden nicht gebricht.
König! Alle Ehre gebühret dir allein.
Wie zierest du den Tag mit hellem Sonnenschein.
Und auch die Nacht schmückt deines Mondes Licht.
Du schufst den Himmel und der Sterne Schar,
Und deine Schönheit währet immerdar.
Viel hast du uns zu spenden – das wankt und weichet nicht.

b) Adel
Wer Edles tut, der soll mir adlig gelten,
Mag seinen Adelsbrief auch einen Wisch man schelten;
Sieht man doch Rosen sprießen auch am Dorne.
Wo aber Adelsname sich mit Gemeinem paart,
Da wird das Adelskleid ein Fetzen schlechter Art.
Nicht taugt's dem Mehl, wenn Spreu sich mischt dem Korne.
Wo Adel adlig sich beträgt.
Da glänzt er hell wie Sonnen:
Wo aber Missetat er pflegt,
Verfälscht er edlen Bronnen.
Wenn einer von geringem Stand
Von Üblem fernhält seine Hand,
Zum Besten stets das Aug' gewandt,
Der heißt mir edel – strömt sein Blut auch nicht aus adeligem Borne.

c) Abschied von der Kunst
Da bin ich eines Toren Fahrt
Mit meiner Kunst gefahren!
Die großen Herren wollen mir nichts geben,
Drum will ich ihre Höfe fliehn
Und laß mir einen langen Bart
Wachsen von grauen Haaren.
Nach alter Judensitte will ich fortan leben
Und stille meines Weges ziehen.
Der Mantel soll umfahn mich lang
Tief unter meinem Hute.
Demütiglich sei nun mein Gang,
Und nie mehr sing' ich höfischen Gesang.
Seit mich die Herren schieden von dem Gute.
(J. Höxter, Quellenbuch zur jüdischen Geschichte und Literatur [1927ff.], Bd. III. Zürich: Morascha, 1983, S. 90f.)

B 1 Süßkind von Trimberg, der erste jüdische Dichter in Deutschland. Miniatur in der Manesseschen Liederhandschrift (um 1300).

Arbeitshinweise

1 *Interpretieren Sie die Gedichte des Süßkind von Trimberg nach literarischen Kriterien. Vergleichen Sie diese Beispiele mit nicht-jüdischer Lyrik dieser Zeit.*

2 *Suchen Sie nach einer Erklärung für die Tatsache, daß Süßkind von Trimberg der einzige jüdische Minnesänger war. Benutzen Sie dazu auch ihre Arbeitsergebnisse aus B 2.1 und B 2.2.*

3. Die Wende im christlich-jüdischen Zusammenleben

War das friedliche Neben- und Miteinander von Christen und Juden bis ins 11. Jahrhundert hinein nur gelegentlich gestört worden, so veränderte sich das christlich-jüdische Zusammenleben nun grundlegend. Als „Christusmörder" und „Ungläubige" wurden die Juden nun verstärkt bezeichnet und damit aus der christlichen Gesellschaft ausgegliedert. Ihnen wurde ein Sonderstatus zugewiesen, der sie als Fremde klassifizierte. Diese Ausgrenzung ging einher mit ständigen Verdächtigungen, Verächtlichmachungen und negativen Zuschreibungen, die aus Aberglaube und Unkenntnis jüdischen Lebens und jüdischer Traditionen genährt wurden. Das offensive Auftreten der Kirche gegen die Juden verfestigte und schürte selbst dann diese Stigmatisierungen, wenn einzelne kirchliche Würdenträger oder weltliche Herren zur Mäßigung aufrufen bzw. – wie z. B. in Speyer – für die Juden eintraten.

Für die jüdische Seite bedeuteten die Erfahrungen der Kreuzzüge eine tiefgreifende Entfremdung von der christlichen Umwelt. Der Verlust des sichergeglaubten Platzes in der Gesellschaft, die erzwungene Absonderung und die soziale Deklassierung führten zu einer völlig neuen Wahrnehmung der christlichen Umwelt (vgl. M 2 ff.). Das Christentum wurde nun als Sinnbild der Verfolgung und der Vernichtung gesehen. Entsprechend aggressiv waren in dieser Zeit die Kennzeichnungen der christlichen Religion und ihrer Vertreter in den innerjüdischen Diskussionen und den hebräischen Chroniken.

Die Verfolgungen während der Kreuzzüge als brutaler Beginn einer Ausgrenzung der Juden aus der christlichen Gesellschaft rissen einen Graben auf, der die Entwicklung eines friedlichen, gleichberechtigten Zusammenlebens von Christen und Juden für Jahrhunderte unmöglich machte. Die in den Kreuzzügen deutlich gewordene unheilvolle Verknüpfung von religiösen, sozialen und wirtschaftlichen Motiven der Judenfeindschaft bildeten das Grundmuster für die Auseinandersetzungen und Verfolgungen der christlichen Mehrheit gegenüber der jüdischen Minderheit bis in die Neuzeit.

M 19 Zum Verhalten der Juden gegenüber den sie verfolgenden Christen

Aus dem religiösen Hauptwerk der Zeit um 1200, dem Sefer ha Chassidim (Buch der Frommen). Es gehört zu den bedeutendsten Werken der jüdischen Mystik in Deutschland und wurde von Juda ben Samuel aus Regensburg um 1200 verfaßt:

„Sollten die Feinde sagen: Liefert uns einen aus, damit wir ihn totschlagen, sonst werden wir euch alle niedermachen – so mögen sie alle niedermachen, nur daß ihnen keine jüdische Seele ausgeliefert werde. Werden die Feinde sagen: Liefert uns eine Frau aus, damit wir sie schänden, sonst werden wir alle entehren – so mögen sie alle schänden, nur daß ihnen keine jüdische Frau, auch nicht eine Unvermählte, ausgeliefert werde". – „In einer Stadt stellte man die Juden vor die Wahl, entweder dem Glauben loszusagen oder zu sterben, und der Ortsrabbiner gestattete allen Gemeindemitgliedern, sich loszusagen, um später wieder [zum Judentum] zurückzukehren. Alle mit Einschluß des Rabbiners selbst handelten denn auch so und wurden später wieder Juden. Doch wird es der Rabbiner einmal zu verantworten haben, daß er alle zur Sünde verleitet hat". – „Viele Juden wurden während der Katastrophe [des Kreuzzuges] erschlagen, andere aber bereiteten sich auf den Tod vor, wurden jedoch verschont. Einer von den Erschlagenen erschien nun seinem Freunde im Traume und sagte ihm: Alle, die entschlossen waren, für die Heiligkeit des Namens Gottes zu sterben [auch wenn sie später errettet worden sind], werden zusammen mit ihnen in Eden thronen". – „Bei einem Bandenüberfall [von Kreuzfahrern] ist es unzulässig, durch Aufstellung der Zeichen ihrer Religion in den Häusern oder durch Aufnähen dieser Zeichen auf das Gewand sowie durch den Besuch ihrer Tempel den Schein zu erwecken, als gehöre man nicht zum Judentum".

(S. Dubnow, Weltgeschichte des jüdischen Volkes, Bd. IV. Das frühe Mittelalter. Berlin: Jüdischer Verlag 1926, S. 335 f.)

M 20 Aus den Verordnungen der jüdischen Gemeinden Mainz, Worms und Speyer (1220–1223)

Eine Konsequenz des veränderten Verhältnisses der Juden zu ihrer christlichen Umwelt waren die überregionalen Synoden von Rabbinern der rheinischen Gemeinden, die gewöhnlich in Mainz tagten. Ergebnis dieser Tagungen waren Verordnungen über religiöse Praxis, Familienrecht und Gemeindeangelegenheiten:

Einmütig haben wir verordnet und unterzeichnet: 1.

Es gehe kein Jude in nichtjüdischen Gewändern, er trage keine durchlöcherten Schnürärmel, er habe auch keine fremde Haartracht und schere nicht den Bart, weder mit einem Schermesser noch mit etwas Ähnlichem. 2. Man darf nur dann Geld ausleihen, wenn man am Geschäft des Leihenden auf Gewinn und Verlust zur Hälfte beteiligt wird. 3. Droht einer dem andern vor Zeugen an, er werde ihn um den Broterwerb bringen und führt es aus, so zwinge der Gerichtshof den Angeber oder Verleumder, dem Geschädigten auf dessen Schwur hin den Schaden zu erstatten. [...] In den drei Gemeinden Speyer, Worms und Mainz fordere man den Verleumder vor Gericht, und der Bann treffe ihn in den drei Gemeinden, bis er das Krumme gerade gemacht hat. [...] 4. Schwört einer seiner Gemeinde zu, er habe nur so und so viel an Steuern zu zahlen, die Gemeinde weiß aber, er muß mehr leisten, und er schwört zum Falschen, darf er zu keinem Schwur mehr zugelassen werden. 5. Keiner schlage seinen Nächsten. Verleumdet einer seinen Nächsten beim König oder beim Bischof, und dem Verleumdeten entsteht dadurch ein Schaden, so tritt die ganze Gemeinde dafür ein, wenn die Entschädigung vom Angeber nicht eingetrieben werden kann. 6. Junge Burschen sollen auf Hochzeiten nicht mehr als sechs Groschen erhalten. Sie sollen mit den Familienvätern auf Hochzeiten keine derben Scherze treiben. [...] 7. Ein Jude soll nicht um Geld spielen, nicht mit Juden und nicht mit Nichtjuden. [...] 8. Man lade nicht zu einem nicht gebotenen Gastmahl, es sei denn nach einem Aderlaß oder wenn man Fremde bei sich beherbergt oder am Festtag. Auch ist Frauen ein Gastmahl bei einer Wöchnerin gestattet. 9. Niemand unterstehe sich, den Richtern Israels zu unterstellen, sie hätten ungerechten Spruch gefällt. [...] 10. Ferner verordnen wir, bei allen Hochzeiten einen Aufseher zu bestimmen, um Verbotenes zu vermeiden. [...] 11. Nicht schelte einer den andern Bastard oder Blendling. 12. Reicht das für den Kinderlehrer Festgesetzte nicht aus, nehme man für ihn von den Spenden, die beim Seelengedächtnis gestiftet werden, falls die Verwendung nicht ausdrücklich bestimmt wird. [...] 13. Kann einer sich nicht mit dem Talmud beschäftigen, lerne er eine halbe Seite nach seinem Können, oder er lerne Satzungen oder Midrasch[1] oder Bibel oder den Wochenabschnitt Tag für Tag. Ob einer viel lernt oder wenig, ist nicht entscheidend, nur, ob er aus freiem Willen lernt. 14. Ein jeder tue Neid und Scheelsucht von sich ab, wenn er das Gotteshaus betritt, er schwatze dort nicht, sondern diene unserem Vater im Himmel.
(E. L. Ehrlich, Geschichte der Juden in Deutschland. Düsseldorf: Pädagogischer Verlag Schwann ³1960, S. 19ff.)

1 vgl. Glossar

M 21 Moderne israelische Interpretation der Ereignisse von 1096

Der zeitgenössische israelische Historiker Ben-Sasson gibt in seiner mehrbändigen „Geschichte des jüdischen Volkes" die folgende Interpretation der Ereignisse von 1096. In ihr spiegelt sich ein wesentlicher Aspekt des heutigen israelischen Selbstverständnisses.

Der für die Juden wesentliche Aspekt der Ereignisse von 1096 war nämlich der Kampf Israels um die Heiligung des Namens des Herrn. Rabbi Salomo ben Samson beklagte die Niederlage im Kampf der jüdischen Gemeinde von Mainz, bei dem „Groß und Klein sich gürtete und bewaffnete" und vor die Stadttore zog, um dem Feind entgegenzutreten. Seine Erklärung für die Niederlage geht über die Tatsache hinweg, daß sie schließlich kampferprobte bewaffnete Krieger vor sich hatten, wohingegen sein eigenes Volk stark nur in Anrufung und Gebet war, wie Rabbi Simeon der Große bereits ein Jahrhundert zuvor bemerkt hatte, als er die feudalen Paladine mit der Gemeinschaft der Juden verglich.
R. Salomo, der während des Heiligen Krieges lebte, schrieb die Niederlage der Juden der Schwächung durch Gebet und Askese zu: Infolge der vielen Kasteiungen und des anhaltenden Fastens hätten sie nicht die nötige Kraft gehabt, dem Feind standzuhalten.
(H. H. Ben-Sasson, Geschichte des jüdischen Volkes, Bd. II. Vom 7.–17. Jahrhundert. Das Mittelalter. München: C. H. Beck 1979, S. 38)

M 22 Zur Wirkung der Verfolgungen durch die Christen

Ermißt man, daß [...] das, was am tiefsten und gründlichsten den Judenhaß in den breiten Schichten der Bevölkerung verankerte, die Überlieferung war, in der immer ausschließlich das Volk, das der Welt den Heiland gebracht hatte, zu dem wurde, das den Heiland der Welt gekreuzigt hatte, so begreift man den totalen Charakter dieses Hasses, in das Niedrigste und das Höchste in dumpfer Verwirrung sich mischen. Das für die Juden selbst Verwirrenste und Unheilvollste, das sie am gewaltigsten in sich selbst Zurückweisende war, daß alle Verfolgung, alle Erniedrigung, alles Martyrium ihnen im Namen Christi widerfuhr. Es kann aus der Geschichte der Judenverfolgungen wie des Christentums nicht getilgt werden, daß für die Juden [...] in jeder Verfolgung das ihnen entgegengehaltene goldene Bild des Gekreuzigten das Sinnbild des rasendsten Hasses, ihrer Vernichtung selbst war.
(M. Susman, Das Buch Hiob und das Schicksal des jüdischen Volkes. Freiburg: Herder 1968, S. 142f.)

M 23 Zur Bedeutung der Kreuzzüge für das Leben der Juden in Europa

Diese Ereignisse bedeuteten einen Wendepunkt in der jüdischen Geschichte. Bis zu dieser Zeit – auf jeden

Fall viele Generationen lang – hatten die Juden im allgemeinen in Frieden gelebt. Das hatte jetzt ein Ende, und dem Beispiel des ersten Kreuzzuges folgten daraufhin systematisch weitere [...].
Seit 1096 war die Zeit der Ruhe und Sicherheit, die die Voraussetzung für die Ansiedlung der Juden in Westeuropa gewesen war, für immer zu Ende. [...] Jeden Kreuzzug oder Pseudokreuzzug begleiteten von da an Überfälle auf die Juden; mit dem dritten Kreuzzug griffen sie auch auf *England* über. [...]
Die Kreuzzüge veränderten die wirtschaftliche Lage der Juden ganz erheblich; dies wiederum beeinflußte ihre gesellschaftliche Stellung und im Lauf der Zeit auch ihre Haltung gegenüber der Kirche. Während die Juden im Altertum vorwiegend Landwirte und Handarbeiter gewesen waren und später als tüchtige Handwerker bekannt wurden (besonders in verschiedenen Zweigen des Textilgewerbes), drangen sie im frühen Mittelalter hauptsächlich als Kaufleute nach Europa vor. Die aufblühenden italienischen Handelsrepubliken taten alles, was in ihrer Macht stand, um sich ihnen in den Weg zu stellen; dabei verbargen sie ihre wirtschaftliche Rivalität unter dem Deckmantel religiösen Eifers. Während jetzt die Kreuzzüge die unübersteigbare Schranke, die bisher den christlichen Okzident vom mohammedanischen Orient getrennt hatte, mit Gewalt niederrissen und auf diese Weise dem italienischen Warenumschlag im Mittelmeer einen starken Auftrieb gaben, machten sie gleichzeitig das Reisen für die Juden noch gefährlicher. Inzwischen war der europäische Handel unter den Gilden straffer organisiert und ganz auf diese beschränkt worden. In dieser Organisation, die auch noch einen religiösen Rahmen erhielt, war für den Juden natürlich kein Platz mehr vorhanden, so daß er sich nach einem anderen Betätigungsfeld für seine Energie und sein Kapital umsehen mußte. Das waren u. a. die Gründe, die die Zeit der Kreuzzüge zu einem Markstein in der jüdischen Wirtschaftsgeschichte machten. [...]
Während die europäischen Juden in der Zeit vor den Kreuzzügen vorwiegend Kaufleute, Handwerker und Landwirte (die sich besonders mit Weinbau befaßten) gewesen waren, und an die sich gelegentlich notleidende nichtjüdische Nachbarn wie an andere Menschen mit der Bitte um ein Darlehen wandten (und umgekehrt), so waren sie von der Zeit der Kreuzzüge an im wesentlichen Geldverleiher; die Wohlhabenderen unter ihnen wenigstens lebten von den Zinsen der Darlehen, die sie anderen gaben. Das bedeutet natürlich nicht, daß sie sich nicht auch noch gleichzeitig mit Handelsgeschäften abgaben, und es gibt zahlreiche Zeugnisse dafür, daß es unter ihnen weiterhin Handwerker gab. Immerhin tritt der jüdische Geldverleiher jetzt als charakteristische Gestalt in Westeuropa auf.
(C. Roth, Der Anteil der Juden an der politischen Geschichte des Abendlandes. Hannover: Landeszentrale für politische Bildung 1965, S. 11 ff.)

M 24 Zur Veränderung der Rechtsstellung der Juden

So sehr aber auch die Juden Deutschlands Kammerknechte waren, so waren sie doch im zwölften Jahrhundert nicht aller persönlichen Rechte beraubt. Sie durften noch die Waffen führen, den Zweikampf annehmen. Als Worms belagert wurde, kämpften die Juden gleich den Christen, und die Rabbinen erlaubten am Sabbat die Waffen zur Verteidigung zu gebrauchen. Sie hatten meistens eigene Gerichtsbarkeit und brauchten nicht vor einem fremden Richter zu erscheinen. [...] Aber je mehr das Verbot, christliche Dienstboten zu halten, durchdrang, desto mehr mußten die Juden ihren Landbesitz nach und nach veräußern, sich in die Städte zurückziehen und dort sich auf Handel und Geldgeschäfte verlegen.
(H. Graetz, Volkstümliche Geschichte der Juden, Bd. IV. Das Judentum im Mittelalter bis zu den Verfolgungen in der Zeit des Schwarzen Todes. [1888] München: Deutscher Taschenbuch Verlag 1985, S. 137)

Arbeitshinweise

1 *Fassen Sie die Veränderungen für Juden in rechtlicher, sozialer und religiöser Hinsicht zusammen, die die Kreuzzüge mit sich brachten.*
2 *Bewerten Sie den Stellenwert der Kreuzzüge für die Geschichte der Juden.*
3 *Erarbeiten Sie die Veränderung des Bildes vom Christentum, das sich den Juden durch die Erfahrung mit den Kreuzzügen aufdrängte.*
4 *Erarbeiten Sie anhand der Darstellung von Ben-Sasson (M 21) den für heutige Israelis beherrschenden Aspekt der Ereignisse von 1096. Vergleichen Sie ihn anhand der Quellen mit der Reaktion der damaligen Juden.*
5 *Untersuchen Sie die rabbinischen Verordnungen für die rheinischen Gemeinden (M 20), und stellen Sie die Sachbereiche fest, mit denen sie sich befassen. Bewerten Sie die Verordnungen im damaligen Umfeld.*

C. Entrechtung, Ausgrenzung und Verfolgung im Mittelalter

M 1 Zur sozialen Stellung der Juden im Mittelalter

Wir haben keine mittelalterliche Autobiographie eines begnadigten Verfemten, aber die eines bekehrten Juden, kein Königsmandat zum Schutz von Ketzern, aber viele zum Schutz von Juden. Das ist dafür bezeichnend, daß Juden dem Mittelalter nicht im gleichen Maß als Außenseiter gelten wie Verfemte und Ketzer. Diese Gruppen sind an die Ränder der Siedlungen und Gemeinschaften abgedrängt; auf sie werden Triebe der Lebenszerstörung und Sehnsüchte der Lebensüberwindung abgeschoben, die dem Zusammenleben bedrohlich werden könnten. Die Juden aber sind ein Lebenskreis unter anderen und weithin wie andere, freilich mit einer besonders ausgeprägten Lebensform, mit eigener Geschichte und Gemeinde. Sie halten am mosaischen Gesetz und an talmudischen Bräuchen, an der hebräischen Kultsprache und an der gemeinsamen Abstammung aus dem Gelobten Land fest. [...] Juden bilden überall lokale Gemeinden von ihresgleichen, mitten in den Städten; jedes Kind weiß, wo Synagoge, Judenhäuser und Judenfriedhof zu finden sind. Bei aller Seßhaftigkeit sind die Juden mobil; zwischen Mainz und Münster, Saragossa und Calatayud halten sie zusammen, stehen aber auch mit allen christlichen Lebenskreisen in lebhaftem Austausch, allerdings vorwiegend wirtschaftlich. Im ganzen verhält man sich ihnen gegenüber wie zu Fremden, zu englischen Kaufleuten in Pavia oder portugiesischen Studenten in Siena.

In der frühmittelalterlichen Phase kleiner Familien und Gemeinden bietet das Zusammenleben mit Juden keine grundsätzlichen Probleme. In der adlig-bäuerlichen Umgebung hüten auch alle anderen Gruppen ihren Rechtsstatus, ihre Bindung an Nachbarn, ihr Mißtrauen gegen Fremde. Wirtschaftlich sind Juden für Fernhandel prädestiniert, doch ist der Wettbewerb auf den kleinen Märkten schwach, und auch andere Berufe stehen Juden ohne Diskriminierung offen. [...] Von Judenpogromen des Volkes berichtet zum Jahr 1007 der Kluniazenser Rodulf der Kahle, der auch gegen Ketzer eifert, und hier liegt der Hauptgrund des Umschwungs. Die Christen lernten sich in der Kirchenreform des 11. Jahrhunderts als abendländisches Gottesvolk begreifen und abgrenzen; seitdem sehen sie in den Juden Anführer des Teufelsvolkes und einen Lebenskreis der Reaktion. Sie haben als Gruppe Beziehungen nach draußen, insbesondere zu spanischen Mohammedanern; Urban II. weist 1095 in Clermont darauf hin, daß auch seldschukische Feinde des Heiligen Landes die jüdische Beschneidung üben. In dieser satanischen Ökumene sind jüdische Synagogen die sichtbarsten Vorposten für Brunnenvergifter, Kindsmörder und Hostienschänder. Zur religiösen Verbandsbildung im großen kommen wirtschaftliche und soziale Differenzierungen im kleinen. Neben asketische Verachtung von Simonie und Wucher tritt Wettbewerb christlicher Kaufleute und Handwerker in städtischen Ballungsräumen; die Berufstätigkeit von Juden wird empfindlich eingeschränkt. Inmitten der Schwurverbände gleichberechtigter Bürger wird die patriarchalische Judengemeinde zum Überbleibsel überwundener Zustände. Daß sie weiterhin in den Städten wohnt, betet und sich bereichert, konfrontiert ihren Umkreis täglich mit seiner eigenen Vergangenheit und provoziert einen Generationskonflikt. Er wird dadurch verschärft, daß sich die Judengemeinde in der Defensive immer traditionalistischer und exklusiver gebärdet; über ihren eigenen Lebenskreis hinaus wirkt sie denn auch nur noch im Bereich gelehrter Überlieferung, in Bibel- und Geschichtsdeutung und Medizin. Jetzt sind auch Juden zu Außenseitern geworden, die das Zusammenleben bedrohen, und zwar gefährlicher als Verfemte und Ketzer, weil die Judenheit dank ihrer Verwurzelung in der ganzen Ökumene und Geschichte eine echte Alternative zur Christenheit sein könnte.

Hier zeigt sich am deutlichsten der genaue Zusammenhang zwischen Ächtung von Außenseitergruppen und Festigung der Christenheit. Solange lokale Gruppen in Essex gegen Wikinger, in Sachsen gegen Slaven, in Valencia gegen Mohammedaner kämpften, konnten sie ihre Feinde nicht in globalen Beziehungen sehen. Erst das Zusammenwachsen der Christenheit im 11. Jahrhundert zog den Gedanken von der Verschwörung aller Außenseiter mit sich. [...] So hatten die Außenseitergruppen für die Konsolidierung des mittelalterlichen Gefüges geradezu konstitutive Wirkung, ganz anders als dann in der Neuzeit, wo sie für Ausweitung menschlicher Horizonte, Aufweichung sozialer Grenzen, Erschütterung kollektiver Vorurteile sorgten.

(A. Borst, Lebensformen im Mittelalter. Frankfurt a.M.: Ullstein 1973, S. 608 ff.)

M 2 Zur Bedeutung der Juden-Pogrome im Mittelalter

Während des ersten Kreuzzuges tauchen bereits alle typischen Grundzüge der mittelalterlichen Pogrome auf. Das Wort selbst ist allerdings erst neuzeitlich, aus dem Russischen übernommen. Bezeichnend für Pogrome ist, daß die Feindschaft nicht bloß gegen Einzelpersonen oder Einzelgruppen, die für gewisse Mißstände verantwortlich gemacht werden (etwa der jüdische Wucherer), gerichtet wird, sondern gegen *alle* Mitglieder einer Minderheit, im konkreten Fall gegen alle Juden und Jüdinnen. [...] Der zweite charakteristische Zug eines Pogroms ist die Koppelung des Mordens mit Raub und Plünderung, der Verbindung von Haß und Neid entsprechend und in einem gewissen Ausmaß wohl für alle spontanen Erhebungen typisch; jedenfalls tauchte diese Koppelung auch in

Städten und auf dem Land bei Revolten und Aufständen auf, die gegen bestimmte Personen oder Personengruppen gerichtet waren.

Spezifisch für die Judenpogrome war, daß die Opfer vor die Wahl Tod oder Taufe gestellt wurden. Vom Standpunkt des kanonischen Rechts war dieses Vorgehen absolut unzulässig. Es war strikt verboten, jemanden mit Gewalt oder unter Todesandrohung zu taufen, und diese Verbote wurden von Päpsten, von Theologen und von Kanonisten immer wieder in Erinnerung gerufen. Da aber die Taufe als Sakrament galt, war ihr Charakter unwiderruflich. Selbst wenn die Taufe erzwungen war und daher eigentlich nicht hätte vorgenommen werden dürfen, war sie – einmal formgerecht vollzogen – „für alle Ewigkeit" gültig. Der Zwangsgetaufte war genauso Christ wie jemand, der sich freiwillig und aus Überzeugung taufen ließ. Im 11. und 12. Jahrhundert wurde die Rückkehr der Zwangsgetauften zu ihrem alten Glauben von der kirchlichen Hierarchie stillschweigend gestattet; manchmal bewilligten sie einzelne Bischöfe sogar ausdrücklich. Seit dem 13. Jahrhundert wurde die Praxis gegenüber „Renegaten" jedoch immer rigoroser geübt, und vor allem die Inquisitionstribunale begannen immer mehr Zwangsgetaufte, die zum Judentum zurückgekehrt waren, als abtrünnige Christen zu verfolgen und dem Scheiterhaufen zu überantworten.

Die Frage der Taufe von Juden, aber auch des Übertritts von Christen zum Judentum, hat das christlich-jüdische Verhältnis nicht nur im Mittelalter belastet; es zeigen sich Folgen bis in unsere Tage hinein. [...]

Im Mittelalter kamen zu den religiös-geistigen Folgen der Taufe handgreifliche ökonomische Konsequenzen hinzu: Der Täufling ging oftmals seiner väterlichen Erbschaft verlustig. Er sollte seine Habe, die ja „unrechtmäßig" erworben war, das heißt gegen das kanonische Zinsverbot, der Kirche übergeben. Er mußte nicht nur nach einem neuen und ungewohnten Rhythmus leben, sondern auch einen neuen Beruf wählen. Die Taufe war absolut keine formale Angelegenheit, kein bloßes „Eintrittsbillet" in die christliche Gemeinschaft, als das sie zuweilen im 19. Jahrhundert angesehen wurde – sie war ein wirklicher Bruch mit der gesamten bisherigen Existenz. Dennoch sind immer wieder Taufen aus echter, aufrichtiger Überzeugung vorgekommen [...].

(F. Graus, Judenfeindschaft im Mittelalter. In: H. A. Strauss/N. Kampe [Hrsg.], Antisemitismus, Bonn: Bundeszentrale für politische Bildung 1985, S. 33f.)

M 3   Statistik der Verfolgungen 1096 bis 1350
Judenverfolgungen in Deutschland

Jahre	Zahl der betroffenen Gemeinden	Todesopfer (Mindestzahlen)	auslösende Faktoren bzw. Bewegungen
1096	12	ca. 2000	1. Kreuzzug
1146–48	4		2. Kreuzzug
1179–1197	4	42	3. Kreuzzug
1200–1225	3	24	Ritualmord
1225–1250	9	226	Ritualmord
1250–1275	6	107	Rückfall eines Konvertiten
1275–1300	180	4002	Ritualmord, Hostienschändigung „Guter Werner" (1287–89), „Rindfleisch" (1298)
1300–1325	13	120	Hostienschändung
1325–1350	528	2300 (davon 1758 in 4 Gemeinden)	Ritualmord, Hostienschändung „Judenschläger" „Armleder" (1336–1338), Schwarzer Tod, Brunnenvergiftung (1348–50)

(M. Toch, Judenfeindschaft im deutschen späten Mittelalter. In: T. Klein/V. Losemann/G. Mai [Hrsg.], Judentum und Antisemitismus von der Antike bis zur Gegenwart. Düsseldorf: Droste 1984, S. 72f.)

Arbeitshinweise

1 *Erläutern Sie den Bewußtseinswandel, den das christliche Abendland im Hinblick auf das Judentum im hohen und späten Mittelalter durchläuft (M 1). Belegen Sie Ihre Ausführungen an Beispielen.*

2 *Zeigen Sie die Stellung der jüdischen Gemeinden in ihrem historischen Wandel auf (M 1).*

3 *Untersuchen Sie die Statistik (M 3) hinsichtlich der Zeiten stärkster Judenverfolgung im hohen und späten Mittelalter.*

4 *Welche Kategorien von Ursachen lassen sich für die Verfolgungen finden?*

5 *Erklären Sie Herkunft und wesentlichen Inhalt des Begriffs „Pogrom" (M 2).*

6 *Berichten Sie über die gesellschaftliche und wirtschaftliche Bedeutung der Taufe für einen Juden (M 2).*

1. Judenfeindschaft der Kirche

Die Kirche stand im 13. bis 15. Jahrhundert vor einer doppelten Herausforderung: Papst und Bischöfe stritten mit den weltlichen Machthabern um den gesellschaftlichen, politischen und wirtschaftlichen Führungsanspruch, und gleichzeitig entwickelten sich im Innern der Kirche Bewegungen, die auch die geistliche Autorität des Papsttums in Frage stellten. Von diesen Auseinandersetzungen waren auch die Juden betroffen. Papst und Bischöfe versuchten ebenso wie Kaiser und Fürsten ihren universellen Herrschaftsanspruch u.a. dadurch zu untermauern, daß sie für sich die Herrschaft über die Juden beanspruchten. Vor diesem Hintergrund wurden von der Kirche eine Vielzahl von Rechtsnormen und detaillierten Vorschriften für den Umgang mit Juden formuliert. Das Ergebnis dieser Rechtsvorschriften bestand fast immer in einer Beschneidung der Rechte der Juden, die letztlich eine Isolierung dieser Bevölkerungsgruppe bewirkte. Für die Juden wurde ein Sonderstatus formuliert, der sie aus den rechtlichen und sozialen Bindungen ausgliederte. Durch diese fortschreitende Ausgliederung wurde die Voraussetzung dafür geschaffen, daß die Juden als kleine, weitgehend schutzlose Minderheit in besonderer Weise zum Objekt sehr unterschiedlicher Machtansprüche werden konnten.

Für die mittelalterliche Kirche lag es nahe, daß die freiwillige oder gewaltsame Bekehrung der Juden das beste Mittel sein mußte, um den eigenen Herrschaftsanspruch zu realisieren. Dazu wurden verschiedene Mittel eingesetzt. So wurden aus Aberglaube und mangelnder Kenntnis der jüdischen Religion erwachsende Anschuldigungen für die eigenen Ziele dienstbar gemacht. Auch vor offener Gewalt und Verfolgung wurde nicht zurückgeschreckt. So wurde z.B. der Vorwurf erhoben, die Juden müßten aus rituellen Gründen – vor allem zu Pessach – Christenblut in ihren Gottesdiensten verwenden. Diese „Blutbeschuldigung", die im Römischen Reich bereits gegen die frühen Christengemeinden erhoben worden war, entbehrte zwar jeder Grundlage, setzte sich aber in den Köpfen vor allem ungebildeter Bevölkerungsschichten schnell fest und wirkte bis ins 20. Jahrhundert fort. Verfolgung, Folter und Mord waren die Konsequenz. Neben der Anschuldigung des Ritualmords gehörte der Vorwurf der Hostienschändung zu den Beschuldigungen, die aus Unkenntnis und Aberglaube in der christlichen Bevölkerung entstanden und von Vertretern der Kirche häufig nur halbherzig bekämpft, wenn nicht gar für die eigenen Ziele genutzt wurden. Der Schritt von der Ausgrenzung zur Verfolgung wurde so zumindest erleichtert wenn nicht sogar schon vollzogen.

Aber die Kirche reagierte nicht nur bereitwillig auf Anschuldigungen gegen die Juden, sondern sie setzte sich auch offensiv mit den „Ungläubigen" auseinander. Die Missionierung der Juden wurde mit allen zur Verfügung stehenden Mitteln betrieben. Dabei wurde auf die Anwendung von Gewalt auch dann nicht verzichtet, wenn die eigenen Glaubenssätze dieser Gewalt entgegenstanden. Selbst vor Zwangstaufen wurde nicht zurückgeschreckt. Zwangspredigten und Religionsdisputationen, deren Ergebnis in der Regel schon vorher feststanden, sollten „die verstockten Juden" bekehren. Gleichzeitig gab es immer wieder Versuche, deren Religionsausübung zu verhindern. In diesem Zusammenhang sind die Einziehungen und Verbrennungen des Talmuds, der nach der Thora wichtigsten geistigen Quelle des Judentums, zu sehen, wie sie z.B. in Frankfurt oder Paris erfolgten.

Die aus religiösen Motiven vorgetragenen Anschuldigungen gegen die Juden und die Ausgrenzungs- und Verfolgungsmaßnahmen der Kirche trugen wesentlich zur Entwicklung der Judenfeindschaft im Mittelalter bei. Gleichzeitig wirkten sie weit über das Mittelalter hinaus wie u.a. die noch in unserer Zeit stattfindenden Diskussionen um einen angeblichen Ritualmord (vgl. Fallbeispiel „Anderl von Rinn" M 7 und 8) zeigen.

1.1 Blutbeschuldigung und Ritualmordvorwurf

M 4 Untersuchung Kaiser Friedrichs II. zur Blutbeschuldigung

Kaiser Friedrich II. (1215–1250) leitet auf dem Hoftag zu Hagenau eine Untersuchung wegen der Blutbeschuldigung ein, der am 28. Dezember 1235 über 32 Juden zum Opfer gefallen waren. Das Ergebnis wird in der folgenden Urkunde bekannt gemacht.

Weder im Alten noch im Neuen Testament ist zu finden, daß die Juden nach Menschenblut begierig wären. Im Gegenteil, sie hüten sich vor der Befleckung durch jegliches Blut. Dies ergibt sich aus dem Buche, das hebräisch „Berechet" [Bereschit, für Tora] genannt wird, und in Übereinstimmung mit den Vorschriften des Moses aus den jüdischen Gesetzen, die hebräisch „Talmillot" [Talmud] heißen.

Es spricht auch eine nicht geringe Wahrscheinlichkeit dafür, daß diejenigen, denen sogar das Blut erlaubter Tiere verboten ist, keinen Durst nach Menschenblut haben können. [...] Wir haben daher die Juden zu Fulda des ihnen aufgelegten Verbrechens und die übrigen deutschen Juden eines so schändlichen Verdachtes nach dem Spruch der Fürsten für völlig unschuldig erklärt. Deshalb verbieten wir durch gegenwärtige Urkunde, daß irgendeine Person, sie sei geistlich oder weltlich, hoch oder niedrig, Schulze, Vogt, Bürger oder wer immer, besagten Juden samt und sonders unter dem Vorwande einer öffentlichen Bekanntmachung oder irgendeiner Gelegenheit den vorgenannten schmählichen Verdacht auflege, noch ihnen einen Vorwurf mache. Jedermann soll wissen, daß, [...] diejenigen, welche gegen den Wortlaut gegenwärtiger Urkunde zu verstoßen wagen sollten, sich der Beleidigung unserer Majestät schuldig machen werden.

(J. Höxter, Quellenbuch zur jüdischen Geschichte und Literatur [1927ff.]. Bd. III. Zürich: Morascha 1983, S. 19f.)

M 5 Papst Innozenz IV. in der Päpstlichen Bulle vom 5. Juli 1247 zu den gegenüber den Juden erhobenen Anschuldigungen

Wir haben die jammervolle Klage der Juden Deutschlands vernommen, daß einzelne geistliche und weltliche Fürsten und andere Adelige und Machthaber in euren Staaten und Diözesen, um ungerechterweise ihre Güter zu plündern und sich anzueignen, gottlose Anschläge gegen sie ersinnen und mannigfache und verschiedene Anlässe erdichten, ohne vernünftig zu bedenken, daß gewissermaßen aus ihrem Archiv die Zeugnisse des christlichen Glaubens hervorgegangen sind. Obwohl die Heilige Schrift unter anderen Gesetzesvorschriften sagt: ‚Du sollst nicht töten' und ihnen verbietet, am Passah-Fest etwas Gestorbenes zu berühren, erheben jene die falsche Beschuldigung, daß die Juden gerade an diesem Feste das Herz eines gemordeten Kindes unter sich verteilen, und manche glauben, daß das Gesetz es so befehle, während so etwas offenkundig dem Gesetz zuwider ist, und wenn irgendwo ein Leichnam gefunden wird, legt man böswillig ihnen den Mord zur Last. Durch solche und andere zahlreiche Erdichtungen wütet man gegen sie und ohne Anklage, ohne Geständnis, ohne Überführung [...]. In Furcht vor völliger Vertreibung haben sie die Fürsorge des apostolischen Stuhles in Anspruch genommen. Da wir nicht wollen, daß die genannten Juden mit Unrecht verfolgt werden, deren Bekehrung der Herr erbarmungsvoll erwartet, da nach dem Zeugnis des Propheten die Überreste derselben selig werden sollen, bestimmen wir, daß ihr euch ihnen gegenüber gnädig und gütig zeigt, daß ihr, wenn ihr findet, daß von den genannten Prälaten, Adeligen und Machthabern hinsichtlich des Erwähnten etwas grundlos gegen die Juden unternommen wird, den gesetzmäßigen Zustand wiederherstellt und nicht duldet, daß dieselben fernerhin wegen dieser und ähnlicher Anklagen zu Unrecht belästigt werden; und diejenigen, welche sie auf diese Weise belästigen, durch kirchliche Strafen, ohne Berufung zuzulassen, in Schranken haltet.

(M. Stern, Die päpstlichen Bullen über die Blutbeschuldigung. München: A. Schupp Verlag 1900, S. 10ff.)

M 6 Der jüdische Historiker R. Joseph ha Cohen (1496–1575) berichtet über die Blutbeschuldigung von Trient (1475)

In jener Zeit, am Mazzotfeste, erschlug der Bösewicht Enzo in Trient in Italien ein zweijähriges Kind, namens Simon, und warf es insgeheim in den Teich am Hause des Juden Samuel, ohne daß es jemand gesehen hatte. Da beschuldigten sie die Juden nach ihrer Gewohnheit und begaben sich auf Geheiß des Bischofs in deren Häuser, kehrten aber, da sie das Kind nicht fanden, bald wieder heim. Als es jedoch später gefunden wurde, gingen sie auf Befehl des Bischofs hin, das Kind an Ort und Stelle zu besichtigen, worauf er alle Juden ergreifen ließ und ihnen das Leben unerträglich machte. Man folterte sie, so daß sie gestanden, was ihnen niemals zu tun in den Sinn gekommen war. Nur ein alter, sehr betagter Mann, namens Mosche, bekannte jene schändliche Unwahrheit nicht und starb unter den Schlägen. Vergilt ihm, o Gott, seine Frömmigkeit! Zwei gelehrte, gesetzeskundige Christen aus Padua waren hingekommen, um zu erfahren, welche Bewandtnis es mit der Sache habe, aber der Zorn der Bewohner des Landes ward wider sie rege, und man wollte sie töten. Hierauf verurteilte der Bischof die Juden, man machte ihnen das Leben unerträglich, indem man sie mit Zangen zwickte und dann verbrannte, so daß ihre reine Seele zum Himmel emporstieg, worauf der Bischof, seinem

Plane gemäß, sich alle ihre Habe zueignete und seine Wohnung mit Zerrissenem [Beute] füllte. Alsdann hieß es, das Kind sei heilig und tue Wunder. Der Bischof ließ dies auch in allen Ortschaften bekanntmachen, worauf das Volk sich herandrängte, es zu sehen, und man kam dabei nicht mit leeren Händen. Es erfüllte damals die Bevölkerung des Landes Haß gegen die Juden überall, wo sie wohnten, und man mochte nicht freundschaftlich mit ihnen reden. Später forderte der Bischof den Papst auf, das Kind heiligzusprechen, da es sich heilig erwiesen habe, worauf der Papst einen seiner Kardinäle, der den Titel Legat führte, hinschickte, damit er die Sache genau untersuchen sollte. Als dieser gekommen war, die Sache untersuchte und genau erforschte, sah er, daß es eitles Blendwerk und Torheit war, und auch die Leiche des Kindes untersuchte er, und siehe da, sie hatten sie mit Gewürzen und Leichenparfümerien einbalsamiert. Hierauf spottete er ihrer, und als er in Gegenwart des Volkes die ganze Sache für unwahr erklärte, wurde der Zorn des Volkes gegen ihn rege, so daß er vor ihnen fliehen und sich in eine in der Nähe von Trient gelegene Stadt zurückziehen mußte. Dann ließ er sich die Akten über das, was jene armen Juden eingestanden hatten und was über sie beschlossen worden war, bringen. Hierauf ließ er einen der Diener jenes Bösewichts, der das Kind ermordet hatte, ergreifen, der dann auch gestand, daß jene Schändlichkeit auf Befehl des Bischofs verübt worden sei, welcher die Juden zu verderben beabsichtigt hätte. Diesen Diener führte er mit nach Rom, berichtete demgemäß dem Papste, der daher auch das Kind nicht heiligsprach, wie der Bischof tagtäglich von ihm begehrt hatte.
(M. Wiener, Emek habacha von R. Joseph ha Cohen, [1858]. In: J. Höxter, Quellenbuch zur jüdischen Geschichte und Literatur, Bd. III. Zürich: Morascha 1983, S. 114f.)

M 7   **Offizielle kirchliche Version der Legende von Anderl von Rinn (1947)**

Kurze Martergeschichte

Unter den auf dem südöstlichen Innsbrucker Mittelgebirge herrlich hingestreuten Dörfern ist Rinn besonders berühmt durch die Wallfahrt zum seligen Märtyrerkind Andreas in Judenstein. Dort führte in früherer Zeit in nächster Nähe eine Handelstraße, die sogenannte Hochstraße vorbei, die von den zu den berühmten Bozner Märkten reisenden Handelsleuten mit Vorliebe begangen wurde. Im nahen Fichten- und Birkenwalde lag ein aus der Eiszeit stammender Steinblock, der um das Jahr 1462 der Schauplatz eines furchtbaren Ereignisses wurde. Auf diesem Stein haben durchreisende jüdische Kaufleute, aus Haß gegen Christus, das 2 1/2 Jahre alte Knäblein der armen Taglöhnerfamilie Simon und Maria Oxner zu Tode gemartert und dessen Leiche auf einen nahen Birkenbaum aufgehängt. Johann Mayr, der Pate des Kindes und Unterstandsgeber der Familie Oxner, hat das Kind in Abwesenheit seiner Mutter, die nach Amras zum Kornschnitt gegangen war, um einen Hut voll Geld an die jüdischen Händler verkauft. Durch die drei Blutstropfen, welche der Mutter auf die Hand fielen, in Angst versetzt, eilte die Mutter nichts Gutes ahnend nach Hause zurück und fand nach längerem Suchen die entsetzlich entstellte Leiche ihres lieben Kindes noch hängend auf der Birke.

Die Leiche des Märtyrleins wird unter Zulauf des Volkes feierlich auf dem Rinner Friedhof bestattet, im Verlauf von mehreren Jahren erhoben und in der Kirche in einem schönen Behälter (Reliquienschrein) aufbewahrt. Zum Marterstein wurden alljährlich Prozessionen veranstaltet, bis im Jahre 1671 über dem Steine, wo das unschuldige Kind Andreas um Christi willen sein Blut vergossen, vom Baumeister Gallus Apeller die heute noch stehende Kirche gebaut und am 2. Dezember 1678 vom Fürstbischof von Brixen, Paulinus Mayr, zu Ehren der Unschuldigen Kinder und des seligen Andreas eingeweiht wurde.

Durch ein Breve vom 13. Dezember 1703 kam aus Rom vom Papst Benedikt XIV. die Erlaubnis, alljährlich am 12. Juli das Fest des Seligen in der Diözese Brixen mit eigener Festmesse und den priesterlichen Tagzeiten öffentlich zu begehen.

Am 23. August 1745 feierliche Übertragung der von den Gräfinnen Elisabeth und Marianna von Tannenberg reich gefaßten und gekleideten Gebeine des Seligen von Schwaz nach Judenstein und Aufstellung auf dem Hochaltar. Eine Übertragungsfeier wiederholte sich 1844, 1894 und 1944. Da 1944 eine feierliche Prozession noch verboten war, wurde sie unter großer Beteiligung des andächtigen Volkes am 15. Juli 1945 nachgetragen.

Die vielen Votivtafeln in der Kirche und die im Wiltener Stiftsarchiv und im Pfarrarchiv Tulfes hinterlegten, behördlich beglaubigten Dankschreiben, auch aus früherer Zeit, sind ein laut sprechendes Zeugnis von der Macht der Fürbitte des seligen Anderle bei Gott dem Herrn.

Nr. 526

Imprimatur.
Apostolische Administratur Innsbruck, am 22. Februar 1947.
Dr. Bruno Wechner, Provikar

(N. Hauer, Judenstein – Legende ohne Ende? Hrsg. v. d. Solidaritätsgruppe engagierter Christen in Österreich (SOG). Salzburg: SOG/Edition, o. J., S. 18)

B 1 Christliche Vorstellung von einem jüdischen Ritualmord (1493)

M 8 Vatikan-Kongregation gegen Ritualmordlegende (1989)

Unterstützung aus dem Vatikan hat jetzt der Innsbrucker Diözesanbischof Dr. Reinhold Stecher bei seinem Eintreten gegen die Legende vom jüdischen Ritualmord am „Anderl von Rinn" erhalten. In einem Schreiben vom 7. April 1989 teilte die „Kongregation für Gottesdienst und Sakramente" dem Bischof von Innsbruck mit, daß sie aufgrund einer Beschwerde, die von Oberösterreich aus an den Papst gerichtet worden war, dem Beschwerdeführer eine Klarstellung zukommen ließ. Darin brachte sie zum Ausdruck, daß die Angelegenheit „Anderl von Rinn" zunächst als Sache der Diözese Innsbruck zu betrachten sei. Der Heilige Stuhl unterstützt jedoch voll die Maßnahmen des Bischofs von Innsbruck.

Es müsse, schrieb die Kongregation, „auch ganz klar gesagt werden, daß es nie einen jüdischen Ritualmord gegeben hat". Der heutige Christ müsse eine solche Behauptung „als eine tief anstößige und schandbare Verleumdung gegen das jüdische Volk eindeutig verurteilen". Es sei ganz und gar undenkbar, „daß die Verbreitung und Förderung einer solchen Unwahrheit auf irgendeine Weise oder in irgendwelchen Umständen dem Willen Gottes dienen könnte", hieß es in dem Schreiben aus Rom.
(Allgemeine Jüdische Wochenzeitung vom 5.5.1989, S. 1)

M 9 Der Ritualmordvorwurf in literarischer Verarbeitung

In seinem Romanfragment „Der Rabbi von Bacharach" beschreibt Heinrich Heine (1797–1856) eine Ritualmordbeschuldigung:

Im großen Saale seines Hauses saß einst Rabbi Abraham, und mit seinen Anverwandten, Schülern und übrigen Gästen beging er die Abendfeier des Passahfestes. Im Saale war alles mehr als gewöhnlich blank; über den Tisch zog sich die buntgestickte Seidendecke, deren Goldfransen bis auf die Erde hingen; traulich schimmerten die Tellerchen mit den symbolischen Speisen sowie auch die hohen weingefüllten Becher, woran als Zierat lauter heilige Geschichten von getriebener Arbeit; die Männer saßen in ihren Schwarzmänteln und schwarzen Platthüten und weißen Halsbergen; die Frauen, in ihren wunderlich glitzernden Kleidern von lombardischen Stoffen, trugen um Haupt und Hals ihr Gold- und Perlengeschmeide, und die silberne Sabbatlampe goß ihr festlichstes Licht über die andächtig vergnügten Gesichter der Alten und Jungen. Auf den purpurnen Sammetkissen eines mehr als die übrigen erhabenen Sessels und angelehnt, wie es der Gebrauch heischt, saß Rabbi Abraham und las und sang die Agade, und der bunte Chor stimmte ein oder antwortete bei den vorgeschriebenen Stellen. Der Rabbi trug ebenfalls sein schwarzes Festkleid, seine edelgeformten, etwas strengen Züge waren milder denn gewöhnlich, die Lippen lächelten hervor aus dem braunen Barte, als wenn sie viel Holdes erzählen wollten, und in seinen Augen schwamm es wie selige Erinnerung und Ahnung. Die schöne Sara, die auf einem ebenfalls erhabenen Sammetsessel an seiner Seite saß, trug als Wirtin nichts von ihrem Geschmeide, nur weißes Linnen umschloß ihren schlanken Leib und ihr frommes Antlitz. Dieses Antlitz war rührend schön, wie denn überhaupt die Schönheit der Jüdinnen von eigentümlich rührender Art ist; das Bewußtsein des tiefen Elends, der bittern Schmach und der schlimmen Fährnisse, worinnen ihre Verwandten und Freunde leben, verbreitet über ihre holden Gesichtszüge eine gewisse leidende Innigkeit und beobachtende Liebesangst, die unsere Herzen sonderbar bezaubern. So saß heute die schöne Sara und sah beständig nach den Augen ihres Mannes; dann und wann schaute sie auch nach der vor ihr liegenden Agade, dem hübschen, in Gold und Sammt gebundenen Pergamentbuche, einem alten Erbstück mit verjährten Weinflecken aus den Zeiten ihres Großvaters, und worin so viele keck und bunt gemalte Bilder, die sie schon als kleines Mädchen, am Passah-Abend, so gerne betrachtete, und die allerlei biblische Geschichten darstellten, als da sind: wie Abraham die steinernen Götzen seines Vaters mit dem Hammer entzweiklopft, wie die Engel zu ihm kommen, wie Moses den Mizri totschlägt, wie Pharao prächtig auf dem Throne sitzt, wie ihm die Frösche sogar bei Tische keine Ruhe lassen, wie er Gott sei Dank versäuft, wie die Kinder Israel vorsichtig durch das Rote Meer gehen, wie sie offenen Maules mit ihren Schafen, Kühen und Ochsen vor dem Berge Sinai stehen, dann auch wie der fremde König David die Harfe spielt, und endlich wie Jerusalem mit den Türmen und Zinnen seines Tempels bestrahlt wird vom Glanze der Sonne!

Der zweite Becher war schon eingeschenkt, die Gesichter und Stimmen wurden immer heller, und der Rabbi, indem er eins der ungesäuerten Osterbrote ergriff und heiter grüßend emporhielt, las folgende Worte aus der Agade: „Siehe! Das ist die Kost, die unsere Väter in Ägypten genossen! Jeglicher, der da traurig, er komme und teile unsere Passahfreude! Gegenwärtigen Jahres feiern wir hier das Fest, aber zum kommenden Jahre im Lande Israels! Gegenwärtigen Jahres feiern wir es noch als Knechte, aber zum kommenden Jahre als Söhne der Freiheit!"

Da öffnete sich die Saaltüre, und herein traten zwei große, blasse Männer, in sehr weite Mäntel gehüllt, und der eine sprach: „Friede sei mit euch, wir sind reisende Glaubensgenossen und wünschen das Passahfest mit euch zu feiern." Und der Rabbi antwortete rasch und freundlich: „Mit euch sei Frieden, setzt euch nieder in meiner Nähe." Die beiden Fremdlinge setzten sich alsbald zu Tische, und der Rabbi fuhr fort im Vorlesen: „...wie Rabbi Josua, Rabbi Elieser, Rabbi Asaria, Rabbi Akiba und Rabbi Tarphon in Bene-Brak angelehnt saßen und sich die ganze Nacht vom Auszuge der Kinder Israel aus Ägypten unterhielten, bis ihre Schüler kamen und ihnen zuriefen, es sei Tag, und in der Synagoge verlese man schon das große Morgengebet."

Derweilen nun die schöne Sara andächtig zuhörte und ihren Mann beständig ansah, bemerkte sie, wie plötzlich sein Antlitz in grausiger Verzerrung erstarrte, das Blut aus seinen Wangen und Lippen verschwand und seine Augen wie Eiszapfen hervorglotzten; – aber fast im selben Augenblicke sah sie, wie seine Züge wieder die vorige Ruhe und Heiterkeit annahmen, wie seine Lippen und Wangen sich wieder röteten, seine Augen munter umherkreisten, ja, wie sogar eine ihm sonst ganz fremde tolle Laune sein ganzes Wesen ergriff. Die schöne Sara erschrak, wie sie noch nie in ihrem Leben erschrocken war, und ein inneres Grauen stieg kältend in ihr auf, weniger wegen der Zeichen von starrem Entsetzen, die sie einen Moment lang im Gesichte ihres Mannes erblickt hatte, als wegen seiner jetzigen Fröhlichkeit, die allmählich in jauchzende Ausgelassenheit überging. Der Rabbi schob sein Barett spielend von einem Ohr nach dem andern, zupfte und kräuselte possierlich seine Bartlocken, sang den Agadetext nach der Weise eines Gassenhauers, und bei der Aufzählung der ägyptischen Plagen, wo man mehrmals den Zeigefinger in den vollen Becher eintunkt und den anhängenden Weintropfen zur Erde wirft, besprizte der Rabbi die jüngeren Mädchen mit Rotwein, und es gab großes Klagen über verdorbene Halskrausen und schallendes Gelächter. Immer unheimlicher ward es der schönen Sara bei dieser krampfhaft sprudelnden Lustigkeit ihres Mannes und beklommen von namenloser Bangigkeit schaute sie in das summende Gewimmel der buntbeleuchteten Menschen, die sich behaglich breit hin und her schaukelten, an den dünnen Passahbroten knoperten, oder Wein schlürften, oder miteinander schwatzten, oder laut sangen, überaus vergnügt.

Da kam die Zeit, wo die Abendmahlzeit gehalten wird, alle standen auf, um sich zu waschen, und die schöne Sara holte das große, silberne, mit getriebenen Goldfiguren reichverzierte Waschbecken, das sie jedem der Gäste vorhielt, während ihm Wasser über die Hände gegossen wurde. Als sie auch dem Rabbi diesen Dienst erwies, blinzelte ihr dieser bedeutsam mit den Augen und schlich sich zur Türe hinaus. Die schöne Sara folgte ihm auf dem Fuße; hastig ergriff der Rabbi die Hand seines Weibes, eilig zog er sie fort durch die dunklen Gassen Bacherachs, eilig zum Tor hinaus auf die Landstraße, die den Rhein entlang nach Bingen führt [...]

Der Rabbi, des Sprechens ohnmächtig, bewegte mehrmals lautlos die Lippen, und endlich rief: „Siehst du den Engel des Todes? Dort unten schwebt er über Bacherach! Wir aber sind seinem Schwerte entronnen. Gelobt sei der Herr!" Und mit einer Stimme, die noch von innerem Entsetzen bebte, erzählte er: wie er

wohlgemut die Agade singend und angelehnt saß und zufällig unter den Tisch schaute, habe er dort zu seinen Füßen den blutigen Leichnam eines Kindes erblickt. „Da merkte ich" – setzte der Rabbi hinzu – „daß unsere zwei späten Gäste nicht von der Gemeinde Israels waren, sondern von der Versammlung der Gottlosen, die sich beraten hatten, jenen Leichnam heimlich in unser Haus zu schaffen, um uns des Kindermordes zu beschuldigen und das Volk aufzureizen, uns zu plündern und zu ermorden. Ich durfte nicht merken lassen, daß ich das Werk der Finsternis durchschaut; ich hätte dadurch nur mein Verderben beschleunigt, und nur die List hat uns beide gerettet. Gelobt sei der Herr! Ängstige dich nicht, schöne Sara; auch unsere Freunde und Verwandten werden gerettet sein. Nur nach meinem Blute lechzten die Ruchlosen; ich bin ihnen entronnen und sie begnügen sich mit meinem Silber und Golde. Komm mit mir, schöne Sara, nach einem anderen Lande, wir wollen das Unglück hinter uns lassen, und damit uns das Unglück nicht vefolge, habe ich ihm das letzte meiner Habe, das silberne Becken, zur Versöhnung hingeworfen. Der Gott unserer Väter wird uns nicht verlassen –."
(H. Heine, Der Rabbi von Bacharach. In: H. Heine, Sämtliche Werke in 12 Bänden, 4. Band. Berlin: A. Weichert, o. J., S. 89 ff.)

M 10 Xantener Knabenmordprozeß von 1892

1892 fand man auf der Spreu in der Scheune eines Xantener Schankwirts die Leiche eines fünfeinhalbjährigen Jungen mit einer klaffenden Halswunde. Man beschuldigte den früheren Schächter der jüdischen Gemeinde, Adolph Buschhoff, einen Ritualmord begangen zu haben. Der Prozeß wurde vom 4. bis 14.7.1892 vor dem Schwurgericht in Kleve geführt. Staatsanwalt Baumgard hielt folgendes Plädoyer:

Ich muß bemerken, daß mir bei meiner langen kriminalistischen Tätigkeit noch kein einziger Fall vorgekommen war, wo ein so klarer, zusammenhängender Beweis geführt worden ist, daß der Angeklagte die Tat nicht begangen haben kann, wie in diesem Fall. [...] Ich darf wohl ferner behaupten, daß Buschhoff auch nicht als Teilnehmer, der Mithilfe, nicht einmal als Mitwisser der Tat in Betracht kommen kann. [...] Ich wiederhole, daß, wenn in der Zeit um 10 Uhr, wo das Kind verschwunden ist, irgendein fremder Jude im Buschhoffschen Hause gewesen wäre, dies nicht unbemerkt hätte bleiben können, er hätte gesehen und gehört werden müssen; beides ist nicht der Fall. Wir können aber weiter gehen. Das persönliche Auftreten und Gebaren des Buschhoff am Tage der Tat, das paßt doch wahrlich ebensowenig für einen Mörder wie für einen Mordgehilfen. So unbefangen wie Buschhoff weiterhin am 29. Juni aufgetreten ist und ferner am 30. Juni, so unbefangen kann wohl nach menschlicher Berechnung nie im Leben ein Mörder oder Mordgehilfe auftreten. Er müßte denn ein ganz raffinierter Mensch sein [...]. Buschhoff muß also ganz außer Verdacht gelassen werden. Ich komme daher zu dem Schluß, daß Buschhoff der Täter nach keiner Richtung hin sein konnte.

Nicht weil es sich um einen Juden handelt, bleibt die Sache unklar, sondern weil die Sache unklar war, griff man sofort zu einem Juden. Den konnte man unter einem gewissen Gesichtspunkt, nämlich unter dem des Ritualmordes, ohne ein weiteres verdächtigen, ohne daß ein Motiv zur Tat, ein objektiver Tatbestand, vorlag. Auf diesem Standpunkt können wir nicht stehen und haben wir nicht gestanden. Die Persönlichkeit des angeklagten Buschhoff kommt gar nicht in Betracht. In Betracht kommt nur der objektive Tatbestand und das, was vor Ihren Ohren und Augen in diesen Verhandlungen festgestellt ist und auf Grund dieser Feststellungen allein haben Sie Ihr Urteil abzugeben und ich meinen Antrag zu stellen. Dieser Antrag aber ist nach Lage der Sache kein anderer als der, daß ich sagen muß: Nach Pflicht und Gewissen kann ich den Antrag auf Schuldsprechung des Buschhoff nicht sprechen. Ich beantrage dessen Freisprechung.
(J. Höxter, Quellenbuch zur jüdischen Geschichte und Literatur [1927 ff.]. Bd. V. Zürich: Morascha 1983, S. 39 f.)

Arbeitshinweise

1 *Ermitteln Sie die Reaktion der weltlichen und kirchlichen Autoritäten auf die Blutbeschuldigung (M 1–10).*
2 *Vergleichen Sie beispielhaft die Entstehungsgeschichte einer Ritualmordbeschuldigung nach jüdischer und nach christlicher Überlieferung (M 6 und M 7). Beurteilen Sie ihre Glaubwürdigkeit unter Berücksichtigung jüdischer Glaubensgrundsätze.*
3 *Bearbeiten Sie Heinrich Heines literarische Verarbeitung des Ritualmordvorwurfs (M 9) unter Anwendung literarischer Kriterien.*
4 *Untersuchen Sie die Materialien hinsichtlich des historischen Ursprungs und der zeitlichen Dauer des Ritualmordvorwurfs.*
5 *Informieren Sie sich über die seit dem II. Vatikanischen Konzil geltende Haltung der katholischen Kirche gegenüber den Juden, und vergleichen Sie sie mit den Aussagen in M 7.*

1.2 Hostienschändung

M 11 Bericht über eine „Hostienschändung"
Der folgende Text ist die Umschrift um einen Kupferstich des ausgehenden 17. Jahrhunderts, der eine „Hostienschändung" im Jahre 1297 in Iphofen/Franken darstellt:

Wahre abbildung der großen wunderthaten Gottes, welche vor 400 und mehr jahren undter Mangolden (piae memoriae) bischoffen zue Würtzburg undt hertzogen in Franckhen sich zue Iphoven hat zuegetragen, auch von papst Bonifacio VIII° ist confirmirt undt mit sonderbahren indulgentien undt ablaessen begnadet worden: da nemblich zwey juden zur österlichen zeit von einem christen erkauffte consecrirte hosten mit messern und pfriemen biß auff das herauß springende rosenfarbe bluth durchstochen; demnach auß schreckhen nicht wissend, wie das wundter Gottes zue verbergen, in ein heimblichs gemach geworffen, darinnen es aber auß sonderbahrer fürsichtigkeit Gottes auff einem spinnengeweb ist hangent geblieben, biß dieselbige, nachdem auff selbigen judenhauß bey nächtlicher wacht gesehenen glantz von dem damaligen pfarrherrn erhoben undt so lang in der pfarrkirchen allda aufbehalten wordten, biß daß obgedachtes judenhauß von grundt demoliret und an dessen statt eine capellen aufferbauet, in welche hernacher die heilige particul eingebracht, auch viel große miracula gewirckhet.
Die juden aber seindt zue einer wohlverdienten straff mit dem schwerdt vom leben zum todt hingerichtet worden.
(K. Mistele, Volkskundliche Aspekte traditioneller Judenfeindschaft. In: M. Treml u. a. [Hrsg.], Geschichte und Kultur der Juden in Bayern. Aufsätze. München: K.G. Saur 1988, S. 325)

B 2 Darstellung einer „Hostienschändung" in der Synagoge zu Passau 1477 (unbekannter Meister des 17. Jahrhunderts)

M 12 Blutbeschuldigung von Sternberg (1492)

Bei dem folgenden Text handelt es sich um das Originaldokument des ersten Verhörs vom 24.10.1492, das im Schweriner Archiv gefunden wurde. Es wurde in Gegenwart der beiden Herzöge aufgenommen:

Anno 1492 am Tage Johannis des Täufers im Sommer [also am Tage der Enthauptung Johannis', dem 29. August – d.A.]. Es ist ein Jude aus Rußland gewesen in Penzlin und ebendaselbst ein Franziskanermönch, welcher dem genannten Juden eine geweihte Hostie, wie man sie in der Heiligen Messe zu gebrauchen pflegt, überliefert und zugleich aus seinem Orden ausgetreten, das geistliche Kleid mit dem weltlichen vertauscht hat. Diese Hostie haben die Juden daselbst zu Penzlin bei sich behalten. Ferner haben die Juden noch eine zweite Hostie von einer christlichen Frau zu Teterow für zehn Schilling gekauft. Diese Hostie war klein, aus einer großen Hostie herausgeschnitten. Diese beiden Hostien zusammen haben die falschen Juden in die Stadt Sternberg gebracht und sie da mißhandelt und mit Nadeln zerstochen. Der großen Hostie haben sie fünf Stiche beigebracht, wie denn in der Tat das Blut an der Hostie an fünf Stellen noch deutlich gesehen wird. Die andere Hostie haben sie an allen Stellen beschnitten, zu einer Gestalt und Figur, wie vor Augen liegt [gemeint ist wohl, daß die Figur des Gekreuzigten, welche auf der Hostie abgebildet war, herausgeschnitten war – d.A.], und es ist deutlich zu sehen, daß Blut daraus geflossen ist, und auch aus der Seite der Hostie, wo sie auch mit Nadeln zerstochen wurde, ist tatsächlich Blut gespritzt.

Diese Mißhandlung und Beschimpfung des Heiligen Sakraments haben die Juden daselbst in Sternberg vorgenommen, bei Gelegenheit einer Festlichkeit und Schmauserei, worin sich ihre jüdische Art recht kundtat. Dieselben Juden aber sind bei der Beschimpfung unseres christlichen Glaubens sämtlich von Furcht und Angst befallen worden und haben gemeint, sie müßten zu Steinen werden und in den Abgrund versinken.

Darauf hat eine jüdische Frau bald die Hostien in ein Tuch gewickelt und einem Sternberger Priester dargeboten mit den Worten: ‚Hier ist dein Gott'. Und hat derselbe Priester, wohl in der frommen Meinung, die Hostien zu sich genommen und verborgen gehalten.

Später sind die Hostien von demselben Priester in dem obersten Teil der Livern [was damit gemeint ist, ist unbekannt – d.A.] in die Erde eingegraben worden. Nach Angabe desselben Priesters ist ihm in der Nacht ein Geist erschienen und hat ihm in bezug auf das Sakrament ein Wahrzeichen gegeben. […]

Der Juden, welche das Sakrament so mißhandelt haben, waren fünf, außerdem sechzig, welche mit Rat und Tat teilgenommen haben.

(R. Hirsch/R. Schuder, Der Gelbe Fleck. Wurzeln und Wirkungen des Judenhasses in der deutschen Geschichte. Berlin (E): Rütten & Loening ²1989, S. 133 f.).

M 13 Gutachten des Kardinals Ganganelli – Papst Clemens XIV. – zur Blutbeschuldigung der Juden (1759)

Von Jakob Selek, einem Juden polnischer Nation, wurde im Jahre 1758 dem Papst Benedikt XIV. (1740–1758), ruhmreichen Andenkens, eine Bittschrift überreicht, in der er die Gnade des Papstes um einen angemessenen Schutz gegen die Bedrückungen, Einkerkerungen, Erpressungen, Martern und Todesarten anflehte, denen seine unglücklichen Volksgenossen oft unterworfen waren, indem man vorgab, daß ihr bekanntes ungesäuertes Brot von ihnen mit Vermischung von Menschenblut und besonders mit dem der Christen zubereitet werde. […]

Was würde aber die Obrigkeit von Luzk sagen, wenn bewiesen würde, daß ein solches außerordentliches Verbrechen einige Male – Gott wolle nicht, daß immer! – von Christen, ja sogar vom eigenen Vater begangen worden ist und dann die unglücklichen Juden desselben beschuldigt wurden? Ich schäme mich, diesen Verdacht aussprechen zu müssen, aber noch mehr verliere ich die Fassung, da ich dafür das authentische Zeugnis, mit dem Buchstaben D bezeichnet, vorlege. Daselbst ist zu lesen, daß ein christlicher Vater eine seiner zarten Töchter an verschiedenen Körperteilen tödlich verwundete und verstümmelte und in Tücher eingewickelt in der Viehkrippe eines Wirtshauses, das nach polnischer Sitte von Juden gehalten wurde, zurückließ. Daselbst ist zu lesen, daß ebendasselbe Kind, das nach göttlichem Willen leben blieb, mit eigenem Munde bekannte, vom eigenen Vater mit so vielen Wunden und Verstümmelungen übel zugerichtet worden zu sein! Und doch hatte sich schon gegen die Juden der Verdacht gebildet, schon wollte man gegen die Juden vorgehen! Ich will nur hinzufügen, daß wir Christen uns erinnern sollten, daß diese Beschuldigung des Kinder- und Menschenmordes in den ersten Jahrhunderten von den Heiden gegen unsere Religion erhoben wurde.

(M. Stern, Die päpstlichen Bullen über die Blutbeschuldigung. München: A. Schupp Verlag 1900, S. 78, 129)

M 14 Der Vorwurf der „Hostienschändung" in einer wissenschaftlichen Darstellung

Durch den Wandel, den die Kirche im 12. Jahrhundert in der Lehre und in der Praxis durchmachte, wurde endgültig die Ansicht von der Transsubstantiation zur herrschenden Lehre, das heißt man glaubte, daß sich bei der sogenannten Wandlung in der Messe die Hostie in den wahren Leib und das Blut Christi verwandle; die Ansicht, daß es sich um eine bloße symbolische Wandlung handle, wurde als Ketzerei verfolgt. Christus war jederzeit und überall in einer geweihten Hostie wirklich „körperlich vorhanden". Es genügte daher die alleinige Kommunion durch die Hostie, die Kommunion unter „beiderlei Gestalt", Brot und Wein, blieb den Priestern vorbehalten.

Nach dem endgültigen Sieg der Transsubstantiationslehre begannen Prediger diese eifrig zu verbreiten und vor allem durch verschiedene Wunderberichte zu erhärten. Priester, die ursprünglich an der wirklichen Verwandlung zweifelten, sahen mit leiblichen Augen Christus als Kind in der Hostie. Hostien entzogen sich auf wunderbare Art unwürdigen Priestern, sprachen mit Kinderstimme, bluteten, wenn sie verletzt wurden, kurz: sie nahmen den Charakter eines „lebendigen Leibes" an. Prediger wurden nicht müde, von Hostienwundern zu erzählen, und man wird schwerlich eine Predigtsammlung dieser Zeit finden, in der nicht ähnliche Berichte variiert werden.

Die Zuhörerschaft hat diesen Glauben sehr schnell rezipiert [...].

Die Juden konnten nun „natürlich" die Hostien genauso martern, wie sie einst Christus selbst gemartert hatten. Da er ja in jeder Hostie wirklich vorhanden war, konnte er immer wieder neuerlich verspottet und gemartert werden – und wie hätten die Juden dieser Versuchung widerstehen können!

Daß sie dabei überzeugte Anhänger der Transsubstantiationslehre gewesen sein müßten, das heißt, daß sie tatsächlich hätten glauben müssen, der Priester könne in der Messe eine wirkliche „Wandlung" der Hostie vornehmen, störte die Prediger bei der Verbreitung der Erzählung von gemarterten Hostien so wenig wie ihre Zuhörer; [...].

So verbreiteten sich denn in Windeseile Geschichten darüber, wie Juden Hostien mit Ahlen und Messern durchbohrt, in Aborte geworfen, zerstoßen und verbrannt hätten – und die Hostien hätten dabei auch geblutet, gerufen, einen himmlischen Schein verbreitet und so zwar meist nicht die verstockten Juden bekehrt, obzwar auch davon manche Prediger zu berichten wußten, sondern vor allem die Christen auf die Verbrechen der Ungläubigen aufmerksam gemacht und sie aufgefordert, ihre Schmach zu rächen. Tatsächlich war der Charakter gerade dieses „Verbrechens" ganz außerordentlich: Es betraf nicht eine Einzelperson wie etwa bei Ritualmord, sondern Gott selbst, der so von den Juden herausgefordert war. Wenn sein Zorn nicht beschwichtigt, das Verbrechen nicht im wahrsten Sinn des Wortes „gesühnt" wurde, so war dadurch die ganze Menschheit gefährdet, schwere Katastrophen konnten die Folge des göttlichen Zornes sein. Die einzige mögliche Sühne aber war die Ausrottung der Übeltäter – wiederum waren es alle Juden und Jüdinnen, die sich an der Blasphemie beteiligten oder von ihr wußten, die zur Sühne dieses unerhörten Verbrechens ermordet werden mußten. [...]

Wie leicht Hostienwunder zu fabrizieren waren, wußten schon die Zeitgenossen sehr gut und haben ihre Zweifel auch wiederholt klar zum Ausdruck gebracht. Auch die kirchliche Hierarchie begegnete allen Hostienwundern dieser Art mit unverhülltem und betontem Mißtrauen. [...] In bedeutendem Ausmaß war bei diesem oft inszenierten Schauspiel Gewinnsucht und böse Absicht mit im Spiel. [...] Die Grundfabel war bei diesen Erzählungen jederzeit und überall auch ohne ein besonderes Mordopfer wiederholbar.

Mit Erzählungen über vermeintlichen Hostienfrevel der Juden war eine Idealform klerikaler Judenfeindschaft gefunden, die immer wieder propagiert und nach bewährten Vorbildern genutzt wurde. Eng mit dem Wandel der Volksfrömmigkeit dieser Zeit verbunden, die sich erst jetzt wirklich konstituierte, entwickelte sich nun in breiten Schichten eine bewußte, religiös verfestigte Judenfeindschaft. Diese war stark durch die Passionsgeschichte bestimmt und immer besonders in der Karwoche akut.

(F. Graus, Judenfeindschaft im Mittelalter. In: H. A. Strauss/N. Kampe [Hrsg.], Antisemitismus, Bonn: Bundeszentrale für politische Bildung 1985, S. 36 ff.)

Arbeitshinweise

1 *Was wird den Juden bei der sogenannten „Hostienschändung" vorgeworfen?*

2 *Bewerten Sie den Vorwurf der „Hostienschändung" auf der Grundlage der jüdischen Lehre.*

3 *Untersuchen Sie den Bericht von der Blutbeschuldigung in Sternberg 1492 (M 12). Wer könnte ein Interesse an der Propagierung des Falles gehabt haben?*

4 *Stellen Sie den Vorwurf der „Hostienschändung" in den Zusammenhang der innerkirchlichen dogmatischen Entwicklung (M 1 und M 14).*

1.3 Zwangstaufen und Zwangspredigten, Religionsdisputationen und Talmudverbrennungen

M 15 Innozenz III. in der päpstlichen Bulle ‚Sicut Judeis' vom 15. September 1199

Wenn auch den Juden nicht erlaubt ist, in ihren Synagogen sich mehr herauszunehmen, als das Gesetz es gestattet, so dürfen sie doch in dem, was ihnen zugestanden ist, keine Beeinträchtigung erfahren. Obwohl sie eher auf ihrer Hartnäckigkeit bestehen wollen, als die Worte des Propheten und die Geheimnisse ihrer Schrift erkennen und zur Kenntnis des christlichen Glaubens und ihres Heils gelangen, so wollen wir doch, [...] daß kein Christ sie wider ihren Willen oder, wenn sie nicht wollen, mit Gewalt zwingt, zur

Taufe zu kommen; aber wenn jemand von ihnen freiwillig zu den Christen um des Glaubens willen seine Zuflucht nehmen sollte, so soll er, nachdem sein Wille offenkundig geworden ist, ohne jeden Trug Christ werden. Daß jemand den wahren christlichen Glauben habe, soll man nicht meinen, wenn man erkennt, daß er nicht freiwillig zur Taufe der Christen kommt, sondern daß er wider seinen Willen kommt. Kein Christ wage es ohne das Urteil der Obrigkeit seines Landes, sie zu verletzen oder zu töten und ihnen ihr Geld zu nehmen oder gutes Gewohnheitsrecht zu ändern, das sie in dem Gebiet, in dem sie bis jetzt wohnen, besitzen. Außerdem soll kein Christ sie bei der Feier ihrer Feste mit Knütteln oder Steinen stören, und es soll niemand sie zu Knechtsdiensten nötigen außer denen, welche sie in früheren Zeiten zu tun pflegten. Indem wir der Schlechtigkeit böser Menschen und der Habsucht entgegentreten, bestimmen wir: Es soll niemand wagen, der Juden Friedhöfe zu verletzen oder zu verkleinern oder, um Geld zu bekommen, die [...] Leichname wieder ausgraben.
(W. P. Eckert, Hoch- und spätmittelalterlicher katholischer Humanismus. In: K. H. Rengstorf/S. von Kortzfleisch [Hrsg.], Kirche und Synagoge. Handbuch zur Geschichte von Christen und Juden, Bd. 1. München: Deutscher Taschenbuch Verlag 1988, S. 216 f.)

M 16 Aus dem „Dekret über die Juden und die Neuchristen" des Konzils zu Basel (1434)

Damit daher die Juden und die anderen Ungläubigen, die zum rechten Glauben sich bekehren, und diejenigen, die sich zu ihm bekehren werden, in ihm treu bleiben mögen, beschließt das Konzil, durch diese heilbringenden Bestimmungen Vorsorge zu treffen. Zunächst bestimmt es, daß alle Ortsbischöfe bestimmte Männer, die in der Heiligen Schrift wohlerfahren sind, einige Male im Jahr dazu veranlassen, an dem Ort, an dem die Juden oder andere Ungläubige wohnen, zu predigen und ihnen so die Wahrheit des katholischen Glaubens zu erkennen zu geben, daß die Ungläubigen, die sie hören, ihren Irrtum erkennen können. Sie sollen die Ungläubigen beiderlei Geschlechtes unter Androhung der Strafe, daß ihnen der Handelsverkehr mit den Gläubigen verboten wird, oder unter anderen dafür bestimmten Strafbestimmungen dazu veranlassen, daß sie, sobald sie in den Unterscheidungsjahren sind, zu dieser Predigt kommen. Die Ortsbischöfe und die Prediger sollen sich ihnen gegenüber so gütig und so voll Liebe verhalten, daß sie sie nicht allein durch die Verkündigung der Wahrheit, sondern auch durch andere menschliche Dienste für Christus gewinnen. Die Synode bestimmt, daß die Christen jeder Würde und jeden Standes, die verhindern, daß die Juden zu dieser Predigt kommen, ohne weiteres als Begünstiger des Unglaubens gelten.

(W. P. Eckert, Hoch- und spätmittelalterlicher katholischer Humanismus. In: K. H. Rengstorf/S. von Kortzfleisch [Hrsg.], Kirche und Synagoge. Handbuch zur Geschichte von Christen und Juden. Bd. 1. München: Deutscher Taschenbuch Verlag 1988, S. 248)

M 17 Die Ereignisse in Regensburg 1096

Die Gemeindemitglieder in Regensburg wurden alle zur Taufe gezwungen, denn sie sahen ein, dass sie sich sonst nicht retten konnten; selbst die Stadtleute, gegen die sich die Irrenden und der Pöbel versammelt hatten, drängten sie dazu mit Gewalt. Man brachte sie in einen Fluss, machte das Zeichen des Kreuzes über das Wasser und taufte sie alle auf einmal in diesem Flusse, denn das Volk befand sich dort. Jedoch auch diese kehrten zum Ewigen zurück. Gleich nachdem die Feinde Gottes abgezogen waren, thaten sie wahrhafte Busse; denn was sie gethan hatten, hatten sie gezwungenerweise gethan, da sie den Feinden nicht widerstehen konnten, auch diese zu ihrer Tötung nicht einwilligten. Unser Hort verzeihe uns die Verschuldungen.

(Bericht des Salomo bar Simeon. In: A. Neubauer/M. Stern [Hrsg.], Quellen zur Geschichte der Juden in Deutschland, Bd. II. Hebräische Berichte über die Judenverfolgungen während der Kreuzzüge. Berlin: Verlag von Leonhard Simion 1892, S. 137)

M 18 Religionsdisputation, Barcelona (1263)

Auf Grund der erworbenen Hebräischkenntnisse wurden Religionsgespräche durchgeführt. Auch schon im Frühmittelalter gab es Gespräche zwischen einzelnen jüdischen und christlichen Gelehrten. Nun aber wurde das Religionsgespräch zu einem offiziellen Mittel der Mission. Vor allem die neuen Orden der Dominikaner und Franziskaner bedienten sich seiner. Die beiden berühmtesten Religionsgespräche fanden in Spanien statt. Das Religionsgespräch von Barcelona wurde von König Jakob I. (1213–1276) von Aragon auf Vorschlag des Dominikaners Ramon von Peñaforte angeordnet.

Es begann am 20. Juli 1263 im Königspalast in Anwesenheit des Königs selbst. Der christliche Gesprächspartner war der aus dem Judentum konvertierte Dominikaner Paulus Christianus, spanisch Pau Crestiá. Sein jüdischer Gegner war der Rabbiner Moses ben Nachman aus Gerona (um 1195–1270), allgemein Bonastruc genannt. Von Beruf war er Arzt; doch galt sein Hauptinteresse den Studien zur Kabbala sowie zum Religionsgesetz. [...]

In der Disputation suchte Paulus Christianus seine Thesen durch Beweise, die er dem Talmud entnommen hatte, zu stützen. König Jakob I. gewährte Rabbi Nachman volle Redefreiheit. Dieser betonte, der grundsätzliche Unterschied zwischen dem jüdischen und dem christlichen Glauben ergebe sich aus den jeweils anderen Auffassungen über die Aufgabe des

B 3 Religionsdisputation zwischen jüdischen und christlichen Gelehrten

Messias. Die von seinem christlichen Gegner zitierten Talmudstellen ließen daher auch eine ganz andere, nichtchristologische Deutung zu. Diese allein entspreche der jüdischen Glaubenstradition. Dann ging er zum Angriff über. Er erklärte, die christliche Auffassung von einem dreieinigen Gott widerstreite dem wahren Gottesbegriff. Das Streitgespräch wurde am 27., 30. und 31. Juli fortgesetzt, ohne daß ein Gegner den anderen überzeugt hätte.

Während Paulus Christianus in seinem Bericht behauptet, der Rabbiner habe so unsinnige Argumente vorgebracht, daß er in gleicher Weise von Juden und Christen verlacht worden sei, behauptet Rabbi Nachman in seinem Bericht, sein Gegner sei ihm nicht gewachsen gewesen; er habe das Gespräch lediglich auf Anraten des Königs abgebrochen, der ihm außerdem noch 300 Sueldos für die Rückreise nach Gerona übergeben habe. Keine der beiden Quellen kann als objektiv angesprochen werden. In beiden ist vielmehr der Tonfall für den Gegner verletzend.

Für Rabbi Nachman hatte das schlimme Folgen. Paulus Christianus nahm nämlich an seinem Bericht Anstoß und führte bei Papst Clemens IV. Beschwerde. Auf Betreiben des Papstes wurde Rabbi Nachman aus Aragon verbannt.
(W. P. Eckert, Hoch- und spätmittelalterlicher katholischer Humanismus. In: K. H. Rengstorf/S. von Kortzfleisch [Hrsg.], Kirche und Synagoge. Handbuch zur Geschichte von Christen und Juden, Bd. 1. München: Deutscher Taschenbuch Verlag 1988, S. 239f.)

M 19 Bericht der jüdischen Delegierten der Religionsdisputation in Tortosa (1413)

Als wir in das Haus des Papstes eintraten, erblickten wir einen großen, mit farbigen Stoffen geschmückten Hof. Dies war der Ort der Disputation. Es standen dort siebzig Sessel für die Kardinäle, Bischöfe und Erzbischöfe, die in goldgestickte Gewänder gekleidet waren; von sonstigen vornehmen Römern [geistlichen Würdenträgern], Bürgern und Vertretern der Obrigkeit waren hier etwa tausend Männer anwesend. Unser bemächtigte sich eine große Bangigkeit [...]. Nun nahm der Papst das Wort: ‚Wisset, jüdische Gelehrte, daß ich nicht zu dem Zweck erschienen bin und euch hierher befohlen habe, um darüber zu diskutieren, welche von den beiden Religionen die wahre sei, da ich nicht im geringsten daran zweifle, daß es die meinige ist, während eure Tora wohl einmal wahr gewesen, dann aber aufgehoben worden ist. Wir wollen hier nur die Argumente des Hieronymus einer Erörterung unterziehen, der bereit ist, auf Grund des Talmuds eurer alten Meister, die weiser waren als ihr, den Beweis zu erbringen, daß der Messias bereits erschienen sei; ihr aber sollt euch eurerseits allein zu dieser Frage äußern.'
(S. Dubnow, Weltgeschichte des jüdischen Volkes, Bd. V. Das Spätmittelalter. Berlin: Jüdischer Verlag 1927, S. 354)

M 20 Der Talmud

Talmud, das Lernen, genauer ‚die Lernung', bezeichnet im eigentlichen Sinne das Studium der Tora, des Pentateuch. Im übertragenen Sinne versteht man unter Talmud ein Werk, in dem das Ergebnis dieses Studiums niedergelegt ist und das sich aus der Mischna und der Gemara zusammensetzt.

Die Mischna (Mehrzahl: Mischnajot), das Überlieferte, das Eingeprägte, besteht aus kurzen Satzperioden, in denen die aus dem Studium der Tora hervorgegangenen Halakot (Einzahl: Halaka) zusammengefaßt sind, und die von dem im zweiten nachchristlichen Jahrhundert in Tiberias lebenden Patriarchen Rabbi Jehuda gesammelt wurden. Sie zerfällt in sechs ‚Ordnungen', die zusammen 63 Traktate umfassen. Die Traktate setzen sich aus Kapiteln und diese aus Stücken zusammen, von denen ein jedes ebenso wie das Werk ‚Mischna' genannt wird. Das ganze Werk hat einen Umfang von rund 600 Seiten.

Nach ihrer Abfassung spielte die Mischna in den Talmudschulen dieselbe Rolle wie früher die Tora. An die Stelle des Midrasch, der Forschung, wie man die satzweise Erklärung des Pentateuch nannte, trat die Gemara (Mehrzahl: Gemarot), die satzweise Erklärung der Mischna. Im vierten nachchristlichen Jahrhundert wurden in Palästina alle Gemarot gesammelt und erhielten zusammen mit der Mischna die Bezeichnung ‚der palästinensische Talmud'. Hundert Jahre später, gegen Ende des fünften nachchristlichen Jahrhunderts, wurde in Babylonien, wohin inzwischen der größte Teil der Juden ausgewandert war, eine neue Ausgabe dieses Werkes veranstaltet, die in der Folgezeit die palästinensische nahezu verdrängte. [...] Der erste vollständige Druck wurde in Venedig in den Jahren 1520–25, auf Grund von Handschriften, die nicht ganz fehlerfrei waren, hergestellt.
(J. Fromer [Hrsg.], Der Babylonische Talmud [1924]. Wiesbaden: Fourier 1984, S. 576 ff.)

M 21 Aufruf zur Einziehung des Talmuds durch Papst Gregor IX. (1239)

Wenn es wahr ist, was von den in Frankreich und in anderen Provinzen lebenden Juden berichtet wird, so wäre keine Strafe ausreichend und streng genug. Wie wir hören, begnügen sie sich nicht mit dem alten Gesetz, das Gott durch Moses gegeben hat; ja sie lassen es sogar beiseite liegen und behaupten, daß Gott noch ein anderes, nicht geschriebenes, das sie Talmud nennen, gegeben habe. In ihrem Gedächtnisse sei es, wie sie lügen, lange Zeit hindurch aufbewahrt worden, bis es schließlich einige Weise und Schriftgelehrte in einem Buch, dessen Umfang weit über den der Bibel hinausgeht, aufgeschrieben hätten. Darin sind viele mißbräuchliche und scheußliche Dinge, die dem Leser und Hörer Scham und Abscheu einflößen. Da es, wie man sagt, der Hauptgrund ist, der die Juden in ihrem Unglauben festhält, so befehlen wir durch dieses apostolische Schreiben, daß ihr am ersten Sabbat der kommenden Fastenzeit, wenn sie in ihren Synagogen zusammenkommen, alle ihre Bücher auf unsere Autorität hin wegnehmen und bei den Prediger- und Minderbrüdern aufbewahren laßt. Alle eure Kleriker und Laien, die ihre hebräischen Bücher, die sie vielleicht haben, auf eure Verkündigung, die ihr in den Kirchen oder sonstwo gemacht habt, nicht abgeben, sollt ihr exkommunizieren.
(W. P. Eckert, Hoch- und spätmittelalterlicher katholischer Humanismus. In: K. H. Rengstorf/S. von Kortzfleisch [Hrsg.], Kirche und Synagoge. Handbuch zur Geschichte von Christen und Juden, Bd. 1. München: Deutscher Taschenbuch Verlag 1988, S. 228)

M 22 Talmudverbrennung in Frankreich (1242)

In Spanien und England wurden die Befehle Gregors [IX.] gar nicht beachtet. Nur in Frankreich, wo der von Geistlichen beherrschte und verdummte Ludwig IX. als mündig gewordener König scheinbar zu regieren anfing, wurde mit der Konfiszierung der Talmudexemplare Ernst gemacht. Die Juden wurden unter Androhung von Strafe gezwungen, die Bücher herauszugeben. Dann wurde dem Talmud der Prozeß gemacht. Dazu veranstaltete der König eine Disputation zwischen Donin und vier Rabbinen, um die Anklagepunkte zu widerlegen oder einzuräumen. [...] Die Disputation fand in lateinischer Sprache am königlichen Hofe statt (25. Juni 1240) in Gegenwart mehrerer Bischöfe, vieler Dominikaner und im Beisein der klugen Königin-Mutter Blanche.

Anfangs wollte R. Jechiel gar nicht Rede stehen. Er berief sich auf die Konstitution der Päpste, daß den Juden in ihren inneren Angelegenheiten Unabhängigkeit zugesichert sei. Er bemerkte, daß der Talmud ihr Lebenselement sei, für den sämtliche Juden zu sterben bereit seien. Die Königin beruhigte ihn aber, daß ihrem Leben keine Gefahr drohe, sie werde ihn schützen, nur möge er auf alle an ihn gerichteten Fragen antworten. Als Donin verlangte, daß R. Jechiel einen Eid ablegen sollte, nach bestem Wissen und Gewissen zu antworten und nicht durch Deuteleien und Ausflüchte der Wahrheit aus dem Wege zu gehen, bemerkte dieser, daß er in seinem Leben noch nicht geschworen habe und daß er den Namen Gottes nicht unnötig anrufen wolle. Darauf befreite ihn die Königin vom Eide. Die Disputation, die nun vor sich ging, drehte sich um die beiden Punkte, ob anstößige Stellen gegen die Gottheit und das sittliche Gefühl im Talmud vorkommen, und ob der Talmud Schmähungen gegen Jesus enthalte. [...] Jechiel machte unter anderem geltend, daß der Kirchenvater Hieronymus und andere Kirchenlehrer, welche den Talmud gekannt hätten, nicht behauptet haben, er enthalte Feindseligkeiten gegen das Christentum. [...]

Zwei Tage dauerte das Verhör mit Jechiel von Paris, während dessen die Gemeinde mit Fasten und Gebet

ihren Gott anflehte, die Gefahr von ihrem Haupte abzuwenden. Am dritten Tage wurde Juda aus Melun vernommen, ohne vorher mit Jechiel verkehren zu können, da er in Gewahrsam gebracht war. [...] Die zwei anderen Rabbiner wurden nicht weiter verhört. Es scheint, daß sich ein einflußreicher Prälat für die Juden verwendet und durchgesetzt hat, daß die konfiszierten Exemplare den Eigentümern ganz oder teilweise zurückerstattet wurden. Unglücklicherweise starb dieser plötzlich. Die fanatischen Mönche sahen in diesem Vorfall eine Strafe des Himmels wegen seiner Judenbegünstigung oder redeten es dem beschränkten König ein. Darauf wurden auf Befehl des Königs von neuem Talmudexemplare und verwandte Schriften aufgesucht, vierundzwanzig Wagen voll davon auf einem Platz in Paris zusammengebracht und den Flammen übergeben (1242).
(H. Graetz, Volkstümliche Geschichte der Juden, Bd. 4. Das Judentum im Mittelalter bis zu den Verfolgungen in der Zeit des Schwarzen Todes [1888]. München: Deutscher Taschenbuch Verlag 1985, S. 218ff.)

Arbeitshinweise

1 *Wie reagieren die Juden auf die Aufforderung, sich taufen zu lassen (M 19, vgl. auch Kapitel B)?*
2 *Ermitteln Sie die Haltung der Kirche zur Zwangstaufe der Juden (M 3, M 20).*
a) unter theologischen Aspekten,
b) im historischen Kontext.
3 *Beschreiben Sie die Umstände und den Sinn von Zwangspredigten (M 21).*
4 *Diskutieren Sie anhand der vorangegangenen Arbeitsergebnisse über den Wert von Zwangstaufen im allgemeinen. Beziehen Sie dabei die Taufe von Kleinkindern mit ein, nachdem Sie sich über die Argumentation der Kirchen dazu informiert haben.*
5 *Berichten Sie über Sinn und Erfolg der mittelalterlichen Religionsdisputationen (M 18 und M 19, B 3).*
6 *Informieren Sie sich über die Ziele und Ergebnisse des christlich-jüdischen Dialogs heute (Adressen im Anhang bzw. örtlicher Priester/Pastor/-in), und vergleichen Sie sie mit den mittelalterlichen Disputationen.*
7 *Organisieren Sie einen Besuch in der nächstgelegenen jüdischen Gemeinde (Adressen im Anhang), und lassen Sie sich in die Grundlagen des Judentums einführen.*
8 *Informieren Sie sich über den Talmud (M 20) und die Vorwürfe der Christen gegen ihn (M 21 u. a.).*
9 *Ergründen Sie die Bedeutung der Talmud-Verbrennungen für die Christen und Juden.*
10 *Kennen Sie weitere Bücherverbrennungen in der Geschichte? Welche inhaltlichen Parallelen gibt es?*

2. Judenfeindschaft der weltlichen Macht

2.1 Wirtschaftstätigkeit

Der Kampf um die Universalherrschaft zwischen Papst und Kaiser, Bischöfen und Fürsten, führte auch seitens der weltlichen Macht zu einer Vielzahl von rechtlichen und wirtschaftlichen Maßnahmen gegenüber den Juden. Diese Maßnahmen zielten in der Regel zum einen auf die politische Unterordnung unter die jeweilige Herrschaft, zum anderen auf die wirtschaftliche Nutzbarmachung bzw. Ausbeutung der Juden. Auch von der weltlichen Macht erhielten die Juden einen Sonderstatus zugewiesen, der im wesentlichen durch eine Beschneidung ihrer Rechte und eine rechtliche und soziale Ausgrenzung aus der bestehenden Gesellschaft gekennzeichnet war. Schwieriger und widersprüchlicher stellte sich dieses Bestreben nach Ausgrenzung auf wirtschaftlichem Gebiet dar. Die unübersehbare Bedeutung der Juden für den Handel und insbesondere für die sich entwickelnde Geldwirtschaft ließen es dem Kaiser, den Landesherren und Städten angeraten erscheinen, die wirtschaftliche Leistungsfähigkeit der Juden für eigene Zwecke zu nutzen. Mit dem Rechtsinstitut der „Kammerknechtschaft" (M 33) der Juden wurde die Voraussetzung zur wirtschaftlichen Nutzung der Juden bei gleichzeitiger rechtlicher und sozialer Ausgrenzung geschaffen. Die Juden erhielten ihren Platz in der Gesellschaft durch Privilegierung in solchen Bereichen zugewiesen, in denen die christliche Bevölkerung z. B. durch das kanonische Zinsverbot keinen aktiven Beitrag zur wirtschaftlichen Weiterentwicklung leisten sollte. Durch den gleichzeitigen Ausschluß aus den handwerklichen Berufen und das Verbot des Grundbesitzes wurde dafür gesorgt, daß die wirtschaftlichen Fähigkeiten der Juden sich fast ausschließlich auf den Handel und die Geldwirtschaft beschränken mußten.

Die Bedeutung von Juden als Geldgeber und Geldbeschaffer für die weltlichen Herren, aber auch für fast alle Schichten der mittelalterlichen Gesellschaft prägte daher das Miteinander von Christen und Juden im Mittelalter. Hieran entzündeten sich auch die großen Konflikte. Insbesondere die Geldgeschäfte, das Zinsnehmen, die Geldwechselgeschäfte und die nicht selten bei Juden liegenden Münzrechte schufen den Nährboden für Auseinandersetzungen und Beschuldigungen. In einer Zeit, in der große wirtschaftliche und soziale Umschichtungen erfolgten und die Naturalwirtschaft immer stärker durch die Geldwirtschaft zurückgedrängt wurde, scheint es fast unvermeidlich zu sein, daß nicht nur finanzschwache Herrscher, sondern auch wirtschaftlich existentiell bedrohte Teile der Bevölkerung in den Vertretern der Geldwirtschaft sowohl ein Ausbeutungsobjekt sahen als auch ein Projektionsziel für die eigenen Probleme und Ängste.

Die äußere Kenntlichmachung der Juden durch Judenfleck und Kleiderordnung ist in engem Zusammenhang zu sehen mit der Entwicklung eines eigenen Judenrechts. Beides zielte nicht nur auf eine Entrechtung dieser Bevölkerungsgruppe, sondern auch auf eine nach außen dokumentierte Ausgliederung aus der Gesellschaft. Selbst die Privilegierungen für Juden, die von einigen Kaisern und Landesherren vorgenommen wurden, gewährten mit wenigen Ausnahmen nur solche Rechte, die für die christliche Bevölkerung selbstverständlich waren. Eine Ausnahme bildeten hier vor allem wirtschaftliche Privilegierungen, die im Hinblick auf den eigenen wirtschaftlichen Nutzen von den weltlichen Herrschern vergeben wurden.

Sie reihten sich dadurch ein in das ausgeklügelte System von Judensteuern und Schutzgeldern, die als Sondersteuer zu einer nicht unerheblichen Einnahmequelle für die Kaiser und andere weltliche Herren wurden. Diese Steuern und Schutzgelder, die nach Gutdünken festgesetzt und verändert werden konnten und die eine unverhältnismäßig hohe wirtschaftliche Belastung der jüdischen Bevölkerung mit sich brachten, stellten – wie die Praxis zeigte – nur eine völlig unzureichende Sicherheitsgarantie für Besitz, Leib und Leben der Juden dar. Aufgrund ihrer wirtschaftlichen Leistungsfähigkeit wurden die Juden zum umkämpften Wirtschaftsobjekt. Sie und die durch sie erzielten Einkünfte wurden verliehen, verkauft und verpfändet. Das wirtschaftliche und politische Interesse der weltlichen Macht an der jüdischen Bevölkerungsgruppe war immer dann besonders stark, wenn jüdisches Vermögen, finanzielle Fertigkeiten und Kenntnisse benötigt wurden. Dabei kam es immer wieder zu Auseinandersetzungen über den richtigen Umgang mit den Juden innerhalb der christlichen Gesellschaft. Die unterschiedlichen Interessen von Kaisern und Fürsten, Kaisern und Städten, Fürsten und Städten wie auch von konkurrierenden Gruppen innerhalb der Städte wurden in der Regel zu Lasten der Juden ausgetragen und entschieden.

M 23 Aus dem im 13. Jahrhundert erschienenen ‚Sefer ha Chassidim' (Buch der Frommen)

Das „Buch der Frommen" wurde im wesentlichen von Juda ben Samuel, der um 1200 in Regensburg lebte, verfaßt. Er gilt als Begründer der jüdischen Mystik in Deutschland. Das vielgelesene Buch ist eines seiner Hauptwerke.

Es ist deine Pflicht, dem Andersgläubigen gegenüber ebenso ehrlich zu handeln wie gegenüber deinem Bruder, dem Juden; ist einem Andersgläubigen [in einem Handelsgeschäft] ein Rechenfehler unterlaufen, so mach ihn darauf aufmerksam, bevor er ihn selbst bemerkt hat; sonst wird durch dich der Name Gottes entweiht werden, denn es wird heißen: alle Juden sind Betrüger. – Man darf Andersgläubige nicht übervorteilen, denn es erniedrigt den Menschen und bringt ihm auch kein Glück ein. – Geldschinder und Münzenbeschneider sowie die, die falsches Maß und Gewicht führen, kommen früher oder später an den Bettelstab und ihre Kinder leiden Not in der Fremde und sind auf die Hilfe anderer angewiesen.

(S. Dubnow, Weltgeschichte des jüdischen Volkes, Bd. IV. Das frühere Mittelalter. Berlin: Jüdischer Verlag 1926, S. 336)

M 24 Aus den Beschlüssen des 4. Lateran-Konzils vom 30. November 1215

Je mehr die Christenheit im *Zinsnehmen* beschränkt wird, desto stärker wächst die Treulosigkeit der Juden

ihnen über den Kopf, so daß in kurzer Zeit das Vermögen der Christen erschöpft wird. Wir wollen also in diesem Stück für die Christen sorgen, damit sie nicht maßlos durch die Juden beschwert werden. Wir bestimmen demnach durch Synodaldekret, daß, wenn unter irgendeinem Vorwand die Juden von Christen unmäßige Zinsen erpressen, ihnen der Verkehr mit den Christen entzogen werde, bis sie ihnen wegen der unmäßigen Belastung eine angemessene Genugtuung gegeben haben. Auch die Christen sollen, wenn nötig, durch Kirchenstrafen, zunächst unter Ausschluß des Berufungsweges, angehalten werden, sich des Handelns mit ihnen zu enthalten. Den Fürsten aber legen wir auf, daß sie deswegen den Christen nicht feind sein sollen, sondern sich vielmehr bemühen, die Juden von solcher Beschwerung der Christen abzuhalten. Mit derselben Strafe haben wir beschlossen, die Juden anzuhalten, daß sie den Kirchen Genugtuung bezüglich der schuldigen Zehnten und Opferpfennige geben, welche die Kirchen von den Christen für Häuser und andere Besitztümer zu bekommen pflegten, bevor letztere an die Juden unter irgendeinem Rechtstitel gekommen sind, damit auf diese Weise die Kirchen schadlos gehalten werden.
(J. Höxter, Quellenbuch zur jüdischen Geschichte und Literatur [1927ff.]. Bd. IV. Zürich: Morascha 1983, S. 15f.)

M 25 Der Charakter der jüdischen Zinsdarlehen

Über den Charakter der jüdischen Zinsdarlehen schreibt der israelische Historiker Haim Hillel Ben-Sasson:

Diese Erwerbsquelle erwies sich als einträglich. Wie jede rare Ware war auch Geld teuer und der Zinsfuß infolgedessen hoch. Zinsen in Höhe von 33% waren allgemein üblich, und bisweilen stieg der Prozentsatz noch um etliches mehr. Darüber hinaus wurde dem Darlehensnehmer schon allein aufgrund der Natur des Verbrauchsdarlehens die Rückzahlung von beidem, von Kapital plus Zins erschwert. Daher akkumulierte sich der Zins für gewöhnlich und wurde zur Hauptsumme addiert, so daß der Schuldner noch Zinseszinsen zahlen mußte. In seltenen Fällen wurden Darlehen allein gegen einen Schuldschein oder auf Ehrenwort vorgestreckt, doch in der Regel war zumindest ein Pfand erforderlich. War der Darlehensnehmer in großer Bedrängnis, konnte der Geldverleiher den Wert des Pfandes nach eigenem Gutdünken taxieren. Stets wurde ausgemacht, daß der Geldverleiher nach einer bestimmten Frist – für gewöhnlich nach einem Jahr, einem Monat und einem Tag – berechtigt war, das Pfand zu verkaufen. Es kam vor, daß der Darlehensnehmer mitansehen mußte, wie sein Pfand vor seinen Augen zu Geld gemacht wurde, nachdem er einen Teil der Zinsen abbezahlt und dann den Rest nicht mehr aufgebracht hatte; er konnte nicht dagegen einschreiten. Diese Transaktionen eröffneten den Juden zusätzlichen Unterhalt in Gestalt des Handels mit Gegenständen aus zweiter Hand, die unter den Nichtbesitzenden sehr gefragt waren, desgleichen mit der Benutzung oder Reparatur von verpfändeten Gegenständen.
(H. H. Ben-Sasson, Geschichte des jüdischen Volkes, Bd. II. Vom 7.–17. Jahrhundert. Das Mittelalter. München: C. H. Beck 1979, S. 106 f.)

M 26 Jüdische Finanziers im Erzbistum Trier (13./14. Jahrhundert)

Am deutlichsten zeigt sich der Einfluß der Juden auf die Staatsverwaltung im Erzbistum Trier.
Schon Erzbischof Heinrich von Trier (1260–86) zog die Juden zu Rate, um die vergänglichen Schätze dieser Welt zu erwerben.
Der kluge, auf das Wohl seines Landes bedachte Balduin fragte wenig nach dem kanonischen Gesetz, welches die Einsetzung jüdischer Beamten verbot, und setzte Juden zu seinen Finanzverwaltern ein. Sie traten an die Stelle des Kämmerers und der späteren geistlichen Generalrezeptoren.
Muskin hatte diese Stelle inne von 1323–36, dann bis 1341 Jakob Daniels. Ihm folgte sein Schwiegersohn Michels. Es wurde eine Zentralkasse gegründet, an welche alle Zahlungen erfolgten und von der alle Auszahlungen geleistet wurden. Vorstand dieser Hauptkasse war der Hofjude, dem ein Glaubensgenosse als Schreiber beigegeben wurde. Die Buchungen fanden hebräisch statt und wurden später ins Lateinische übersetzt. Durch diese jüdischen Beamten wurde der Erzbischof in den Stand gesetzt, Anlehen ohne Sicherung aufzunehmen. Er gewährte den Juden Schutz und völlige Freiheit, ihre Geschäfte zu treiben. Dafür müssen sie ganz seinen Interessen dienen. Das Interesse der Fürsten und Juden wurde identisch. Neben dieser Stärkung seiner finanziellen Macht trugen sie auch zur Festigung seiner territorialen Gewalt bei. Wenn ihnen nämlich Grundstücke verpfändet wurden, so trugen sie diese dem Erzbischof auf. Ein Amtmann Balduins übernahm dann gemeinsam mit dem Schuldner die Verwaltung. Er befriedigte die Ansprüche der jüdischen Gläubiger und lieferte den Überschuß an den Schuldner ab.
Zu dieser Bevorzugung der Juden veranlaßte indessen Balduin durchaus nicht etwa eine sentimentale Regung oder ein besonderes Gerechtigkeitsgefühl, sondern einzig und allein der Gedanke, daß er dabei am besten seinen Vorteil fand. Wo sein Interesse mit dem der Juden kollidierte, konnte er auch ihnen gegenüber jede Rücksicht verlieren. So suchte er sich eine Kontrolle über ihre Geschäfte zu sichern, um einen Einblick in den Stand ihres Vermögens zu gewinnen und so zu wissen, welche Opfer er ihnen zumuten konnte. Die Ansprüche der verstorbenen Juden nahm er zugunsten der Staatskasse auf.
So waren bei der Einnahme von Oberwesel die nachweisbaren Judenschulden an ihn zu zahlen.

Er sorgte dafür, daß seine Ansprüche nicht durch jüdische Erben geschmälert wurden.

Auf diese Weise konnte Balduin durch die jüdischen Steuern und anderen Anfälle einerseits, durch den jüdischen Kredit andererseits über große Summen verfügen, und sein Schatz sicherte ihm seine politischen Erfolge. Durch Übernahme der jüdischen Grundpfänder gewann er Land, durch Erledigung der Schuldverschreibungen erwarb er sich in den von ihm gelösten Rittern treue Männer. Aber auch nach außen hin wurde sein Auftreten gestärkt. Die deutschen Kaiser waren ihm tief verschuldet, [...].
(M. Hoffmann, Der Geldhandel der deutschen Juden während des Mittelalters. Leipzig: Duncker & Humblot 1910, S. 117f.)

M 27 Privileg Kaiser Ferdinands II. von 1621 für die Frankfurter Juden

Es werden auch unsere Juden und Jüdinnen in unserer und des Reiches Stadt Frankfurt bei der Veranlagung zu Steuern und Hilfsleistungen mit Leib, Hab und Gut höher als die Christen belegt und angeschlagen. Daneben aber haben sie weder liegende Güter noch andere stattliche Hantierungen, Ämter und Handwerke bei den Christen, davon sie solche Anlagen erstatten und ihre Nahrung bekommen, außerhalb dessen, was sie von ihren Barschaften zuwege bringen. So lassen wir zu und gönnen denselben Juden und Jüdinnen, daß sie hinwiederum nach Maß und Gestalt solcher Veranlagung ihre Barschaften und Zinsen desto höher und mehr als den Christen zugelassen ist, anlegen. Es soll ihnen solches geduldet werden, und wo man ihnen etwas zu tun schuldig wäre, so soll man ihnen ihre Schuldbriefe und Handschriften mit Kapitel und Interesse, wie es die gute Gewohnheit mit sich bringt, befriedigen und bezahlen. Auch soll ihnen bei Verweigerung eines oder des anderen auf Anrufen jeder Zeit von jeder Obrigkeit die billige Justitia erteilt werden.
(J. Höxter, Quellenbuch zur jüdischen Geschichte und Literatur [1927ff.]. Band IV. Zürich: Morascha 1983, S. 108)

M 28 Zur Bedeutung des jüdischen Geldverleihs

Welche lebenswichtige Bedeutung das in den Städten und ihrer Umgebung hauptsächlich von Juden vergebene Verbrauchsdarlehen hatte, wurde zumal bei Judenverfolgungen und Vertreibungen offenbar. Viele europäische Städte plünderten die Juden und jagten sie davon, weil sie die Bürger mit ihren Zinsforderungen angeblich ausbeuteten; ein paar Jahre später luden sie sie ein, wieder zurückzukehren, weil das Stadtvolk ohne die Darlehen nicht auskommen konnte. Tatsache war, daß die wenigen in der Stadt verbliebenen christlichen Geldverleiher, der jüdischen Konkurrenz ledig, weit schonungsloser mit ihren Schuldnern verfuhren.

Der Geldhandel der Juden war auch für die christlichen Königreiche interessant. Das in jüdischer Hand angesammelte Geld ließ sich leicht mit hohen Steuern belegen, und bisweilen konfiszierten die Herrscher auch einfach einen Teil des jüdischen Besitzes oder gar den ganzen. Gelegentlich teilten sich sich auch das jüdiche Kapital mit ihren nichtjüdischen Untertanen, indem sie verfügten, daß die Schulden zu erlassen seien. In einem Brief bemerkte Papst Innozenz III., „gewisse Fürsten [...] die sich schämen, selbst Wucher zu nehmen, lassen Juden in ihre Städte und Dörfer, wo sie als Beauftragte für sie den Wucherzins eintreiben". Man könnte die jüdischen Geldverleiher beinahe als „Beamte" der christlichen Herrscher bezeichnen, für die sie dieses Geschäft betrieben, während die Herrscher ihrerseits sie dafür schmähten, daß sie es taten. Schließlich wurden die jüdischen Geldverleiher sprichwörtlich mit „Schwämmen" verglichen: sie „badeten" sozusagen im christlichen Geld, und hatten sie sich genügend vollgesogen, preßten die Herrscher das Geld aus ihnen heraus und füllten damit ihre eigenen Truhen.
(H.H. Ben-Sasson, Geschichte des jüdischen Volkes, Bd. II. Vom 7.–17. Jahrhundert. Das Mittelalter. München: C.H. Beck 1979, S. 108)

M 29 Die Stellung der Juden in der deutschen Wirtschaft

Die Behauptung von einer besonderen nationalen oder Rasseneigentümlichkeit der Juden, welche sie zum Handel, insbesondere zum Geldhandel hinneigen läßt, ist nicht zu begründen. Die Juden unterscheiden sich in dieser Hinsicht nicht qualitativ, sondern nur quantitativ von den Völkern, unter denen sie wohnen. Es handelt sich hier nicht um ein Entweder-Oder, sondern um ein Mehr oder Weniger.

Die Juden waren in Deutschland Grundbesitzer, Kaufleute und Geldhändler. Sie haben sich an den Hauptberufen beteiligt, denen sich auch die übrige städtische Bevölkerung widmete. Sie haben in früheren Zeiten besonders den Orienthandel gepflegt, sich aber auch mit anderen Handelszweigen abgegeben. Neben dem Warenhandel haben sie von Anfang an auch den Geldhandel betrieben. Sie waren aber nicht die einzigen Geldhändler, wie sie auch nicht allein den Geldhandel zum Wucher und zur Ausbeutung anderer Volksklassen ausarten ließen. Geistliche, Ritter und Bürger haben ihnen, in den Zeiten, wo sie über freie Kapitalien zu verfügen hatten, dafür ein Beispiel gegeben. Die italienischen Groß- und Kleinbankiers waren ihnen auch im professionellen Geldgeschäft mindestens gewachsen.

Von der Mitte des 12. Jahrhunderts an wurde der Geldhandel infolge der Zurückdrängung vom Grundbesitz und Warenhandel einerseits und der strengen Durchführung des kanonischen Zinsverbotes andererseits ihr Hauptberuf, der von der Gesetzgebung zugelassen und konzessioniert wurde. Wenn sie so als

Kapitalistenklasse auf die Schuldnerklassen der Bevölkerung einen Druck ausübten und sich dem Hasse und der Verfolgung aussetzten, so teilen sie dieses Schicksal mit allen Kapitalistenklassen älterer und neuerer Zeiten. Zugleich wird ihnen aber das gleiche Verdienst wie diesen zugesprochen werden dürfen. Sie haben das wirtschaftliche Leben des Staates und der Einzelnen befruchtet und vor Verknöcherung bewahrt. Sie haben mitgeholfen, die Zeit der reinen Geldwirtschaft vorzubereiten. Sie haben den staatlichen Gewalten durch Gewährung von Kredit unschätzbare Dienste geleistet und stellenweise die Konsolidierung der territorialen Selbständigkeit vorbereitet.

Auch die Einzeldarlehen, welche sie gewährten, stellen sich durchaus nicht nur als eine Ausbeutung der Notlage dar.

Sie werden ebensooft zur Meliorierung von Ländereien, zur Erhaltung und Erweiterung von Handwerks- und Handelsbetrieben verwertet worden sein. Kurz, sie füllten eine Lücke in der Volkswirtschaft aus und leisteten, was ohne sie von anderen hätte geleistet werden müssen.

Was sie etwa durch Unredlichkeit und Ausbeutung der menschlichen Schwäche, wozu diese Art von Geschäften besonders reiche Gelegenheit bot, gefehlt haben, dafür haben sie durch die Verfolgungen, den Haß und die Verachtung der Volksmenge mehr als verdient gelitten.

Ein Lohn ist ihnen nicht geworden. Denn arm und gedrückt sind wenigstens die deutschen Juden aus dem Mittelalter in die neuere Zeit eingetreten, die ihnen dann neue Entwicklungsmöglichkeiten bieten sollte.
(M. Hoffmann, Der Geldhandel der deutschen Juden während des Mittelalters. Leipzig: Duncker & Humblot 1910, S. 117f.)

Arbeitshinweise
1 *Tragen Sie die Vorwürfe zusammen, die den Juden im Zusammenhang mit ihrer Wirtschaftstätigkeit gemacht wurden (M 23 und 24, B 5).*
2 *Vergleichen Sie die Vorwürfe*
a) mit dem jüdischen Selbstverständnis und der Praxis (M 23 und 25);
b) mit den gesetzlichen Bestimmungen (M 27).
3 *Begründen Sie die für heutige Begriffe tatsächlich sehr hohen Zinssätze im Mittelalter im allgemeinen und bei den Juden im besonderen (M 25).*
4 *Begründen Sie den Zusammenhang zwischen Judenprivilegien, Schuldenerlassen und Judenvertreibungen.*
5 *Fassen Sie die Ergebnisse der vorangegangenen Aufgaben zusammen, und bewerten Sie die Bedeutung der Juden für die Wirtschaft des hohen und späten Mittelalters. Vergleichen Sie mit der Zeit vor dem Ersten Kreuzzug (Kap. A).*

2.2 Kleiderordnung und Judenfleck

M 30 Aus den Beschlüssen des 4. Lateran-Konzils vom 30. November 1215

In einigen Provinzen unterscheidet Juden oder Sarazenen von den Christen die *Kleidung*, aber in anderen ist eine solche Regellosigkeit eingerissen, daß sie durch keine Unterscheidung kenntlich sind. Es kommt daher manchmal vor, daß irrtümlich Christen mit jüdischen oder sarazenischen und Juden oder Sarazenen mit christlichen Frauen sich vermischen. Damit also den Ausschweifungen einer so abscheulichen Vermischung in Zukunft die Ausflucht des Irrtums abgeschnitten werde, bestimmen wir, daß Juden und Sarazenen beiderlei Geschlechts in jedem christlichen Land und zu jeder Zeit durch ihre Kleidung öffentlich sich von den anderen Leuten unterscheiden sollen, zumal da man schon bei Moses liest, daß ihnen eben dies auferlegt ist. An den letzten drei Tagen vor Ostern aber und am ersten Passionssonntag [Judica], sollen sie sich überhaupt nicht öffentlich zeigen und zwar deswegen, weil einige von ihnen, wie wir gehört haben, sich nicht scheuen, an solchen Tagen erst recht geschmückt einherzugehen und die Christen, welche zum Gedächtnis der allerheiligsten Passion die Zeichen der Trauer anlegen, zu verspotten. Dies aber verbieten wir aufs strengste, damit sie sich nicht herausnehmen, zur Schmach des Erlösers ihre Freude zu zeigen. Und da wir die Beschimpfung dessen, der unsere Schuld getilgt hat, nicht verleugnen dürfen, so befehlen wir, daß derartige Frevler durch die weltlichen Fürsten, durch Auflegung einer angemessenen Strafe, gedämpft werden, damit sie nicht wagen, den für uns Gekreuzigten zu lästern.
(J. Höxter, Quellenbuch zur jüdischen Geschichte und Literatur [1927ff.]. Bd. III. Zürich: Morascha 1983, S. 16)

M 31 Kölner Judenordnung vom 4. Juli 1404

Juden und Jüdinnen, jung und alt, die in Köln wohnen und als Fremde hereinkommen, sollen solche Kleidung tragen, daß man sie als Juden erkennen kann:
1. Sie sollen an ihren Überröcken und Röcken Ärmel tragen, die nicht weiter als eine halbe Elle sind.

2. Die Kragen an den Röcken und Überwürfen dürfen nicht mehr als einen Finger breit sein.
3. Pelzwerk darf an den oberen und unteren Enden der Kleider nicht zu sehen sein.
4. Geschnürte Kleider dürfen sie nur an den Armen tragen.
5. Die Aufschläge an den Ärmeln von Männer- und Frauenkleidern dürfen nicht länger sein als die Vorderseite der Hand.
6. Die Mäntel müssen Fransen haben und mindestens bis zu den Waden reichen.
7. Die Überwürfe dürfen nicht an beiden Seiten offen sein; sie müssen bis auf eine Handbreit zur Erde reichen.
8. Die Kapuzen eines jeden Mannes über 13 Jahre müssen mindestens eine Elle lang sein, die Schulterkragen anderthalb Ellen lang und nicht breiter als ein halbes Viertel.
9. Sie sollen keine Seidenschuhe weder im Hause noch draußen tragen.
10. Oberhalb des Ohrläppchens dürfen sie sich nicht scheren lassen, es sei denn, es ließe sich einer den Kopf kahl scheren.
11. Kein Kind über drei Jahre darf geschlitzte oder gerippte Kleider tragen.
12. Ein jüdisches Mädchen darf nur ein Haarband unter sechs Gulden Wert und unter zwei Fingern Breite tragen.
13. An Werktagen dürfen jüdische Frauen Ringe von höchstens drei Gulden Wert tragen, und zwar an jeder Hand nur einen.
14. Sie dürfen an Werktagen auch keine vergoldeten Gürtel anlegen, die überdies nicht breiter als zwei Finger sein dürfen.
15. An ihren Feiertagen dürfen sie Gürtel bis zum Wert von zwei Mark Silber tragen und ebenso dürfen dann die Frauen zwei Ringe bis zu sechs Gulden Wert haben.

(K. Schilling [Hrsg.], Monumenta Judaica. 2000 Jahre Geschichte und Kultur der Juden am Rhein. Köln: Stadt Köln ³1964, S. 110f.)

M 32 Bamberger Synode vom 30. April 1451 zur Kleiderordnung

Unsere Aufgabe ist es, auf die Beobachtungen dieser kanonischen Bestimmungen hinzuwirken; wir wollen indessen in der Stadt, Diözese [...] den Juden die gleiche menschenfreundliche Rücksicht angedeihen lassen, wie sie in der Stadt der Christenheit den Juden zuteil wird. Demnach bestimmen wir: Fortan sollen alle Juden der genannten Kirchenprovinz auf ihrem Gewande oder Mantel vorn auf der Brust einen Ring tragen, der mindestens den Durchmesser eines menschlichen Fingers besitzt und aus safranfarbigen Fäden besteht; die Jüdinnen aber sollen gehalten sein, zwei blaue Streifen deutlich sichtbar auf ihrem Schleier zu tragen. Außerdem aber sollen erstere dem

B 4 Wormser Jude in der Tracht des 16. Jahrhunderts

häßlichen Zinsgeschäfte mit Christen entsagen. Tun sie dies, soll man sie ruhig dulden, tun sie dagegen dies nicht, so soll die Pfarrei, welche solche Juden und Jüdinnen duldet, dem kirchlichen Interdikte verfallen [...].
(E.L. Ehrlich, Geschichte der Juden in Deutschland. Düsseldorf: Pädagogischer Verlag Schwann ³1960, S. 43f.)

Arbeitshinweise

1 *Untersuchen Sie die Materialien hinsichtlich der Begründung für eine Juden kennzeichnende besondere Kleidung (M 30 unjd M 32).*
2 *Beschreiben Sie typische Merkmale der Judenkleidung (B 1 und B 3, M 31 und M 32).*
3 *Bewerten Sie die Regelungen*
a) *vor dem Hintergrund der mittelalterlichen Gesellschaftslehre;*
b) *vor dem Hintergrund der mittelalterlichen und neuzeitlichen Verfolgungen (Kap. 1, 3, 4, E und F).*

Juden stehen wie Mönche, Geistliche und Frauen unter dem Schutz des Königs, der auf die Friedenslilie zeigt.

B 5 Aus dem Sachsenspiegel von Eike von Repgow

Der „Sachsenspiegel" ist die älteste umfassende Aufzeichnung des Lehns- und Landrechts in deutscher Sprache. Er wurde von 1224–31 von dem sächsischen Ritter Eike von Repgow zusammengestellt.

2.3 Judenrecht

M 33 Friedrich II. zur ‚Kammerknechtschaft' der Juden (.236)

Wenn auch die Hoheit der kaiserlichen Würde den schützenden Arm zu allen Untertanen des Römischen Reiches ausstrecken muß, und, von der göttlichen Vorsehung zur Schützerin des Glaubens ausersehen, die Christgläubigen mit besonderer Gunst umfangen soll, nichtsdestoweniger ist sie, da sie zur Wahrung der Gerechtigkeit eingesetzt ist, den Ungläubigen schuldig, sie wie ein ihr besonders anvertrautes Volk getreulich zu regieren und gerecht zu schützen, damit sie nicht, die mit dem Gläubigen zusammen unter dem Schutz unserer Hoheit stehen, von Übermächtigen mit Gewalt unterdrückt werden. Es sollen daher durch den Wortlaut dieser Schrift das gegenwärtige Zeitalter und die künftigen Geschlechter wissen, daß Unsere Kammerknechte ganz Deutschlands Unsere Herrlichkeit gebeten haben, Wir möchten das Privileg Unseres Großvaters Friedrich[1], glücklichen Gedenkens, das für die Wormser Juden und ihre Genossen erlassen worden ist, gnädig für alle Juden Deutschlands bestätigen.
(E.L. Ehrlich, Geschichte der Juden in Deutschland. Düsseldorf: Pädagogischer Verlag Schwann ³1960, S. 24f.)

---

[1] erlassen 1157 mit der Formulierung: „da sie Unserer Kammer zugehören".

M 34 Judenrecht des Sachsenspiegels (1224–1232)

§ 1. Ein Jude darf nicht eines Christen Gewährsmann sein, wenn er nicht für ihn vor Gericht antworten will. § 2. Erschlägt ein Jude einen Christen oder wird er bei einem Vergehen ergriffen, so richtet man über ihn, wie über einen Christen. § 3. Erschlägt ein Christ einen Juden oder vergeht er sich gegen ihn, so richtet man über ihn wegen des Königs Frieden, den er an ihm gebrochen hat. Diesen Frieden erwarb ihnen Josephus vom König Vespasian, da er dessen Sohn Titus von der Gicht heilte. § 4. Kauft ein Jude oder nimmt er als Pfand Kelche, Bücher oder Priestergewänder, wofür er keinen Gewährsmann hat, und findet man das Gut bei ihm, so richtet man über ihn wie über einen Dieb. Käufe anderer Art, die der Jude offen bei Tage und nicht im verschlossenen Hause vornimmt, kann er selbdritt bezeugen und darf dann, mit seinem Eide, das Geld, das er dafür gegeben oder darauf geliehen hat, behalten, auch wenn es gestohlenes Gut ist. Gebricht es ihm aber an Zeugen, so verliert er sein Geld. § 5. Nach dem alten Frieden, den die kaiserliche Gewalt mit Einwilligung der Ritterbürtigen für das Land zu Sachsen aufgerichtet hat, sollen Geistliche, Frauen und Juden alle Tage und alle Zeit Frieden haben an ihrem Gute und ihrem Leibe. § 6. Pfaffen und Juden, die Waffen führen und Pfaffen, die nicht die Tonsur tragen nach ihrem Rechte, soll man, wenn ihnen Gewalt geschieht, Genugtuung leisten wie einem Laien, da die keine Waffen führen sollen, die in des Königs beständigem Frieden stehen.
(J. Höxter, Quellenbuch zur jüdischen Geschichte und Literatur [1927ff.]. Band III. Zürich: Morascha, S. 18)

M 35   Judenprivileg des Kölner Erzbischofs Conrad (1252)

Wir glauben, daß es zu unserem Wohlstande und zu unserer Ehre viel beitragen wird, wenn wir den Juden, welche sich uns anvertrauen und in der Hoffnung auf unseren Schutz und unsere Gnade sich unserer Herrschaft unterwerfen, auch wirklich den erwünschten Schutz erteilen. Darum nehmen wir die Juden, welche in Köln ansässig sind, sowie die, welche sich in der Stadt niederzulassen beabsichtigen, sobald sie in die Mauern derselben eingezogen sind, mit ihrer Person und Habe in unseren Schutz, und sollen sie überall in unserm Gebiet bei allen ihren Geschäften von uns und unseren Beamten gefördert werden. Gemäß dem Vertrage, nach welchem sie für zwei Jahre, nämlich um Johanni und Weihnachten eine bestimmte Abgabe zahlen; außerdem sollen sie weder durch den Vogt noch den Kämmerer oder sonst jemand zu irgend etwas weiter genötigt werden. [...] Im übrigen wollen wir über sie keine weltliche Gerichtsbarkeit ausüben, als nur in bestimmten Fällen, wenn einer den andern bestohlen oder wenn einer von ihnen eine Fälschung, offenbare Verwundung oder Verletzung begangen hat [...] oder dem Banne trotzt oder Ehebruch mit einer Jüdin oder Christin begangen hat.
(E. L. Ehrlich, Geschichte der Juden in Deutschland. Düsseldorf: Pädagogischer Verlag Schwann ³1960, S. 27)

M 36   Formel des Frankfurter Judeneides (nach 1392)

Dies ist aber ein Judeneid, wie sie sollen schwören. Er soll auf einer Sauhaut stehen und sollen die fünf Bücher des Herrn Moses vor ihm liegen und soll ihm die rechte Hand bis an das Gelenk in dem Buche liegen und [der den Judeneid vorspricht] soll also sprechen: Um solches Gut, dessen dich der Mann zeihet, [sollst du schwören,] daß du nicht darum weißt noch es hast, noch in deine Gewalt je gewonnen, noch in keinem deiner Behältnisse habest, weder unter die Erde vergraben, noch mit Schlössern verschlossen, so dir helfe der Gott, der schuf Himmel und Erde, Tal und Berge, Wald, Laub und Gras, und so dir helfe das Gesetz, das Gott selber schuf und schrieb mit seiner Hand und gab es Mose auf dem Berge Sinai und so die fünf Bücher Mose dir helfen und daß du nimmermehr einen Bissen genießen mögest, ohne dich von oben bis unten zu besudeln, wie auch der König von Babylon tat, und der Schwefel und das Pech auf deinen Hals müsse rinnen und regnen, der über Sodom und Gemorrha regnete. Und es müsse dich dasselbe Pech überrinnen, das über Babylon regnete, zweihundertmal mehr, und die Erde müsse über dich fallen und dich verschlingen, wie sie tat Dathan und Abiran, und deine Erde komme nimmer zu anderer Erde, und dein Geist nimmer komme zu anderem Geist in den Schoß des Herrn Abraham. Du hast so wahr und recht, als dir helfe Adonai. Du habest wahr geschworen, du müssest dann werden aussätzig wie Naeman und Jesse [Gehasi] und der Schlag müsse dich engen, der das israelitische Volk traf, da sie aus Ägyptenlande zogen, und das Blut und der Fluß müsse immer an dir währen und nicht abnehmen, wie ein Geschlecht wünschte, da sie Gott J. Chr. verteilten über sich und schworen und sprachen also: Sein Blut komme auf uns und unsere Kinder. Es ist wahr, des helfe dir der Gott, der Mose erschien in einem brennenden Busche, der doch blieb unverbrannt. Es ist wahr bei dem Eide, den du geschworen hast, bei der Seele, die du an dem Jüngsten Tage vor das Gericht bringest. Abraham, Isaak und Jakob. Es ist wahr, des helfe dir Gott und der Eid, den du geschworen hast.
(J. Höxter, Quellenbuch zur jüdischen Geschichte und Literatur [1927ff.]. Bd. III. Zürich: Morascha 1983, S. 35f.)

Arbeitshinweise

1 *Ermitteln Sie die Bedeutung des Privilegs Kaiser Friedrichs II. von 1236 (M 33) im Vergleich mit M 18 und M 20 aus Kapitel A. Beschreiben Sie die so erkennbare historische Entwicklung des Judenrechts.*
2 *Definieren Sie unter Hinzuziehung der verschiedenen Rechtsquellen (M 33 und M 34) den Zustand der Kammerknechtschaft. Klären Sie dabei, ob die Kammerknechtschaft eine Verbesserung oder eine Verschlechterung der Rechtsstellung der Juden bedeutete.*
3 *Ebenso wie bei vielen anderen Regalien überließ der Kaiser/König auch die Ausübung des Judenregals seinen Landesfürsten. Untersuchen Sie die Konsequenzen dieser Abtretung für die Juden.*
4 *Untersuchen Sie die Umstände und den Text der Judeneide (M 36 und Kap. A. M 11) und stellen Sie die Besonderheiten heraus. Ist der eigene Judeneid als eine Rechtsvergünstigung oder als eine Rechtsbeschränkung zu betrachten? Begründen Sie Ihre Auffassung.*

2.4 Judensteuern/Schutzgelder

M 37   Aus dem Steuerverzeichnis von Städten und Juden des Kaisers Friedrich II. von 1241

Das Verzeichnis ist nicht vollständig. So fehlen darin z.B. Städte mit bedeutenden jüdischen Gemeinden (K 3, S. 197). Es weist aber eine Gesamtsumme des Ertrags der Judensteuer von 857 Mark aus. Die gesamten baren Reichseinnahmen sind danach 7127 ¹/₂ Mark, wovon die Städte (ohne Judensteuer) 4290 Mark aufzubringen hatten.

Die Juden der folgenden Städte mußten zahlen (in Mark):

Wetterau	150
Oppenheim	15
Oberwesel	20
Boppard	25
Sinzig	25
Düren	10
Aachen	15
[Kaisers-] Werth	20
Duisburg	15
Dortmund	15
Worms	130
Speyer	80
Lautern [Kaisersl.]	80
Straßburg	200
Basel	40
Hagenau	15
Rothenburg	10
[Schwäbisch] Hall	8
[Schwäbisch] Gmünd	12
Augsburg	–[1]
Esslingen	30
Ulm	6
Konstanz	20
[Donau-] Wörth und Bopfingen	2
Überlingen	2

(L. Weinrich, Quellen zur deutschen Verfassungs-, Wirtschafts- und Sozialstruktur bis 1250. Darmstadt: Wiss. Buchgesellschaft 1977, S. 511 f.)

B 6 Siegel der Augsburger Judenschaft aus dem Jahre 1298 Auf dem Siegel ist der kaiserliche Doppeladler mit dem Judenhut dazwischen erkennbar. Die Umschrift ist in hebräisch und lateinisch: S(igillum) IUDAEORUM AUGUSTA(E).

1 wörtlich lateinisch: „Item Augusta nichil, quia conbusta est. Et Iudei ibidem nichil, quia conbusti sunt." (D. Berg/H. Steur, Juden im Mittelalter, Göttingen: Vandenhoeck & Rupprecht, 1976, S. 33)

M 38 Zur Organisation der Steuereinziehung bei den Juden

Es ist nun bemerkenswert, daß die Steuer von der Stadt und die von den Juden jeweils getrennt erscheinen. Das Verhältnis zwischen beiden ist ein recht verschiedenes, weil es offenbar durch die Zahl der Pflichtigen und ihre Leistungsfähigkeit bestimmt war; in den Freistädten Worms, Speier, Straßburg steuerten nur die Juden. Es bildete also die jüdische Gemeinde eine von der Stadtgemeinde gesonderte Körperschaft, die in Steuersachen eine gewisse Autonomie besaß. Gerade die runden Summen der einzelnen Beträge zeigen, daß die Steuer auf der ganzen Gemeinde ruhte, deren Sache es sein mochte, die Last unter die Mitglieder zu verteilen. Nur der Vorsteher hatte demnach wohl mit der kaiserlichen Kammer zu tun, wie das zu den Privilegien in Einklang stand, und eine wirkliche Steuer war es, welche die Juden der ihnen unmittelbar vorgesetzten Obrigkeit, dem Kaiser, zahlten, nicht eine Gebühr für den gewährten Schutz, wie das schon die gleichmäßige Bezeichnung ihrer und der städtischen Leistung als precaria [identisch mit peticio oder Bede] zeigt.
(G. Caro, Sozial- und Wirtschaftsgeschichte der Juden im Mittelalter und der Neuzeit, Band I. Das frühere und hohe Mittelalter. [1908]. ND Hildesheim: Georg Olms Verlag 1964, S. 416).

M 39 Zur Ausbeutung der Juden durch Konrad IV.

Konrad IV. hat von ihnen Geld nach Willkür erpreßt. So gab er am 9. VI. 1246 dem Burggrafen Gerhard von Sinzig Auftrag, ohne Verzug von dem Juden, den er in Haft halte, an Konrad von Brauneck 100 Mark Silber auszahlen zu lassen. Einige Jahre zuvor hatte bereits der König dem Burggrafen befohlen, Sorge zu tragen, daß die Juden zu Sinzig sofort 500 Mark an den Hof ablieferten, und sie dazu nötigenfalls durch Gefangennahme zu zwingen. Die ordentliche Jahressteuer mußten sie nichtsdestoweniger zahlen. Offenbar wurden damals die „Kammerknechte" wie Wertobjekte behandelt. Am 1. III. 1242 hat Konrad IV. dem Propst Heinrich von Pfalzel an Zahlungs Statt für ein Darlehen von 300 Pfund nebst Zinsen den Juden Heilmann, dessen Schwiegersohn Heckelin von Kochem und Aaron von Kröw in Person überwiesen mit der Befugnis, ihre Häuser und Habe nach Gutbefinden zu verkaufen; reiche der erzielte Gewinn zur Deckung der Schuld nicht aus, so wollte der König für den Fehlbetrag aufkommen.
(G. Caro, Sozial- und Wirtschaftsgeschichte der Juden im Mittelalter und der Neuzeit, Bd. I. Das frühere und hohe Mittelalter. [1908]. ND Hildesheim: Georg Olms Verlag 1964, S. 421)

M 40 Der „Güldene Opferpfennig" Ludwigs des Bayern (1342)

Zur Gewährleistung einer festen Einnahme von den Juden verordnete Ludwig der Bayer eine Kopfsteuer, den Güldenpfennig (Goldener Opferpfennig). Das bedeutete, daß jeder Jude und jede Jüdin im Alter von mehr als 12 Jahren und im Besitz von mindestens 20 Gulden Vermögen, dem König jährlich einen Gulden Zins zahlen mußten – ganz gleich, welcher sonstigen Obrigkeit sie zugehörten. Dafür erklärte der Kaiser, die Juden fortan besser schirmen und schützen zu können. Obgleich die Betroffenen schlechte Erfahrungen mit solchen Versprechen gemacht hatten, legten sie Wert auf die durch Reichssteuer bestätigte Verbundenheit mit dem Kaiser. Des öfteren ließen sie es sich verbriefen, daß ihre Abgaben ungeschmälert beim Reich verblieben. Das chronische Geldbedürfnis der Kaiser brachte es zwar mit sich, daß auch diese Steuer zeitweilig gegen Darlehen übertragen wurde, aber in den Reichsstädten blieb sie bis zum Ende des Heiligen Römischen Reiches Deutscher Nation (1806) bestehen.
(I. Elbogen/E. Sterling, Die Geschichte der Juden in Deutschland. Frankfurt a. M.: Athenäum 1988, S. 47)

M 41 Aus einer Kurmainzischen Verordnung über jüdische Sonderabgaben (1724)

Wir wollen drittens, daß unter dem Namen „herrschaftliche Gelder" folgende ordentlichen und außerordentlichen Anlagen welche wir oder mit unserer Einwilligung unsere Hofkammer an unsere Judenschaft ausschreiben oder zu fordern haben, verstanden werden sollen:
Neujahrsgelder,
Martins-Gans-Gelder,
dem Domkapitel zustehende Synagoge-Gelder,
dem jeweiligen Erzpriester zustehende Gelder,
Armenhausgelder,
Glockengelder zur Pfarrei von St. Emmeran,
dem jeweiligen Rentmeister gebührende Zapfgelder,
Gelder für die armen Studenten bei den Jesuiten,
Fischgelder für die Franziskaner, Kapuziner und Jesuiten,
Feldschützengelder,
Gelder für die Beleuchtung der Judengasse,
Kurpfälzische Taschengeleitsgelder,
Gehälter des Rabbiners, der Vorsteher, der Armen-Krankenwärter, der Gemeindebediensteten, der Schächter,
Gelder für Bau und Unterhaltung der Armen-Herberge und
des Judenkirchhofs,
Gelder für die Säuberung der Gassen, der Brunnen und für
die Aufrechterhaltung der Feuerordnung,
Geld für den Hecht, der in der Karwoche dem Rektor Magnificus der Universität geschenkt wird usw.
(J. Höxter, Quellenbuch zur jüdischen Geschichte und Literatur [1927ff.]. Bd. IV. Zürich: Morascha 1983, S. 129f.)

Arbeitshinweise

1 Ermitteln Sie anhand der Steuertabelle (M 37) die Bedeutung der Judensteuern für den Kaiser. Lassen sich regionale Schwerpunkte feststellen?
2 Beschreiben Sie die Auswirkungen dieser Zahlungen auf das innere Gefüge der Judengemeinden (M 38).
3 Interpretieren Sie das Siegel der Augsburger Juden (B 6) unter Berücksichtigung des Siegelbildes, der Umschrift und des Ergebnisses aus Aufgabe 2.
4 Äußern Sie sich zu der Kurmainzischen Verordnung von 1724 (M 41). Bewerten Sie Art, Umfang und historischen Zeitpunkt der Abgaben.

2.5 Verpfändung der Juden

M 42 Verpfändung der Frankfurter Juden durch König Karl IV. im Jahre 1349

Wir, Karl, von Gottes Gnaden, Römischer König, zu allen Zeiten Mehrer des Reichs und König zu Böhmen, verkündigen öffentlich mit diesem Briefe allen denen, die ihn sehen, hören oder lesen: Wir sind durch offenkundige Not unser und des Reichs, die jetzo entstanden ist und schon eine Weile gewährt hat, durch Kriege und Zweiungen des Reichs in Schulden, Kosten, Bedrängnis und großen Schaden gekommen. Um diese zu beheben, dem Reiche zu Ehren und zu Nutze, sind wir übereingekommen mit den Schöffen, dem Rat und den Bürgern zu Frankfurt, unsern und des Reichs lieben Getreuen, daß sie angesehen haben unsere und des Reichs Ehre und Nutz. Und sind wir mit ihnen und sie mit uns übereingekommen und haben sie sich darum großen Schaden getan und haben uns und dem Reiche zu Nutz und Ehren und um den Schaden und die Schuld zu beheben, gereicht und bezahlt fünfzehntausend und zweihundert Pfund Heller guter Währung, die wir zu offenkundigem Nutzen und Not des Reiches, wie hievor geschrieben ist, verwendet haben. Für dieselbe Summe Geldes haben wir ihnen zu Pfande gesetzt und verpfändet unsere Juden insgesamt zu Frankfurt, unsere Kammerknechte, reich und arm, die jetzt da sind oder hernach dahinkommen mögen, samt und sonders, ihr Leib und Gut zu Frankfurt oder außer-

halb derselben Stadt, in demselben Gebiet oder anderswo, wo es sei, liegende, schwimmende oder fahrende Habe, versucht und unversucht, auch bereite Habe, wie sie immer erdenklich oder nennbar sei, namentlich aber ihre Höfe, ihre Häuser, ihren Kirchhof, ihren Schulhof, ihr Eigen und ihr Erbe und was sie haben, innerhalb oder außerhalb der Stadt Frankfurt gelegen. Das soll alsolange gelten, bis daß wir oder unsere Nachkommen an dem Reiche die Juden von den Bürgern der Stadt Frankfurt oder von ihren Nachkommen wieder lösen mit fünfzehntausend und zweihundert Pfund Hellern guter Währung, und bis wir das Geld denen von Frankfurt gänzlich haben bezahlt und gewährt. Und sollen wir oder unsere Nachkommen an dem Reiche oder irgend jemand von unseretwegen an die Juden samt oder sonders darüber hinaus keine Forderungen richten oder Ansprüche, noch von ihnen fordern keinerlei Geld, keinerlei Dienst, keinerlei Steuer oder Forderung, was man davon erdenken möchte, ohne jeden Hinterhalt. Ausgenommen sei der Zins, den sie dem Stifte von Mainz und der Herrschaft von Eppstein seit langem bisher von des Reichs wegen entrichtet haben, und daß sie, wenn wir oder unsere Nachkommen an dem Reiche gen Frankfurt kommen, uns dann dienen sollen für unsere Kanzlei mit Pergament, für unseren Hof mit Betten, für unsere Küche mit Kesseln, wie es hergebracht ist. Sonst sollen weder wir noch unsere Nachkommen an dem Reich noch irgend jemand unseretoder unserer Nachkommen wegen keinerlei Dienst von ihnen heischen, er sei klein oder groß, oder wie er sei, solange sie unsern und des Reichs Bürgern und der Stadt Frankfurt zu Pfande stehen, ausgenommen die Rechte unserer Amtleute. Und sagen auch wir dieselben Juden samt und sonders frei, ledig und los aller Dienste, aller Gefälle und aller Nutzen, damit sie uns und dem Reiche in diesen Zeiten, solange sie unsern und des Reichs Bürgern zu Frankfurt zu Pfande stehen, dienen könnten, und heißen und gebieten wir bei unsern und des Reichs Hulden denselben Juden samt und sonders, daß sie den Bürgern und der Stadt Frankfurt fortan aufwarten und dienen,
wie hievor geschrieben steht, solange bis wir oder unsere Nachkommen an dem Reich sie von ihnen lösen. [...]
(J. Höxter, Quellenbuch zur jüdischen Geschichte und Literatur, [1927ff.]. Bd. III. Zürich: Morascha 1983, S. 30ff.)

M 43 Aussage über Juden in der Goldenen Bulle von 1356

Auf dem Reichstag zu Nürnberg 1356 erläßt Kaiser Karl IV. die Goldene Bulle, eine Art Verfassung für das Heilige Römische Reich Deutscher Nation. Darin regelt er auch die Teilhabe an der kaiserlichen Kammerknechtschaft der Juden.

Wir wollen und ordnen mit diesem Gesetz für ewigen Zeiten, daß unsere Nachfolger, Böhmens Könige, alle Kurfürsten, geistliche und weltliche, die Gold- und Silbergruben, die des Zinnes, Kupfers, Bleies, Eisens und jedes anderen Metalles, auch des Salzes, die schon gefunden sind, oder noch gefunden werden in gedachtem Reiche, oder ihm unterworfenen Ländern, so wie auch die gedachten Fürsten in ihren Fürstentümern, Ländern, Herrschaften und Zubehörungen, recht und gesetzlich besitzen können, mit allen Rechten, keines ausgenommen, wie sie können oder zu besitzen gewohnt sind – *auch Juden zu haben*[1].
(E.L. Ehrlich, Geschichte der Juden in Deutschland. Düsseldorf: Schwann Verlag ³1960, S. 34)

Arbeitshinweise

1 *Beschreiben Sie die verschiedenen Möglichkeiten des Königs/Kaisers, die Einnahmen aus dem Judenregal zu verwenden.*
2 *Zeigen Sie die Konsequenzen auf, die die Verpfändung für die Juden bedeutete.*
3 *Die Juden waren für die weltliche Macht ein Wirtschaftsobjekt. Nehmen Sie zu dieser These Stellung, indem Sie die Materialien dieses und des vorangegangenen Abschnitts auswerten (Kapitel 2.4 und 2.5).*

1 „Habere Judeos" bedeutet hier Teilhabe an der kaiserlichen Kammerknechtschaft.

3. Die Pest von 1348 bis 1350: Die Juden als Sündenböcke

Das 14. Jahrhundert war in Mitteleuropa eine Zeit tiefgreifender sozialer und wirtschaftlicher Umbrüche. Vor allem die immer weitere Bereiche erfassende Entwicklung der Geldwirtschaft, die wachsende wirtschaftliche und politische Stärke der Städte und die Verarmung des Landes kennzeichneten diese Entwicklungen. Sozialer Entwurzelung und Verarmung sahen sich große Teile der Landbevölkerung ausgesetzt. In den Städten entwickelte sich sehr schnell eine Bevölkerungsschicht, die nicht am wirtschaftlichen Fortschritt teilnehmen konnte. Die wachsende Bedeutung des Fernhandels und des Kreditwesens ging einher mit der existentiellen Bedrohung vieler traditioneller Berufsgruppen. Gewachsene soziale Strukturen wurden aufgebrochen. Die weltlichen Aktivitäten der Kirche wurden begleitet von einer nachlassenden Überzeugungskraft der von der Kirche angebotenen Weltsicht. Das Bedürfnis nach Orientierung in der für viele Menschen unübersichtlich und unverstehbar gewordenen Gesellschaft wuchs.

Während dieses Prozesses ereignete sich eine der größten Katastrophen, die die Menschheit bisher heimgesucht hatte. Von 1348 bis 1350 starben mehrere Millionen Menschen an der Pest. In den von dieser Krankheit, die als „Schwarzer Tod" bezeichnet wurde, am stärksten heimgesuchten Gegenden starb ein Drittel der gesamten Bevölkerung innerhalb kurzer Zeit. Die Menschen standen fassungslos vor dieser Krankheit. Die Mediziner waren hilflos gegenüber dem Pestbakterium, das von Rattenflöhen auf den Menschen übertragen wurde. Das unvorstellbare Grauen, das diese Krankheit in die Städte, aber auch in die ländlichen Gebiete brachte, führte zu irrationalen Deutungen der Ursachen. Die einen betrachteten die Pest als Strafe Gottes, andere vermuteten das Ausströmen giftiger Gase aus dem Weltall als Ursache für die Pest. Es wurde aber auch nach Verantwortlichen unter den Lebenden gesucht. Gerieten zunächst die Aussätzigen als Verursacher in Verdacht, so fand schon bald die absurde These von der Brunnenvergiftung durch die Juden massenhafte Verbreitung.

Die Juden als ausgegrenzte kleine, relativ schutzlose Minderheit, über die man wenig wußte und daher um so besser spekulieren konnte, waren ein naheliegendes Ziel bei der Suche nach den Verantwortlichen. Die durch die Kirche propagierte Beurteilung der Juden als Christusmörder und mögliche negative Erfahrungen aus Finanzgeschäften mit einzelnen Juden mochten für viele Menschen ein ausreichender Beweis dafür gewesen sein, daß den Juden alles zuzutrauen war. Mit Hilfe der Folter wurden die gewünschten „Geständnisse" für die Verantwortung der Juden erwirkt. Alle Bedrückungen aus den wirtschaftlichen und sozialen Problemen der Zeit und alle Ängste vor der Bedrohung durch die Krankheit entluden sich in einer neuen Welle von Pogromen. Die Tatsache, daß diese Pogrome in der Regel mehr oder weniger gut organisiert abliefen, weist darauf hin, daß es sich hier nicht nur um eine spontane Reaktion der verängstigten Bevölkerung handelte, sondern daß auch wirtschaftliche, soziale, religiöse und politische Motive eine wichtige Rolle spielten. Zur Vernunft mahnende Stimmen wie die von Papst Clemens VI. wurden nicht gehört. Die Folgen der Pest für die jüdischen Gemeinden nach 1350/51 waren katastrophal: Viele Juden starben an der Pest, Tausende wurden ermordet, fast alle aus ihrer Heimat vertrieben.

M 44 Die Anschuldigung der Brunnenvergiftung

Die unheilvolle Legende tauchte zuallererst in Südfrankreich und in den benachbarten spanischen Gebieten auf, wo die Epidemie schon im Frühling des Jahres 1348 zum Ausbruch gekommen war. Hier zog indessen die Verleumdung nur ganz vereinzelte Judenhetzen nach sich. [...] Es mag sein, daß in diesen Gegenden die Bulle des in Avignon residierenden Papstes Clemens VI. beschwichtigend wirkte, die ausdrücklich untersagte, die Juden auf Grund unkontrollierbarer Gerüchte zu verfolgen (Juli 1348). Mit um so größerem Eifer bemühte man sich an anderen Orten, den grundlosen Verdacht zu einer erwiesenen Tatsache zu stempeln, indem man zu dem alterprobten Mittel der gerichtlichen Folterung griff. Zum ersten Male gelang es auf diesem Wege den „Wahrheitsbeweis" in Savoyen und in der Schweiz zu erbringen, wo um jene Zeit bereits bedeutende jüdische Gemeinden bestanden (seit dem Jahre 1306[1] wurden nämlich diese Länder nicht selten von französischen Exulanten aufgesucht). Der Herzog von Savoyen Amadeus ließ die Juden in Chambery, Chillon und in anderen am Genfersee gelegenen Ortschaften verhaften und so lange martern, bis einer von den Gefolterten, der Chirurg Balavigny, vor Schmerz wahnsinnig geworden oder in dem Wunsche, sein Ende zu beschleunigen, alles, was man aus ihm herauspressen wollte, rückhaltlos gestand. Das Geständnis besagte, daß ein Ankömmling aus Toledo, Jakob Pasquate mit Namen, zusammen mit dem Rabbiner von Chambery und einem anderen Juden die Ausführung des von der Judenheit zur Ausrottung der Christen geschmiedeten Planes übernommen hätte. Sie seien es gewesen, die überallhin an ihre Stammesgenossen das Gift zur Verseuchung des Brunnenwassers versandt hätten. Das

[1] vgl. M 56

Gift wäre aus den wunderlichsten Stoffen gemischt worden: aus getrockneten Schlangen-, Frösche- und Skorpionenkadavern, aus Hostienteig und aus Christenherzen. Diese auf der Folterbank erpreßten Geständnisse wurden trotz ihres ungeheuerlichsten Widersinns als zureichendes Beweismaterial befunden – und überall in Savoyen stiegen die Rauchsäulen von den Scheiterhaufen, auf denen die Juden in Massen verbrannt wurden, gen Himmel empor.
(S. Dubnow, Weltgeschichte des jüdischen Volkes, Bd. V. Das Spätmittelalter. Berlin: Jüdischer Verlag 1927, S. 301)

M 45 Konrad von Megenberg um 1350 zur ‚Brunnenvergiftung'
Konrad von Megenberg (1309–1374) war Domherr in Regensburg und Verfasser zahlreicher Schriften. Der Auszug stammt aus seinem um 1350 erschienenen Werk „Das Buch der Natur".
Man fand in zahlreichen Brunnen mit Gift gefüllte Säckchen; deshalb wurde eine nicht festzustellende Zahl von Juden im Rheinland, in Franken und in allen deutschen Ländern ermordet. Dabei weiß ich wahrhaftig nicht, ob dies einige Juden überhaupt getan haben. Wäre dies so gewesen, so hätte dies gewiß das Unheil verschlimmert. Andererseits weiß ich aber sehr wohl, daß keine andere Stadt mehr zählte als Wien; dort waren aber unter den Juden die der Seuche erliegenden Opfer so zahlreich, daß sie ihren Friedhof in großem Umfang erweitern und zwei Grundstücke kaufen mußten. Sie wären also recht dumm gewesen, sich selbst zu vergiften.
(L. Poliakov, Geschichte des Antisemitismus, Bd. II. Das Zeitalter der Verteufelung und des Ghettos. Worms: Verlag Georg Heintz 1978, S. 14)

M 46 Vernichtung der Gemeinden Mainz und Köln (1349)
Untereinander aber verabredeten die Juden von Mainz den Plan, sich nicht wie die Schafe abschlachten zu lassen. Dreihundert griffen zu den Waffen und erschlugen von der sie überfallenden Menge zweihundert Personen. Freilich erregten sie dadurch um so mehr den Zorn der ganzen christlichen Bevölkerung, die sich ebenfalls bewaffnete. Die Juden kämpften lange, und als sie von der Übermacht der Feinde zurückgedrängt wurden, zündeten sie ihre Häuser an. Nah' an sechstausend Juden sollen damals in Mainz umgekommen sein. Die größte deutsche Gemeinde war vollständig aufgerieben.
An demselben Tage wie in Mainz erlitten die Juden der alteingesessenen Gemeinde von Cöln samt denen, welche aus der Umgegend Zuflucht in der Stadt gesucht hatten, einen Überfall. [...] Es entstanden in Cöln wie an vielen Orten Aufläufe der niederen Volksklasse gegen die Juden. Die Angegriffenen setzten sich teilweise zur Wehr, es entstanden hier und da Brände, und das Ende war, daß sämtliche in Cöln befindliche Juden vernichtet wurden. Wie ein unaufhaltsamer Brand wälzte sich die Judenschlächterei durch ganz Deutschland.
(H. Graetz, Volkstümliche Geschichte der Juden, Bd. 4. Das Judentum im Mittelalter bis zu den Verfolgungen in der Zeit des Schwarzen Todes [1888]. München: Deutscher Taschenbuch Verlag 1985, S. 314)

M 47 Gesamtsicht der Pogrome im 14. Jahrhundert
Die Judenverfolgungen des 14. Jahrhunderts gehen sicher auch auf wirtschaftliche und soziale Gründe zurück, die mancherlei Aspekte erklären. Sie sind aber in ihrer Erscheinungsform und ihrer Virulenz der Bestandteil von Maßnahmen einer sozial (im Vergleich zur Vergangenheit) unstabilen und daher ständig sich bedroht fühlenden und dabei zutiefst verunsicherten Gesellschaft, einer Gesellschaft, die auf wirkliche und vermeintliche Bedrohungen panisch, geradezu hysterisch reagiert. Alte Vorstellungen und Werte geraten ins Wanken, die Wirtschaftslage wird öfter durch Verschuldung besonders prekär, die Lage unsicher, die gesellschaftlichen Zustände immer undurchschaubarer. Zunehmend beherrschten nun (im Vergleich zu den vorangehenden Epochen) anonyme Kräfte den Markt, das politische und soziale Leben. In dieser Situation der allgemeinen Verunsicherung, des beginnenden Verlustes traditioneller Werte, suchte man begreiflicherweise, wie schon zuweilen vorher und wie auch Jahrhunderte später, nach „Schuldigen", denen man all diese Übel anlasten könnte – und wer wäre da geeigneter, um als Blitzableiter zu dienen, als der Jude in der Rolle des universalen Sündenbockes, noch dazu, wenn sich seine Verfolgung gleichzeitig sehr konkret durch Rauben nutzen läßt. Die übliche Dämonisierung der Juden erleichterte den allgemeinen Glauben an eine unheilvolle Verschwörung dieser Satansrotte; sobald die üblichen sozialen Ventile zu versagen drohten, war es naheliegend, den „Volkszorn" zu steuern – erinnert sei daran, daß die Pogromwelle von 1348 bis 1350 unverkennbar Züge von Regie verraten.
(F. Graus, Judenpogrome im 14. Jahrhundert: Der Schwarze Tod. In: B. Martin/E. Schulin [Hrsg.], Die Juden als Minderheit in der Geschichte. München: Deutscher Taschenbuch Verlag 1981, S. 82)

Arbeitshinweise
1 Beurteilen Sie die Glaubwürdigkeit des Vorwurfs der Brunnenvergiftung gegenüber den Juden aus der Sicht eines damaligen Zeitgenossen (M 44 bis 46).
2 Die Materialien lassen auch eine andere Interpretation für die Hintergründe der Pogrome von 1348–1350 zu. Ermitteln Sie diese anhand von M 47.
3 Berichten Sie über die Reaktion der Juden auf die Pogrome (M 46). Vergleichen Sie mit dem Jahr 1096 (Kap. B.).

4. Die Vertreibung der Juden

Hatten fast alle deutschen Städte ihre Juden schon während der Pest vertrieben, so war es in den meisten Fällen doch relativ bald wieder zu neuen Ansiedlungen gekommen. Im 15. Jahrhundert setzte dann allerdings eine erneute große Welle der Vertreibung der Juden in Deutschland aus den Städten ein. Die Gründe für diese Austreibungen waren nicht neu. Die offiziellen Begründungen unterschieden sich aber von den Vertreibungen während der Pest. Damals war in der Regel mit religiösen Argumenten und der behaupteten Verantwortlichkeit der Juden für die Entstehung der Pest argumentiert worden. Nun traten wirtschaftliche Begründungen in den Vordergrund, insbesondere der Vorwurf der „Wucherei".

Während in der Vorpestzeit die Bedeutung ihrer wirtschaftlichen Tätigkeit den Juden einen zumindest gelegentlich wirksamen Schutz vor dauerhafter Vertreibung geboten hatte, so veränderte sich die Situation durch die wirtschaftlichen und gesellschaftlichen Veränderungen im 15. Jahrhundert grundlegend. Die immer umfangreichere Durchbrechung des kanonischen Zinsverbotes durch die Christen, das Entstehen großer christlicher Finanz- und Handelshäuser in Italien (z. B. Medici) und Deutschland (z. B. Fugger) verringerten die wirtschaftliche Bedeutung der Juden. Gleichzeitig sank aufgrund der Verfolgungen während der Pest und als Ergebnis der intensiv betriebenen wirtschaftlichen Ausbeutung der Juden deren steuerliche Leistungsfähigkeit rapide ab. Diese Entwicklung in Verbindung mit verschärften Auseinandersetzungen seitens der Kirche mit allen, die nicht als „Rechtgläubige" gesehen wurden, schuf die Voraussetzung für eine große Vertreibungswelle. Die Vertreibung der Juden wurde dadurch noch besonders attraktiv, als sie die Möglichkeit eröffnete, die Vermögen der Juden zu konfiszieren. In allen deutschen Städten, in denen größere jüdische Gemeinden bestanden, fanden in der zweiten Hälfte des 14. und 15. Jahrhunderts Judenvertreibungen statt. Sehr häufig folgten diesen Vertreibungen aber auch jetzt Wiederzulassungen. Diese Wiederzulassungen erfolgten ab 1349 aber auf neuer Grundlage. So wurden nun in der Regel nur noch Einzelpersonen oder Familien zugelassen, die rechtlich und sozial durch Schutzbriefe einen Sonderstatus zugewiesen bekamen. Gegen erhebliche finanzielle Leistungen wurde diesen wieder zugelassenen Juden ihr wirtschaftliches Tätigkeitsfeld genau vorgeschrieben. Ihre soziale Degradierung wurde gesetzlich abgesichert, ihnen wurden besondere Wohngebiete in den Städten zugewiesen. Viele Juden mußten ohne festen Wohnsitz bleiben und gegen Zahlung von Geleitgeldern von Ort zu Ort, von Land zu Land ziehen.

Die Erfahrungen der Verfolgung im Zusammenhang mit der Pest, die Vertreibung aus den Städten, die Zerschlagung ehemals großer jüdischer Gemeinden und die nun zwangsweise beginnende Ghettobildung hatten auch für die innere Entwicklung des Judentums in Deutschland schwerwiegende Folgen. Die lange Leidensgeschichte und die soziale Degradierung führten im Vergleich zur Entwicklung des Judentums in anderen Ländern zu einer stärkeren Verinnerlichung und einer Hinwendung zu mystischen Glaubensvorstellungen. Nicht nur räumlich erfolgte eine verstärkte Ghettobildung. Der im wesentlichen aufgezwungene Abschluß gegen die christliche Welt wurde nun auch immer stärker religiös positiv gewendet. Die Trennung von christlicher und jüdischer Lebenswelt verfestigte sich weiter.

Aber auch außerhalb Deutschlands fanden im 14. und 15. Jahrhundert große Judenvertreibungen statt. Vor allem für England und Frankreich lassen sich Ursachen und Gründe für diese Vertreibungen benennen, die große Ähnlichkeit mit den Entwicklungen in Deutschland hatten. Von außerordentlicher Bedeutung war die Vertreibung der Juden aus Spanien und Portugal. Spanien war seit Jahrhunderten das Zentrum des jüdischen Lebens gewesen. Das Judentum in Spanien hatte eine unvergleichliche kulturelle und wirtschaftliche Blüte erreicht. Sowohl unter den islamischen wie unter den christlichen Herrschern war es trotz vieler Probleme gelungen, herausragende wirtschaftliche, kulturelle und politische Leistungen zu vollbringen. Große und reiche jüdische Gemeinden prägten das Bild von den Juden in Spanien ebenso wie die beachtliche Zahl jüdischer Gelehrter und Künstler. Jüdische Wirtschaftsexperten, Mediziner, Juristen und andere hatten vor allem unter den islamischen Herrschern bedeutenden Einfluß auf die politisch Verantwortlichen. Mit der Reconquista, der Wiedereroberung Spaniens durch die christlichen Könige, begann sich diese Situation bereits zu verändern. Die christlichen Herrscher erwiesen sich als sehr viel weniger tolerant gegenüber Andersgläubigen als die Mehrzahl der islamischen Herrscher (Pogrom von 1391). Die Kirche übte massiven Druck auf die weltlichen Herrscher aus, nicht nur das islamische Weltreich militärisch zu bekämpfen, sondern auch Andersgläubige aus dem sozialen, wirtschaftlichen und kulturellen Leben Spaniens zu verdrängen. Der Hinweis auf die erheblichen Vermögenswerte der spanischen Juden konnte als weitere Motivation für eine Vertreibung wirken. 1492, im selben Jahr als Christoph Columbus zu seiner Amerika-Entdeckung aufbrach, geschah das für unmöglich Gehaltene: Etwa 300 000 spanische Juden wurden innerhalb kürzester Zeit vertrieben; alle kulturellen Einrichtungen vernichtet, die Vermögen weitgehend konfisziert. In der jüdischen Geschichtsschreibung vor der Shoah wurde das Jahr 1492 mit gutem Recht als größte Katastrophe des jüdischen Volkes nach der Zerstörung des zweiten Tempels bewertet. Eine kurze Frist blieb etwa 100 000 spanischen Juden, die nach Portugal emigrierten, bevor sie auch von dort vertrieben wurden.

Die Vertreibungswelle in Mittel- und Südeuropa, an der sich auch der Papst durch eine Vertreibung der Juden aus dem Kirchenstaat beteiligte, hatte schwerwiegende Konsequenzen für die Weiterentwicklung des jüdischen Lebens. Die kulturellen Zentren waren zerschlagen, die wirtschaftlichen Grundlagen für einen Neubeginn denkbar schlecht. Jahrhunderte der Verfolgung wirkten sich auch auf das Denken und Fühlen der Überlebenden aus. Als Ergebnis der Vertreibungen begann sich ein neues jüdisches Zentrum in Osteuropa herauszubilden. Vor allem Polen, wo König Kasimir IV. 1367 ein Privileg für die Juden in seinem Herrschaftsbereich erließ, wurde zum Fluchtziel vieler Juden. Aber auch in Deutschland entwickelte sich, weitgehend abgeschlossen von der christlichen Umwelt, neues jüdisches Leben.

4.1 Beispiele aus Deutschland

M 48 Vertreibung der Juden aus der Stadt Köln (1423)

Obwohl die Juden im Jahre 1415 von König Sigismund gegen hohe Abgaben ihre Privilegien bestätigt bekommen hatten, vertrieb sie der Rat der Stadt Köln im Jahre 1423. Die ‚Cölnische Chronik' berichtet:
[...] wurden die Juden binnen Köln ihr Schirm und Fürwort aufgesagt und wurden sie ausgewiesen zu ewigen Tagen; doch ließ man sie noch ein Jahr zu Köln wohnen; sie durften binnen des Jahres nichts ausleihen und jedermann konnte seine Pfänder einlösen. Das kam also: eine Summe Geldes gaben sie der Stadt Köln jedes Jahr um der Stadt Schirm, und dem Bischof mußten sie auch viel geben um seinen Schirm durch sein Land. Zum letzten, da sie dem Bischof sein Geld brachten, da klagten sie ihm, sie müßten der Stadt Köln so viel geben als allein, daß sie von dem Rat binnen Köln beschirmt würden als ihm, der sie durch alle seine Lande beschirmte, und hätten das gern abgestellt gehabt, begehrend von ihm, daß er sie fortan frei machte von der Stadt. Der Bischof schrieb es der Stadt und sagte, die Pfaffen und die Juden, die binnen Köln wohnten und säßen, die wären unter seinem Gebot. Das Geld, das die Juden der Stadt gäben, das gehörte ihm zu und wäre sein und wollte es auch fortan haben. Darum wurden sie aus der Stadt verwiesen zu ewigen Tagen. Die Juden suchten große Hilfe beim Kaiser und beim Bischof [...]. Es half alles nicht. Sie schrieben zum Kaiser; als demselben aber der Stadt Privilegien vorgehalten wurden, so vermochte er mit keinem Recht die Stadt dazu zu zwingen. [...] Und darum kehrte sich die Stadt weder an des Kaisers noch des Bischofs Brief.
(E.L. Ehrlich, Geschichte, der Juden in Deutschland, Düsseldorf: Pädagogischer Verlag Schwann ³1960, S. 41 f.)

M 49 Vertreibung der Juden aus der Reichsstadt Regensburg (1519)

Für die Gesamtheit der Bürger und Einwohner schien nie ein günstigerer Zeitpunkt eintreten zu können, die Juden sich vom Halse zu schaffen, als der gegenwär-

tige, da das Reich ohne Haupt war.¹ [...] Die Geistlichen hatten bisher große Gehässigkeit unter dem gemeinen Mann gegen die Juden verbreitet. [...] Sie, die im Namen der Handwerker sprachen, wollten ... das [gemeint sind die Juden] nicht länger leiden; dies sei ihr Beschluß: die [Juden] könnten sie nicht mehr dulden. [...] Sie [die Handwerker] durften auch nur eine kurze Zeit verweilen, so wurde ihnen der Ratschluß eröffnet: wie gebeten, so soll geschehen, und in ihrem Verlangen willfahrtet werden. Sogleich wurden aus den beiden Räten aus dem Gemeindeausschuß Abgeordnete ernannt und beauftragt, in die Judengasse zu gehen und daselbst unter den Juden verkünden zu lassen: man könne ihrem Leib und Gute vor dem gemeinen Mann nicht länger Sicherung und Frieden gewähren; ohne Verweilen sollten sie sich zwischen heute und dem nächsten Freitag austun. [...] Es ward ferner eine Verordnung verlesen, inkraft welcher die Synagoge in einer Zeit von zwei Stunden geräumt werden sollte, weil dieselbe niedergerissen zu werden bestimmt war. [...] Nachdem ein Altar von Marmorstein [...] mitten unter den Ruinen des Judentempels unter freiem Himmel errichtet worden war, so kam der Bischof, begleitet von seiner hohen Geistlichkeit, und legte in eigener Person Hand an, die Stätte von Schutt und von den Trümmern des Mauerwerks zu reinigen. [...] Nachdem die Jungfrauen Schar [...] bis zur Mittagszeit in heiligem Dienste gefrohnt hatte², so erhob sie sich nach der Essenszeit [...] hinaus zum Judenfriedhof [...] und fand daselbst das Landvolk in der Zerstörung des jüdischen Friedhofes begriffen. Dieser jüdische Totenacker war weit und breit berühmt und prangte mit mehr als 4000 großen und herrlichen Leichensteinen, die die irdischen Reste [...] vieler altberühmter Lehrer und Ausleger ihres Gesetzes bezeichnet hatten.
(C.Th. Gmeiner, Der Regensburgischen Chronik 4. Band, 1824. In: E.L. Ehrlich, Geschichte der Juden in Deutschland. Düsseldorf, Pädagogischer Verlag Schwann: ³1960, S. 50f.)

M 50 Der veränderte Charakter der Verfolgungen nach 1350
Nach dem furchtbaren Höhepunkt von 1348–50 werden entgegengesetzte Tendenzen sichtbar. Mit dem Nachlassen der Massenenergie und der Verringerung der Reibungsmöglichkeiten durch den ‚Schwarzen Tod' wurden die von religiöser Begeisterung erfüllten Pogrome selten. An ihrer Stelle trat als bestimmender Faktor für das Geschick der Juden die kühl kalkulierende Politik der Obrigkeiten in den Vordergrund. Diese hatte sich mit zwei miteinander eng verbundenen Prozessen auseinandergesetzt. Der eine war der weiterhin die Argumente der nunmehr schon traditionellen volkstümlichen und rabiaten Judenfeindschaft benutzende wirtschaftliche Veränderungsprozeß, der im 15. Jahrhundert das ökonomische Gewicht der Juden auf ein Mindestmaß reduzierte. Er bedingte den zweiten Prozeß der immer rascher sinkenden fiskalischen Leistungsfähigkeit der Juden. Zu all dem kam nun der erneute Druck der Kirche. Bis 1520 hatten mit wenigen Ausnahmen alle größeren deutschen Städte und ein guter Teil der Fürsten die Konsequenzen gezogen und sich in geordneter Weise, unter Verhütung von Exzessen und mit sorgfältig dokumentierter Übernahme des liegenden Besitzes, ihrer Juden entledigt. Mit der Auswanderung nach Italien und Polen und der Umwandlung der städtischen in kleinstädtische und dörfliche Gemeinden ging an der Schwelle zur Neuzeit die mittelalterliche Existenz der Juden Deutschlands zu Ende. Die in den mittelalterlichen Jahrhunderten akkumulierten Schichten der Judenfeindschaft erhielten sich jedoch und dienten als Grundlage für den modernen Antisemitismus.
(M. Toch, Judenfeindschaft im deutschen späten Mittelalter. In: T. Klein/V. Losemann/G. Mai [Hrsg.], Judentum und Antisemitismus von der Antike bis zur Gegenwart. Düsseldorf: Droste 1984, S. 73 f.)

M 51 Das Weiterleben nach der Vertreibung in Deutschland
Daß bei den Judenaustreibungen im 14. und 15. Jahrhundert und auch noch später in Deutschland gewisse Reste der Juden erhalten blieben, das lag zu einem erheblichen Teil an der tiefen territorialen Zerspaltenheit des Landes. Von der Schwäche der Zentralgewalt kam zwar, wie wir früher sahen, zum großen Teil das Unglück der Juden in Deutschland, aber die Konkurrenz der Landesteile war es auch wieder, die einen Teil der Juden rettete und ihnen, wenn auch sehr kümmerliche, Lebensmöglichkeiten erhielt. Die Gemeinde Fürth z.B. verdankt ihre Existenz der Tatsache, daß, als die Stadt Nürnberg ihre Juden austrieb, der Bischof von Bamberg und der Markgraf von Ansbach den gehaßten Städtern zum Hohn diese Juden in unmittelbarster Nähe der Stadt auf fürstlichem Gebiet ansiedelten. Und die konkurrierende Eifersucht des Bischofs und des Markgrafen hat auch in der Folgezeit für den Schutz dieser Juden gesorgt und ihre Bindungen etwas aufgelockert. – Ebenso siedelte der Herzog von Bayern, als die alte Reichsstadt Regensburg, die in ihrer Blüte so lange und so mutig die Juden geschützt hatte, in ihrem Verfall nun auch zur Judenaustreibung schritt, die Vertriebenen gleich über der Donau auf seinem Gebiet an. – Ebenso legten die Reichsritter in ihren vielen Zwerggebieten Wert darauf, den Städtern zum Trotz ein oder mehrere Juden anzusiedeln, die dem Burgherrn geschäftlich nützlich

---
1 Kaiser Maximilian I. war 1519 gestorben. Seine Räte hatten wegen des Streites mit dem Rat der Stadt Regensburg um den Nachlaß der Juden gezögert, ihm die Zustimmung zur Judenaustreibung zu empfehlen.
2 gemeint: die Synagoge niederzureißen und an ihrer Stelle eine Kapelle zu errichten.

waren und etwas Geld in seine schmale Kasse brachten. – Ebenso beruht die Tatsache, daß Frankfurt a.M. und Worms lange Zeit als die einzigen Städte noch Juden beherbergten, auf der Tatsache, daß diese freien Städte dem Kaiser 1348 sein Judenrecht abgekauft hatten, daß die kaiserliche Kammer aber später diese Preisgabe bestritt und daß deshalb Eigensinn und Eigennutz die Städte dazu führten, ihre Juden festzuhalten und ihr Recht an ihnen zu behaupten.
(J. Bab, Leben und Tod des deutschen Judentums [1939]. Berlin: Argon 1988, S. 24)

M 52 Folgen der Vertreibung

Die Judenverfolgungen, die wie Naturkatastrophen die Gemeinden heimsuchten, schufen ein jahrhundertelanges Elend. Neben den wenigen reicheren Familien – deren Namen die offizielle jüdische Geschichte bestimmen – entstand die jüdische Armut, die Heerschar der aus dem bürgerlichen Leben der kleinen Restgemeinden ausgeschlossenen Bettelschar. Zwar konnte die Versorgung der jüdischen Armen von den Gemeinden über lange Zeit aufrecht erhalten werden, doch vermochten es die durch Pogrome verarmten Gemeinden nicht, die herumziehenden Armen sich ansiedeln zu lassen. Einige konnten zeitweilig niedere Funktionen als Diener oder Vorsinger ausüben, die Mehrzahl war zum Vagieren gezwungen. Ihnen war auch das Recht auf Familiengründung untersagt. So entstehen die „Schalantjuden", die schalenzenden, faulenzenden Juden. Namentlich umfaßt dieser Begriff die wandernden jüdischen Scholaren. Durch die Integrationsinstanz des Ghettos und der sittlichen Ökonomie der Gemeinden konnte der betrügliche Bettel reduziert werden; als soziales Phänomen taucht er später auf als der christliche Bettel. Jüdische Vaganten benutzten nur vorübergehend die verschiedenen Formen des betrüglichen Bettels, die das Liber Vagatorum schildert. Hatten die nichtsteuernzahlenden Gemeindeangestellten, wie Rabbiner, Lehrer, Schächter oder Schneider wenigstens noch den Status von ausgehaltenen „Brödlingen", so waren die namenlosen Fahrenden nahezu rechtlos – sie entrichteten keinen Judenschutzzoll.
(H. Reinicke, Hebräer und Gauner. In: C. Sachße/F. Tennstedt [Hrsg.], Jahrbuch der Sozialarbeit 4: Geschichte und Geschichten. Reinbek: Rowohlt 1981, S. 145)

M 53 Folgen für die innere Entwicklung des deutschen Judentums

Ein Paria außerhalb seines Viertels, war der Jude innerhalb des Ghetto ein Vollbürger, der Bürger seines eigenen geistigen Reiches. Noch mehr als früher schloß sich das Judenstädtchen gegen die es umgebende christliche Stadt ab, immer enger preßten sich die eingeschüchterten Schafe aneinander, aus deren Mitte die Wölfe sich immer wieder ihre Beute holten. Die Machthaber waren unablässig mit der Schur beschäftigt, das Volk zog seinen Opfern voll Wut die Haut ab und zerbrach ihnen die Knochen, und so mußten die treuen Hirten stets auf dem Posten sein, um, soweit es in ihrer Kraft stand, das Unheil abzuwenden, nach der entstandenen Verwirrung die Ordnung wiederherzustellen und in den aufgelösten Reihen die Zucht aufrechtzuerhalten. Diese Aufgabe fiel überall der durch ihren Rat vertretenen jüdischen Gemeinde zu, die uns in den damaligen offiziellen Urkunden unter der Bezeichnung „Judenschaft" oder „Jüdischheit" entgegentritt.
(S. Dubnow, Weltgeschichte des jüdischen Volkes, Bd. V. Das Spätmittelalter. Berlin: Jüdischer Verlag 1927, S. 334)

M 54 Die Auswanderungswelle

Wo fanden die vertriebenen Juden jener Zeit Zuflucht? Seit 1348 ging eine ständige jüdische Wanderung nach dem Osten. Über Prag und Krakau oder über Kalisch und Posen zogen zahlreiche Juden nach Polen, wo die Könige sie in dem großen Reich willkommen hießen und ihnen Privilegien verliehen. Das noch heute unter den Juden des Ostens häufige Vorkommen der Familiennamen Mainz und Speyer, Günzburg und Landau, Heilbronn und Öttingen usw. – in den verschiedenen Abwandlungen – zeugt von der Abstammung der Vorfahren. Die jüdische Sprache, das sogenannte Jiddisch, mit seinen zahlreichen oberdeutschen Bestandteilen, das noch heute unter den Ostjuden gesprochen wird, bewahrte den Dialekt der damaligen Wanderer. Manche alte deutsche Erzählung, wie die Geschichte vom Parzival oder von Dietrich von Bern, nahmen sie in die neue Heimat mit und hielten sie jahrhundertelang lebendig. Andere Juden wanderten nach Italien aus, wo es noch heute aschkenasische Synagogen (scuola tedesca) gibt und z.B. der Name der Luzzatti an die Lausitz als Ursprungsland erinnert. Manche wanderten noch weiter bis in die Türkei, wo der Sultan Juden aus aller Welt herbeirief. Israel Zarfati in Konstantinopel lud in einem warmen Aufruf „den Überrest Israels in den Städten des Schwabenlandes, der Rheinlande, der Steiermark, Mährens und Ungarns" ein, sich vor den Gewalttaten in ihrer Heimat in das Land zu retten, in dem man freier atmen und nur noch einen kurzen Weg ins Heilige Land habe.
(I. Elbogen/E. Sterling, Die Geschichte der Juden in Deutschland. Frankfurt a.M.: Athenäum 1988, S. 83 f.)

Arbeitshinweise

1 *Vergleichen Sie die verschiedenen Berichte von Vertreibungen und Wiederaufnahme der Juden (M 48 und 49), und äußern Sie begründete Vermutungen über die Gründe von Ausweisung und Wiederaufnahme.*
2 *Beschreiben Sie die Auswirkungen der Vertreibungen auf die innere Entwicklung des Judentums.*

3 In Regensburg als der einzigen Stadt im Reich wurden 1348/50 die Juden vor Verfolgung geschützt. 1519 wurden sie dennoch vertrieben. Ermitteln Sie die Gründe (M 49).
4 M. Toch (M 50) sieht die Judenverfolgungen nach 1350 in einem größeren wirtschaftsgeschichtlichen Zusammenhang. Informieren Sie sich darüber.
5 Beschreiben Sie die längerfristigen Konsequenzen der Vertreibungen um und nach 1348/50 für die Juden (M 51).

4.2 Beispiele aus anderen Ländern

M 55 Vertreibung aus England (1290)

Der Schriftsteller Samuel Usque, dessen Familie selbst aus Spanien über Portugal nach Italien vertrieben wurde, schreibt in seinem 1553 in Ferrara erschienenen Trostbuch „Consolaçam as Tribulaçoens de Israel":

Nachdem dieses Vorkommnis [Übertritt eines Mönches, der eine Jüdin heiratete, zum Judentum] bekannt geworden war, ließen die Mönche den König und die Königin, die einen aus ihrer Mitte zum Beichtvater hatte, gegen die Juden aufhetzen. Sie [die Mönche] betrachteten nämlich das Vergehen jenes Mannes als ein sehr schweres Unrecht. Obendrein wurden sie wegen des Vorfalls von dem Volke verachtet und in ihrer Ehre gekränkt, was sie noch mehr erbitterte. Seitdem unterließen sie nie, in den Predigten auf der Kanzel gegen die Juden ausfällig zu werden. Hierdurch faßte in dem Herzen des Volkes ein glühender Haß gegen mich Wurzel, und es wurde eine Gelegenheit gesucht, bei der es seine Wut an mir auslassen könnte. Neben anderen Beschuldigungen und falschen Zeugnissen, die man, obwohl sie, als erlogen, in sich selbst zusammenfielen, wider mich vorbrachte, behauptete man auch, daß ich Geld präge, für welche Verleumdung sie leicht [falsche] Beweise erbringen konnten. Einst versammelte sich, nach Verabredung, viel Volk mit Münzen in den Händen, die sie, um die armen Juden anzuklagen, zu diesem Zwecke insgeheim in ihren Häusern geprägt hatten. Sie behaupteten nämlich, sie von den Juden bekommen zu haben. Viele liefen da noch herbei, in die Anklage einzustimmen, damit das Zeugnis aufrechterhalten bleibe. Nachdem die Gerichte die Klage angenommen hatten – es hatte nicht viel Mühe gekostet, sie gegen mich einzunehmen – wurde nun mit Zustimmung des Königs erkannt, daß alle meine Söhne aus dem Königreiche verbannt werden und ihrer Habe verlustig gehen sollten. Diese Vermögensentziehung wurde statt der Todesstrafe ausgesprochen, die nach den Landesgesetzen auf dieses Verbrechen gesetzt war. Als nun die Mönche sahen, daß die armen Juden bedrückt wurden und nur geringe Mühe erforderlich war, um sie ganz aus dem Lande zu schaffen, kamen sie auch bald mit ihrer anderen Klage hervor, daß die Juden in einem christlichen Lande einen Mönch zu ihrer Religion bekehrt hätten und daß sie sich, zur Wiedervergeltung, alle zum Christentum bekehren oder den Tod erleiden müßten. Nun gingen damals schon die Absichten des Königs, des Adels und des ganzen Volkes dahin, mich zu vernichten, und jeder kleine Anlaß war geeignet, Pulver und Schwefel in das scheinbar schlummernde Feuer zu schütten. Also wurde der Klage der mir feindlichen Mönche, ganz wie sie es gefordert hatten, stattgegeben. Sie entrissen die kleinen israelitischen Kinder ihren Eltern und schickten sie nach Norden ans andere Ende der Insel. Dort erteilte man ihnen Unterricht in der christlichen Glaubenslehre, damit sie, von ihren Eltern getrennt, ihres alten Gesetzes nicht mehr gedenken und vollständig die Liebe zu der jüdischen Religion, die sie mit der Muttermilch eingesogen hatten, verlieren sollten. Von den Eltern erlagen viele der Qual, welche ihnen die Trennung von ihren Kindern bereitete. In Ausführung des ersten Urteils wurden die Überlebenden mit solcher Härte aus dem Königreiche verbannt, daß es Steine hätte zum Mitleid bewegen können, zumal sie sehen mußten, wie Fleisch von ihrem Fleische, ihre Kinder, zurückblieben. So ließ man sie, gegen menschliches und göttliches Recht, zweifachen Tod oder zweifache Strafe für ihre [vermeintlichen] Verbrechen erleiden, während doch, nach allen Gesetzen, niemand mehr als einmal bestraft werden soll. Von den Zurückbleibenden wurde das ganze Königreich übersäet. Hiervon findet man noch jetzt viele Spuren, wie die in Kirchen umgewandelten Synagogen, sowie viele Leute, die jüdische Namen tragen.

(J. Höxter, Quellenbuch zur jüdischen Geschichte und Literatur [1927 ff.], Band III. Zürich: Morascha 1983, S. 104 f.)

M 56 Vertreibung aus Frankreich

Der jüdische Historiker R. Joseph ha Cohen (1496– ca. 1577) schreibt in seinem Werk „Emek Habacha" (Tal der Tränen), das als Ergänzung zu Samuel Usques „Consolaçam as Tribulaçoens de Israel" (vgl. M 55) gedacht war, über die Vertreibung aus Frankreich.

Im Jahre 5066, d. i. im Jahre 1306, befahl Philipp IV., König von Frankreich, [...] in allen Städten seines

Reiches auszurufen, daß jeder Jude aus seinem Lande ziehen solle, ohne das geringste von seiner Habe mitnehmen zu dürfen, er müßte sich denn zu einem andern Glauben bekennen und mit uns ein Volk werden. Als dies die Juden hörten, erschraken sie sehr; aber sie achteten ihren Besitz und ihr Vermögen nicht und zogen, nichts als ihr Leben rettend, im Monate Ab aus Frankreich. Es blieben in Frankreich nur sehr wenige zurück, deren Herz nicht von ihrem Gotte durchdrungen war, wie es diejenigen getan hatten, welche in Toulouse wohnten. Von hier war nur eine geringe Anzahl weggezogen, die sich Gott vor Augen genommen hatte und dem Herrn treu gefolgt war. So blieben unter den Christen zahlreiche von jüdischer Abkunft, und daher gibt es jetzt unter ihnen viele, welche sich zu andern Glaubenssätzen bekennen. Nach Verlauf von noch nicht neun Jahren begab sich Philipp auf die Jagd, eilte auf dem Felsen einem Hirsche nach und stürzte samt seinem Rosse von der Spitze des Hügels aus ins Meer, so daß er umkam.
Hierauf regierte an seiner Stelle sein Sohn Ludwig [X.][1]. Dieser lud die Juden ein[2], wieder zu ihm zurückzukehren, worauf sie sieben Jahre dort verweilten. Alsdann verjagte er sie wiederum, weil er dem Willen seines Volkes, welches schlecht und nichtswürdig war, nachgeben mußte. Indes durften sie damals wenigstens mit ihrem Besitze und ihrem Vermögen abziehen. Nach Ludwigs Tode kam sein Sohn Johann[3] zur Regierung; da dieser aber noch ein Kind war und schon nach zwanzig[3] Tagen starb, regierte Karl [IV.][4] an seiner Stelle. Man ließ die Juden wiederum nach Frankreich kommen, und sie wohnten daselbst unangefochten, solange sie lebten. Nach ihrem Tode aber, als Karl von Valois[5] zur Regierung gekommen, erhoben sich viele gegen die Juden, erschlugen eine große Anzahl von ihnen mit dem Schwerte, eigneten sich ihre Habe an und verjagten die übrigen, gegen den Willen des Königs, aus ihrem Lande, worauf die Juden bis auf den heutigen Tag nicht mehr nach Frankreich zurückkehrten.
(J. Höxter, Quellenbuch zur jüdischen Geschichte und Literatur [1927ff.]. Zürich: Morascha 1983, S. 109f.)

M 57 Lion Feuchtwanger: Die Jüdin von Toledo

Der Schriftsteller Lion Feuchtwanger beschreibt in seinem Roman „Die Jüdin von Toledo" die Vertreibungen aus Mitteleuropa am Beispiel der literarischen Figur des Rabbi Tobia:
Kaum war Don Jehuda zurückgekehrt, so suchte Rabbi Tobia ihn auf.
Unser Herr und Lehrer Tobia Ben Simon, genannt

1 reg. 1314–1316.
2 1315.
3 nach Grotefend/Ulrich: 15.11.1316 – 19.11.1316.
4 reg. 1322–1328.
5 Karl VI., reg. 1380–1422.

Ha-Chasid, der Fromme, der Episcopus Judaerum Francorum, das Oberhaupt der Juden Franciens, war ein Gottesgelehrter, berühmt und umstritten in Israel. Er war von unansehnlichem Äußern und bescheidenem Gehabe. Er entstammte einer alten Familie gelehrter Juden, die vor einem kleinen Jahrhundert vor den Wallbrüdern aus Deutschland ins nördliche Frankreich geflüchtet waren.
Er sprach in dem langsamen, unreinen Hebräisch der deutschen Juden, der Aschkenasi; es klang sehr anders als das edle, klassische Hebräisch, an welches Don Jehuda gewöhnt war. Doch bald vergaß er die Aussprache Rabbi Tobias über dem, was er zu erzählen hatte. Es erzählte aber der Rabbi von den zahllosen, fein ausgeklügelten, grausamen Schikanen des Königs Philipp August und von den greulichen, blutigen Ereignissen in Paris, in Orléans, in Bray-sur-Seine, in Nemours und in der Stadt Sens. Er erzählte schwerfällig, und er erzählte von den geringfügigen Qualen, welche die Verfolger den Juden angetan hatten, ebenso genau und ausführlich wie von den ungeheuerlichen Metzeleien, und das Kleine erschien groß, und das Große war ein Glied in einer endlosen Kette. Und wieder und wieder kam der Refrain: „Und sie schrien: ‚Höre, Israel, unser Gott ist einzig', und wurden umgebracht."
Es war seltsam, den unscheinbaren Rabbi in dem stillen, prächtigen, geschützten Haus erzählen zu hören von den wilden Geschehnissen. Rabbi Tobia sprach lange und eindringlich. Aber Don Jehuda hörte mit ungeteilter Aufmerksamkeit zu. Seine lebendige Vorstellungskraft sah leibhaft die Dinge, von denen der Rabbi berichtete. Eigene, grimmige Erinnerungen wurden ihm wach. Damals, vor anderthalb Menschenaltern, hatten es die Moslems in seinem Sevilla genauso getrieben wie jetzt die Christen in Francien. Auch sie waren zuerst über die nächsten „Ungläubigen" hergefallen, über die Juden, und hatten sie vor die Wahl gestellt, zu ihrem Glauben überzutreten oder zu sterben. Jehuda wußte genau, wie es in denen aussah, über die sie jetzt herfielen.
„Vorläufig", sagte Rabbi Tobia, „helfen uns noch die Gaugrafen und Barone der unabhängigen Gebiete. Aber der gesalbte Frevler bedrängt sie, und sie werden ihm nicht lange widerstehen. Ihre Herzen sind nicht böse, doch auch nicht gut, und sie werden nicht Krieg führen gegen den König von Francien um der Gerechtigkeit und um der Juden willen. Nicht ferne ist die Zeit, da werden wir weiterwandern müssen, und es wird nicht leicht sein; denn wir haben nichts gerettet als unsere Haut und einige Thora-Rollen."
Friede war, Pracht und Stille in dem schönen Haus. Es plätscherten die freundlichen Wasser; golden, blau und rot leuchteten von den Wänden die Buchstaben der erhabenen Verse. Die dünnen, blassen Lippen in dem wunderlich erstorbenen Gesicht des Rabbis entließen gleichmäßig die Worte. Don Jehuda aber sah vor sich die vielen, vielen Juden, wie sie wanderten

mit müden Füßen, und wie sie am Wegrand rasteten, ängstlich äugend, welch neue Gefahr sie bedrohen mochte, und wie sie zu den langen Stäben langten, die sie von irgendeinem Baum gebrochen hatten, und weiterwanderten. [...]

Der Rabbi war streng und fanatisch geworden in den vielen Nöten, die er und seine Gemeinde hatten erleiden müssen. Am härtesten geprüft hatte ihn dieses letzte Jahr. Er war, als König Philipp August die Juden aus Paris verbannte, mit Mitgliedern seiner Gemeinde nach Bray-sur-Seine geflohen. Als dann die Markgräfin Blanche jenes Edikt erneuerte, daß sich am Karfreitag zur Buße für die Folterung Christi ein Repräsentant der Juden öffentlich müsse ohrfeigen lassen, hatte die Gemeinde darauf bestanden, daß sich Rabbi Tobia beizeiten entferne, da vermutlich die Behörden ihn für diese Demütigung aussehen würden. Während seiner Abwesenheit dann hatte der König jene kurze, furchtbare Strafexpedition gegen die Juden von Bray unternommen, die Frau des Rabbi Tobia war verbrannt worden, seine Kinder ins Kloster gesteckt. Rabbi Tobia hatte hier in Toledo immer nur von den Leiden aller gesprochen, niemals von seinen eigenen, er hatte auch denen, die um sein Schicksal wußten, verboten, davon zu sprechen, und so erfuhren die Juden von Toledo erst allmählich von dem, was ihm widerfahren war. [...]

Buße und Kasteiung waren Rabbi Tobia von jeher als hohes Gnadengeschenk Gottes erschienen; keine bessere Krönung des irdischen Daseins konnte er sich denken als das Martyrium, die Opferung, die „Akeda". Er erklärte es als eine Todsünde, beim Herannahen von Kreuzfahrern ein Kreuz vor dem Haus anzubringen oder sich ein Kreuz aufs Gewand zu nähen. „Wenn die Banditen", lehrte er, „verlangen, daß ihr ihnen einen Mann ausliefert, ihn zu erschlagen, oder eine Frau, sie zu schänden, dann sollt ihr euch alle niedermachen lassen, ehe ihr willfahrt. Und verdammt ist derjenige, der sich, um sein Leben zu retten, zum Götzendienst bekennt, und er bleibt verdammt in Ewigkeit auch dann, wenn er schon nach einer Woche in den Bund Israels zurückkehrt."

„Die prächtigste Krone", lehrte er, „ist die Demut, das erlesenste Opfer das zerknirschte Herz, die höchste Tugend die Ergebung. Der Fromme, wird er verlacht und öffentlich gegeißelt, dankt dem Allmächtigen für die Strafe und gelobt Besserung in seinem Herzen. Er lehnt sich nicht auf gegen diejenigen, die ihm Böses tun, er vergibt seinen Quälern. Er denkt unverwandt an den Tag seines Todes. Wird ihm sein Teuerstes genommen, Weib und Kind, dann beugt er sich in Demut vor der Gerechtigkeit der Vorsehung. Wollen ihn die Feinde zur Verleugnung seines Glaubens zwingen, dann opfert er in froher Frommheit sein Leben. Murret nicht beim Anblick der Wohlfahrt und des Übermutes der Heiden; die Wege Gottes sind gnadenreich, auch wenn ihr Ziel auf Jahrzehnte und Jahrhunderte verborgen bleibt."

Solche Ergebung fiel Rabbi Tobia nicht immer leicht, er hatte ein heftiges Herz. Nicht wenige der Juden hatten ihren Haß gegen die Verfolger ausströmen lassen in wilden Versen der Schelte und des Zornes auf die „Vagabunden und Steppenwölfe", auf ihren „Gehenkten Götzen", auf das „Abwasser der Taufe". Und maßlos war die Klage, schreiend das Gebet um Rache. „Gott der Gerechtigkeit", gellten diese Verse, „vergiß nicht des vergossenen Blutes! Dulde nicht, daß es zugedeckt bleibe von der Erde! Übe an meinen Feinden das Gericht, das deine Propheten verkünden! Hinunter in das Tal Josaphat schmettere deine Hand meine Widersacher!" Auch gegen den Herrn selber schrien diese Dichter ihre Anklagen: „Wer bist du, Gott, daß du dich nicht vernehmen lässest? Warum duldest du, daß Edom von neuem frevelt und frohlockt? Die Heiden brachen in deinen Tempel, und du schweigst! Esau verhöhnt deine Kinder, und du bleibst stumm! Zeige dich, steh auf, laß deine Stimme erschallen, du Stummster unter den Stummen!" Wenn Rabbi Tobia solche Verse las, konnte auch er sein Herz nicht verhindern, sich zu empören. Doch sogleich bereute er. „Darf der Lehm dem Töpfer sagen: Was tust du?" beschimpfte er sich, und seine Zerknirschung wurde noch fanatischer.

(L. Feuchtwanger, Die Jüdin von Toledo. Frankfurt a.M.: Fischer 1983, S. 138 ff. und S. 192 ff. ©Aufbau Verlag, Berlin)

M 58 Edikt des spanischen Königspaares, Granada (31. März 1492)

Don Ferdinand und Dona Isabel, durch die Gnade Gottes König und Königin von Kastilien, Leon, Aragonien usw.: An den Fürsten D. Juan, unseren sehr teuren und sehr geliebten Sohn, und an die Infanten, Prälaten, Herzöge, Marquise usw., an die Judenviertel und an alle Juden und Einzelpersonen, an die männlichen wie an die weiblichen jeden Alters und an alle anderen Personen jeglichen Standes [...]:

Wisset, und ihr sollt es wissen, daß es nach den von uns eingezogenen Erkundigungen in unseren Königreichen einige schlechte Christen gibt, die unseren heiligen katholischen Glauben judaisierten. Schuld daran trug der vertrauliche Verkehr der Juden mit den Christen. [...]

Wie wir durch die Inquisitoren und viele andere Fromme, geistliche und weltliche, in Erfahrung gebracht haben, scheint der Schaden, der aus dem Verkehr und dem Umgang mit den Juden für die Christen entstanden ist, sehr groß zu sein. Sie sind stolz darauf und legen es darauf an, durch viele Mittel und Wege unseren heiligen katholischen Glauben bei den Gläubigen zu zerstören, sie von ihm zu trennen und sie zu ihrem verfluchten Glauben und Denken hinüberzuziehen. Sie unterweisen die Christen in der Kunde und den Zeremonien ihres Gesetzes. [...]

Das alles kostet viele Verhöre und Bekehrungen, ebenso bei den Juden wie bei denen, die von ihnen

B 7 Kalenderblatt des jüdischen Kalenders für 5747 (H. M. Broder/H. Recher [Hrsg.], Fünftausendsiebenhundertsiebenundvierzig – Ein jüdischer Kalender. Augsburg: Ölbaum Verlag 1986)

Aw   **August**

9   Dienstag   **4**

*Tischa be-Aw, Fastentag
zur Erinnerung an die Zerstörung
des ersten (586 v. Chr.) und zweiten
Tempels (70 n. Chr.) in Jerusalem*

10   Mittwoch   **5**

Im Laufe der Jahrhunderte ist an Tischa be-Aw, dem 9. Aw, viel Unheil über die Juden hereingebrochen: So wurde zu Zeiten von *Moses* an diesem Tag von Gott beschlossen, daß kein Jude aus der Generation, die aus Ägypten befreit wurde, das Land Israel betreten sollte. Außerdem wurde am 9. Aw sowohl der erste (586 v. Chr.) als auch der zweite (70 n. Chr.) Tempel zerstört. Viel später, im Jahre 1492, wurde der 9. Aw die letzte Frist für die spanischen Juden nach der Inquisition, das Land zu verlassen. Wer dieser Verbannung nicht Folge leistete, wurde zum Tode verurteilt. In Trauer über all diese Ereignisse und in Reue darüber, daß die Sünden der Vorfahren diese Strafen notwendig machten, wird jedes Jahr am 9. Aw gefastet.

betrogen oder verdorben worden sind. Dies alles ist zum großen Schaden und Nachteil für unseren heiligen katholischen Glauben gewesen.
Und da wir [...] wissen, daß die wirkliche Abhilfe aller dieser Schäden und Nachteile darin besteht, den Verkehr genannter Juden mit den Christen überhaupt zu unterbinden und sie aus unseren Königreichen und Lehnsgütern zu vertreiben, [...] und damit es ihnen nicht mehr gelingt, unseren heiligen Glauben zu beleidigen, wie auch diejenigen, die Gott bisher zu behüten gewillt war, und diejenigen, die abfielen, sich besserten und in den Schoß der katholischen Kirche zurückkehrten, [...] muß das Übel mit der Wurzel beseitigt werden, d.h. die Juden müssen aus unseren Reichen vertrieben werden.
So beschließen wir nach dem Rate und der Meinung einiger Prälaten, Granden und Ritter unserer Königreiche und anderer Personen von Wissenschaft in unserem Rate, nachdem wir darüber große Beratungen gepflogen haben, *alle Juden aus unseren Reichen zu verbannen, damit sie niemals zurückkehren.*
[...] Und wir befehlen und verbieten, daß irgendwelche Personen unserer erwähnten Königreiche von irgendwelchem Stande, jeglicher Stellung und Würde, sich erkühnen, nach Ablauf des Termins, für alle Zeiten, weder öffentlich noch heimlich, einen Juden oder eine Jüdin aufzunehmen, zu empfangen oder zu beherbergen auf ihren Ländereien noch in ihren Häusern noch in irgendeinem anderen Teil genannter Reiche und Lehnsherrschaften, bei Strafe, alle Güter, Vasallen, Festungen und andere Erbschaften zu verlieren. [...]

Auf gleiche Weise geben wir genannten Juden und Jüdinnen die Erlaubnis und Befugnis, aus allen unseren Königreichen und Herrschaften ihre Güter und ihre Habe zu Wasser und zu Lande fortzuschaffen, insofern es nicht Gold oder Silber oder gemünztes Geld ist noch die anderen durch die Gesetze unserer Königreiche verbotenen Dinge, ausgenommen Waren, die nicht verboten oder verheimlicht werden.
(H.J. Schoeps, Jüdische Geisteswelt. Hanau: Verlag Werner Dausien 1986, S. 154ff.)

M 59 Die Vertreibung aus Spanien (jüdische Quelle)

„Überall, wohin das Edikt des Königs gelangte, herrschte unsägliche Trauer. Schrecken und Angst ergriff alle Gemüter; seit Israel sein Land verlassen und in die Fremde wandern mußte, seien, so glaubte man, ähnliche Schreckenstage nicht erlebt worden. Doch ließ man den Mut nicht sinken und ließ sich nicht unterkriegen. ‚Laßt uns stark bleiben', so rief man sich gegenseitig zu, ‚für unser Gesetz und die Lehre unseres Gottes vor dem lästernden und wutschnaubenden Feinde! Lassen sie uns am Leben, nun, so wollen wir weiter leben; töten sie uns, dann sterben wir, – wir wollen aber nicht unserem Bunde treulos werden und unser Herz nicht rückwärts wenden – wir werden weiter wandeln im Namen Gottes, unseres Gottes!' So ergriffen nun an einem Tage 300 000 Menschen, alt und jung, Greise und Kinder, Männer und Frauen den Wanderstab, und auch ich gehörte zu ihnen. Sie wanderten aufs Geratewohl hierhin und dorthin, alle aber in dem Bewußtsein, daß Gott ihnen vorangehe und sie nur seiner Leitung folgten. Die einen zogen nach Portugal, die anderen nach Navarra; aber nur Elend und Unglück fanden sie, wohin sie kamen. Viele suchten auf Schiffen die Fremde auf, aber nur wenige erreichten das Ziel ihrer Wünsche; vom Sturm heimgesucht, fanden viele ihren Tod in den Fluten, viele fanden den Feuertod auf Schiffen, die in Brand geraten waren, manche wurden von Seeräubern gefangengenommen und als Sklaven verkauft, auch Krankheiten richteten nicht geringe Verheerungen unter ihnen an. Ich und meine Hausgenossen entgingen solchem traurigen Geschick. Ich kam in die berühmte Stadt Neapel, die sich einer milden und frommen Regierung erfreut, im Jahre 1493 und konnte dort in Ruhe und Frieden meiner Aufgabe, die ich mir gestellt, der Erklärung der Heiligen Schrift, leben."
(Die Vertreibung der Juden aus Spanien im Jahre 1492. Erzählt von Don Isaac Abarbanel in der Einleitung zu seinem Kommentar zum Buch der Könige. In: Adolf Sulzbach [Hrsg.], Bilder aus der jüdischen Vergangenheit. Ein Quellenbuch für den Unterricht und zum Selbststudium. Frankfurt: J. Kauffmann Verlag 1923, S. 139f.)

Arbeitshinweise

1 *Erkunden Sie die Gründe für die Judenvertreibungen aus England, Frankreich, Spanien und Portugal, und vergleichen Sie sie mit den Arbeitsergebnissen aus Kapitel 4.1.*
2 *Versuchen Sie, die Unterschiede zwischen den Judenvertreibungen im Reich und in den anderen Ländern zu erklären, indem Sie die Struktur der jeweiligen politischen Systeme zu Hilfe nehmen.*
3 *Ermitteln Sie die Auswirkungen des Edikts von 1492 (M 58) auf das Leben der Juden (M 59). Kennen Sie vergleichbare historische Ereignisse?*
4 *Schätzen Sie die Bedeutung der Vertreibung aus Spanien für das Judentum (B 6) ein.*

D. Christlich-jüdisches Verhältnis im Zeitalter der Reformation und des Absolutismus

1. Die Reformation und die Juden

Als Folge der großen Vertreibung im 14. und 15. Jahrhundert waren die Juden nicht nur in Deutschland einem Prozeß der sozialen Deklassierung, der Verelendung und Entwurzelung unterworfen. Die Struktur der jüdischen Gemeinschaft veränderte sich tiefgreifend. Die Mehrzahl der traditionsreichen Gemeinden in Deutschland konnte auch nach der erneuten Zulassung von Juden in den meisten Städten zunächst nicht zu ihrer früheren Größe und Bedeutung gelangen. Nur wenigen großen jüdischen Gemeinden, wie etwa Frankfurt am Main und Worms, stand eine Vielzahl von kleinen und kleinsten Gemeinden gegenüber, die häufig voneinander isoliert waren und den Willkürmaßnahmen absolutistischer Herrscher oder städtischer Obrigkeiten ausgeliefert waren. Wenn jüdische Kaufleute als Händler, Finanziers oder Münzpächter wirtschaftlich von Nutzen sein konnten, erfreuten sie sich der Unterstützung, zumindest aber der Duldung der jeweils politisch Mächtigen. Konnten sie diesen Nutzen nicht unter Beweis stellen, so waren Verfolgung und Verelendung die unausbleibliche Konsequenz. Der allergrößte Teil der jüdischen Bevölkerung im 14. und 15. Jahrhundert lebte rechtlich weitgehend ungeschützt und unter erbärmlichen sozialen und wirtschaftlichen Bedingungen.

Hoffnung auf eine grundlegende Veränderung dieser Situation erwuchs für viele Juden aus der Krise der Kirche im 15./16. Jahrhundert. Hatte die Kirche bislang zu den heftigsten Triebkräften der Judenfeindschaft gehört, so ließ die innere Krise des Katholizismus eine Abschwächung der Frontstellung gegen die jüdische Bevölkerung vorstellbar werden. Die inneren Auseinandersetzungen des Christentums – so die Erwartungen vieler Juden – könnten zum einen zu einer Verringerung der Anstrengungen im Kampf gegen die „Ungläubigen" führen, zum anderen könnten durch eine Rückbesinnung auf die gemeinsamen Wurzeln von Judentum und Christentum neue Möglichkeiten zum Dialog entstehen.

Diese Hoffnungen wurden aber schnell enttäuscht. Selbst Reformatoren wie Martin Luther, deren Äußerungen über Juden und die jüdische Religion zunächst als Signal eines Neubeginns in den christlich-jüdischen Beziehungen verstanden werden konnten (vgl. M 1), machten letztlich aus theologischen und kirchenpolitischen Gründen spätestens dann wieder kompromißlos Front gegen die „heillosen Leute" (Martin Luther), wenn sich Hoffnungen auf Bekehrung nicht erfüllten. Nur wenige Reformatoren wie der Straßburger Wolfgang Capito oder der Baseler Sebastian Castellio bildeten eine Ausnahme. Auch – und zum Teil besonders – in den protestantischen Ländern blieben die meisten Juden aus der christlichen Gesellschaft ausgegrenzt.

M 1 Martin Luther: Daß Jesus Christus ein geborener Jude sei (1523)

Jetzt will ich der Heiligen Schrift folgend von den Ursachen berichten, die mich bewegen zu glauben, daß Christus ein Jude gewesen und von einer Jungfrau geboren ist, ob ich vielleicht manche der Juden zum christlichen Glauben bewegen könnte. Denn unsere Narren, die Päpste, Bischöfe, Sophisten und Mönche, groben Eselsköpfe, sind bisher mit den Juden so verfahren, daß, wer ein guter Christ gewesen wäre, wohl ein Jude hätte werden mögen. Und wenn ich ein Jude gewesen wäre und solche Tölpel und Knebel gesehen hätte, die über den christlichen Glauben herrschen und ihn lehren, dann wäre ich eher eine Sau geworden als ein Christ.

Denn sie haben die Juden behandelt, als wären sie Hunde und keine Menschen, haben nichts kund getan als sie zu schelten und ihnen weder die christliche Lehre noch ein christliches Leben vorgeführt, sondern man hat sie nur der Päpsterei und Möncherei

Mart. Luth. D.

Ich hatte mir wol fürgenommen / nichts mehr / weder von den Jüden noch wider die Jüden zu schreiben / Aber weil ich erfaren / das die Elenden heillosen leute / nicht aufhören / auch uns / das ist / die Christen an sich zu locken / Hab ich dis Büchlin lassen ausgehen / Damit ich unter denen erfunden werde / die solchem gifftigem furnehmen der Jüden widerstand gethan / und die Christen gewarnet haben / sich fur den Jüden zu hüten. Ich hette nicht gemeint / das ein Christen solt von den Jüden sich lassen nerren / in ir Elend und jamer zu tretten. Aber der Teuffel ist der Welt Gott / Und wo Gottes wort nicht ist / hat er gut machen / nicht allein bey den schwachen / Sondern auch bey den starcken. Gott helffe uns / Amen.

B 1 Luthers Vorwort zu seiner Schrift „Von den Jüden und ihren Lügen". 1543.

unterworfen. Wenn sie dann gesehen haben, daß das Judentum die Heilige Schrift so sehr auf seiner Seite hat und das Christentum lauter Geschwätz ohne Grundlage in der Schrift ist, wie hätten sie dann ihr Herz beruhigen und gute Christen werden können? Ich habe es selbst von frommen getauften Juden gehört, daß sie ein Leben lang Juden unter einem christlichen Mantel geblieben wären, hätten sie nicht von uns das Evangelium gehört. [...]
Ich hoffe, wenn man die Juden freundlich behandelt, und sie aus der Heiligen Schrift korrekt unterweist, dann müßten viele von ihnen rechte Christen werden und sich wieder zu dem Glauben ihrer Väter, dem Glauben der Propheten und Patriarchen, wenden. Davon [sc. vom darin enthaltenen christlichen Glauben] werden sie nur weiter abgeschreckt werden, wenn man ihnen ihren Glauben vorwirft und gar nichts davon gelten lassen will und sie nur mit Hochmut und Verachtung behandelt. Wenn die Apostel, die auch Juden waren, mit uns Heiden so umgegangen wären, wie wir Heiden mit den Juden, dann wäre nie jemand unter den Heiden Christ geworden. Wenn sie uns Heiden so brüderlich behandelt haben, dann sollten wir wiederum mit den Juden brüderlich umgehen, damit wir etliche bekehren mögen, denn wir sind selbst auch noch nicht alle weit fortgeschritten, geschweige denn am Ziel.
Auch wenn wir uns noch so sehr rühmen, so sind wir dennoch Heiden, und die Juden sind vom Blute Christi; wir sind Schwäger und Fremdlinge, sie sind Blutsfreunde, Vettern und Brüder des Herrn [...].
Weiter müssen die Juden bekennen, daß sich die Heiden noch nie so willig einem Juden ergeben haben wie ihrem Herrn und König als diesem Jesus. [...]
Und es ist ein Wunder, daß das die Juden nicht dazu bewegt, an diesen Jesus als ihr eigen Fleisch und Blut zu glauben, auf den sich doch die Aussagen der Schrift in der Tat so deutlich und klar beziehen, denn sie sehen doch, daß wir Heiden so sehr, so hartnäckig, so fest an ihm festhalten, daß viele Tausende um seinetwillen ihr Blut vergossen haben. [...]
Darum wäre meine Bitte und mein Rat, daß man sorgsam mit ihnen umgehen und sie aus der Schrift unterrichten möge. Dann werden schon ihrer etliche kommen. Aber nun, wo wir nur mit Gewalt mit ihnen umgehen, sie mit Lügen umgeben und ihnen Schuld zuweisen, sie müßten christliches Blut haben, damit sie nicht stinken. Und ich weiß nicht, was es

sonst noch für Narrenwerk gibt, daß man sie gleichsam für Hunde hält. Was sollten wir ‚unter diesen Umständen' Gutes bei ihnen bewirken? Ebenso daß man ihnen verbietet, unter uns zu leben und zu arbeiten und anderweitig an der menschlichen Gemeinschaft teilzuhaben, womit man sie zum Wucher treibt, wie sollte sie das bessern?

Will man ihnen helfen, so muß man nicht das Gesetz des Papstes, sondern das der christlichen Nächstenliebe auf sie anwenden und sie freundlich annehmen, muß man sie mit werben und arbeiten lassen, damit sie einen Grund haben und Raum gewinnen, bei uns zu leben und unter uns zu sein, um unsere christliche Lehre zu hören und unser christliches Leben zu sehen. Auch wenn einige halsstarrig sind, was liegt daran? Wir sind doch auch nicht alle gute Christen. Damit will ich es diesmal bewenden lassen, bis ich sehe, was ich bewirkt habe. Gott gebe uns allen seine Gnade. Amen.

(D. Martin Luthers Werke. Kritische Gesamtausgabe, Bd. 11. Weimar: Hermann Böhlaus Nachfolger 1900, S. 314f., 331, 336. Übertragung: W. Borchardt/R. Möldner/M. Stupperich)

M 2 Martin Luther: Von den Juden und ihren Lügen (1543)

Es ist nicht meine Absicht, mit den Juden zu zanken oder von ihnen zu lernen, wie sie die Schrift deuten oder verstehen; ich weiß das alles vorher wohl. Noch weniger gehe ich damit um, die Juden bekehren zu wollen, denn das ist unmöglich; ... Disputiere nicht viel mit Juden über die Artikel unseres Glaubens. Sie sind von Jugend auf so mit Gift und Groll gegen unseren Herrn erzogen, daß es hoffnungslos ist, bis sie dahin kommen, daß sie durch ihr Elend zuletzt mürbe und gezwungen werden zu bekennen, daß der Messias gekommen und unser Jesus sei. Sonst ist viel zu früh, ja ganz umsonst, mit ihnen darüber zu disputieren, wieso Gott dreifaltig, Gott Mensch sei, Maria Gottes Mutter sei. Denn so etwas erträgt keine Vernunft und kein menschliches Herz; wie viel weniger so ein verbittertes, giftiges, blindes Judenherz! Was Gott selbst nicht bessert mit so grausamen Schlägen, das werden wir mit Worten und Werken, wie gesagt, ungebessert lassen. Moses konnte den Pharao weder mit Plagen noch mit Wundern noch mit Bitten noch mit Drohungen bessern: er mußte ihn im Meer ersaufen lassen. [...]

So ist es auch unsere Schuld, daß wir das viele unschuldige Blut, das sie an unserem Herrn und an den Christen etwa 300 Jahre nach der Zerstörung Jerusalems und bis heute an den Kindern vergossen haben [...], nicht rächen, sie nicht totschlagen, sondern sie für alle ihre Morde, Flüche, Lästerungen, Lügen, Schändungen frei bei uns leben lassen, ihre Schulen, Häuser, Leib und Gut schützen und schirmen, damit wir sie faul und sicher machen und dabei helfen, daß sie uns getrost unser Geld und Gut aussaugen, dazu uns verspotten, uns anspucken, damit sie sich zuletzt unser bemächtigen könnten und uns alle für solch eine große Sünde totschlagen, uns alles Gut nehmen, wie sie täglich bitten und hoffen. [...]

Was wollen wir Christen nun tun mit diesem verworfenen, verdammten Volk der Juden? [...] Wir müssen mit Gebet und Gottesfurcht eine scharfe Barmherzigkeit üben [und sehen], ob wir nicht doch einige aus der Flamme und Glut erretten können. Rächen dürfen wir uns nicht: Sie haben die Rache auf dem Halse, tausendmal ärger, als wir ihnen wünschen können. Ich will meinen treuen Rat geben:

Erstens daß man ihre Synagogen oder Schulen mit Feuer anstecke und, was nicht verbrennen will, mit Erde überhäufe und beschütte, daß kein Mensch einen Stein oder eine Schlacke davon sehe ewiglich. Und dies soll man unserem Herrn zu Ehren tun, damit Gott sieht, daß wir Christen sind und so ein öffentliches Lügen, Fluchen und Lästern seines Sohnes und seiner Christen wissentlich nicht geduldet noch darein gewilligt haben. [...]

Zweitens, daß man auch ihre Häuser ebenso niederreiße und zerstöre. Denn sie treiben darin dasselbe wie in den Schulen. Dafür kann man sie etwa unter ein Dach oder einen Stall tun wie die Zigeuner, damit sie wissen, sie sind nicht Herren in unserem Lande, wie sie prahlen, sondern im Elend und gefangen, wie sie ohne Unterlaß vor Gott über uns Zeter schreien und klagen.

Drittens, daß man ihnen alle ihre Gebetbüchlein und Talmudisten nehme, in denen diese Abgötterei, Lügen, Fluch und Lästerung gelehrt wird.

Viertens, daß man ihren Rabbinern bei Leib und Leben verbiete, weiterhin zu lehren. [...]

Fünftens, daß man den Juden das freie Geleit und das Recht auf die Straßen ganz aufhebe. Denn sie haben nichts auf dem Lande zu schaffen, weil sie weder Herren noch Beamte noch Händler oder dergleichen sind; sie sollen daheim bleiben. [...]

Sechstens, daß man ihnen den Wucher verbiete und ihnen alle Barschaft und Kostbarkeiten in Gold und Silber nehme und lege es beiseite, es aufzuheben. Und dies ist der Grund dafür: alles, was sie haben, haben sie uns, wie oben gesagt, durch ihren Wucher gestohlen und geraubt, weil sie sonst keinen anderen Erwerb haben. [...]

Siebentens, daß man den jungen, starken Juden und Jüdinnen Flegel, Axt, Hacke, Spaten, Rocken, Spindel in die Hand gebe und lasse sie ihr Brot verdienen im Schweiße der Nasen, wie Adams Kindern auferlegt ist. [...]

So laßt uns bei der üblichen Klugheit der anderen Nationen bleiben wie [in] Frankreich, Spanien, Böhmen usw. und mit ihnen nachrechnen, was sie uns abgewuchert haben, und danach gütlich [auf-]geteilt, sie aber für immer aus dem Lande getrieben!

Ja, wenn sie uns das antun könnten, was wir ihnen antun können, brauchte keiner von uns mehr eine

Stunde zu leben. Weil sie es aber öffentlich nicht zu tun vermögen, bleiben sie eben im Herzen tägliche Mörder und blutdürstige Feinde. Das beweisen ihre Flüche und Gebete und die vielen Geschichten, daß sie Kinder gemartert haben, weswegen sie oft verbrannt und verjagt wurden.
(D. Martin Luthers Werke. Kritische Gesamtausgabe, Bd. 53, Weimar: Hermann Böhlaus Nachfolger 1920, S. 417, 419, 522 ff., 538. Übertragung: W. Borchardt/R. Möldner)

M 3 Grundpositionen Luthers für die Beurteilung der jüdischen Religion und der Juden

Einmal ist die zentrale Stellung Jesu Christi in Luthers Theologie der Stein des Anstoßes für die Juden, die in Jesus nicht den Messias anerkennen konnten, und umgekehrt auch das Kriterium für Luthers Kritik an diesen Juden und ihrer fortbestehenden Erwartung des Messias.
Zum zweiten ist Jesus Christus für Luthers Schriftauslegung des Alten Testaments im Vergleich zur jüdischen Auslegung ein Interpretationsprinzip, mit dessen Hilfe Luther das Alte Testament als Offenbarung des einen Gottes ansieht, in dessen Handeln und Reden Jesus immer schon mitwirkt, so daß es Aufgabe des Exegeten ist, den christusbezogenen Sinn aus den alttestamentlichen Texten herauszuarbeiten. Das war den jüdischen Gelehrten in keiner Weise möglich und ist auch für heutige evangelische Theologie in vielen Fällen eine gekünstelte Interpretation.
Drittens bedeutet die Glaubensgerechtigkeit die einzige Lehraussage, die Anspruch auf Wahrheit und Gültigkeit erheben kann. Daß nach Luther der Mensch nicht durch seine eigene Lebensführung (Werke) sich vor Gott gerecht machen kann, daß vielmehr nur Gott den Menschen durch Gnade gerecht machen kann, das war der jüdischen Theologie mit ihrem Jahrtausende alten Streben nach Gerechtigkeit entsprechend der Tora unannehmbar.
Diese jüdische Theologie aber ist dann notwendigerweise für Luther die Lehre von einer Werkgerechtigkeit, aufgrund derer ein Mensch sich sein Heil selbst verdient.
(W. Bienert, Martin Luther und die Juden. Frankfurt a.M.: Evangelisches Verlagswerk 1982, S. 100)

M 4 Zur Bewertung von Luthers Judenhaß

Sicherlich hängt diese Verschärfung seiner Haltung gegenüber seinen drei Hauptgegnern damit zusammen, daß Luthers Hoffnung auf einen Sieg seiner Sache mit friedlichen Mitteln, allein durch das Wort, enttäuscht worden ist. Er stößt bei Altgläubigen, bei Täufern und bei Juden auf einen harten Kern, der sich allen Bekehrungsversuchen widersetzt. Auch ist Luther nach den Erfahrungen des Bauernkrieges nicht mehr davon überzeugt, daß ein konfessionell gemischtes Territorium regierbar ist. Deshalb zieht er aus seiner grundsätzlichen Einsicht in die verschiedenen Aufgaben von Kirche und Staat, die er 1523 in dem Traktat ‚Von weltlicher Obrigkeit' verkündet hatte, nicht mehr die Konsequenz, daß in einem Gemeinwesen mehrere Konfessionen friedlich nebeneinander existieren können, sondern er kehrt in seinen praktischen Forderungen auf den mittelalterlichen Standpunkt zurück, daß die Obrigkeit für die Einheit von Kirche und Gesellschaft sorgen muß, wenn nötig, auch mit Zwang. Schließlich erklärt sich die Maßlosigkeit des Tones, das Schwelgen in vulgären Beschimpfungen seines Gegners, nicht nur aus dem weitverbreiteten Grobianismus des 16. Jahrhunderts, sondern auch aus der Verdüsterung seiner persönlichen Lebensstimmung, die durch schwere körperliche Leiden hervorgerufen wurde.
(K. Deppermann, Judenhaß und Judenfreundschaft im frühen Protestantismus. In: B. Martin/E. Schulin [Hrsg.], Die Juden als Minderheit in der Geschichte. München: Deutscher Taschenbuch Verlag ³1985, S. 126 f.)

M 5 Der jüdische Historiker Ismar Elbogen über die Hintergründe der Judenfeindschaft bei Luther

Woher die Furcht vor diesem kleinen erniedrigten Volk? Der Grund des ganzen Hasses war die Unsicherheit im eigenen Glauben, vielleicht die Furcht des Reformators, daß er die realen Auswirkungen seiner Kirchen- und Dogmenkritik nicht ertragen würde. Warum sollte einem gläubigen Christen auch nur für einen Moment das Beharren der Juden auf dem Glauben an den Einen Gott ein so großes Ärgernis sein? Wenn man sich vor den Juden so fürchtete, lag dies vielleicht in der nicht eingestandenen Erkenntnis, daß all das, was man ihnen antat, eine Sünde war. Denn tatsächlich waren die Juden, wenn man, wie Luther es wünschte, das Evangelium wirklich las, das „Volk Gottes" und „Blutsverwandte Christi". Fürchtete man vielleicht, daß der Judenmord eine Nachvollstreckung der Kreuzigung des Gottessohnes sei? Fürchtete man sich etwa nicht so sehr vor den Juden, sondern vor göttlicher Strafe wegen der eigenen Verbrechen oder schuldbeladenen Gedanken? Der Ausweg aus dem Dilemma war, die Opfer mit dem Fluch Gottes zu beladen, den man selber fürchtete. Der Juden Glaube wurde verteufelt, die eigene Bosheit auf sie projiziert. Die letzte Konsequenz war dann, daß die Juden, als Zeugen der Schuld, verbannt oder völlig vernichtet wurden. Luther forderte, daß man die Christen „um ihres Seelenheils willen" vor den Juden schützen solle.
(I. Elbogen/E. Sterling, Die Geschichte der Juden in Deutschland. Frankfurt a.M.: Athenäum 1988, S. 93)

M 6 Die Luther-Interpretation zur Zeit des Nationalsozialismus

Im Jahre 1936 erschien im Chr. Kaiser Verlag in München Luthers Schrift „Von den Juden und ihren

Lügen" im Rahmen der Gesamtausgabe. Als Einleitung zu diesem Text lesen wir folgendes: „Von den Juden und ihren Lügen' ist diejenige Schrift, der Luther seinen Ruhm als führender Antisemit verdankt. Sie ist geradezu das Arsenal zu nennen, aus dem sich der Antisemitismus seine Waffen geholt hat. Sie strömt aus einem übervollen Herzen heraus. Denn die Judenfrage ist für Luther, das zeigt diese Schrift ganz besonders, keine akademische Frage, sondern hatte ihren Platz in seinem Herzen."

Als im September 1941 im Nazi-Deutschland der sogenannte Judenstern eingeführt wurde, haben sieben evangelisch-lutherische Landeskirchen, diejenigen von Sachsen, Nassau-Hessen, Mecklenburg, Schleswig-Holstein, Anhalt, Thüringen und Lübeck dazu Stellung genommen und gemeinsam am 17. Dezember 1941 das folgende verkündet: „Als Glieder der deutschen Volksgemeinschaft stehen die unterzeichneten deutschen Evangelischen Landeskirchen und Kirchenleiter in der Front dieses historischen Abwehrkampfes, der u.a. die Reichspolizeiverordnung über die Kennzeichnung der Juden als der geborenen Welt- und Reichsfeinde notwendig gemacht hat, wie schon Dr. Martin Luther nach bitteren Erfahrungen die Forderung erhob, schärfste Maßnahmen gegen die Juden zu ergreifen und sie aus deutschen Landen auszuweisen. Von der Kreuzigung Christi bis zum heutigen Tage haben die Juden das Christentum bekämpft oder zur Erreichung ihrer eigennützigen Ziele missbraucht und verfälscht. Durch die christliche Taufe wird an der rassischen Eigenart eines Juden seiner Volkszugehörigkeit und seinem biologischen Sein nichts geändert. [...]" Man darf nicht behaupten, das eben erwähnte Dokument stelle eine einmalige Entgleisung während des Zweiten Weltkrieges dar. Bereits am 31. Mai 1939 schrieb die „Kirchenführerkonferenz unter Vorsitz des dienstältesten Landesbischofs" an den „Reichsminister für die kirchlichen Angelegenheiten" unter anderem: „Im Bereich des Glaubens besteht der scharfe Gegensatz zwischen der Botschaft Jesu Christi und seiner Apostel und der jüdischen Religion der Gesetzlichkeit und der politischen Messiashoffnung, die auch schon im Alten Testament mit allem Nachdruck bekämpft ist. Im Bereich des völkischen Lebens ist eine ernste und verantwortungsbewußte Rassenpolitik zur Reinerhaltung unseres Volkes erforderlich." Auch hier konnte der Rassenhaß der Nationalsozialisten mit der Pseudotheologie des Antijudaismus nahtlos verbunden werden.

(E.L. Ehrlich, Luther und die Juden. In: H.A. Strauss/N. Kampe [Hrsg.], Antisemitismus. Von der Judenfeindschaft zum Holocaust. Bonn: Bundeszentrale für politische Bildung 1985, S. 62f.)

Arbeitshinweise

1 *Stellen Sie die beiden zentralen Schriften Luthers zum Judentum (M 1 und M 2) einander gegenüber.*

2 *Bilden Sie sich ein eigenes Urteil über Luthers Einstellung zu den Juden, indem Sie*
a) die theologischen (M 3) Grundlagen für Luthers Haltung ermitteln.
b) die Bewertungen des Judenhasses Luthers aus protestantischer (M 4) und aus jüdischer Sicht (M 5) miteinander vergleichen.

2. Jüdisches Leben im 16.–18. Jahrhundert

Nach den enttäuschten Erwartungen an die Reformation entwickelte sich noch stärker als bisher eine Tendenz zur Selbstabgrenzung in vielen jüdischen Gemeinden; eine Selbstabgrenzung, deren Ziel die offensive Rückbesinnung auf jüdische Werte und religiöse Traditionen bildete. In diesem Zusammenhang sind die ersten Ansätze zur Entwicklung jüdischer *Landesorganisationen* ebenso zu sehen wie die Durchführung größerer Rabbiner-Konferenzen.

Allerdings gelang es der jüdischen Gemeinschaft nicht, eine einheitliche Vertretung ihrer Interessen gegenüber Kaiser und Landesherren zu organisieren; zu unterschiedlich waren die Voraussetzungen in den einzelnen Ländern, zu schwerwiegend waren die materielle Not und die rechtliche Ausgrenzung. Nur dem Elsäßer Josel von Rosheim (1478–1554) gelang es für einige Zeit als „Befehlshaber der Judenschaft" von den jüdischen Gemeinden wie von Kaiser, Fürsten und Bischöfen anerkannt zu werden. Er erreichte u.a. von Kaiser Karl V. 1544 ein Privileg für alle Juden, in dem Juden ein höherer Zinssatz als Christen zugestanden wurde.

Das Leben war im 16. bis 18. Jahrhundert für die meisten Juden in Europa grundlegend geprägt durch den täglichen Kampf ums materielle Überleben, durch soziale Entwurzelung und Rechtlosigkeit. Als Folgen bildeten sich zum einen verzweifelte Hoffnungen auf die baldige Ankunft des Messias heraus, die sich kurze Zeit auf den selbsternannten Messias Sabbatei Zwi richteten. Zum anderen waren viele Juden gezwungen, sich eine neue Heimat zu suchen. Nach den Judenpogromen der Kosaken unter Bogdan Chmielnickij in den Jahren 1648–1654 konnte Polen zunächst nicht mehr als Einwanderungsland fungieren. Deutschland und Österreich wurden zum Ziel jüdischer Einwanderer. Als 1671 die Juden aus Wien ausgewiesen wurden, gelang es 20 wohlhabenden Familien, eine Zuzugsgenehmigung für Brandenburg-Preußen zu bekommen, da man sich von ihnen eine Belebung der Wirtschaft erhoffte.

Von besonderer wirtschaftlicher und kultureller Bedeutung war die Ansiedlung von Juden aus Portugal und Spanien im Norden Mitteleuropas. Es waren zumeist wohlhabende, gebildete Kaufleute, die schnell ihren Platz im Wirtschaftsleben ihrer neuen Heimatstädte fanden und auch spürbaren Einfluß auf die Entwicklung der jüdischen Gemeinden z. B. in Amsterdam, aber auch in Altona, Hamburg und anderen Orten Norddeutschlands fanden.

2.1 Grundlagen

M 7 Die Folgen von Ausgrenzung, Diskriminierung und Verfolgung im 16./17. Jahrhundert

Die Juden reagierten darauf[1] in verschiedener Weise. Die einen nahmen die Derbheit und Grobheit ihrer Umgebung selber an; sie wurden Landsknechtsnaturen, endeten auch bisweilen in irgendeiner Armee, häufiger noch bei einer Banditengruppe. Die große Mehrzahl fügte sich in die harten Bedingungen des Lebens. Aber sie suchten auch Auswege aus der Unterdrückung. Um leben zu können, brauchten sie Geld; denn jeder Schritt, den sie auf der Landstraße gingen, die Luft, die man sie in den Städten atmen ließ, – alles war mit Geld besteuert. Die Umwelt sah aber nur die äußeren Folgen und wollte nicht gelten lassen, daß Geld für die Juden notwendiges Mittel zum Leben, zum bloßen Überleben war. Nach volkstümlicher Vorstellung war Geldgier die jüdische Charaktereigenschaft, die alles Menschliche ausschloß, den Juden zum Bösewicht, gar zum Teufel machte. So schilderte ihn das Märchen, das Sprichwort, die Karikatur. Satirische Flugblätter und Spottverse zeichneten den „Trödeljuden", eine gebeugte und schäbige Gestalt, die aber über geheime und durch finstere Händel erworbene Schätze verfügt. All dies verband sich mit verzerrten christlichen Vorstellungen. Die geistlichen Spiele schilderten den jüdischen Wucherer als habsüchtigen Herbergswirt von Bethlehem und als Judas, der die dreißig Silberlinge schachert. All das trug dazu bei, ein schablonenhaftes Bild vom finsteren, unheimlichen Juden ins Volksbewußtsein einzugraben, das bis zum heutigen Tag noch nicht verschwunden ist. Jene Zeit war für die Juden insoweit erträglicher geworden, als es nicht mehr zu Massenmorden kam. Es war aber auch die Zeit, in der sie begannen, gebeugt einherzugehen. Um der bloßen

1 auf die Verfolgungen.

Lebenserhaltung willen mußten sie sich daran gewöhnen, sich höhnen, beschimpfen, mit Steinen bewerfen und verprügeln zu lassen. Bei aller Unterdrückung und allem Leid waren sie aber um so sicherer in ihrem Glauben, und sie bejahten das Leben.

Der Jude entfaltete trotz aller Demütigungen ein reiches inneres Leben im Kreise seiner Familie, wo alle Weichheit und Zärtlichkeit seines Herzens zum Ausdruck kam. Das zeigte sich am geheiligten Sabbat, an dem er den Frieden seines Hauses genießen konnte, an dem er seinen Gottesdienst besuchte und in seinen heiligen Büchern las; an dem er nicht der Welt draußen, sondern seiner Gemeinde gehörte. Aber in diesem Rückzug verengerten und verzerrten sich auch seine eigenen Lebensperspektiven. Die Gemeinden waren klein, isoliert, von den großen Strömungen der Zeit nur selten berührt.
(I. Elbogen/E. Sterling, Die Geschichte der Juden in Deutschland. Frankfurt a.M.: Athenäum 1988, S. 106f.)

M 8 Grundprobleme des jüdischen Lebens im 16./17. Jahrhundert

Die Scheu vor dem Juden als Gottesmörder, als religiösem Verführer und als dämonischem Verbündeten des Antichrist auf der einen Seite, seine Notwendigkeit für gewisse finanzielle Transaktionen, die für Christen offiziell verboten waren (wenn auch oft ausgeübt wurden), seine Einschätzung nach diesem Nutzwert für Herrscher und Beherrschte waren als Erbschaft des Mittelalters übernommen worden; sie waren bereits Tradition. Alle Anschuldigungen gegen die Juden, die Anschauungen über sie, die Ängste vor ihnen sind längst Axiome geworden; man braucht ihre Herkunft und Berechtigung nicht mehr zu untersuchen, sie gehören zum allgemeinen Weltbild der Zeit. Aber wie alles andere wird auch das Leben der

Juden unter den Christen dem regelnden Ordnungsprinzip der Rationalisierung und Bürokratisierung unterworfen. Das Ziel dabei ist, durch möglichst genaue Bestimmungen ihre Gefahr als Schädlinge zu vermindern und ihren Nutzwert zu erhöhen.
Die Folge davon ist, daß etwa die Vorschriften über die Kleidung der Juden (besonders über die Kleidungsstücke oder Abzeichen, die sie von der Umwelt unterscheiden sollten), Regelungen für ihr Leben im Ghetto nun die staatliche oder lokale Bürokratie immer eingehender beschäftigen. Alles wird bis ins einzelne festgelegt, verändert und wieder neu festgelegt. Die Juden werden weiterhin, ja immer strikter, nur in einer bestimmten, vorher festgelegten Zahl gesetzlich zur Ansiedlung zugelassen, im weiteren Verlauf oft unter Kontrolle selbst des natürlichen Zuwachses durch Beschränkung der Eheschließungen. [...] Noch weniger als im Mittelalter wurden sie als Menschen angesehen und gewertet. Die Rationalisierung des Lebens verstärkte diesen Prozeß der Degradierung. Die Juden waren Objekte, die man ein- und ausführte, die man verzollte, deren Aufenthaltsberechtigung einzig und allein davon abhängig war, ob in der Meinung der entscheidenden Mächte ihr Nutzen den Schaden überwog oder umgekehrt. Ausnahmen, die man einzelnen Juden gegenüber gelegentlich machte, vermögen nichts an diesem allgemeinen, für die Geschichte der Judenfrage maßgebenden Bild zu ändern.
(A. Bein, Die Judenfrage. Biographie eines Weltproblems, Bd. 1. Stuttgart: DVA 1980, S. 138 f.)

Arbeitshinweis
Beschreiben Sie die Veränderungen, die das tägliche Leben der Juden ab dem 16. Jahrhundert bestimmen. Ist es berechtigt, von einer Verschlechterung im Vergleich zum Mittelalter zu sprechen? Nehmen Sie Stellung dazu.

2.2 Die Entwicklung des inneren jüdischen Lebens

M 9 Auszug aus der Hessisch-Darmstädtischen Judenordnung vom 1. Januar 1585

Erstens sollen die Juden unseren Amtleuten in Gegenwart des Pfarrers eines jeden Ortes, an dem sie wohnen, mit ihrem jüdischen Eid versprechen, bei den Ihren keine Lästerung wider unseren Erlöser und Seligmacher Jesus Christus [...] oder auch gegen seinen göttlichen Namen und unsere christliche Religion zu treiben, noch auch die armen, einfältigen Juden mit erdichteten menschlichen Satzungen und Lehren, die dem Gesetz und den Propheten nicht gemäß sind, zu beschweren, sondern sich aller Lästerung ganz und gar zu enthalten und in ihrer Lehre allein das zu behalten, was ihnen in den Schriften Moses und der Propheten vorgebildet wird. Zweitens sollen sie geloben und schwören, daß sie [...] nirgends neue Synagogen aufrichten, sondern allein die alten und bereits gebauten in aller Stille gebrauchen. Drittens sollen sie versprechen, mit keinem der Unsrigen und besonders nicht mit einfältigen Laien von der Religion zu diskutieren. Wenn aber einer oder mehrere unserer Prädikanten sich [...] mit ihnen in eine Diskussion einlassen, sondern sollen sie [...] Antwort und Bekenntnis ihres Glaubens geben. Viertens sollen sie sich während der Predigten an Feier- und Werktagen zu Hause aufhalten und keineswegs während dieser Zeit auf der Gasse ihrer Hantierung nachgehen, noch jemand an der Predigt hindern, viel weniger unsere Untertanen in ihrer Religion verlachen oder sie in ihrem christlichen Glauben irre zu machen oder davon abzuführen sich unterstehen. [...] Achtens sollen sie auch mit ihrem jüdischen Eid beteuern, keinem unserer Beamten oder Diener oder auch deren Frauen etwas zu schenken und sie dadurch zu [...] bestechen, daß sie ihnen in ihren unrechten Sachen durch die Finger sehen und ihren nicht geziemenden Wucher [...] gestatten. Wenn solches geschieht, sollen sie dafür ernstlich bestraft werden.
(G. Müller, Protestantische Orthodoxie. In: K. H. Rengstorf/S. von Kortzfleisch [Hrsg.], Kirche und Synagoge. Handbuch zur Geschichte von Christen und Juden, Bd. 1. München: Deutscher Taschenbuch Verlag 1988, S. 456)

M 10 Beschlüsse der Frankfurter Rabbinerversammlung vom Jahre 1603

I. Auf drei Dingen steht die Welt: auf Wahrheit, auf Recht und auf Frieden. Leider aber sind viele vorhanden, die sprechen: „wer ist über uns Herr?" und verweigern dem jüdischen Gerichte den Gehorsam und zwingen ihre Nachbaren mit ihnen vor ein auswärtiges Gericht[1] zu gehen, [...] und was noch mehr ist, sie veranlassen, daß die Fürsten – Gott erhöhe ihren Glanz! – und die Richter, unter deren Schutz wir leben in dieser schweren Zeit, einen Widerwillen gegen uns bekommen. Darum haben wir beschlossen, daß ein Mann, der seinen Nächsten zwingen wird vor ein auswärtiges Gericht, daß er sich mit ihm vor einen von ihm erwählten Richter stelle, ein solcher Mann

---

[1] Dieser Ausdruck bedeutet offenbar sowohl ein auswärtiges jüdisches als auch ein staatliches Gericht außerhalb der Judengasse. Die Ladung vor ein solches Gericht bedeutete oft eine teure und gefährliche Reise, so daß Beklagte häufig gegen ansehnliche Geldzahlungen auf ein Erscheinen verzichteten. Diesen Umstand machten sich immer wieder skrupellose Verleumder zunutze.

getrennt und ausgeschieden werden soll von aller religiösen Heiligkeit in Israel. Er soll nicht zur Vorlesung der heiligen Schrift gerufen werden, ja, es soll verboten sein, mit ihm sich zu verschwägern, bis er zurückkehrt und von seinem Nächsten abwendet die Hand des auswärtigen Gerichtes und zwar auf seine eigenen Kosten und Schaden. Wer mit ihm sich verschwägert, soll in bezug auf alle Strafen ihm gleich sein. [...]

II. [...] Jede Gemeinde und jeder Bezirk sollen Einschätzer erwählen, Männer, die in voller Treue, in Treue zu Gott ihres Amtes walten, Männer der Wahrheit und der Gottesfurcht. Diese sollen jeden Mann und jede Frau einschätzen, ohne List und Trug. [...] Es ist beschlossen, einen Pfennig vom Hundert monatlich zu erheben und zwar vom Monate Tischri 5.365 (1604) an. Als Sammelstellen für diese Beiträge werden Frankfurt, Worms, Mainz, Bingen, Hamm, Friedberg, Schneitach (für Franken), Wallerstein, Günzburg bestimmt. Die Erwählten sollen dann angesehene Männer bestimmen, die die Fähigkeit haben, vor Königen zu erscheinen, um die Gemeinden in geeigneter Stunde zu vertreten, nach den Erfordernissen der Zeit unter Beistand dessen, der uns nicht verwaisen läßt. [...]

VI. Es ist bekannt geworden, daß viel Unheil in Gemeinden und kleinen Orten entstand und viele harte Gesetze veranlaßt worden sind durch jene jüdischen Frevler, welche muthwillig die Wahrheit zur Erde schleudern und mit neuen Münzen einen Handel treiben, die ungültig oder minderwerthig sind. [...] Darum soll vom heutigen Tage an jeder, der sich mit derartigen Dingen beschäftigt, oder gar eine Schuld auf Grund von Scheinen, an denen irgend etwas nicht gerade ist, einfordert, unter die Strafe der völligen Aussonderung fallen. Das soll Gesetz sein in jedem Land und Gebiet!

VII. Der weise König sprach: Wer mit dem Diebe theilt, hasset die eigene Seele (er hört den Fluch und darf nichts sagen) (Sprüche Salomos 29,24). Wie wir hören und mit eigenen Augen gesehen haben, sind die großen und fürchterlichen Leiden – gepriesen sei Gott, der uns nicht ganz zu ihrer Beute hat werden lassen – über uns gekommen durch Verschulden jener Sünder, die das Silber und Gold, das in der Hand von Dieben ist, erwerben. Darum ist von diesem Augenblick an und weiter beschlossen, daß wenn von einem erwiesen ist, daß er mit einem, der ein Dieb ist, Geschäfte macht, von ihm etwas abkauft oder ihm ein Darlehen auf ein Pfand gibt, oder daß es einer jener Gegenstände ist, die uns von unserm Herrn, dem Kaiser – Gott erhöhe seinen Glanz! – verboten sind, so soll derselbe der Strafe der oben beschriebenen Aussonderung anheimfallen, damit der Name des Himmels geheiligt werde und Leid von uns in Zukunft fern bleibe! [...]

Alles das ist beschlossen worden, als die Häupter der Stämme Israels aus allen Gauen Deutschlands sich versammelten hier in Frankfurt und sich alle verpflichtet haben, diese Beschlüsse an allen Synagogenthüren durch Anschlag zu veröffentlichen. Und bei allen diesen Anordnungen ist ausdrücklich die Bedingung ausgesprochen worden, daß durch dieselben in keiner Weise die Autorität der Regierung verringert werden darf. So möge es uns denn gelingen lassen Er, der in den Höhen thront! Amen!

(M. Horovitz, Die Frankfurter Rabbinerversammlung vom Jahre 1603. Frankfurt a. M.: Slobotzky 1897, S. 9ff.)

M 11 Der jüdische Historiker Haim Hillel Ben-Sasson zur Rabbinerversammlung in Frankfurt a. M. (1603)

Anfang des 17. Jahrhunderts wurde der Versuch unternommen, nach dem Vorbild der Landtage – die sich in den slawischen Ländern im Osten damals zu bewähren begannen – nun auch im Deutschen Reich eine zentrale Verwaltung ins Leben zu rufen. 1603 trat in Frankfurt am Main, einer Stadt, in der seit ihrem Entstehen auch Juden gelebt hatten, ein Rat von Delegierten und Weisen fast aller jüdischen Gemeinden Deutschlands zusammen. Sie bezeichneten sich als „Häupter des Volkes [...] der deutschen Gemeinden [...] auf Beschluß unserer Rabbinen, der Weisen von Aschknaz" [es handelte sich hier um eine halachische[1] Entscheidung, die die Einberufung einer Versammlung und Billigung ihrer Resolutionen erforderte; ...] Am Schluß dieser Anordnungen heißt es: „Alles das ist beschlossen worden, als die Häupter der Stämme Israels aus allen Gauen Deutschlands sich versammelten". [...] Wer sich den Verordnungen widersetzen wollte, hätte sich „gegen die Gesandten der Verstreuten von Israel" aufgelehnt [...]. Der Definition des Tagungsziels ist zu entnehmen, daß man eine Dauereinrichtung schaffen wollte, um der beginnenden Anarchie zu steuern. Denn die Versammelten waren gekommen, um „Die Bedürfnisse der Gesamtheit zu erwägen, um vorzubeugen und Einrichtungen zu treffen nach den Erfordernissen der Zeit und der Zustände, damit das Volk nicht sei wie eine Herde ohne Hirten". [...] Mit welchen Problemen sich die jüdische Selbstverwaltung konfrontiert sah, ist den strengen Bestimmungen zu entnehmen, die sich gegen diejenigen richteten, die mit ihren Streitsachen vor nichtjüdische Gerichte zogen. [...]

Diese Rabbinerversammlung stellte eine ernsthafte und systematische Bemühung dar, erstens zur landesweiten Einung der deutschen Juden, zweitens zur Einführung einer speziellen Steuerkasse zwecks Bereitstellung von Mitteln für diplomatische Appellationen, drittens zur Überwachung der Handelsgeschäfte und Sicherung der Wirtschaftsmoral durch eigene jüdische Kontrolle und schließlich zur Regelung von Rabbinatsangelegenheiten und des Betriebes

---

1 Teil des Talmud; vgl. M 19 in Kapitel C.

der Jeschiwot¹. Doch trat die Versammlung nie wieder zusammen. Der Grund dafür mag gewesen sein, daß man sie damals der Verschwörung gegen die Herrschenden bezichtigte, denn die Mitglieder der Rabbinerversammlung wurden des Hochverrats angeklagt und vor Gericht gestellt.
(H. H. Ben-Sasson, Geschichte des jüdischen Volkes, Bd. II. Vom 7.–17. Jahrhundert. München: C. H. Beck 1979, S. 369 ff.)

M 12 Begeisterung für Sabbatai Zwi
Zeitgenössischer Bericht der in Hamburg lebenden Jüdin Glückel von Hameln (1645–1724) über die Begeisterung für Sabbatai Zwi:
Zu jener Zeit hat man angefangen von Sabbatai Zewi zu reden. [...]
Was für Freude herrschte, wenn man Briefe bekam, [die von Sabbatai Zewi berichteten,] ist nicht zu beschreiben. Die meisten Briefe haben die Portugiesen bekommen. Sie sind immer damit in ihre Synagoge gegangen und haben sie dort vorgelesen. Auch Deutsche, jung und alt, sind in die Portugiesen-Synagoge gegangen. [...] Die portugiesischen jungen Gesellen haben sich allemal ihre besten Kleider angetan und sich grüne, breite Seidenbänder umgebunden – das war die Livrei von Sabbatai Zewi. So sind sie alle „mit Pauken und Reigentänzen" in ihre Synagoge gegangen und haben mit einer Freude [...] die Schreiben vorgelesen. Manche haben Haus und Hof und alles Ihrige verkauft, da sie hofften jeden Tag erlöst zu werden. Mein sel. Schwiegervater, der in Hameln wohnte, ist von dort weggezogen, hat sein Haus und seinen Hof und alle guten Hausgeräte, die darin waren, stehen lassen und seine Wohnung nach Hildesheim verlegt. Von dort hat er uns hierher nach Hamburg zwei große Fässer mit Leinenzeug geschickt; darin waren allerhand Speisen, wie Erbsen, Bohnen, Dörrfleisch, Pflaumenschnitz und ähnlicher Kram und alles, was sich gut hält. Denn der alte Mann hat gedacht, man würde ohne weiteres von Hamburg nach dem Heiligen Lande fahren. [...]
So haben die Fässer wohl drei Jahre gestanden und mein Schwiegervater hat immer gemeint, er sollte es zu seiner Reise brauchen. Aber dem Höchsten hat es noch nicht gefallen [uns zu erlösen]. Wir wissen wohl, daß der Höchste es uns zugesagt hat, und wenn wir von Grund unsres Herzens fromm und nicht so böse wären, so weiß ich gewiß, daß sich Gott unser erbarmen würde.
(Denkwürdigkeiten der Glückel von Hameln. [1913] Königstein/Ts.: Jüdischer Verlag im Athenäum Verlag 1980, S. 60 ff.)

1 Jeschiwa, pl. Jeschiwot = Tora- und Talmud-Hochschule.

B 2 Sabbatai Zwi auf dem Thron. Aus einem Gebetbuch, das 1666 in Amsterdam gedruckt wurde. Die Abbildung zeigt Sabbatai Zwi auf einem Thron sitzend. Sabbatai Zwi wurde 1626 in Smyrna/Kleinasien geboren und trat 1648 erstmals in Smyrna als Messias auf. In den Jahren 1665–67 hatte die nach ihm benannte Bewegung des Sabbatianismus (vgl. M 12) die meisten Anhänger. Ursachen dafür waren die Not der Juden im Gefolge der Chmielnizki-Verfolgung (vgl. M 17), ein Mißverständnis der Kabbala und mystische Hoffnungen auf Erlösung im „messianischen" Jahr 1666. Sabbatai Zwi selbst trat in türkischer Gefangenschaft 1666 zum Islam über und starb 1676 in Berat/Albanien. Offene und heimliche Anhänger seiner Person gab es bis ins 18. Jahrhundert.

M 13 Zeitgenössischer Bericht über die Vertreibung der deutschen Juden aus Hamburg (Ostern 1649)[1]

Als ich noch keine drei Jahre alt war, wurden alle Juden von Hamburg ausgetrieben und mußten nach Altona ziehen, das dem König von Dänemark gehört, von dem die Juden gute Schutzbriefe haben. Dieses Altona ist kaum eine Viertelstunde von Hamburg entfernt. In Altona waren damals schon ungefähr 25 jüdische Haushaltungen; dort hatten wir auch unsre Synagoge und unsern Friedhof. So haben wir eine Zeitlang in Altona gewohnt und endlich in Hamburg durch große Bemühung erreicht, daß man den Juden in Altona Pässe gegeben hat, so daß sie in die Stadt [Hamburg] gehen und dort Geschäfte treiben durften. Ein jeder Paß hat für vier Wochen gegolten; man hat ihn von dem regierenden Oberhaupt des Rates [= regierenden Bürgermeister] in Hamburg bekommen; er hat einen Dukaten gekostet, und wenn der Paß abgelaufen war, hat man wieder einen neuen nehmen müssen. Aber aus den vier Wochen sind oft acht Wochen geworden, wenn Leute Bekanntschaft mit dem Bürgermeister oder mit Beamten hatten. Die Leute hatten es leider Gottes sehr schwer, denn sie haben ihr ganzes Geschäft in der Stadt suchen müssen und so haben sich manche arme und bedürftige Leute oft gewagt sich ohne Paß in die Stadt hineinzuschleichen. Wenn sie dann von Beamten ertappt wurden, hat man sie ins Gefängnis gesteckt; das hat alles viel Geld gekostet und man hat Not gehabt sie wieder frei zu bekommen. Des Morgens in aller Frühe, sobald sie aus dem Bethaus gekommen sind, sind sie in die Stadt gegangen und gegen Abend, wenn man das Tor hat zumachen wollen, sind sie wieder nach Altona zurückgekehrt. Wenn die armen Menschen herausgegangen sind, sind sie oft ihres Lebens nicht sicher gewesen wegen des Judenhasses, der bei Bootsleuten, Soldaten und anderm geringen Volk herrschte, so daß eine jede Frau Gott gedankt hat, wenn sie ihren Mann wieder glücklich bei sich hatte. Zu jener Zeit waren kaum 40 Haushaltungen dort, mit denen, die von Hamburg nach Altona gekommen waren. Es sind unter ihnen damals keine besonders reichen Leute gewesen, doch jeder hat sich ehrlich ernährt.
(Denkwürdigkeiten der Glückel von Hameln. [1913]. Königstein/Ts.: Jüdischer Verlag im Athenäum Verlag 1980, S. 14ff.)

Arbeitshinweise

1 *Fassen Sie die wesentlichen Inhalte der Rabbinerbeschlüsse von 1603 (M 10) zusammen. Untersuchen Sie die Beschlüsse hinsichtlich des Vorwurfs der Verschwörung und des Hochverrats (vgl. M 11).*
2 *Beschreiben Sie die Bedeutung Sabbatai Zwis für gläubige Juden anhand der Erinnerungen der Glückel von Hameln (M 12) und des Bildes (B 2).*
3 *Suchen Sie nach einer Erklärung für den großen Zulauf, den Sabbatai Zwi erlebte. Ziehen Sie dafür auch M 17 zu Rate.*
4 *Zeigen Sie am Beispiel Hamburgs, wie sich die Vertreibung aus einer Stadt auf das Leben der Juden auswirkte.*
5 *Stellen Sie die Erfahrungen aus Hamburg und Altona in den Zusammenhang des Zustands des Heiligen Römischen Reiches dieser Zeit, und erklären Sie damit die Möglichkeiten des Überlebens für die Juden.*

2.3 Juden in Brandenburg–Preußen

M 14 Aus dem Edikt des Großen Kurfürsten von Brandenburg (1671)

„Edikt wegen aufgenommenen 50 Familien Schutzjuden, jedoch daß sie keine Synagogen halten."
Wir, Friedrich Wilhelm von Gottes Gnaden, Markgraf zu Brandenburg, des Heil. Röm. Reiches Erz Cämmerer und Kurfürst u.s.w. bekennen hiermit öffentlich und geben einem jeden, dem es nötig, in Gnaden zu wissen, wie daß wir aus sonderbaren Ursachen und auf untertänigstes Anhalten Hirschel Lazarus, Benedict Veit und Abraham Ries, Juden, bevorab zur Beförderung Handels und Wandels bewogen worden, einige von andern Orten sich wegbegebende jüdische Familien, und zwar 50 derselben, in Unser Land der Kur- und Mark Brandenburg und in Unseren sonderbaren Schutz gnädigst auf- und anzunehmen, tun auch solches hiermit und kraft dieses auf folgende Conditiones:
1. Wollen wir ermelten [genannten] 50 jüdischen Familien, deren Namen und Anzahl von Personen, auch an was Ort sich jedweder niedergelassen, uns forderlichst durch eine richtige Specification kund getan werden soll, in gedachte Unsere Lande der Kur- und Mark Brandenburg, auch in Unser Herzogtum Krossen und incorporirte Landen hiermit aufgenommen haben, dergestalt und also, daß ihnen Macht gegeben sein soll, in denen Orten und Städten, wo es ihnen am gelegensten ist, sich niederzulassen, allda Stuben oder ganze Häuser, Wohnungen und Commodität vor sich zu mieten, zu erkaufen oder zu erbauen, doch in dem Maße, daß, was sie kaufweise an sich bringen, wiederkäuflich geschehe und was sie erbauen, auch nach Verfließung gewisser Jahre an den Christen wieder verlassen werden müsse, jedoch, daß ihnen die Unkosten davor restituiret werden.

---
[1] Die zumeist wohlhabenden portugiesischen Juden wurden nicht ausgetrieben.

2. Soll diesen jüdischen Familien vergönnt sein, ihren Handel und Wandel im ganzen Lande dieser Unser Kur- und Mark Brandenburg, Herzogtum Krossen und incorporirten Orten, Unseren Edicten gemäß zu treiben, wobei wir ihnen noch ausdrücklich nachgeben, offene Krame und Buden zu haben, Tücher und dergleichen Waren in Stücken zu verkaufen oder auch ellenweise auszumessen, groß und klein Gewichte zu halten (doch daß sie dadurch keine Vervorteilung im Kauf oder Verkauf gebrauchen) noch auch denen Rats-Wagen, oder wo der Magistrat das große Gewicht hat, etwas abgehe, mit neuen und alten Kleidern zu handeln, ferner in ihren Häusern zu schlachten, und was sie zu ihrer Notdurft und ihrem Gesetze nach von dem geschlachteten nicht bedürftig, solches zu verkaufen, und endlich überall an denen Orten, wo sie wohnen, auch anderswo ihre Nahrung, sonderlich auch mit Wolle und Specereien, gleich andern Einwohnern dieser Landen, zu suchen und auf Jahr- und Wochenmärkten ihre Waren feil zu haben. [...]

6. Soll ihnen zwar nicht verstattet sein, eine Synagoge zu halten, doch aber mögen sie in ihren Häusern einem zusammenkommen, allda ihr Gebet und Ceremonien, doch ohne gebendes Ärgernis an die Christen, verrichten, bevorab sich alles Lästern und Blasphemirens bei harter Strafe enthalten, soll auch einen Schlächter und einen Schulmeister, so ihre Kinder unterrichtet, zu haben ihnen hiermit nachgegeben sein, und wegen derer Freiheit gleich im Halberstädtischen mit ihnen gehalten werden. [...]

9. Dafern nun mehrgemelte Judenschaft sich alle dem, was obig ihnen auferleget und von ihnen versprochen ist, gemäß bezeigen wird, so wollen Wir ihnen Unsern gnädigsten Schutz und Geleite in diesen Unsern Landen von dato an auf zwanzig Jahre, auch nach Verfließung derselben nach Befinden die Continuation von Uns und Unsere Erben hiermit gnädigst versprochen haben, widrigenfalls Uns denenselben vorbehaltend, nebst gebührlichen Einsehn auch vor verflossenen 20 Geleitsjahren Unsern Schutz wieder aufzusagen.
(S. Stern, Der Preußische Staat und die Juden, 1. Teil, 2. Abteilung: Akten. Tübingen: J.C.B. Mohr 1962, S. 13 f.)

M 15 Zu den Motiven der Ansiedlung von Juden ab 1671

Als 1671, unmittelbar nach der Vertreibung der Juden aus Wien und Umgebung, einige dieser jüdischen Familienvorstände beim brandenburgischen Residenten in Wien Niederlassungserlaubnis erbaten, stießen sie durchaus auf Interesse. Die Wiener Juden nämlich galten als sehr wohlhabend, und in Brandenburg-Preußen herrschte nicht nur Kapitalmangel, sondern die Geldwirtschaft und der Handel insgesamt bedurften dringend der Förderung. Anders jedoch als bei den Hugenotten, von denen man möglichst viele ins Land holen wollte, setzte man sich bei den Juden das Ziel, nur wenige, vermögende zu dulden. [...]
Die wichtigsten von der einheimischen Bevölkerung gegen die Juden erhobenen Vorwürfe, die in erster Linie durch Beschwerdeschriften von Vertretern der kaufmännischen Berufe und der Landstände überliefert sind, zielten auf deren Wirtschaftsverhalten. Zwar wurden auch religiöse Anschuldigungen erhoben, wie die Lästerung des christlichen Glaubens in den jüdischen Gebeten und die grundsätzliche Verdorbenheit und Gefährlichkeit der jüdischen Lehren, aber das Schwergewicht lag auf der befürchteten wirtschaftlichen Existenzbedrohung. Die Juden wichen nämlich von den geläufigen Geschäftsmethoden ab, indem sie mit weit niedrigeren Preisen erhöhten Umsatz erzielten und durch direkte oder indirekte Werbung Kaufbedürfnisse weckten, während die gängige Norm darin bestand, auf den Kunden zu warten und seinen Auftrag zu dem in der Zunft abgesprochenen Preis auszuführen. Im einzelnen warf man den Juden vor, sie kämen nur durch Betrug, Schmuggel, Diebstahl und Hehlerei zu derart niedrigen Preisen, [...] sie schädigten durch unerlaubtes Hausieren und den Verkauf schlechter Waren den Handelsstand insgesamt und seien um des Gewinnes willen potentielle Verräter gegenüber feindlichen Nachbarstaaten. In den Auseinandersetzungen zwischen der erstarkenden preußischen Zentralgewalt und den an Macht abnehmenden ständischen Gewalten, die auch in der Frage der Judenniederlassungen ihren Niederschlag fanden, setzte sich jedoch der Herrscher mit der Begründung durch: „...da Wir noch der beständigen Meinung sein, daß die Juden mit ihren Handlungen Uns und dem Lande nicht schädlich, sondern vielmehr nutzbar erscheinen" (Kurfürst Friedrich Wilhelm).
(S. Jersch-Wenzel, Preußen als Einwanderungsland. In: M. Schlenke [Hrsg.], Preußen. Versuch einer Bilanz, Bd. 2. Beiträge zu einer politischen Kultur. Reinbek: Rowohlt 1981, S. 146 ff.)

M 16 Aus dem revidierten General-Privileg von 1750

Wegen Ansetzung [Ansiedlung] der Juden sollen künftighin nachfolgende Grundsätze festgesetzt und beobachtet werden:
1. Wird ein Unterschied gemacht zwischen den ordentlichen Schutzjuden und denjenigen, die außer der Ordnung auf Lebenszeit geduldet werden.
2. Die vorhin benannten außerordentlichen Juden aber sind nicht befugt, ein Kind anzusetzen, noch an ihrem Orte auf [Grund] ihr [es] Recht [es] zu verheiraten.
3. Wenn derjenige Jude, der ein Privilegium hat, mit dem Tode abgeht, so fällt sodann das Privilegium auf sein ältestes Kind; dessen Brüder und Geschwister aber können keinen weiteren Schutz zur Handlung darauf genießen.
4. Den ordentlichen Schutzjuden aber wird erlaubt, daß sie bei ihren Lebzeiten ein Kind, Sohn oder

Tochter, worin sie aber die einmal getroffene Wahl hernach zu ändern nicht befugt sein sollen, auf ihren Schutzbrief ansetzen und sie, wenn sie sich vorher gehörig legitimiert, heiraten lassen mögen.

5. Fremden Juden soll in Unsern Landen sich anzusetzen gar nicht erlaubt sein; jedoch sofern ein solcher wirklich zehntausend Reichstaler Vermögen hätte und selbige ins Land brächte, soll bei Uns darüber angefragt werden.

6. Publike [öffentliche] Bediente, Petschierstecher, Brillenmacher, optische Glasschleifer, Maler und andere, die sich mit einer den Juden erlaubten Profession ernähren oder von der Judengemeinde Unterhalt bekommen, müssen nicht nur keinen anderen Handel als ihr erlerntes Gewerbe treiben, sondern sie können auch nicht anders als außerordentliche Schutzjuden angesehen und angesetzt werden.

Wir setzen, verordnen und wollen hiermit fernerweitig und ernstlich: Daß kein Jude ein bürgerlich Handwerk treiben noch außer dem Petschierstechen, Malen, optische Gläser-, Diamant- und Steinschleifen, Gold- und Silbersticken, weiße Waren ausnähen, Krätzwaschen [das Reinigen des Metallabfalls in Gold- und Silberschmieden wie im Hüttenwesen] und anderem dergleichen Gewerbe, wovon sich keine Professionsverwandte und privilegierte Zünfte finden, sich anmaßen, besonders auch kein Bier brauen und Branntwein brennen sollen; jedoch können sie das Branntweinbrennen bei denen von Adel, Beamten und anderen verrichten, nur daß dazu keine andere als vergleitete [mit Schutzprivileg ausgestattete] Juden und deren Kinder genommen werden.

Mit wollenen Fabriken und Manufakturen oder derselben Verlag [Vertrieb], roher Wolle und wollenen Garnen aber sollen sich unsere berlinischen Schutzjuden, ohne unsere dazu erhaltene besondere Concession, wobei sie sich in gewissen Fällen bei Unserm General-Directorio zu melden haben, gar nicht vermengen [befassen].

[...]

Landgüter wird den Juden zu kaufen und zu besitzen überall nicht gestattet.

(J. Höxter, Quellenbuch zur jüdischen Geschichte und Literatur [1927ff.]. Bd. IV. Zürich: Morascha 1983, S. 134f.)

M 17 Folgen der jüdischen Migration in Europa

Das Jahr 1648, das Deutschland die Erlösung von den Schrecknissen des Dreißigjährigen Krieges brachte, war für das jüdische Volk nicht das Jahr des Heils, als das es jüdische Weissagungen verkündigt, tausende gläubige Seelen herbeigesehnt hatten. Der Erlöser erschien nicht. Dafür erstand leibhaftig und unheimlich wahr der blutigste Verfolger: Bogdan Chmielnikkij, der Hetman der Saporoger Kosaken, stand auf gegen den polnischen Adel und gegen die von diesem als Werkzeug der Ausbeutung mißbrauchten Juden, fuhr wie ein Würgengel in die dichtesten und volksreichsten Siedlungen der jüdischen Diaspora und gab in Polen und der Ukraine das Zeichen zu Verfolgungen von einer Grausamkeit, wie sie selbst die an Grauen überreiche jüdische Geschichte noch nicht gekannt hatte. [...]

Dieses Gemetzel glich einem Beben, das die ganze jüdische Welt erschütterte. Nach allen Richtungen flohen die dem Tode Entronnenen. Vor allem nach Deutschland, dem Lande, das ihre Urahnen einst als Flüchtlinge verlassen hatten. Es war nur der Anfang eines im Laufe der nächsten Jahre (bis 1654) ständig anschwellenden Stroms. Schweden und Polen folgten den Kosaken, dem ukrainischen Blutbad die Gemetzel von Mohilew, Wilna, Lenczya, Lublin und vielen großpolnischen Gemeinden. Eine Flut jüdischer Flüchtlinge aus Polen ergoß sich über die Gemeinden des deutschen Sprachgebietes im Norden bis Hamburg und Altona, im Süden über Mähren und Niederösterreich bis nach Wien. Man nahm sie auf, man half, man teilte das Brot mit ihnen. Mehr, man beugte sich ihrer geistigen Überlegenheit. Die berühmten Rabbinatssitze in Frankfurt am Main, in Fürth und Metz wurden den Leuchten der polnischen Talmudwissenschaft eingeräumt. In Mähren, in Wien, in Niederösterreich lehrten die geflüchteten Meister aus dem Osten. Das grauenhafte Unheil hat sich letzten Endes für die deutsche Judenheit als Ursprung eines neuen Kraftstroms erwiesen.

(F. Kobler, Juden und Judentum in deutschen Briefen aus drei Jahrhunderten. Königstein/Ts.: Jüdischer Verlag im Athenäum Verlag 1984, S. 15f.)

Arbeitshinweise

1 Erarbeiten Sie den Inhalt des Ediktes des Großen Kurfürsten von 1671 (M 14), indem Sie die Vergünstigungen und Einschränkungen einander gegenüberstellen (M 14 und 15).

2 Äußern Sie sich zu den Motiven Friedrich Wilhelms.

3 Bewerten Sie die durch das Edikt für die Juden geschaffene Situation.

4 Vergleichen Sie das revidierte General-Privileg von 1750 (M 16) mit dem Edikt von 1671. Hat sich die Situation der Juden verbessert?

3. Leben im Ghetto

Die im vorigen Abschnitt beschriebene Selbstabgrenzung der jüdischen Gemeinden war sicherlich nur zum kleinen Teil das Ergebnis einer freien, aus vornehmlich religiösen Motiven gespeisten Entscheidung. Sie muß zumindest für die größeren Gemeinden vielmehr als Reaktion auf die im 16. bis 18. Jahrhundert ihren Höhepunkt erreichenden Bestrebungen zur Ghettoisierung der Juden verstanden werden. Die Eingrenzung in ein Judenviertel oder eine Judengasse sollte den wirtschaftlichen und gesellschaftlichen Bewegungsraum des größten Teils der jüdischen Bevölkerung beschränken und ihre Sonderstellung auch nach außen sichtbar machen. Dieses Ziel wurde in der Regel auch erreicht.

Vor allem in den großen Städten wie Frankfurt, in denen viele Juden lebten, gelang es Juden häufig dennoch, wichtige wirtschaftliche Aufgaben und Funktionen zu übernehmen. Als Händler und Finanzkaufleute spielten sie eine bedeutende Rolle für die wirtschaftliche Entwicklung vieler Städte. Die christlichen Kaufleute wußten sich der wirtschaftlichen Potenz und Kenntnis jüdischer Kollegen zu bedienen. Als Folge dieser Kooperationen gerieten die Juden in den Machtkämpfen zwischen Patriziern und Zünften infolge ihrer engen Verbindung mit den Patriziern häufig in das Zentrum der Auseinandersetzung, wie etwa beim Aufstand der Frankfurter Handwerker gegen die städtische Kaufmannschaft 1612–1614, dem sogenannten „Fettmilch-Aufstand". Sie wurden stellvertretend für die städtische Kaufmannschaft zur Zielscheibe wirtschaftlich und sozial bedingter Aggressionen. Fast immer gelang es bei solchen Konflikten erst nach großen Opfern, die Juden wieder in ihre bescheidenen Rechte einzusetzen.

3.1 Ghettoisierung

M 18 Frühe Bestrebungen zur Ghettoisierung:
Bulle Papst Pius' II. aus dem Jahr 1462 an die Stadt Frankfurt.
Bischof Pius, Diener der Diener Gottes, den lieben Söhnen, Bürgermeistern und Rat der kaiserlichen Stadt Frankfurt, Diözese Mainz, Gruß und apostolischen Segen.
Wir haben nicht ohne Verwunderung vernommen, daß die Juden in der Stadt Frankfurt in der Nähe der Bartholomäus-Kirche, der Hauptkirche der Stadt, und des umliegenden Friedhofs gewohnt haben, wie sie auch jetzt dort noch wohnen, von wo sie sozusagen beständig die Zeremonien des christlichen Glaubens sowohl bei Begräbnissen und bei Verabreichung des heiligen Abendmahls, als auch bei andern heiligen Handlungen beobachtet haben und beobachten, wie auch den Gesang des täglichen Gottesdienstes mit anhören konnten. Da dieses zur Geringschätzung und Schmähung der Religion selbst und des Gottesdienstes und zum schmählichen Beispiel und Schimpf des Christenglaubens führe, so habt ihr, getrieben vom frommen Eifer und aus Liebe zu dem Kultus des orthodoxen Glaubens, wie es Katholiken und wahren Christen geziemt, unter Zustimmung unsers teuersten Sohnes in Christo, Friedrich, Kaisers des Römischen Reichs, dessen Herrschaft diese Juden untertan sind, erbeten, diesen Mißbrauch und die Nachbarschaft mit ihnen aufzuheben, sie und ihre Synagoge an einen andern abgelegenen Platz dieser Stadt zu verlegen, wo sie ohne Beunruhigung und Belästigung des gläubigen Volkes sich aufhalten können und ihnen einen bestimmten Ort zum Wohnsitz und für eine nach ihrem Wunsche neu zu erbauende Synagoge anzuweisen. Da sich dies nun so verhält, so gestatten wir, daß ihr euer lobenswertes, frommes und religiöses und empfohlenes Vorhaben der Übersiedelung und Platzesanweisung ausführt; und damit es unter der apostolischen Autorität geschehe, erteilen wir mit diesem Schriftstück die Erlaubnis und das Recht, ohne daß irgendeiner Einspruch erheben könnte.
(A. Sulzbach, Bilder aus der jüdischen Vergangenheit. Ein Quellenbuch für den Unterricht und zum Selbststudium. Frankfurt a. M.: J. Kauffmann ²1923, S. 132 f.)

M 19 Aus der Bulle „Cum nimis absurdum" Papst Pauls IV. (1555)
Diese Bulle diente u.a. zur Begründung der Zwangsübersiedlung der Juden Roms in das Ghetto, die am

26.7.1555, genau 14 Tage nach Verkündung der Bulle, erfolgte.

Da es völlig absurd und unzulässig erscheint, daß die von Gott um ihrer Schuld willen zu ewiger Sklaverei verdammten Juden sich unserer christlichen Liebe und Duldsamkeit erfreuen, um uns unsere Gnade in schnöder Undankbarkeit mit Beleidigung zu vergelten und, statt sich demütig zu ducken, sich an die Macht heranzudrängen, angesichts dessen ferner, daß diese uns zur Kenntnis gebrachten Frechheiten in unserer erhabenen Stadt Rom und an anderen im Herrschaftsbereiche der heiligen Römischen Kirche gelegenen Städten, Ländern und Orten so weit gehen, daß sich die Juden mitten unter den Christen und sogar in unmittelbarer Nähe der Kirchen ohne jegliches Abzeichen zu zeigen wagen, sich in den vornehmsten Straßen und Plätzen der Städte, Gebiete und Orte, in denen sie weilen, einzumieten wagen und Immobilien erwerben und besitzen und Ammen und andere christliche Mägde in ihren Haushalt einstellen und noch auf verschiedene andere Weise den christlichen Namen zu schmähen und zu verachten wagen, sehen wir uns genötigt, indem wir bedenken, daß die Römische Kirche die Juden zum Zeugnis des wahren christlichen Glaubens duldet, die folgenden Anordnungen zu treffen, damit sie, von der Frömmigkeit und Milde des apostolischen Stuhles angelockt, ihre Irrtümer dennoch erkennen und sich bemühen, zu dem wahren Licht des katholischen Glaubens zu gelangen. Solange sie in ihren Irrtümern verweilen, sollen sie aus der Wirkung des Werkes erkennen, daß sie Sklaven, die Christen aber Freie durch Jesus Christus, unseren Herrn und Gott, geworden sind und daß es ungerecht wäre, wenn die Kinder der Freien den Kindern der Magd dienen würden.
(W.P. Eckert, Hoch- und Spätmittelalter – Katholischer Humanismus. In: K.H. Rengstorf/S. von Kortzfleisch [Hrsg.], Kirche und Synagoge, Handbuch zur Geschichte von Christen und Juden. Bd. 1. München: Deutscher Taschenbuch Verlag/Klett-Cotta 1988, S. 287 f.)

M 20 Das Ghetto als Privileg

Was das jüdische Ghetto anbelangt, so hat die Existenz besonderer, abgetrennter Wohngebiete für Juden seinen Ursprung in dem durchaus freiwilligen Wunsch frühmittelalterlicher jüdischer Gemeinschaften, abgesondert leichter ihren Gesetzen und Sitten gemäß leben und sich besser gegen Angriffe von außen verteidigen zu können. Die Beachtung all der Vorschriften für ein streng jüdisches Leben, das „Minjan", das Tauchbad, der Friedhof, die organisierte Hilfe für Notleidende – all das war leichter in abgetrennten Vierteln oder Straßen durchzuführen (in Deutschland der „Judengasse").
Diese Möglichkeit empfanden die Juden als ein „Recht", nicht eine Einschränkung ihrer Existenz: beispielsweise bewilligte in Speyer im Jahre 1084[1] der Bischof den Juden als besonderes, von ihnen erbetenes Privileg das Recht, in einem abgetrennten, von einer Mauer umgebenen Stadtteil zu leben. Ähnliche Erlaubnisse gab es auch anderwärts: im Jahr 1239 beispielsweise wies Jakob von Aragonien als Gunstbezeugung den Juden von Valencia ein besonderes Stadtviertel zu.
(F.R. Lachman, Was das Judentum dazu sagt: Gettos: freiwillige und erzwungene. In: Aufbau, deutschsprachige jüdische Wochenzeitung New York, 1. September 1989, S. 22)

Arbeitshinweise

1 Relativ spät wird in Rom das Ghetto errichtet. Vergleichen Sie M 18 und 19, und suchen Sie nach einer Begründung.
2 Ermitteln Sie die These Lachmans (M 20) zum jüdischen Ghetto. Äußern Sie sich dazu, auch im Lichte der Beschreibung der Frankfurter Judengasse (M 23).

3.2 Verfolgungen im Ghetto

M 21 Zum Fettmilch-Aufstand (1614)

Die Leiden der Gettobewohner während des Fettmilch-Aufstandes (1614) sind von jüdischer Seite in dem zeitgenössischen „Vintz Hanß-Lied", dem Vincenz-Lied, beklagt worden, das auch in einer hochdeutschen Fassung durch J.B. Levy aus dem Jahr 1916 vorliegt.

Ach, welcher Jammer uns nun naht',
Ach, welcher Angst und Zagen!
Wo war'n die Richter, wo der Rat,
Da man sein Leid konnt' klagen?
Kein andrer herrschte in der Stadt
Als Vincenz und die beiden,
Und selbst der hohe Magistrat
Mußt' solches Unrecht leiden.

Ein Montag-Morgen brach heran
Voll Furcht und voller Beben.
Sie kamen alle, Mann für Mann,
Bedrohten unser Leben.
Und Lügen und manch' falsches Wort,
Haben sie frech gewaget
Und uns gedroht mit Raub und Mord,
Weil wir sie angeklaget.

1 Vgl. Kapitel A, M 18.

Und als der Mittag naht' heran,
Verging uns Seh'n und Hören:
Schon pocht der Feind am Tore an –
Wie sollten wir uns wehren?
Schon drangen sie zur Gass' herein,
Schon hörten wir ihr Fluchen –
In Gottes Haus nun allein
Konnten wir Hilfe suchen.

Als das Prophetenwort erklang
Der zitternden Gemeinde,
In unser brünstig' Beten drang
Das Heulen unsrer Feinde.
Die Pforten schlugen sie uns ein,
War'n bald uns auf dem Nacken,
Wir hörten Brüllen nur und Schrei'n:
„Wir werden euch schon packen!"

Die Mütter brachten fromm und gut
Den Säugling auf den Armen
Zum Friedhof hin in treuer Hut –
Es war zum Gotterbarmen.
Und andre wollten retten sich
An Stricken über Mauern,
Und mancher heimlich fort auch schlich,
Sich ins Versteck zu kauern.

Doch etliche in tapf'rer Wehr
Stell'n sich dem Feind entgegen
Und trotzen mutig und mit Ehr'
Den Spießen und den Degen.
Und als der Tod auch sie ereilt',
Da mußten wir wohl fliehen. –
Die Beute hat der Feind geteilt,
Der Raub ist gut gediehen.

Bei dunkler Nacht, an hellem Tag –
's ist alles nicht zu sagen,
Wie ich auch immer klagen mag,
Was sie hinweggetragen
An Silber, Gold und barem Geld,
An Schmuck und an Geschmeiden,
Was schön und teuer auf der Welt,
Zu unserm Schmerz und Leiden.

Da endlich fiel der Mörder Wort:
„Die Stadt müßt ihr nun meiden,
Verlassen alle diesen Ort,
Woll'n Euch hier nicht mehr leiden.
Es steht nicht mehr in us'rer Macht,
Zu schützen Euch vor Stürmen,
Drum sei Euch aufgesagt die Wacht,
Woll'n Euch nicht länger schirmen."

Nun gab's für uns kein Halten mehr,
Wir wanderten in Scharen;
Man gab Geleit uns mit der Wehr,
Bis aus dem Tor wir waren.

Ein Teil von uns zu Schiffe reist'
Nach Höchst, am Main gelegen.
Die andern sind zu Fuße meist
Geflohn auf allen Wegen.

In Frankfurt war noch nicht zu End'
Der Räuber bös' Gebahren.
Ach, daß den Mut doch einer fänd',
Zu wehren diesen Scharen!
Doch Hohn erfuhr und Schimpf und Schand',
Wer Sitte wollte lehren.
Gelöst war jeder Tugend Band –
Wer wagt', solch' Tun zu stören?

In dunkler Nacht selbst zog der Feind
An alle End' und Orte,
Zu Raub und Mord blutig vereint,
Aufbrechend Tor und Pforte.
Wir hofften auf den hellen Tag,
Da wollten wir entrinnen;
Doch als der Morgen dann anbrach,
Kamen wir schier von Sinnen.

Nach allen Juden ward gespürt,
Man wußt' sie wohl zu finden,
Sie wurden all' herbeigeführt,
Ihr Schicksal zu verkünden.
Man trieb sie auf den Friedhof dann,
So wie das Vieh zum Schlächter;
Auf daß niemand entweichen kann,
Stellt' man von außen Wächter.
(H. Karasek, Der Fettmilch-Aufstand. Berlin: Klaus Wagenbach 1979, S. 96 ff.)

M 22 Der jüdische Historiker Haim Hillel Ben-Sasson schreibt über den Fettmilch-Aufstand in Frankfurt a.M.

Das ganze 16. Jahrhundert hindurch hatte die Masse offenen Judenhaß gezeigt, während die Patrizier, hierin vom Kaiser unterstützt, die Juden zu schützen suchten. Anfang des 17. Jahrhunderts waren zwischen Patriziern und Volk gewisse Spannungen aufgetreten, die sich auch in der Behandlung der Juden bemerkbar machten. 1612 forderten die Zünfte eine zahlenmäßige Beschränkung der jüdischen Stadtbewohner sowie die Herabsetzung des Zinssatzes. Der Magistrat wies diese Forderung zurück und wurde darin vom Kaiser unterstützt. 1613 stellte eine geheime Kommission einen Plan für die Juden auf, der ökonomische und soziale Gesichtspunkte mit religiösen verband: maßgeblich für die Zulassung eines Juden in der Stadt sollte künftig sein Vermögen sein. Jeder Jude, der weniger als 15 000 Goldstücke besaß, sollte ausgewiesen und den übrigen eine Zwangsanleihe auferlegt werden; keine weiteren Juden sollten in der Stadt Aufnahme finden; die Zinssätze sollten auf 5 bis 6 Prozent herabgesetzt werden; die in der Stadt verbliebenen Juden sollten angehalten werden, sich jede Woche eine christliche Predigt anzuhören.

B 3 Plünderung der Judengasse in Frankfurt am Main 22. August 1614 (Fettmilch-Aufstand).

Tatsächlich begann man diesen Plan in die Tat umzusetzen; sechzig Juden mußten die Stadt verlassen. Der Kaiser intervenierte und befahl, daß man sie wieder hereinhole und der Magistrat stimmte dem zu. Doch am 22. August 1614 rückte der Lebkuchenbäcker Vincenz Fettmilch, der den mit dem Rat in Hader geratenen Zünften vorstand, an der Spitze einer aufsässigen Schar zum Sturm auf das Judenviertel an. Die Juden schlossen die Pforten ihres Viertels und verteidigten sich. Doch eine wurde durchbrochen; die Menge flutete herein und plünderte und wütete die ganze Nacht, dreizehn Stunden lang. Annähernd anderthalbtausend verängstigte Juden sammelten sich am Morgen auf dem Begräbnisplatz, warteten auf Hilfe und waren auf das Schlimmste gefaßt. Gegen Abend erst erlaubte Fettmilch ihnen die Stadt zu verlassen, und bewaffnete Bürger begleiteten sie, um sie auf ihrem Weg aus der Stadt zu schützen. Unterdes-

sen setzte der Haufen die Plünderung der Häuser fort.
(H. H. Ben-Sasson [Hrsg.], Geschichte des jüdischen Volkes, Bd. II. Vom 7.–17. Jahrhundert. München: C. H. Beck 1979, S. 325 f.)

M 23 Ein Gang durch die Frankfurter Judengasse (1789)

Bericht des dänischen Schriftstellers Jens Baggesen (1764–1826) über einen Besuch der Frankfurter Judengasse im Jahre 1789.

Noch in diesem Augenblick begreife ich nicht, wie es zuging, daß wir mit Leib und allen Sinnen am anderen Ende hinausschlüpften. Jonas kann nicht mehr gestaunt haben, als er sich ganz und wohlbehalten aufs Trockene geworfen fand, nachdem er den von unzähligen Heringen gefüllten Walfischbauch passiert hatte.

Man stelle sich eine Sammlung von einigen tausend zerlumpten Männern, einigen tausend halbnackten Frauen und einigen tausend vollkommen nackten Kindern zusammengedrängt und zusammengepfercht in einer einzigen Gasse vor, etwa so wie unser Kopenhagener Peer-Madsen-Gang! Welch ein entsetzlicher Haufen Elend! Welch ein Gewimmel von jammervollen Gestalten! Welch ein schwülwarmer Pestdunst von lebendigem leblosem und totem Unflat!

Inmitten dieser Verfolgung wurden unsere Augen und unsere Herzen von einer anderen Seite durch den erschütterndsten Anblick verletzt. Die halbnackten Mütter mit ihren nackten Kindern – aber – wie gesagt, das läßt sich wirklich nicht beschreiben, obwohl ich ansonsten kein Freund übertriebener Sorgfalt bin, um unseren delikaten Reichen, die in Purpur und kostbarem Leinen schwimmen, den Anblick des Elends ihrer erbärmlichen Brüder zu ersparen.

Um das Innere der Judengasse näher kennenzulernen und da Sparzet[1] außerdem vorhatte, sich für einen billigen Preis eine hübsche Weste zu kaufen, bissen wir am Köder eines solchen herumwandernden Anglers an und beschlossen, ihm in sein Magazin zu folgen. Er führte uns durch das Gewimmel zu seiner Tür oder richtiger zur Tür des Hauses, in dem er mit hundert anderen wohnte. Hatte Mut dazu gehört, die Gasse zu betreten, so gehörte Kühnheit dazu, sich diese Treppen hinaufzuwagen. Die Haare standen uns zu Berge, als wir vom Turmgang aus, der mitten am Tag grabesdunkel war, ab und zu in die unsauberen, von Frauen und Kindern angefüllten Seitenstuben guckten. Indessen folgten wir ihm bis in das alleroberste Stockwerk, wo er unter dem Dach eine Luke öffnete – und nun beschien die Sonne einen Pomp und eine Erbärmlichkeit, wie ich nie dergleichen in der Welt gesehen habe. Einige hundert Barone, Offiziere, Kopfwerks- und Handwerksburschen, Stutzer und Spießbürger *ohne Inhalt* hingen und lagen hier durch- und übereinander. Wir bestaunten alle diese *Menschenhüllen* und vor allem die ungeheure Menge von glänzend bestickten Westen – ich glaube nicht, daß es im ganzen Königreich Dänemark so viele gibt. Es dauerte lange, bis Sparzet mit sich selbst über die Wahl einig wurde, und noch länger, bis er mit dem Juden über den Preis einig geworden war. Während sie darüber disputierten, wobei der arme Salomon gewiß mehr als vierzig Kleidungsstücke hervorzog und in all ihrer Herrlichkeit entfaltete, bemerkte ich einen elenden Verschlag, in dem seine Familie – im wahrsten Sinne – sudelte. Alles, was zu den unumgänglichsten Notwendigkeiten des Lebens gehört, befand sich zwischen diesen drei Wänden. Endlich schienen sich die Handelnden darüber zu einigen – keinen Handel abzuschließen.

Der Zustand der siebentausend Israeliten in Frankfurt gibt im Kleinen ein ziemlich genaues Bild von der Existenz des ganzen Volkes in Europa. Man kann in diesem dunklen, engen, schmutzigen, stinkenden, so gut wie überall zugesperrten ‚Peer-Madsen-Gang', den sie bewohnen, die Statistik der ganzen Nation studieren. Wer ihn durchwandert hat und trotz aller Püffe, Betrügereien und Widerwärtigkeiten diese seine siebentausend unterdrückten und zusammengepferchten Brüder nicht bedauert – wer von diesem kleinen Bild nicht zum Mitleid mit der Verfassung aller anderen, unter einem mehr oder weniger schrecklichen Schicksal Seufzenden gerührt wird, dem fehlt gewiß etwas im Kopf oder im Herzen.

(J. Baggesen, Das Labyrinth oder Reise durch Deutschland in die Schweiz 1789. Leipzig und Weimar: Gustav Kiepenheuer Verlag 1985, S. 254 ff.)

Arbeitshinweise

1 *Beschreiben Sie die Ereignisse des sogenannten Fettmilch-Aufstandes (B 3, M 21 und M 22).*

2 *Erläutern Sie die Hintergründe dieses Pogroms.*

---

[1] Ein Begleiter des Verfassers.

4. Jüdische Hoffaktoren

Nur wenigen Juden gelang es als Hoffaktoren an den großen und kleinen Höfen der absolutistischen Herrscher, sich über das Los ihrer Glaubensbrüder zu erheben. Vor allem als Finanzfachleute, Münzpächter und Kaufleute mit internationalen Beziehungen konnten sie – meist nur für begrenzte Zeit – eine herausragende Stellung bei Hof erlangen und ihren persönlichen Besitzstand – z.T. spektakulär – vergrößern. Die meisten nahmen, wie der berühmte „Hofjude" Joseph Süß Oppenheimer oder der Brandenburgische Münzmeister Lippold, ein Ende mit Schrecken. Die Möglichkeiten für diese Juden an herausragender Stelle, etwas zur Verbesserung der Lebensmöglichkeiten ihrer Glaubensgenossen zu tun, waren sehr unterschiedlich und in jedem Fall an den weiteren persönlichen Erfolg gebunden. Eine grundlegende Verbesserung des Loses ihrer Glaubensgenossen war von ihnen nicht zu erreichen.

Ghettoisierung, d.h. vor allem gesellschaftliche Ausgrenzung in den Städten, weitgehende religiöse Isolierung und Anfälligkeit für mystische Schwärmereien kennzeichnen ebenso die Situation der Juden am Vorabend der Emanzipation wie ihre partielle wirtschaftliche Bedeutung vor allem in den Städten, aber auch in vielen ländlichen Gebieten. Unter Nützlichkeitserwägungen traten nun bereits häufiger Vertreter wirtschaftlicher Gruppen oder politische Entscheidungsträger für ein Überdenken der Absonderungsmaßnahmen für Juden ein. Aber es wurden auch die ersten Stimmen hörbar, die aus humanitären Gründen die Unhaltbarkeit der bestehenden Zustände anprangerten. Ein Ende des Mittelalters auch für die Juden ließ aber noch auf sich warten.

M 24 Zur Institution der jüdischen Hoffaktoren

Der „Hofjude" ist keine neue im 16. oder 17. Jahrhundert entstehende Institution. Ihre Geschichte geht bis ins frühe Mittelalter zurück. Immer wenn Herrscher finanzielle Hilfe brauchten, um sich von konkurrierenden politischen und wirtschaftlichen Mächten unabhängiger zu machen, ihre Machtsphäre zu erweitern, die Wirtschaft ihres Herrschaftsgebietes zu entwickeln oder ihre eigenen Luxusbedürfnisse zu befriedigen, haben sie sich, wenn möglich, auf Fremde, auf Angehörige von Minderheiten gestützt (z.B. auf die aus Frankreich im 17. Jahrhundert vertriebenen Hugenotten).

In den verschiedensten Funktionen wurden damals Juden von Herrschern, kleinen wie großen, zugelassen [...], ja oft herbeigerufen und gefördert. Nicht nur in Polen, „wo jeder Edelmann seinen jüdischen Faktor besaß" [...], auch und besonders in Deutschland mit seinen nach dem Dreißigjährigen Krieg fast völlig selbständigen unzähligen Territorien wird im 17. und 18. Jahrhundert die Institution des Hofjuden geläufig, selbst in solchen Gebieten, in denen sonst den Juden jeder Aufenthalt untersagt war. Sie sind oft Münzpächter; sie sind die bedeutendsten Kriegslieferanten und Verkäufer und Verwerter der Kriegsbeute in den zahlreichen Kriegen der Zeit; sie sind Leiter von Manufakturen; sie sind die zahlreichsten Besucher der Messen; ihre Verbindungen schaffen den Landesprodukten Absatz im Ausland; im Inland sind sie die Mittler zwischen Stadt und Land. Sie fördern die Wirtschaft und sind dadurch und durch die mannigfachen Steuern und Abgaben, mit denen sie sich Aufenthalt, Reise- und Handelsrechte erkaufen müssen, die ergiebigste singuläre Steuerquelle des Staats.

In der rechtlichen Stellung verändert sich dabei für die Gesamtheit der Juden im Grunde genommen nichts. Auch wo Juden faktisch in ihrer wirtschaftlichen Betätigung den anderen Untertanen gleichgestellt sind, oder wo sie sogar durch besondere Privilegien eine Vorzugsstellung genießen, werden sie nicht als gleichberechtigte Bürger anerkannt.
(A. Bein, Die Judenfrage. Biographie eines Weltproblems, Bd. 1. Stuttgart: DVA 1980, S. 158f.)

M 25 Bestallungsurkunde des Hofjuden Leffmann Behrens

Leffmann Behrens (1661–1730), auch bekannt als Behrend Lehmann, war Finanzagent u.a. an den Höfen in Hannover, Braunschweig und Dresden. Er war Finanzier des sächsischen Königs August des Starken, des späteren polnischen Königs.

Wier Georg Wilhellm von Gottes Gnaden, Hertzog zu Braunschweig und Lüneburgh Uhrkunden und Bekennen hiermit, daß wier den Hoff- und Schutz-Juden zu Hannover Leffmann Berentz und deßen Sohn Hertz Berentz wegen der guten und nützlichen Dienste welche unß und unsern Chur- und Fürstlichen Hause Sie in verschiedner wege und absonderlich noch jüngst bey dem mit Ihro Königlich Maytt. in Pohlen alß Churfürsten zu Sachsen der Lauenburgischen Lande halber getroffen vergleich, unterthä-

nigst geleistet auch führohin leisten können und wollen, zu unsern Hoff und Cammer Agenten gnädigst bestellet und angenommen haben, Thun daß auch und bestellen Sie Zu unsern Hoff- und Cammer Agenten hiermit und Krafft, dergestalt und also, daß Unß und unsern Nachkommen an der Chur- und Regierunge Sie wie bißher also ferner Getreü und holdt seÿn, unser bestes wißen thun hoffen und werben, arges, schaden und Nachtheil aber nach höhesten Fleiß und besten Ihrem vermögen warnen, verhüten und abwenden Insonderheit dasjenige waß Ihnen in solcher Ihnen gnädigst auffgetragenen Hoff- und Cammer Agenten Bedienung etwa auffgegeben und Committiret werden, oder sonsten zu verrichten obliegen müchte mit gehörigen Fleiß Sorgfalt und verschwiegenheit wie es getreüen Hoff- und Cammer Agenten und dienern eignet und gebühret thun und verrichten sollen und wollen. Dahin gegen wollen wier Ihnen Unsern Hoff- und Cammer Agenten alljahrlich und zwar das erste Jahr von Ostern 1697 anzu rechnen Einhundert und funffzig R thaler zu gewöhnlicher Zeit auß Unser Fürstl. Rent Cammer reichen und beÿ derselben deßhalber behuefige verfügunge thun laßen. Uhrkundlich unter unsern Fürstlichen Hand Zeichen und vorgedruckten Cammer Dekret. Geben auff unser Residentz Zelle den 10ten Februarÿ Anno 1698.
(B. Schedlitz, Leffmann Behrens. Untersuchungen zum Hofjudentum im Zeitalter des Absolutismus. Hildesheim: Lax Verlag 1984, Anhang)

M 26 Der Fall des brandenburgischen Hoffaktors Lippold

Er war ein armer Mann, als er aus Prag in die Mark einwanderte, erwarb sich aber durch seine Tüchtigkeit ein beträchtliches Vermögen. Des Kurfürsten Gunst gewann er in so hohem Maße, „daß dieser", wie sein Sohn später schrieb, „trotz aller Verwarnung ihn stets um sich hatte und ihm seinen Leib und sein Leben anvertraute". Er übertrug ihm die Leitung der Münze, ein besonders verantwortliches Amt. Auch machte ihn Joachim zu seinem Schatullenverwalter und zum Vertrauten seiner Liebschaften, für deren Kosten er die Gelder herbeizuschaffen hatte. Lippold, der mit der ganzen Rücksichtslosigkeit eines Parvenus gegen die Besitzenden vorging, schaffte sich viele Feinde unter den Christen und Juden. Die letzteren sträubten sich, als er vom Kurfürsten als „Oberältester sämtlicher märkischer Judenschaften" über sie gesetzt wurde, und beriefen sich darauf, daß er von auswärtigen Rabbinern in den Bann getan worden sei. Als Joachim plötzlich unter Hinterlassung beträchtlicher Schulden 1571 starb, beschuldigte sein Nachfolger Lippold des Giftmordes. Er ließ ihm und anderen finanziellen Ratgebern seines Vater den Prozeß machen. Lippold konnte die Anklage widerlegen; auch in seiner Amtsführung konnte ihm keinerlei Vergehen nachgewiesen werden. Als er schon aus der Haft entlassen werden sollte, drohte ihm seine Frau, „seine Zauberkünste und Teufelei offenbar machen zu wollen". Nun begann der Prozeß von neuem und auf der Folter gestand Lippold mehr, als man von ihm wollte. Er bezichtigte sich der Zaubereien und der Teufelsbeschwörungen. Seine Strafe war grauenhaft. Nachdem man ihn mit glühenden Zangen gepeinigt hatte, wurde er am Neuen Markt zu Berlin auf einem Gerüst an Armen und Beinen gerädert und in vier Stücke gehauen. In Spandau ließ der Rat die Grabsteine auf dem jüdischen Friedhof herausreißen. Mit ihm wurde die ganze Judenschaft bestraft, obwohl sie nichts mit ihm gemein hatte. Die Häuser der Berliner Juden wurden geplündert, ihre Synagoge zerstört. Die Kaufleute, insbesondere in Frankfurt an der Oder, die schon seit langem gegen die lästige Konkurrenz der Juden vorstellig geworden waren, konnten es jetzt leicht beim Kurfürsten durchsetzen, alle Juden aus der Mark Brandenburg zu vertreiben (1573).
(I. Elbogen/E. Sterling, Die Geschichte der Juden in Deutschland. Frankfurt a. M.: Athenäum 1988, S. 100 f.)

M 27 Geschichte des Hofjuden Joseph Süß Oppenheimer

Joseph Süß Oppenheimer wurde gegen Ende des 17. Jahrhunderts als legitimes Kind jüdischer Eltern in Heidelberg geboren. Er ging in jungen Jahren nach Wien und betrieb nach seiner Rückkehr in Mannheim

B 4 Samuel Oppenheimer (1635–1703) aus Heidelberg, Finanzier der Feldzüge Prinz Eugens. Von Leopold I. erhielt er den Titel: „Römisch-Kaiserlicher Majestät Über Kriegs Facktor und Hof Jude."

B 5   Hinrichtung des Jud Süß Oppenheimer

und Frankfurt zwischen 1717 und 1735 ein gutgehendes Wechselgeschäft und einen bedeutenden Warenhandel. Als wohlhabender Mann lernte er 1732 in Wildbad den Prinzen Karl Alexander von Württemberg kennen, einen berühmten Feldherrn seiner Zeit, der aber jetzt als Generalgouverneur von Serbien kein großes Einkommen hatte und oft in Geldverlegenheit war. Karl Alexander ernannte Süß zu seinem Hof- und Kriegsfaktor und Schatullverwalter und gewährte ihm zu diesem Zweck am 14. November 1732 „völlige Zoll-, Maut-, Brücken-, Weg-Aufschlag- und Geleitsfreiheit". Als Bankier und Privatsekretär des Prinzen und dessen Gemahlin erwies sich Süß als so geschickt, daß Karl Alexander ihn 1733, als er die Nachfolge des Herzogs von Württemberg antrat, an seinen Hof nach Stuttgart berief. Juden war der Aufenthalt in Württemberg zwar seit 1498 verboten, aber bereits die Mätresse des Vorgängers Herzog Eberhard Ludwig, die Gräfin Würben, hatte ihren Hofjuden Isaak Landauer nach Stuttgart geholt und in den ihr geschenkten Orten jüdische Familien angesiedelt. So war es nicht ungewöhnlich, daß auch Süß ab 1736 in der Residenz und in Ludwigsburg einige jüdische Familien „von guter Conduite" unterbrachte, die unter alleiniger Jurisdiktion des Herzogs und seines Hofjuden standen.

Karl Alexander huldigte absolutistischen Vorstellungen und fühlte sich durch die ständische Verfassung des Landes in seinen Rechten über Gebühr beschnitten. Die Landstände des protestantischen Württemberg wiederum mißtrauten ihrem zum Katholizismus konvertierten Herrscher und versagten ihm daher die Unterstützung seiner kriegerischen Pläne. In dieser Situation beschaffte Süß als Geheimer Finanzrat und Fiskal-Adjutant dem Herzog durch Ausbau des Ämterhandels und Einführung neuer Abgaben die gewünschten Geldmittel. Er richtete dem Herzog ein ergebenes Konferenzministerium ein, das ihn von der Macht der Stände weitgehend unabhängig machte, und betrieb eine kluge Münzpolitik, die er später auch vor Gericht erfolgreich verteidigte. Der Herzog räumte seinem Hofjuden dafür zahlreiche Privilegien ein und belohnte ihn 1737 mit einem Dekret, das ihn „von der Verantwortung für alle vergangenen und zukünftigen Handlungen" freisprach. Trotz dieser Aufgaben und des dadurch zunehmenden Einflusses übernahm Süß niemals ein verantwortliches Amt bzw. amtliche Funktionen und hütete sich, amtliche Schriftstücke zu unterzeichnen. Die Gunst des Herzogs und die rücksichtslosen Methoden, mit denen Süß die herzoglichen Aufträge durchführte, genügten freilich, um ihn bei den Landständen und der unterdrückten Bevölkerung verhaßt zu machen. Seine Beliebtheit bei den Frauen, die er nicht nur durch seine Macht, sondern auch durch sein „unjüdisches"-gutes Aussehen und seine höfischen Manieren gewann, verstärkten die Antipathien gegen ihn, zumal sich Süß – wie sein Herzog und dessen höhere Beamte – von Bittstellerinnen gern auf galante Weise entlohnen ließ.

Nicht eigenes Versagen, sondern die Umsturzpläne des Herzogs und dessen plötzlicher Tod führten schließlich zum Sturz des Hofjuden. Ohne Süß Oppenheimer zu informieren, zog Karl Alexander heimlich würzburgische und bayrische Truppen ins Land, um seinen Machtbereich zu vergrößern und Württemberg zu katholisieren. Süß scheint erfahren zu haben, daß der Herzog ihn seinen ehrgeizigen Plänen opfern wollte, jedenfalls warnte er die Landstände heimlich vor dem bevorstehenden Staatsstreich und löste langsam seine geschäftlichen Beziehungen zum Hof. In der Nacht vor dem geplanten Umsturz, am 12. März 1737, erlag Karl Alexander einem Schlaganfall. Süß konnte nach der ersten Festnahme entfliehen, wurde aber vom Kommandanten der Stuttgarter Bürgerwehr, dem ehemaligen Major von Röder, bei Kornwestheim gestellt und dabei von der aufgebrachten Bevölkerung beinahe gelyncht. Während des Aufenthaltes in der Festung Hohenneuffen und der anschließenden Einzelhaft in Ketten auf dem Asperg verfiel Süß, der einst prachtliebende Höfling, zu einem „unscheinbaren, gebückten, weißhaarigen Mann ... der seine Kleidung auffallend vernachlässigte". Die schlechte Behandlung, die Folter, wiederholte Bekehrungsversuche durch übereifrige katholische Geistliche, nicht zuletzt seine völlige Vereinsamung bewirkten in Süß eine religiöse Einkehr, die ihn zum Judentum zurückführte. Nach einem Prozeß, der, wie die Akten verraten, allem Recht und aller Gerechtigkeit Hohn sprach, wurde Süß Oppenheimer zum Tode verurteilt – gegen das Gutachten des bedeutendsten Juristen des Landes, des Tübiger Professors Johann Heinrich Harpprecht, der für Verbannung plädiert hatte. Vergebens beteuerte Süß seine Unschuld. Er verfluchte seine Richter. Als er am 4. Februar 1738 die Stufen der Leiter zum Galgen emporstieg, wiederholte er unablässig die jüdischen Gebetsworte des „Schma Isroel", die von gläubigen Juden in der Todesstunde gesprochen werden. Herzog-Administrator Carl Rudolph, der die Regierung für den unmündigen Erbprinzen übernommen hatte, soll das Urteil mit den Worten unterschrieben haben: „Das ist ein seltenes Ereigniß, daß ein Jud für Christenschelmen die Zeche bezahlt." Die übrigen Angeklagten wurden, soweit sie nicht entflohen waren, nur außer Landes verbannt.

Die Hinrichtung des Juden Süß Oppenheimer erregte großes Aufsehen und löste eine Fülle biographischer Literatur aus.

(D. Hollstein, ‚Jud Süß' und die Deutschen. Antisemitische Vorurteile im nationalsozialistischen Spielfilm. Frankfurt a.M./Berlin–Wien: Ullstein 1983, S. 77 f.)

M 28 Lion Feuchtwanger: Jud Süß (Auszug)

Lion Feuchtwanger porträtiert in seinem Roman „Jud Süß" zwei erfolgreiche jüdische Finanzfachleute, die u. a. im Herzogtum Württemberg tätig waren:

Der herzoglich württembergische Hoffaktor Isaak Simon Landauer war in Rotterdam gewesen, wo er auf Rechnung des kurpfälzischen Hofes gewisse Kreditgeschäfte mit der niederländisch-ostindischen Gesellschaft geregelt hatte. Von Rotterdam berief ihn ein Eilbote der Gräfin Würben dringlich zurück nach Wildbad zur Gräfin. Unterwegs hatte er einen Geschäftsfreund getroffen, Josef Süß Oppenheimer, kurpfälzischer Oberhof- und Kriegsfaktor, zugleich Kammeragenten des geistlichen Kurfürsten von Köln. Josef Süß, der eine Reihe aufregender und anstrengender Geschäfte hinter sich hatte, wollte sich in irgendeinem Badeort ausruhen und ließ sich von Isaak Landauer leicht bestimmen, mit nach Wildbad zu gehen. Die beiden Männer fuhren in dem eleganten Privatreisewagen des Süß. „Kostet mindestens seine zweihundert Reichstaler jährlich, der Wagen", konstatierte mit gutmütiger, leicht spöttischer Mißbilligung Isaak Landauer. [...]

Isaak Landauer trug jüdische Tracht, Schläfenlocken, Käppchen, Kaftan, schütteren Ziegenbart, rotblond, verfärbt. Ja, er trug sogar das Judenzeichen, das ein Jahrhundert vorher im Herzogtum eingeführt war, ein Jagdhorn und ein S darüber, trotzdem keine

Behörde daran gedacht hätte, von dem angesehenen, mächtigen Mann, der bei dem Herzog und der Gräfin groß in Gunst stand, dergleichen zu verlangen. Isaak Landauer war der geschickteste Geldmann im westlichen Deutschland. Seine Verbindungen reichten von den Wiener Oppenheimer, den Bankiers des Kaisers, bis zu den Kapitalisten der Provence, von den reichen Händlern der Levante bis zu den jüdischen Kapitalisten in Holland und den Hansestädten, die die Schifffahrt nach Übersee finanzierten. Er lehnte in unschöner, nicht natürlicher Haltung im Polster zurück und barg, der unansehnliche, schmutzige Mann, fröstelnd die magern blutlosen Hände im Kaftan. Leicht schläfrig vom Fahren, die kleinen Augen halb geschlossen, beobachtete er mit gutmütigem, kleinem, ein wenig spöttischem Lächeln seinen Gefährten. Josef Süß, stattlich, bartlos, modisch, fast ein wenig geckenhaft gekleidet, saß aufrecht, besah, den Blick rastlos, scharf, rasch, jedes Detail der Landschaft, die noch immer in feinem Regen wie hinter einem Schleier lag. Isaak Landauer schaute mit wohlwollendem Interesse und amüsiert den Kollegen auf und ab. Den elegant geschnittenen hirschbraunen Rock, silberbordiert, aus allerfeinstem Tuch, die zierlich und präzis gekrauste und gepuderte Perücke, die zärtlich gefältelten Spitzenmanschetten, die allein ihre vierzig Gulden mochten gekostet haben. Er hatte immer ein Faible für diesen Süß Oppenheimer gehabt, dem die Unternehmungslust und die Lebgier so unbändig aus den großen, rastlosen, kugeligen Augen brannte. Das also war die neue Generation. Er, Isaak Landauer, hatte unendlich viel gesehen, die Löcher der Judengasse und die Lustschlösser der Großen. Enge, Schmutz, Verfolgung, Brand, Tod, Unterdrückung, letzte Ohnmacht. Und Prunk, Weite, Willkür, Herrentum und Herrlichkeit. Er kannte wie nur ganz wenige, drei, vier andere im Reich, den Mechanismus der Diplomatie, übersah bis ins kleinste den Apparat des Krieges und des Friedens, des Regiments über die Menschen. Seine zahllosen Geschäfte hatten ihm das Auge geschärft für die Zusammenhänge, und er wußte mit einem gutmütigen und spöttischen Wissen um die feinen, lächerlichen Gebundenheiten der Großen. Er wußte, es gab nur *eine* Realität auf dieser Welt: Geld. Krieg und Frieden, Leben und Tod, die Tugend der Frauen, die Macht des Papstes, zu binden und zu lösen, der Freiheitsmut der Stände, die Reinheit der Augsburgischen Konfession, die Schiffe auf den Meeren, die Herrschgewalt der Fürsten, die Christianisierung der Neuen Welt, Liebe, Frommheit, Feigheit, Üppigkeit, Laster und Tugend: aus Geld kam alles und zu Geld wurde alles, und alles ließ sich in Ziffern ausdrücken. Er, Isaak Landauer, wußte das, er saß mit an den Quellen, konnte den Strom mit lenken, konnte verdorren lassen, befruchten. Aber er war nicht so töricht, diese seine Macht herauszukrähen, er hielt sie heimlich, und ein kleines, seltenes, amüsiertes Lächeln war alles, was von seinem Wissen und seiner Macht zeugte. Und eines noch. Vielleicht hatten die Rabbiner und Gelehrten der Judengasse recht, die von Gott und Talmud und Garten des Paradieses und Tal der Verwünschung als von Tatsachen mit genauen Einzelheiten erzählten, er persönlich hatte nicht viel Zeit für solche Erörterungen und war eher geneigt, gewissen Franzosen zu glauben, die derartige Dinge mit elegantem Hohn abtaten; auch in seiner Praxis kümmerte er sich nicht darum, er aß, was ihm beliebte, und hielt den Sabbat wie den Werktag: aber in Tracht und Aussehen klammerte er eigensinnig an dem Überkommenen. In seinem Kaftan stak er wie in seiner Haut. So trat er in das Kabinett der Fürsten und des Kaisers. Das war das andere tiefere und heimliche Zeichen seiner Macht. Er verschmähte Handschuhe und Perücke. Man brauchte ihn, und dies war Triumph, auch in Kaftan und Haarlöckchen. Aber da war nun dieser Josef Süß Oppenheimer, die neue Generation. Da saß er stolz prunkend, mit seinen Schnallenschuhen und seinen Spitzenmanschetten, und blähte sich. Sie war plump, diese neue Generation. Von dem feinen Genuß, die Macht heimlich zu halten, sie zu haben und nichts davon zu zeigen, von diesem feineren Genuß des Still-für-sich-Auskostens verstand sie nichts. Berlocken und Atlashosen und ein eleganter Reisewagen und Diener hintenauf und die kleinen äußeren Zeichen des Besitzes, das galt ihr mehr als in wohlverwahrter Truhe eine Schuldverschreibung der Stadt Frankfurt oder des Markgräflich Badenschen Kammergutes. Eine Generation ohne Feinheit, ohne Geschmack.

Und dennoch mochte er den Süß gern leiden. Wie er dasaß, immer jede Fiber gespannt, gierig, sich aus dem Kuchen Welt sein mächtig Teil herauszufressen. Er, Isaak Landauer, hatte damals des jungen Menschen Schifflein ins Wasser gestoßen, als der trotz aller Mühe und wilden Getriebes nicht von Land kommen konnte. Nun, jetzt schwamm das Schifflein, es schwamm in vollem Strom, und Isaak Landauer schaute neugierig und geruhig zu, wie und wohin.

(L. Feuchtwanger, Jud Süß. Roman. Frankfurt a. M.: Fischer 1976, S. 14ff. © Aufbau Verlag, Berlin)

M 29 Zur Bedeutung der Hofjuden für die jüdische Gemeinschaft

Der Hofjude in den großen Residenzen wird viel zu sehr als eine von der übrigen Judenheit isolierte Erscheinung angesehen. Das war er in manchen Sonderrechten, wie Wohnung außerhalb des Ghettos, oft auch eine – sonst nur Christen vorbehaltene – beamtenähnliche Stellung mit Titeln und gesellschaftlichen Ehrungen. Man hat darin ein Stück „Emanzipation" oder ein pionierartiges Vorläufertum der Emanzipation sehen wollen.

Aber man vergißt dabei allzu leicht, daß das nur Gipfel in einer Landschaft sind, zu der sie gehören, mit Bergen und Tälern und Schluchten und Abgründen. Prosaischer ausgedrückt: Der große Hofjude ist keine

Einzelerscheinung; es gibt jüdische „Hoffaktoren" an beinahe jedem Herrschaftssitz, auch bei Herrschaften, deren Besitz wirklich nur aus einem Hof mit einem (oft dazu noch recht bescheidenen) herrschaftlichen Haus und einigen Landgütern besteht. Von diesen kleinen „Hoffaktoren" bis zu den großen königlichen gibt es eine Menge Zwischenstufen aller Art. Dabei sind die großen oft von den mittleren, kleinen und kleinsten – durch Geschicklichkeit, Glück, politische Veränderungen, durch Aufstieg und Gebietserweiterungen ihrer Herren usw. – emporgestiegen. Die kleinen Herrschaftsgebiete im besonderen, aber auch die großen und größten sind eng mit der bäuerlichen Wirtschaft verbunden, von der sie einen Teil ihrer Einkünfte, in natura oder in Geld, beziehen. In dieser bäuerlichen Wirtschaft aber spielt der Jude eine sehr bedeutende Rolle als Geldgeber und Mittler zwischen Stadt und Land. Auf der Basis der ländlichen und städtischen Produkte, die er zunächst über die Pfandleihe erhält, entwickelt sich der jüdische Händler mit Vieh, Wein, Getreide, Holz, auch ländlichen Böden. Von der Stadt bringt er als Hausierer, als Wanderverkäufer, später auch als Besitzer des Dorfladens die Dinge mit, die der Dorfbewohner zu seinem Lebensunterhalt, zur Kleidung und zum Wirtschaften benötigt. Der Dorfjude und der kleine Hoffaktor gehen oft ineinander über, und ebenso der kleine Hoffaktor und der Hofjude an größeren Höfen. Es bestehen auch gegenseitige Abhängigkeiten. Der große Hofjude benutzt den kleineren bis zum Hausierer für den Vertrieb von Waren, Geldmünzen, als Boten für Briefe, als Vermittler auch bei Verhandlungen aller Art. Der „kleine" Jude wiederum, der sich in größeren Orten ansiedeln will, verdingt sich als Diener und Helfer an privilegierte „große" Juden und erhält dadurch Aufenthaltsberechtigung an Orten, an denen den Juden das Wohnrecht sonst gesetzlich verweigert ist.
(A. Bein, Die Judenfrage. Biographie eines Weltproblems, Bd. II. Stuttgart: DVA 1980, S. 87 f.)

M 30 Zur Rolle des Judentums im Absolutismus

Es ist im Grunde ein paradoxes Verhalten, daß sich der absolutistische Staat beim Aufbau seiner Machtstellung jüdischer Faktoren und Agenten bedient und ihnen wichtige Positionen einräumt, während die Masse der jüdischen Bevölkerung in diesen Staaten unter kleinlichen und entehrenden Bedingungen lebt oder überhaupt nicht zugelassen wird. Man muß nach den Gründen fragen.
Da ist zuerst das Geldbedürfnis der deutschen Fürsten, das sich nach dem Dreißigjährigen Kriege durch die Kosten der stehenden Heere und der selbständigen Außenpolitik ins Unermeßliche steigert, während die Länder verarmt sind und die Stände sich zur Geldbewilligung immer schwerer bereitfinden. Fast alle merkantilistischen Maßnahmen zur Erschließung neuer Geldquellen, also die Einrichtung staatlicher Monopole und Manufakturen, die protektionistische Steigerung des Exports, die Erhebung neuer Steuern, sprechen unverhüllt die Absicht aus, den Souverän von seinen Ständen unabhängig zu machen, und sind dem in Gilden und Zünften organisierten Bürgertum als Einbruch in seine Rechte und in seine Produktions- und Absatzgebiete verhaßt; das war im England der Stuarts so und im preußischen Staat Friedrich Wilhelms I. Bei dieser Auseinandersetzung zwischen Fürst und Ständen leistete der jüdische Hoffaktor, mit dem man bei seiner unsicheren Rechtslage rücksichtslos umspringen konnte und der selber ständisch nicht gebunden war, die nützlichsten Dienste, sowohl bei der Kreditbeschaffung wie als Pächter der Münze, der Lotterien, der Monopole und staatlichen Manufakturen. Er wurde reich dabei, er erhielt Spezialprivilegien, er wurde auch mit bedenklichen Aufträgen versehen, er war Werkzeug, Ratgeber und Günstling der Fürsten zugleich und erlitt häufig das Günstlingsschicksal: Gegenstand des Hasses zu werden bei allen, die durch die fürstliche Machtpolitik benachteiligt waren, beim einfachen Volk, das unter dem Steuerdruck litt, und bei den Ständen, die sich in ihren Rechten gekränkt sahen. Hier den „jüdischen Geist" zu beschwören, also eine angeborene Begabung für bedenkenlose Spekulation oder hemmungslosen Machttrieb anzunehmen, ist eine gefährliche Vereinfachung und bequeme Irrationalisierung. Es gilt vielmehr, die komplizierten Zusammenhänge bei der Entstehung des absolutistischen Staates zu begreifen und die Aufgaben nüchtern zu umschreiben, die einer abseitsstehenden und im Grunde rechtlosen Gruppe dabei zufielen. Daß sie sie mit Talent und Leidenschaft ergriff, kann ihr niemand verübeln.
(W. Kampmann, Deutsche und Juden. Frankfurt a. M.: Fischer 1986, S. 65 ff.)

Arbeitshinweise

1 *Klären Sie den Begriff des Hofjuden (Hoffaktoren), indem Sie sich anhand der Materialien über Aufgaben und soziale Rolle dieser Personen informieren.*

2 *Verfolgen Sie exemplarisch das Leben der Hofjuden Lippold (M 26) und Süß Oppenheimer (M 27, B 4). Äußern Sie sich zur wirtschaftlichen und sozialen Attraktivität und zu den Gefahren einer solchen Position.*

3 *Jud Süß Oppenheimer wurde nicht nur wegen der Verarbeitung seiner Lebensgeschichte in einem Roman berühmt, sondern weil er auch einen neuartigen Typ des Hofjuden verkörperte. Zeigen Sie anhand der Gegenüberstellung Süß' und Landauers in Lion Feuchtwangers Roman (M 28) das historisch Neue an Süß.*

4 *Alex Bein (M 29) und Wanda Kampmann (M 30) äußern sich in unterschiedlicher Weise zur historischen Bedeutung des Hofjudentums. Geben Sie jeden der zwei Texte in Form einer These wieder, und diskutieren Sie sie.*

E. Das Zeitalter der Emanzipation

1. Das Toleranzgebot der Aufklärung

Mit der Aufklärung endete für die Juden in Mitteleuropa das Mittelalter. Die großen sozialen und wirtschaftlichen Umwälzungen des 17. und 18. Jahrhunderts hatten deutlich die Grenzen des absolutistischen Herrschafts- und Gesellschaftssystems aufgezeigt. Die stetig weiter abnehmende Integrationsfunktion der christlichen Kirchen, insbesondere der katholischen Kirche, bildete ebenso wie die verstärkte Entwicklung der Wissenschaften, vor allem der Naturwissenschaften, die Grundlage für eine umfassende geistige Neuorientierung. In der Französischen Revolution verbanden sich schließlich die gesellschaftlichen Umwälzungsprozesse mit einer neuen geistigen Grundhaltung: der Aufklärung.

Die Aufklärung postulierte nicht nur die individuellen und kollektiven Menschenrechte sowie die Gleichheit und Freiheit der Individuen, sondern sie forderte – auf der Grundlage dieser neuen Werte – auch die Duldsamkeit gegenüber allen religiösen und weltanschaulichen Bekenntnissen, die innerhalb eines Staates anzutreffen sind. Sowohl die Freiheit der persönlichen Glaubensentscheidung als auch die Garantie der freien Ausübung aller religiösen Bekenntnisse gehörten zum festen Bestandteil des Denkens der Aufklärung.

Die Forderung nach einer so verstandenen Toleranz gegenüber Andersdenkenden tauchte bereits in der Reformationszeit auf. Eine breitere Durchsetzung fand dieser Gedanke aber vor allem seit Ende des 17. Jahrhunderts. Philosophen und Literaten, aber auch politische Entscheidungsträger formulierten bereits vor der Französischen Revolution aus unterschiedlichen Erwägungen heraus eine Neuorientierung im Umgang mit bisher benachteiligten religiösen und gesellschaftlichen Gruppierungen. Auch die jüdische Minderheit geriet dabei in das Blickfeld. Zu den bekanntesten Protagonisten dieser neuen Bewegung gehörten so namhafte Leute wie der Dichter Gotthold Ephraim Lessing, der Philosoph Moses Mendelssohn und der französische politische Reformer Gabriel Graf Mirabeau sowie der preußische Staatsrat Christian Wilhelm Dohm. Ihnen gemeinsam war die Forderung nach Toleranz gegenüber der jüdischen Bevölkerungsgruppe. Ihre Motive waren nicht einheitlich: Ging es Gotthold Ephraim Lessing und Moses Mendelssohn vorrangig aus humanistischen, religiösen und sozialen Motiven um eine Gleichbehandlung der Juden, so standen für die politischen Reformer in der Regel Nützlichkeitserwägungen aus gesellschafts- und staatspolitischer Sicht hinter ihrem Engagement.

Die Durchsetzung der Gedanken der Aufklärung, die mit der Französischen Revolution in Europa beginnende Umsetzung des Toleranzgebots in politische Praxis bedeutete den Beginn eines neuen Zeitalters für die Juden.

M 1 Aus Gotthold Ephraim Lessings Lustspiel ‚Die Juden' (1749)

Zur Ausgangssituation des zweiundzwanzigsten Auftritts: Der Reisende hat dem Baron das Leben gerettet. Dieser möchte ihn nun als Dank zum Schwiegersohn machen.

Zweiundzwanzigster Auftritt:
Das Fräulein und die Vorigen.
Lisette: Nun, warum sollte es nicht wahr sein?
Der Baron: Komm, meine Tochter, komm! Verbinde deine Bitte mit der meinigen: ersuche meinen Erretter, deine Hand, und mit deiner Hand mein Vermögen anzunehmen. Was kann ihm meine Dankbarkeit Kostbares schenken, als dich, die ich eben so sehr liebe, als ihn? Wundern Sie sich nur nicht, wie ich Ihnen so einen Antrag tun könne. Ihr Bedienter hat uns entdeckt, wer Sie sind. Gönnen Sie mir das unschätzbare Vergnügen, erkenntlich zu sein! Mein Vermögen ist meinem Stande, und dieser dem Ihrigen gleich. Hier sind Sie vor Ihren Feinden sicher, und kommen unter Freunde, die Sie anbeten werden.

Allein Sie werden niedergeschlagen? Was soll ich denken?
Das Fräulein: Sind Sie etwa meinetwegen in Sorgen? Ich versichere Sie, ich werde dem Papa mit Vergnügen gehorchen.
Der Reisende: Ihre Großmut setzt mich in Erstaunen. Aus der Größe der Vergeltung, die Sie mir anbieten, erkenne ich erst, wie klein meine Wohltat ist. Allein, was soll ich Ihnen antworten? Mein Bedienter hat die Unwahrheit geredt, und ich –
Der Baron: Wollte der Himmel, daß Sie das nicht einmal wären, wofür er Sie ausgibt! Wollte der Himmel, Ihr Stand wäre geringer, als der meinige! So würde doch meine Vergeltung etwas kostbarer, und Sie würden vielleicht weniger ungeneigt sein, meine Bitte stattfinden zu lassen.
Der Reisende *(beiseite):* Warum entdecke ich mich auch nicht? – Mein Herr, Ihre Edelmütigkeit durchdringet meine ganze Seele. Allein schreiben Sie es dem Schicksale, nicht mir zu, daß Ihr Anerbieten vergebens ist. Ich bin – –
Der Baron: Vielleicht schon verheiratet?
Der Reisende: Nein – –
Der Baron: Nun? was?
Der Reisende: Ich bin ein Jude.
Der Baron: Ein Jude? grausamer Zufall!
Christoph: Ein Jude?
Lisette: Ein Jude?
Das Fräulein: Ei, was tut das?
Lisette: St! Fräulein, st! ich will es Ihnen hernach sagen, was das tut.
Der Baron: So gibt es denn Fälle, wo uns der Himmel selbst verhindert, dankbar zu sein?
Der Reisende: Sie sind es überflüssig dadurch, daß Sie es sein wollen.
Der Baron: So will ich wenigstens so viel tun, als mir das Schicksal zu tun erlaubt. Nehmen Sie mein ganzes Vermögen. Ich will lieber arm und dankbar, als reich und undankbar sein.
Der Reisende: Auch dieses Anerbieten ist bei mir umsonst, da mir der Gott meiner Väter mehr gegeben hat, als ich brauche. Zu aller Vergeltung bitte ich nichts, als daß Sie künftig von meinem Volke etwas gelinder und weniger allgemein urteilen. Ich habe mich nicht vor Ihnen verborgen, weil ich mich meiner Religion schäme. Nein! Ich sahe aber, daß Sie Neigung zu mir, und Abneigung gegen meine Nation hatten. Und die Freundschaft eines Menschen, er sei wer er wolle, ist mir allezeit unschätzbar gewesen.
Der Baron: Ich schäme mich meines Verfahrens.
Christoph: Nun komm' ich erst von meinem Erstaunen wieder zu mir selber. Was? Sie sind ein Jude, und haben das Herz gehabt, einen ehrlichen Christen in Ihre Dienste zu nehmen? Sie hätten mir dienen sollen. So wär' es nach der Bibel recht gewesen. Potz Stern! Sie haben in mir die ganze Christenheit beleidigt. – Drum habe ich nicht gewußt, warum der Herr, auf der Reise, kein Schweinfleisch essen wollte, und sonst hundert Alfanzereien machte. – Glauben Sie nur nicht, daß ich Sie länger begleiten werde! Verklagen will ich Sie noch dazu.
Der Reisende: Ich kann es Euch nicht zumuten, daß Ihr besser, als der andre christliche Pöbel, denken sollt. Ich will Euch nicht zu Gemüte führen, aus was für erbärmlichen Umständen ich Euch in Hamburg riß. Ich will Euch auch nicht zwingen, länger bei mir zu bleiben. Doch weil ich mit Euren Diensten so ziemlich zufrieden bin, und da ich Euch vorhin außerdem in einem ungegründeten Verdachte hatte, so behaltet zur Vergeltung, was diesen Verdacht verursachte *(gibt ihm die Dose).* Euren Lohn könnt Ihr auch haben. Sodann geht, wohin Ihr wollt!
Christoph: Nein, der Henker! es gibt doch wohl auch Juden, die keine Juden sind. Sie sind ein braver Mann. Topp, ich bleibe bei Ihnen! Ein Christ hätte mir einen Fuß in die Rippen gegeben, und keine Dose!
Der Baron: Alles was ich von Ihnen sehe, entzückt mich. Kommen Sie, wir wollen Anstalt machen, daß die Schuldigen in sichere Verwahrung gebracht werden. O wie achtungswürdig wären die Juden, wenn sie alle Ihnen glichen.
Der Reisende: Und wie liebenswürdig die Christen, wenn sie alle Ihre Eigenschaften besäßen!
(Der Baron, das Fräulein und der Reisende gehen ab.)
(Lessings Werke in vier Bänden. Dritter Teil. Berlin, Leipzig, Wien, Stuttgart: Deutsches Verlagshaus Bong & Co., o. J., S. 222 ff.)

M 2   Aus Christian Wilhelm Dohms Schrift „Über die bürgerliche Verbesserung der Juden" (1781)
Als erster preußischer Politiker setzte sich 1781 der preußische Staatsrat Christian Wilhelm Dohm (1751–1820) öffentlich für eine staatsbürgerliche Verbesserung der Situation der Juden ein.
Ich kann es zugeben, daß die Juden sittlich verdorbner seyn mögen, als andere Nationen; daß sie sich einer verhältnismäßig größern Zahl von Vergehungen schuldig machen, als die Christen; daß ihr Charakter im Ganzen mehr zu Wucher und Hintergehung im Handel gestimmt, ihr Religionsvorurtheil trennender und ungeselliger sey; aber ich muß hinzusetzen, daß diese einmal vorausgesetzte größere Verdorbenheit der Juden eine nothwendige und natürliche Folge der drückenden Verfassung ist, in der sie sich seit so vielen Jahrhunderten befinden. Eine ruhige und unpartheyische Erwägung wird an der Richtigkeit dieser Behauptung nicht zweifeln lassen.
Der harte und drückende Zustand, in welchem die Juden fast allenthalben leben, würde auch noch eine viel größere Verderbtheit derselben, als die, welcher man sie mit Wahrheit beschuldigen kann, wenn nicht rechtfertigen, doch erklären. Sehr natürlich wird durch denselben der Geist des Juden, der edeln Gefühle entwöhnt, in den niedern Geschäften des täg-

lichen kümmerlichen Erwerbs versinken. Die mannichfache Arten von Drückung und Verachtung, die er erfährt, müssen natürlich seine Thätigkeit niederschlagen, und jede Empfindung von Ehre in seiner Brust ersticken. Da ihm fast kein ehrliches Mittel sich zu ernähren übrig gelassen, so ist es natürlich, daß er zu Betrug und Hintergehung herabsinkt, zu denen ohnedem der Handel mehr als andre Arten des Erwerbs, zu verführen pflegt. [...]

Alles, was man den Juden vorwirft, ist durch die politische Verfassung, in der sie itzt leben, bewirkt, und jede andre Menschengattung, in dieselben Umstände versetzt, würde sich sicher eben derselben Vergehungen schuldig machen. [...]

Mit der unbilligen und unpolitischen Behandlung der Juden werden auch die üblen Folgen derselben verschwinden, und wenn man aufhört, sie auf eine Art der Beschäftigung zu beschränken, wird auch der nachtheilige Einfluß derselben nicht mehr so merkbar seyn. Mit der Bescheidenheit, ohne die ein Privatmann seine Gedanken über öffentliche Angelegenheiten nie sagen sollte, und mit der sichern Überzeugung, daß allgemeine Vorschläge allemal in jedem Staat nach ihrem besondern Local bestimmt werden müssen, wenn sie nützlich angewandt werden sollen – wage ich es, nun nach dem bisher Gesagten itzt noch genauer meine Ideen anzugeben, wie die Juden glücklichere und bessere Glieder der bürgerlichen Gesellschaften werden könnten. [...] Um sie dazu zu machen, müßten sie Erstlich vollkommen gleiche Rechte mit allen übrigen Unterthanen erhalten.

Zweitens. Da es besonders die auf den Handel eingeschränkte Beschäftigung der Juden ist, welche ihrem sittlichen und politischen Charakter eine nachtheilige Richtung gegeben hat; so würde die vollkommenste Freiheit der Beschäftigungen und Mittel des Erwerbs eben so sehr der Gerechtigkeit als der menschenfreundlichen Politik, die Juden zu brauchbaren und glücklichen Gliedern der Gesellschaft zu bilden, angemessen seyn. Sogar dürfte es zu Erreichung dieses grossen Zwecks dienlich seyn, wenn die Regierung die Juden vorerst von der Beschäftigung des Handels abzuleiten, und den Einfluß desselben dadurch zu schwächen sich bemühte, daß sie ihnen mehrere Veranlassungen und Reitzung gäbe, diejenige Art des Erwerbs vorzuziehn, welche am meisten einen entgegengesetzten Geist und Gesinnungen einzuflössen fähig ist; – ich meyne die Handwerke. [...]

Drittens. Auch mit dem Ackerbau sich zu nähren müßte den Juden nicht verwehrt seyn. [...]

Viertens. Jede Art des Handels sollte zwar den Juden unverwehrt seyn, aber keine müßte ihnen ausschliessend überlassen, zu keiner müßten sie durch Ermunterungen und Vorzüge vor andern geleitet werden. [...]

Fünftens. Jede Kunst, jede Wissenschaft, müßte auch dem Juden, wie jedem andern freyen Menschen, offen stehen. [...]

Sechstens müßte es ein besondres angelegnes Geschäft einer weisen Regierung seyn, für die sittliche Bildung und Aufklärung der Juden zu sorgen, und dadurch wenigstens die kommenden Geschlechter einer mildern Behandlung und des Genusses aller Vortheile der Gesellschaft empfänglicher zu machen. [...]

Siebtens. Mit der sittlichen Verbesserung der Juden müßte aber dann auch die Bemühung den Christen ihre Vorurtheile und ihre lieblosen Gesinnungen zu benehmen, in gleichem Schritte gehen. Früh in der Jugend müßten sie schon gelehrt werden, die Juden wie ihre Brüder und Mitmenschen zu betrachten, die auf einem andern Wege das Wohlgefallen Gottes zu erhalten suchten. [...]

Achtens. Ein wichtiger Theil des Genusses aller Rechte der Gesellschaft würde auch dieser seyn, daß den Juden an allen Orten eine völlig freye Religionsübung, Anlegung von Synagogen und Anstellung von Lehrern auf ihre Kosten, verstattet würde. [...]

Neuntens. [...] Wenn man ihnen also einen vollkommenen Genuß der Rechte der Menschheit bewilligen will, so ist es nothwendig, ihnen zu erlauben, daß sie nach diesen Gesetzen leben und gerichtet werden.
(C.W. von Dohm, Über die bürgerliche Verbesserung der Juden. [1781] Hildesheim: Georg Olms 1973 S. 34f., 109ff.)

M 3 Moses Mendelssohns Aufruf zur Toleranz (1782)

Moses Mendelssohn (1729–1786) lebte seit 1742 in Berlin in abhängiger Stellung als Hauslehrer und Buchhalter eines jüdischen Fabrikanten. Seit 1754 mit Gotthold Ephraim Lessing befreundet, widmete er sich auf dessen Ermutigung hin philosophisch-schriftstellerischer Tätigkeit und trat für die Verbreitung des Toleranzgedankens ein. Seine bedeutsamste Leistung für das Judentum war die Einführung der deutschen Sprache in die jüdische Literatur durch seine Übersetzung des Pentateuchs ins Deutsche (gedruckt 1780/83), womit er zugleich die Gedanken der Aufklärung und der Emanzipation unter den Juden verbreitete.

Merkwürdig ist es, zu sehen, wie das Vorurteil die Gestalten aller Jahrhunderte annimmt, uns zu unterdrücken und unserer bürgerlichen Aufnahme Schwierigkeiten entgegenzusetzen. In jenen abergläubischen Zeiten waren es Heiligtümer, die wir aus Mutwillen schänden; Kruzifixe, die wir durchstechen und bluten machen; Kinder, die wir heimlich beschneiden und zur Augenweide zerfetzen; Christenblut, das wir zur Osterfeier brauchen; Brunnen, die wir vergiften usw.; Unglaube, Verstocktheit, geheime Künste und Teufeleien, die uns vorgeworfen, um derentwillen wir gemartert, unseres Vermögens beraubt, ins Elend gejagt, wo nicht gar hingerichtet worden sind. – Itzt haben die Zeiten sich geändert; diese Verleumdungen machen den erwünschten Eindruck nicht mehr. Itzt ist es gerade Aberglaube und Dummheit, die uns vorgerückt werden, Mangel an moralischem Gefühle, Geschmack und feinen Sitten, Unfähigkeit zu Künsten, Wissenschaften und nützlichem Gewerbe, hauptsächlich zu Diensten des Krieges und des Staates, unüberwindliche Neigung zu Betrug, Wucher und Gesetzlosigkeit, die an die Stelle jener gröbern Beschuldigungen getreten sind, uns von der Anzahl nützlicher Bürger auszuschließen und aus dem mütterlichen Schoße des Staats zu verstoßen. Vormals gab man sich um uns alle ersinnliche Mühe und machte mancherlei Vorkehrungen, uns nicht zu nützlichen Bürgern, sondern zu Christen zu machen, und da wir so hartnäckig und verstockt waren, uns nicht bekehren zu lassen, so war dieses Grund genug, uns als eine unnütze Last der Erde zu betrachten und dem verworfenen Scheusale aller Greuel anzudichten, die ihn dem Hasse und der Verachtung aller Menschen bloßstellen konnten. Itzt hat der Bekehrungseifer nachgelassen. Nun werden wir vollends vernachlässigt. Man fährt fort, uns von allen Künsten, Wissenschaften und andern nützlichen Gewerben und Beschäftigungen der Menschen zu entfernen [...] und macht den Mangel an Kultur zum Grunde unserer fernern Unterdrückung. Man bindet uns die Hände und macht uns zum Vorwurfe, daß wir sie nicht gebrauchen. [...]

Ach, meine Brüder! Ihr habt das drückende Joch der Intoleranz bisher allzu hart gefühlt und vielleicht eine Art von Genugtuung darin zu finden geglaubt, wenn Euch die Macht eingeräumt würde, Euern Untergebenen ein gleich hartes Joch aufzudrücken. Die Rache sucht ihren Gegenstand, und wenn sie andern nichts anhaben kann, so nagt sie ihr eigenes Fleisch. Vielleicht auch ließet ihr Euch durch das allgemeine Beispiel verführen. Alle Völker der Erde schienen bisher von dem Wahne betört zu sein, daß sich Religion nur durch eiserne Macht erhalten, Lehren und Seligkeit nur durch unseliges Verfolgen ausbreiten und wahre Begriffe von Gott, der, nach unser aller Geständnis, die Liebe ist, nur durch die Wirkung des Hasses mitteilen lassen. Ihr ließet Euch vielleicht verleiten, ebendasselbe zu glauben, und die Macht zu verfolgen war das Euch wichtigste Vorrecht, das Eure Verfolger Euch einräumen konnten. Danket dem Gotte Eurer Väter, danket dem Gotte, der die Liebe und die Barmherzigkeit selbst ist, daß jener Wahn sich nach und nach zu verlieren scheinet. Die Nationen dulden und ertragen sich einander und lassen auch gegen Euch Liebe und Verschonung blicken, die unter dem Beistande desjenigen, der die Herzen der Menschen lenkt, bis zur wahren Bruderliebe anwachsen kann. Oh, meine Brüder, folgt dem Beispiel der Liebe, so wie Ihr bisher dem Beispiele des Hasses gefolgt seid! Ahmet die Tugend der Nationen nach, deren Untugend Ihr bisher nachahmen zu müssen geglaubt. Wollet Ihr gehegt, geduldet und von andern verschonet sein, so heget und duldet und verschonet Euch untereinander! Liebet, so werdet ihr geliebet werden!

(M. Mendelssohn, Vorrede zu Manasseh Ben Israel: Rettung der Juden. In: M. Mendelssohn, Schriften über Religion und Aufklärung. Berlin: Union Verlag 1989, S. 328f., 348f.)

M 4 Moses Mendelssohn zur Emanzipation der Juden (1783)

Und noch itzt kann dem Hause Jakobs kein weiserer Rat erteilt werden als ebendieser. Schicket euch in die Sitten und in die Verfassung des Landes, in welches ihr versetzt seid; aber haltet auch standhaft bei der Religion eurer Väter. Traget beider Lasten, so gut ihr könnet! Man erschweret euch zwar von der einen Seite die Bürde des bürgerlichen Lebens, um der Religion willen, der ihr treu bleibet, und von der andern Seite macht das Klima und die Zeiten die Beobachtung eurer Religionsgesetze, in mancher Betrachtung, lästiger, als sie sind. Haltet nichtsdestoweniger aus, stehet unerschüttert auf dem Standorte, den euch die Vorsehung angewiesen, und lasset alles über euch ergehen, wie euch euer Gesetzgeber lange vorher verkündiget hat. [...]

Hier heißt es offenbar: Was Gott gebunden hat, kann der Mensch nicht lösen. Wenn auch einer von uns zur christlichen Religion übergehet, so begreife ich nicht, wie er dadurch sein Gewissen zu befreien und sich von dem Joche des Gesetzes zu entledigen glauben kann? Jesus von Nazareth hat sich nie verlauten lassen, daß er gekommen sei, das Haus Jakob von dem Gesetze zu entbinden. Ja, er hat vielmehr mit ausdrücklichen Worten das Gegenteil gesagt; und was noch mehr ist, hat selbst das Gegenteil getan. Jesus von Nazareth hat selbst nicht nur das Gesetz Moses, sondern auch die Satzungen der Rabbinen beobachtet; und was in den von ihm aufgezeichneten Reden und Handlungen dem zuwider zu sein scheinet, hat doch in der Tat nur dem ersten Anblicke nach diesen Schein. Genau untersucht, stimmet alles nicht nur mit der Schrift, sondern auch mit der Überlieferung völlig überein. Wenn er gekommen ist, der eingerissenen Heuchelei und Scheinheiligkeit zu steuren, so wird er sicherlich nicht das erste Beispiel zur Scheinheiligkeit gegeben und ein Gesetz durch Beispiel autorisiert haben, das abgestellt und aufgehoben sein sollte. [...]

Und ihr, lieben Brüder und Mitmenschen! die ihr der Lehre Jesu folget, solltet uns verargen, wenn wir das tun, was der Stifter eurer Religion selbst getan [...] hat? Ihr solltet glauben, uns nicht bürgerlich wieder lieben, euch mit uns nicht brüderlich vereinigen zu können, solange wir uns durch das Zeremonialgesetz äußerlich unterscheiden, nicht mit euch essen, nicht von euch heuraten, das, soviel wir einsehen können, der Stifter eurer Religion selbst weder getan, noch uns erlaubt haben würde? – Wenn dieses, wie wir von christlich gesinnten Männern nicht vermuten können, eure wahre Gesinnung sein und bleiben sollte; wenn die bürgerliche Vereinigung unter keiner andern Bedingung zu erhalten, als wenn wir von dem

Gesetze abweichen, das wir für uns noch für verbindlich halten; so tut es uns herzlich leid, was wir zu erklären für nötig erachten: so müssen wir lieber auf bürgerliche Vereinigung Verzicht tun.
(M. Mendelssohn, Jerusalem oder über religiöse Macht und Judentum. In: M. Mendelssohn, Schriften über Religion und Aufklärung. a.a.O. S. 451 ff.)

M 5 Herders Gedanken von der Humanisierung der Juden

Johann Gottfried Herder (1744–1803), Theologe, Philosoph, Historiker und Sprachforscher, veröffentlichte 1801–1803, kurz vor seinem Tode, eine Aufsatzsammlung „Adrastea", in der er auch seine Gedanken über den Umgang mit den Juden zum Ausdruck brachte.

Nun hat der Staat unwidersprechlich das Recht und die Pflicht, Fremdlingen, die er schützt, eine Erziehung zu geben, die seinen Grundsätzen gemäß sei; die Sorge dafür ist er seinen Eingeborenen schuldig. Für beide Teile trägt diese bessere Erziehung ihren Vorteil mit sich. Indem Juden- und Christenkinder nach einerlei Grundsätzen der Moral und Wissenschaft erzogen werden (von Religionsgebräuchen ist nicht die Rede), lernen sie einander kennen und achten, vergessen Vorurteile, die sie sonst schieden; die ewigen Klagen gegen die böse Moral der Juden verschwinden von selbst, indem der Staat weiß, in welchen Grundsätzen sie erzogen werden. Wie es Pfleglingen abgesonderter Institute erging, daß sie menschenscheu in die Welt traten und selten gediehen, dagegen unter Menschen erzogen, diese sie lieb gewinnen und von ihnen liebgewonnen werden, – so auch dem Judentum, wenn es sich von der National-Erziehung nicht mehr ausschließen darf. Gemeinschaftliche Kultur der Seele vereinigt die Menschen aller Zeiten, Gegenden und Völker. Wer denkt bei Spinozas[1], Mendelssohns[2], Herz[3] philosophischen Schriften daran, daß sie von Juden geschrieben wurden? [...] Welche Aussicht wäre es, die Juden, ein so scharfsinniges Volk, der Kultur der Wissenschaften, dem Wohl des Staates, der sie schützt, und andern der Menschheit allgemein nützlichen Zwecken treu ergeben, in ihren Beschäftigungen und in ihrer Denkart selbst rein-humanisiert zu sehen! Abgelegt die alten, stolzen Nationalvorurteile, weggeworfen die Sitten, die für unsere Zeit und Verfassung, selbst für unser Klima nicht gehören, arbeiten sie [...] als Mitwohner gebildeter Völker am größten und schönsten Colosseum, dem Bau der Wissenschaften, der Gesamtkultur der Menschheit. Nicht auf den nackten Bergen Palästinas, des engen verheerten Landes, allenthalben stünde da geistig ihr Tempel aus seinen Trümmern empor; alle Nationen verehrten mit ihnen, sie mit allen Nationen verehrten den Weltschöpfer, indem sie sein Bild, Vernunft und Weisheit, Großmut und Wohltätigkeit im Menschengeschlecht ausbildeten und erhüben. Nicht durch Einräumung neuer merkantilischer Vorteile führt man sie der Ehre und Sittlichkeit zu; sie heben sich selbst dahin durch rein menschliche, wissenschaftliche und bürgerliche Verdienste. Ihr Palästina ist sodann da, wo sie leben und edel wirken, allenthalben.
(J. G. Herder, Adrastea, VI. Teil. In: Heinrich Düntzer [Hrsg.], Herder's Werke. Nach den besten Quellen revidirte Ausgabe. Vierzehnter Theil, G. Hempel, Berlin o. J., S. 566 f.)

M 6 Die „Judenfrage" als soziale Frage

Die ‚Judenfrage' erschien zu einem wesentlichen Teil als eine soziale Frage, da die übergroße Mehrheit der Juden am Ende des 18. Jahrhunderts den ländlichen und städtischen Unterschichten angehörte und durch einen dürftigen Kleinhandel – Hausier-, Not- und Trödelhandel – ihr Leben fristete. Ein grundlegender Wandel ihrer Lebensverhältnisse konnte nur von einer Änderung ihrer Erwerbsverhältnisse erwartet werden. Diese Einsicht hatte bereits am Beginn der Emanzipationsdiskussion gestanden, und alle Regierungen wandten diesem Problem ihr Hauptaugenmerk zu, seit den zwanziger Jahren unterstützt von jüdischen Vereinen zur Förderung des Handwerks und des Ackerbaus unter den Juden. Überall wurde den Juden der Zugang zu den bürgerlichen Gewerben freigegeben – allerdings selten ohne Ausnahme und vielfach unter Bedingungen, die den praktischen Wert dieser Zugeständnisse erheblich einschränkten (z. B. mangelnde Freizügigkeit auf dem Lande, die die Ausübung erlernter Berufe vor allem in Süddeutschland oftmals unmöglich machte).
(R. Rürup, Emanzipation und Antisemitismus. Frankfurt a. M.: Fischer 1987, S. 31 f.)

Arbeitshinweise

1 Lessings Lustspiel „Die Juden" (M 1) postuliert als erstes in seiner Zeit religiöse Toleranz. Zeigen Sie anhand des Textausschnittes diese Absicht des Autors.

2 Untersuchen Sie die verschiedenen Texte hinsichtlich ihrer Begründung für die Forderung nach Gleichberechtigung der Juden.

3 Christian Wilhelm Dohms Schrift hat einen programmatischen Titel. Stellen Sie anhand seines Forderungskatalogs den Inhalt von „bürgerlicher Verbesserung" fest.

4 Beschreiben Sie Moses Mendelssohns Vorstellung von a) Emanzipation und b) Toleranz.

5 Der Historiker Reinhard Rürup (M 6) betont mehr die soziale Dimension der Emanzipation. Belegen Sie seinen Gedankengang aus Ihren bisherigen Kenntnissen des Problems.

---

1 Baruch Spinoza, 1632–1677, sephardischer niederländischer Philosoph
2 vgl. M 3 Einleitungstext
3 Markus Herz, 1744–1803, askenasischer deutscher Philosoph und Psychologe, wohnhaft in Berlin, Freund Immanuel Kants

2. Toleranzedikte

Die Umsetzung des Toleranzgedankens der Aufklärung, der die Duldsamkeit gegenüber religiösen Überzeugungen und Gemeinschaften innerhalb jedes Staates postulierte, in die politische Praxis, erfolgte seit der zweiten Hälfte des 18. Jahrhunderts allmählich in allen mitteleuropäischen Staaten. Es war ein langsamer und mühsamer Prozeß, der sich über fast hundert Jahre erstreckte (K 4, S. 197). Richtet man den Blick über Europas Grenzen hinaus, so zeigt sich, daß die erste Toleranzerklärung in der amerikanischen Unabhängigkeitserklärung von 1776 zu finden ist. Ergänzt durch ein „amendment" zur Verfassung wurde das Recht der freien Religionswahl und Religonsausübung sichergestellt.

Es dauerte nicht lange, bis auch in Europa vergleichbare Bestimmungen in Form von Edikten formuliert wurden. Den Anfang machte Kaiser Joseph II. in Österreich, der zu Beginn des Jahres 1782 ein Toleranzpatent für die Juden Wiens und anderer Teile seines Herrschaftsgebietes erließ. Allerdings gestattete dieses Toleranzpatent keine öffentlichen Gottesdienste und keine öffentlichen Synagogen. Erst 1849 wurde durch ein Patent Kaiser Franz-Josephs I. eine umfassendere Gleichbehandlung der jüdischen Gemeinschaft beschlossen.

Den radikalsten Bruch mit der bisherigen Stellung zur jüdischen Gemeinschaft brachte in Frankreich die Revolution von 1789. Zwar waren bereits unter Ludwig XVI. erste Ansätze zur Besserstellung der Juden zu erkennen gewesen, die völlige Gleichstellung im Jahre 1791 war aber für die damalige Zeit ein revolutionärer Akt, der wohl nur im Zusammenhang der grundlegenden gesellschaftlichen und philosophischen Umwälzungen im Rahmen der Französischen Revolution möglich war. Die ganzen Schwierigkeiten bei der Durchsetzung der Gleichstellung der Juden gegen die Widerstände von konservativen Kräften werden deutlich, wenn man die Entwicklung in Preußen betrachtet. Bereits seit der zweiten Hälfte des 18. Jahrhunderts gab es erste vorsichtige Schritte auf dem Weg zu einer Gleichstellung, es dauerte aber bis 1812, bis ein Emanzipationsedikt für die Juden in den preußischen Stammlanden verabschiedet wurde. Nicht eingeschlossen in dieses Edikt waren die Juden in den Provinzen, so etwa in den rheinischen Gebieten Preußens oder auch in der Provinz Posen. Erst Mitte des 19. Jahrhunderts wurden diese Rechte auf alle Juden in Preußen ausgedehnt.

In den anderen deutschen Staaten verlief die Entwicklung sehr unterschiedlich: Gab es etwa in Baden bereits 1807 ein Konstitutionsedikt, das die Glaubensfreiheit festschrieb, so dauerte in manchen, vor allem kleineren Staaten, dieser Prozeß bis in die Zeit des Norddeutschen Bundes, für den 1869 die Aufhebung aller Beschränkungen der bürgerlichen und staatsbürgerlichen Rechte aufgrund des religiösen Bekenntnisses festgesetzt wurde. Widersprüchlich verlief der Prozeß der rechtlichen Gleichstellung vor allem in den Gebieten, die unter Napoleon von Frankreich besetzt worden waren. In diesen Gebieten – etwa im Königreich Westfalen – kam mit der Französischen Revolution auch die Judenemanzipation ins Land. Mit dem Erfolg der Befreiungskriege verschlechterte sich die Situation der jüdischen Bevölkerung wieder. Es bedurfte dann erneuter intensiver Bemühungen, um allmählich die von den Franzosen gewährte rechtliche Gleichstellung wiederzuerlangen.

Die Tatsache, daß der formale Emanzipationsprozeß sich in Mitteleuropa über drei Generationen erstreckte, macht deutlich, wie langsam und gegen welche Widerstände sich die Anerkennung der Juden als gleichberechtigte Staatsbürger vollzog.

M 7 Patent Kaiser Josephs II. von Österreich vom 2. Januar 1782

Wir Joseph der Zweyte, von Gottes Gnaden erwählter R. Kaiser, zu allen Zeiten Mehrer des Reiches, König in Germanien, Hungarn und Böheim etc., Erzherzog zu Oesterreich, Herzog zu Burgund und Lotharingen, etc., etc., entbieten jedermann Unsere Gnade und geben euch hiemit gnädigst zu vernehmen:

Von Antretung Unserer Regierung an haben Wir es einen Unserer vorzüglichsten Augenmerke seyn lassen, daß alle Unsere Unterthanen ohne Unterschied der Nazion und Religion, sobald sie in Unseren Staaten aufgenommen und geduldet sind, an dem öffentlichen Wohlstande, den Wir durch Unsere Sorgfalt zu vergrößern wünschen, gemeinschaftlichen Antheil nehmen, eine gesetzmäßige Freyheit genießen und auf jedem ehrbaren Wege zu Erwerbung ihres Unterhalts und Vergrößerung der allgemeinen Aemsigkeit kein Hindernis finden sollten.

Da nun mit dieser Unserer gnädigsten Absicht die gegen die jüdische Nazion überhaupt in Unseren Erbländern und insbesondere zu Wien und in Niederösterreich bestehenden Gesetze und sogenannten Judenordnungen nicht durchaus zu vereinbaren sind, so wollen Wir dieselben kraft gegenwärtigen Patents insofern abändern, als es die Verschiedenheit der Zeit und Umstände nöthig machen.

1. Zwar geht Unser höchster Wille keineswegs dahin, der in Wien wohnenden Judenschaft in Beziehung auf die äußere Duldung eine Erweiterung zu gewähren, sondern bleibt es auch in Hinkunft dabey, daß dieselbe keine eigentliche Gemeinde unter einem besondern Vorsteher ihrer Nazion ausmache, sondern wie bisher jede einzelne Familie für sich des Schutzes der Landesgesetze nach der ihr [...] ertheilten Duldung ruhig genießen soll; daß ihr kein öffentlicher Gottesdienst, keine öffentliche Synagoge gestattet werde; daß ihr hier eine eigene Buchdruckerey, zu ihren Gebet- und anderen hebräischen Büchern zu errichten, nicht erlaubt sey, sondern ist sie mit ihren nothwendigen Bestellungen diesfalls an die hinlänglich zureichende Druckerey in Böheim anzuweisen; [...]

2. Ebenso haben Wir keineswegs zur Absicht durch diese neue Verordnung die Zahl der jüdischen Religionsgenossen weder in Wien noch überhaupt in Unseren Staaten zu vergrößern, oder fremde ohne wichtige Ursachen und besondere für sie sprechende Verdienste herein zu ziehen. [...]

7. Auf dem offenen Lande in Niederösterreich zu wohnen bleibt den Juden wie vorhin noch ferner untersagt; es sey denn, daß sie irgend auf einem Dorfe, in einem Markte, einer Landstadt, oder allenfalls auf einem bis hieher noch unbebauten [öden] Grunde eine Fabrick errichten oder sonst ein nützliches Gewerb einführen wollten; [...]

Da Wir die jüdische Nazion hauptsächlich durch bessere Unterrichtung und Aufklärung ihrer Jugend und durch Verwendung auf Wissenschaften, Künste und Handwerke dem Staate nützlicher und brauchbarer zu machen, zum Ziele nehmen, so erlauben und befehlen Wir

8. gnädigst den tolerirten Juden in jenen Orten, wo sie keine eigenen deutschen Schulen haben, ihre Kinder in die christlichen Normal- und Realschulen zu schicken, um in diesen wenigstens das Lesen, Schreiben und Rechnen zu erlernen. [...]

10. Zur Erleichterung ihres künftigen Unterhalts und Vorbereitung der nöthigen Erwerbungswege gestatten Wir ihnen gnädigst, daß sie von nun an alle Gattungen von Handwerken und Gewerben hier und anderwärtig bey christlichen Meistern, allenfalls auch unter sich selbst, erlernen und in dieser Absicht sich bey christlichen Meistern als Lehrjungen aufdingen oder als Gesellen arbeiten, und jene [die christlichen Gewerbsleute] sie ohne Bedenken aufnehmen können; welches jedoch nicht dahin zu deuten ist, als wollten Wir Juden und Christen darinnen einen Zwang auflegen, sondern Wir räumen beyden Theilen bloß die Freyheit ein sich hierüber nach Wohlgefallen untereinander einzuverstehen.

11. Wir verleihen weiters hiemit der jüdischen Nazion das allgemeine Befugnis, alle Gattungen von Gewerben, jedoch ohne Bürger- und Meisterrecht, als wovon sie ausgeschlossen bleiben, mithin nur, wie hier gewöhnlich ist, auf freye Hand treiben zu können, [...]

15. Bey so vielen der Judenschaft eröffneten Erwerbungswegen und dem dadurch entspringenden, mannigfaltigeren Zusammenhange mit Christen fodert die Sorgfalt für die Aufrechthaltung des gemeinschäftlichen Zutrauens, daß die hebräische und hebräisch mit deutsch vermengte, sogenannte jüdische Sprache und Schrift abgeschaffet werde; Wir heben daher den Gebrauch derselben in allen öffentlichen in- und außergerichtlichen Handlungen ausdrücklich auf, statt der sich künftig der landesüblichen Sprache zu bedienen ist; [...]

18. Durch gegenwärtige Verordnung lassen Wir es von der bisherigen Beschränkung auf bestimmte Judenhäuser abkommen und erlauben den tolerirten Juden eigene Wohnungen sowohl in der Stadt als in den Vorstädten nach ihrer Willkühr zu miethen.

19. Nicht minder heben Wir die von fremden Juden bisher entrichtete Leibmauth gänzlich auf und erlauben hiemit denselben zu Betreibung ihrer Geschäfte von Zeit zu Zeit den freyen Eintritt in Unsere Residenz und zwar ohne daß sie künftig Kost und Wohnung ledig bey tolerirten Juden oder jüdischen Garköchen zu suchen gezwungen, sondern ihre Einkehr, Gewölber und Kost für ihr Geld wo sie wollen zu nehmen berechtigt sind; [...]

23. Uibrigens werden hiemit noch die für die Juden sonst bestandenen doppelten Gerichts- und Kanzleytaxen durchaus abgestellt und

24. uiberhaupt alle bisher gewöhnlichen Merkmaale

und Unterscheidungen, als das Tragen der Bärte, das Verbot an Sonn- und Feyertagen vor 12 Uhr nicht auszugehen, öffentliche Belustigungsörter zu besuchen und dergleichen, aufgehoben; im Gegentheile wird den Großhändlern und ihren Söhnen sowie den Honoratioren auch Degen zu tragen erlaubet. [...]
Gegeben in Unserer Residenzstadt Wien, den zweyten Tag des Monats Jänner im siebzehnhundertzweyundachtzigsten, Unserer Reiche der römischen im achtzehnten und der erbländischen im zweyten Jahre.
(A.F. Pribram [Hrsg.], Urkunden und Akten zur Geschichte der Juden in Wien, 1. Abteilung, 1. Bd. Wien/Leipzig: W. Braumüller 1918, S. 494ff.)

M 8   Proklamation der Gleichberechtigung der Juden in Frankreich vom 28. September 1791

In Anbetracht dessen, daß die den Titel eines französischen Bürgers und den Genuß der Rechte aktiver Bürger begründenden Voraussetzungen in der Verfassung festgelegt sind, daß ferner jeder die erwähnten Voraussetzungen in sich vereinigende Mensch, soweit er den Bürgereid geleistet und das Gelöbnis abgelegt hat, alle von der Verfassung auferlegten Pflichten zu erfüllen, ein Anrecht auch auf alle von dieser gewährleisteten Freiheiten hat, setzt die Nationalversammlung sämtliche in die früher ergangenen Dekrete in bezug auf die Juden aufgenommenen Vertagungsbestimmungen, Klauseln und Ausnahmeverfügungen außer Kraft, indem sie zugleich bestimmt, daß der von den Juden zu leistende Bürgereid als Verzicht auf alle ehedem zu ihren Gunsten geltenden Privilegien und Sondergesetze zu betrachten sei.
(J. Höxter, Quellenbuch zur jüdischen Geschichte und Literatur [1927ff.], Bd. V. Zürich: Morascha 1983, S. 9)

M 9   König Friedrich II., der Große, von Preußen über die Juden

In seinem politischen Testament von 1752 äußert sich Friedrich II. zur Tolerierung der Juden:
Die Katholiken, die Lutheraner, die Reformierten, die Juden und eine Anzahl anderer christlicher Sekten wohnen in diesem Staat und leben dort in Frieden: wenn der Souverän aus falschem Eifer auf den Gedanken käme, sich für eine dieser Religionen zu erklären, würden sich Parteien bilden, Dispute sich erhitzen, die Verfolgungen anfangen und nach und nach die verfolgte Religion ihre Heimat verlassen und tausende von Untertanen durch ihre Zahl und ihren Fleiß unsere Nachbarn bereichern. [...]
Die Juden sind von allen diesen Sekten die gefährlichsten, weil sie den Handel der Christen schädigen und weil sie für den Staat unbrauchbar sind. Wir haben dieses Volk nötig, um bestimmten Handel in Polen zu treiben, aber man muß verhindern, daß ihre Zahl wächst und sie nicht nur auf eine bestimmte Zahl von Familien sondern auf eine bestimmte Zahl von Köpfen festlegen, ihren Handel beschränken und sie hindern, Unternehmungen im großen zu machen, denn sie sollen nur Kleinhändler sein.
(R. Dietrich [Hrsg.], Politische Testamente der Hohenzollern. München: Deutscher Taschenbuch Verlag 1981, S. 167)

M 10   Aus dem „Edikt betreffend die bürgerlichen Verhältnisse der Juden" vom 11. März 1812

Wir Friedrich Wilhelm, von Gottes Gnaden, König von Preußen, haben beschlossen, den jüdischen Glaubensgenossen [...] eine neue, der allgemeinen Wohlfahrt angemessene Verfassung zu ertheilen, erklären alle bisherige, durch das gegenwärtige Edikt nicht bestätigte Gesetze und Vorschriften für die Juden für aufgehoben und verordnen wie folgt:
§ 1. Die in Unsern Staaten jetzt wohnhaften, mit General-Privilegien, Naturalisations-Patenten, Schutzbriefen und Konzessionen versehene Juden und deren Familien sind für Einländer und Preußische Staatsbürger zu achten.
§ 2. Die Fortdauer dieser ihnen beigelegten Eigenschaft als Einländer und Staatsbürger wird aber nur unter der Verpflichtung gestattet:
daß sie fest bestimmte Familien-Namen führen, und daß sie nicht nur bei Führung ihrer Handelsbücher, sondern auch bei Abfassung ihrer Verträge und rechtlichen Willens-Erklärungen der deutschen oder einer andern lebenden Sprache, und bei ihren Namens-Unterschriften keiner andern, als deutscher oder lateinischer Schriftzüge sich bedienen sollen. [...]
§ 6. Diejenigen Juden, welche den Vorschriften des § 2 und 3 zuwider handeln, sollen als fremde Juden angesehen und behandelt werden.
§ 7. Die für Einländer zu achtende Juden hingegen sollen, in sofern diese Verordnung nichts Abweichendes enthält, gleiche bürgerliche Rechte und Freiheiten mit den Christen genießen.
§ 8. Sie können daher akademische Lehr- und Schul- auch Gemeinde-Aemter, zu welchen sie sich geschickt gemacht haben, verwalten.
§ 9. In wie fern die Juden zu andern öffentlichen Bedienungen und Staats-Aemtern zugelassen werden können, behalten Wir Uns vor, in der Folge der Zeit, gesetzlich zu bestimmen.
§ 10. Es stehet ihnen frei, in Städten sowohl, als auf dem platten Lande sich niederzulassen.
§ 11. Sie können Grundstücke jeder Art, gleich den christlichen Einwohnern, erwerben, auch alle erlaubte Gewerbe mit Beobachtung der allgemeinen gesetzlichen Vorschriften treiben.
§ 12. Zu der aus dem Staatsbürgerrechte fließenden Gewerbefreiheit gehöret auch der Handel.
§ 13. Den auf dem platten Lande wohnenden Juden und ihren Angehörigen steht nur frei, denjenigen Handel zu treiben, der den übrigen Bewohnern desselben gestattet ist.

§ 14. Mit besondern Abgaben dürfen die einländischen Juden, als solche, nicht beschweret werden.
§ 15. Sie sind aber gehalten, alle den Christen gegen den Staat und die Gemeinde ihres Wohnorts obliegende bürgerliche Pflichten, zu erfüllen, und, mit Ausnahme der Stol-Gebühren,[1] gleiche Lasten, wie andere Staatsbürger zu tragen.
§ 16. Der Militair-Konscription oder Kantonpflichtigkeit und den damit in Verbindung stehenden besondern gesetzlichen Vorschriften sind die einländischen Juden gleichfalls unterworfen. [...]
§ 30. In keinem Fall dürfen sich Rabbiner und Juden-Aeltesten weder eine Gerichtsbarkeit noch eine vormundschaftliche Einleitung und Direktion anmaßen.
§ 31. Fremden Juden ist es nicht erlaubt, in den hiesigen Staaten sich niederzulassen, so lange sie nicht das Preußische Staatsbürgerrecht erworben haben.
(O. Dann, Preußen. Entwicklung und Probleme eines modernen Staates. Stuttgart: Klett 1983, S. 67 f.)

M 11 Zur Bewertung des preußischen Emanzipationsediktes von 1812

Es ist aber wichtig zu wissen, daß die Emanzipation nur die mit Schutzbriefen und Konzessionen versehenen Juden umfaßte. Da Preußen 1807 die ehemals polnischen Länder mit den judenreichen Distrikten wieder hatte abtreten müssen, war die Frage des unkonzessionierten Ostjudentums in diesem Zeitpunkt nicht mehr brennend, und gegen eine Einwanderung gab es in dem Edikt schützende Paragraphen. Bei der Zählung von 1811 war also der Bestand der jüdischen Bevölkerung gering, es gab nur 29 538 privilegierte Juden, die 1812 das Staatsbürgerrecht erhielten, außerdem 3079 jüdische Fremde, die rechtlos blieben. Nach den Friedensschlüssen von 1814/15 wuchs die jüdische Bevölkerung sprunghaft auf 123 800, sie vervierfachte sich beinahe. 52 000 (42%) Juden lebten allein in der Provinz Posen, 10% in Westpreußen. Man unterließ aber die Einführung des Emanzipationsedikts in den neu- oder wiedererworbenen Gebieten, so daß es bis 1848 Juden mit und ohne staatsbürgerliche Rechte in Preußen gab. Die Masse der rechtlosen jüdischen Bevölkerung befand sich in den östlichen Provinzen. Diese Tatsachen werden bei der Erörterung des Edikts von 1812 oft übersehen.
(W. Kampmann, Deutsche und Juden. Die Geschichte der Juden in Deutschland vom Mittelalter bis zum Beginn des 1. Weltkrieges. Frankfurt a. M.: Fischer 1983, S. 137)

M 12 Bewertung des Edikts von 1812 aus jüdischer Sicht

Als im Jahre 1912 ein Jahrhundert Judenedikt von 1812 gefeiert wurde, veröffentlichte der Centralverein deutscher Staatsbürger jüdischen Glaubens (vgl. M 82) eine Schrift, in der es hieß:
„Der 11. März 1812 bedeutet für die preußischen Juden das Ende des Mittelalters. Es ist der erste Tag ihrer Neuzeitgeschichte. Mit ihm erlangen sie das heilige Recht des Menschen und des Bürgers [...].
Kerndeutsch und urechtjüdisch, das ist das Losungswort, das ist das Eidgelöbnis mit dem sie [die preußischen Juden] in das zweite Jahrhundert ihrer Gleichberechtigung eintreten. Sie glühen von heiliger Liebe für ihr preußisches Vaterland und für ihre jüdische Wahrheit. Sie stehen auf treuer Wacht – es gilt ja ihr Heiligstes: Vaterland, Überzeugung und Ehre!"
(Jüdischer Kalender für 5748, 22. Adar (11. 3. 1988), Augsburg: Ölbaum-Verlag 1987)

M 13 Aus der preußischen Verfassungsurkunde vom 31. 1. 1850

Artikel 4. Alle Preußen sind vor dem Gesetze gleich. Standesvorrechte finden nicht statt. Die öffentlichen Ämter sind unter Einhaltung der von den Gesetzen festgestellten Bedingungen für alle dazu Befähigten gleich zugänglich.
Artikel 12. Der Genuß der bürgerlichen und staatsbürgerlichen Rechte ist unabhängig von dem religiösen Bekenntnisse.
(J. Höxter, Quellenbuch zur jüdischen Geschichte und Literatur [1927 ff.], Bd. V. Zürich: Morascha 1983, S. 38)

M 14 Emanzipation und Reformen im Königreich Westfalen

Als nach dem Tilsiter Frieden Deutschlands politische Ordnung durch Napoleon neu gestaltet wurde, wirkte sich Frankreichs Einfluß auch dahingehend aus, daß in den von Frankreich abhängigen Staaten die Emanzipation der Juden teilweise oder ganz durchgeführt wurde. Am fortschrittlichsten zeigte sich dabei Napoleons Bruder Jerôme, der seit 1807 König des neugebildeten Königreichs Westfalen war, zu dem – trotz des Namens – von Westfalen allerdings nur der östliche Teil gehörte. [...] Durch das Dekret vom 15.11.1807 erklärte er alle jüdischen Untertanen seines Reichs als den christlichen völlig gleichgestellt. Ähnlich wie Napoleon in Paris 1807 den großen Sanhedrin, eine Versammlung hochgeschätzter jüdischer Persönlichkeiten einberufen hatte, um den Prozeß der Assimilation zu beschleunigen, so ließ Jerôme im Februar 1808 eine jüdische Deputation aus seinem Königreich in Kassel erscheinen, um sich durch ihren Sprecher nicht nur die Loyalität, sondern auch die Mitarbeit der Juden als Soldaten, Kaufleute und Bauern im neuen Königreich versprechen zu lassen. Sprecher war der Braunschweiger Geheimrat und

---

[1] Abgaben v.a. in der kath. Kirche, die bei bestimmten, dem Pfarrer vorbehaltenen Amtshandlungen, bei denen die Stola getragen wird (Taufe, Eheassistenz, Begräbnis), zu zahlen sind.

B 1 Staatsbürgerschaftsurkunde des Sussmann Bleichröder (30. August 1813)

Bankier Israel Jakobson, der 1801 in Seesen eine Schule für christliche und jüdische Kinder errichtet hatte und die Assimilation der jüdischen Bevölkerung an die christliche Umwelt durch eine Reform des jüdischen Gottesdienstes zu forcieren suchte. [...] Jakobson scheiterte jedoch mit seinen Bemühungen. Zwar hatten fast alle Juden die Gleichstellung mit der christlichen Bevölkerung begeistert begrüßt, zwar waren sie aufrichtig daran interessiert, sich zu assimilieren, lehnten aber Jakobsons pedantische Reform ab, die der Tradition der jüdischen Gemeinden total widersprach.
(A. Herzig, Judentum und Emanzipation in Westfalen. Münster: Aschendorffsche Verlagsbuchhandlung 1973, S. 12f.)

---

1 In der ursprünglichen Fassung hieß es hier „in" statt „von"

M 15 Aus der Wiener Bundesakte vom 8. Juni 1815

Die Bundesversammlung wird in Berathung ziehen, wie auf eine möglichst übereinstimmende Weise die bürgerliche Verbesserung der Bekenner des jüdischen Glaubens in Deutschland zu bewirken sey, und wie insonderheit der Genuß der bürgerlichen Rechte gegen die Uebernahme aller Bürgerpflichten in den Bundesstaaten verschafft und gesichert werden könne; jedoch werden den Bekennern dieses Glaubens bis dahin die denselben von[1] den einzelnen Bundesstaaten bereits eingeräumten Rechte erhalten.
(E.R. Huber [Hrsg.], Dokumente zur deutschen Verfassungsgeschichte, Bd. 1. Stuttgart: DVA 1961, S. 80)
§ 16. Die Verschiedenheit der christlichen Religions-Partheyen kann in den Ländern und Gebieten des deutschen Bundes keinen Unterschied in dem Genusse der bürgerlichen und politischen Rechte begründen.

M 16 Beschluß über die Grundrechte des deutschen Volkes

Das Frankfurter Paulskirchenparlament von 1848/49 beschloß in der nie in Kraft getretenen Verfassung:
§ 146 Durch das religiöse Bekenntnis wird der Genuß der bürgerlichen und staatsbürgerlichen Rechte weder bedingt noch beschränkt. Den staatsbürgerlichen Pflichten darf dasselbe keinen Abbruch tun.
(E. R. Huber [Hrsg.], Dokumente zur deutschen Verfassungsgeschichte, Bd. 1 Stuttgart: Kohlhammer 1961, S. 319)

M 17 Aus dem Emanzipationsgesetz des preußischen Königs Wilhelm I. vom 3.7.1869

Nachdem der Reichstag des Norddeutschen Bundes einen entsprechenden Beschluß gefaßt hatte, erließ Wilhelm I. folgende Bestimmung.
Alle noch bestehenden aus der Verschiedenheit des religiösen Bekenntnisses hergeleiteten Beschränkungen der bürgerlichen und staatsbürgerlichen Rechte werden hierdurch aufgehoben. Insbesondere soll die Befähigung zur Teilnahme an der Gemeinde- und Landesvertretung und zur Bekleidung öffentlicher Ämter vom religiösen Bekenntnis unabhängig sein.
(J. Höxter, Quellenbuch zur jüdischen Geschichte und Literatur [1927ff.], Bd. V. Zürich: Morascha 1983, S. 38)

M 18 Aus der Weimarer Reichsverfassung vom 11.8.1919

Artikel 135. Alle Bewohner des Reiches genießen volle Glaubens- und Gewissensfreiheit. Die ungestörte Religionsübung wird durch die Verfassung gewährleistet und steht unter staatlichem Schutz. Die allgemeinen Staatsgesetze bleiben hiervon unberührt.
Artikel 136. Die bürgerlichen und staatsbürgerlichen Rechte und Pflichten werden durch die Ausübung der Religionsfreiheit weder bedingt noch beschränkt.
Der Genuß bürgerlicher und staatsbürgerlicher Rechte sowie die Zulassung zu öffentlichen Ämtern sind unabhängig von dem religiösen Bekenntnis.
Niemand ist verpflichtet, seine religiöse Überzeugung zu offenbaren. [...]
Niemand darf zu einer kirchlichen Handlung oder Feierlichkeit oder zur Teilnahme an religiösen Übungen oder zur Benutzung einer religiösen Eidesform gezwungen werden.
Artikel 137. Es besteht keine Staatskirche.
Die Freiheit der Vereinigung zu Religionsgesellschaften wird gewährleistet. Der Zusammenschluß von Religionsgesellschaften innerhalb des Reichsgebiets unterliegt keinen Beschränkungen.
Jede Religionsgesellschaft ordnet und verwaltet ihre Angelegenheiten selbständig innerhalb der Schranken des für alle geltenden Gesetzes. Sie verleiht ihre Ämter ohne Mitwirkung des Staates oder der bürgerlichen Gemeinde.
(E. R. Huber [Hrsg.], Dokumente zur deutschen Verfassungsgeschichte, Bd. 3. Stuttgart: Kohlhammer 1966, S. 148)

Arbeitshinweise

1 *Das Patent Kaiser Josephs II. (M 7) ist angeblich unter dem unmittelbaren Eindruck von Dohms Werk (M 2) entstanden. Untersuchen Sie, inwieweit das Patent Dohms Forderungen umsetzt.*
2 *Das Patent Kaiser Josephs II. wird immer nur als Toleranz-, nicht aber als Emanzipationspatent bezeichnet. Überprüfen Sie diesen Sprachgebrauch anhand des Textes.*
3 *M 8 zeigt Ihnen die erste europäische Proklamation der Gleichberechtigung für Juden. Angesichts der Ereignisse in Frankreich ab 1789 überrascht der relativ späte Zeitpunkt der Proklamation. Suchen Sie nach einer Begründung.*
4 *Kaiser Joseph II. erlaubt in seinem Patent von 1782 erstmals wieder den Juden das Tragen von Waffen. Ermitteln Sie die Dauer des Verbots (Beginn der Kammerknechtschaft) durch Vergleich mit Materialien des Kapitels C.*
5 *Christian Wilhelm Dohms Denkschrift (M 2) wurde von König Friedrich II. ignoriert. Begründen Sie anhand seines politischen Testaments von 1752 (M 9).*
6 *Bewerten Sie das Emanzipationsedikt von 1812 vor dem Hintergrund Ihrer Kenntnisse über die Lage der Juden in Preußen (vgl. auch Kap. D 2.3). Vergleichen Sie anschließend Ihr Urteil mit dem Wanda Kampmanns (M 11) und des „Centralvereins" (M 12).*
7 *Zeigen Sie anhand des Edikts von 1812 und anhand der preußischen Verfassung von 1850 (M 13) die weitere Entwicklung der Lage der Juden in Preußen.*
8 *König Jerôme von Westfalen unternahm als erster Herrscher im deutschen Raum Schritte in Richtung auf eine Emanzipation der Juden (M 14). Berichten Sie darüber, und bewerten Sie seine Entscheidungen.*
9 *Vergleichen Sie den § 16 der Wiener Bundesakte (M 12) in der ursprünglichen mit der dann beschlossenen Fassung. Welche Bedeutung hat die Abänderung?*

3. Der Kampf um die Emanzipation und Assimilation

Die von Heinrich Heine als „große Aufgabe unserer Zeit" definierte Emanzipation vollzog sich keineswegs geradlinig und ohne Widerstände. In dem nach seiner nationalen Identität suchenden deutschen Volk bildete die Integration der jüdischen Minderheit ebenso wie in den meisten Nachbarstaaten ein von Emotionen und egoistischen Gruppeninteressen belastetes Problem. Es waren vor allem die Vertreter des Liberalismus, die aus prinzipiellen Gründen nachdrücklich für die rechtliche Gleichstellung der Juden eintraten. Als nach 1849 der Einfluß des Liberalismus von konservativen, obrigkeitsstaatlichen Kräften immer stärker zurückgedrängt wurde, traten die Kräfte wieder stärker auf den Plan, die als Gegner der Emanzipation aus ihrer Abneigung gegen die jüdische Bevölkerungsgruppe schon bisher kein Hehl gemacht hatten bzw. nur verbal für sie eingetreten waren.

Aus der sich nun auch in Deutschland verstärkt durchsetzenden Industrialisierung und Kapitalisierung der Wirtschaft erwuchsen tiefgreifende soziale Umstrukturierungen. Sie ließen neue gesellschaftliche Gruppierungen entstehen, die – bedroht von sozialem Abstieg – zum Träger einer neuen Judenfeindschaft werden konnten.

Auch für die jüdische Gemeinschaft bildete die Emanzipation eine große Herausforderung. Der Abriß der Ghettomauern hatte eine doppelte Wirkung: Zum einen war damit die Möglichkeit zur umfassenderen Teilhabe am wirtschaftlichen, sozialen und politischen Leben gegeben; zum anderen bedeutete er auch für viele den Verlust der Geborgenheit der jüdischen Gemeinschaft und die soziale Entwurzelung. Es lag auf der Hand, daß gerade die Vertreter des religiösen Judentums eine ernsthafte Gefährdung für die religiösen Bindungen der Juden und die Existenz des Judentums als Religionsgemeinschaft sehen mußten.

So bildeten sich im wesentlichen zwei große Richtungen heraus: Die Reformkräfte arbeiteten zielstrebig auf eine gesellschaftliche Integration hin und waren dabei auch bereit, die Bindung an die religiösen Überlieferungen des Judentums zu lockern bzw. vollständig aufzugeben. Dem stand das an traditionellen Werten orientierte religiöse Judentum gegenüber, das, um den Bestand des Judentums fürchtend, zum erklärten Gegner der Reformbewegung wurde. Richteten sich die Aktivitäten der Reformbewegung auf eine möglichst umfassende Assimilierung an die nichtjüdische Umwelt, so bekämpfte die Orthodoxie alles, was zu Auflösungstendenzen des Judentums führen konnte. Die Auseinandersetzung zwischen diesen beiden Gruppen prägte das innerjüdische Leben bis ins 20. Jahrhundert hinein.

Die Herausforderung der Möglichkeit zur Integration in die bestehende Gesellschaft hatte ebenso wie die Gefahr einer Auflösung des Judentums die Frage nach der jüdischen Identität aufgeworfen. Als Folge setzte – keineswegs nur seitens der konservativen Kräfte im Judentum – eine Beschäftigung mit den eigenen Wurzeln innerhalb der jüdischen Gemeinschaft ein. In zwei Bereichen führte dies zu sichtbaren, langfristig wirksamen Ergebnissen. Die „Wissenschaft vom Judentum" wurde als eine mit wissenschaftlichen Methoden arbeitende Aufarbeitung der eigenen Geschichte, der religiösen und kulturellen Traditionen, entwickelt. Daneben – aber in enger Verbindung stehend – wurde die Reform des jüdischen Bildungswesens vorangetrieben. Die gewachsene Notwendigkeit, Schüler, stärker als bisher, auf ihre Stellung im beruflichen und gesellschaftlichen Leben außerhalb der jüdischen Gemeinschaft vorzubereiten, hatte die Unzulänglichkeit der traditionellen, weitgehend auf religiöses Wissen beschränkte Bildung deutlich gemacht. Gerade wenn Juden künftig stärker als bisher alle beruflichen Möglichkeiten, die die Gesellschaft bot, ausnutzen wollten, mußten sie eine qualifizierte Ausbildung erhalten. Die Vorbereitung gerade auf solche Berufe, die nicht zu den traditionellen Tätigkeitsfeldern von Juden gehörten, bildete das Ziel der jüdischen Reformschulen, die in vielen Gebieten – u.a. in Seesen, Wolfenbüttel, Frankfurt und Berlin – entstanden.

3.1 Fortschritte und Rückschläge bei der Emanzipation

B 2 Ein jüdischer Freiwilliger der preußischen Landwehr verabschiedet sich von seinen Eltern. Zeitgenössischer Holzstich nach einem Gemälde von Gräf (1813).

M 19 Freiherr von Hardenberg über die Teilnahme der Juden an den Befreiungskriegen

Der damalige preußische Staatskanzler Karl August Freiherr von Hardenberg schreibt in einem Brief vom 4. Januar 1814 an den Grafen von Grote in Hamburg.

Die Geschichte unseres letzten Krieges wider Frankreich hat bereits erwiesen, daß sie [die Juden] des Staates, der sie in seinen Schoß aufgenommen, durch strenge Anhänglichkeit würdig geworden. Die jungen Männer jüdischen Glaubens sind die Waffengefährten ihrer christlichen Mitbürger gewesen, und wir haben auch unter ihnen Beispiele des wahren Heldenmutes und der rühmlichsten Verachtung der Kriegsgefahren aufzuweisen, so wie die übrigen jüdischen Einwohner, namentlich auch die Frauen, in Aufopferung jeder Art den Christen sich anschlossen.

(J. Höxter, Quellenbuch zur jüdischen Geschichte und Literatur [127 ff.], Bd. V. Zürich: Morascha 1983, S. 23)

M 20 Gabriel Riesser[1] verteidigt die Emanzipation

In einer Streitschrift von 1831, die er den gesetzgebenden Versammlungen Deutschlands widmet, wendet sich Riesser gegen die vom Heidelberger Kirchenrat Dr. H.E.G. Paulus aufgestellte Vorbedingung der „unschuldigen Zeremonie" der Taufe für die bürgerliche Gleichstellung der Juden:

Uns vorzuhalten, daß unsere Väter vor Jahrhunderten oder vor Jahrtausenden eingewandert sind, ist so unmenschlich, als es unsinnig ist. Wir sind nicht *eingewandert*, wir sind *eingeboren*, und weil wir es sind, haben wir keinen Anspruch anderswo auf Heimat; wir sind entweder Deutsche, oder wir sind heimatlos. Oder will man im Ernste die ursprünglich fremde Abkunft gegen uns geltend machen? Will man zivilisierte Staaten auf das barbarische Prinzip der Autochthonenschaft zurückführen? Die Fragen bedürfen keiner Antwort. Es gibt nur eine Taufe, die zur Nationalität einweiht: das ist die Taufe des Bluts in dem gemeinsamen Kampf für Freiheit und Vaterland: „Ihr Blut hat sich mit dem unsrigen auf den Schlachtfeldern vermischt", das war das Machtwort, womit man in den Französischen Kammern die letzten ohnmächtigen Regungen von Unduldsamkeit und Abneigung zu Boden schlug. Auch die deutschen Juden haben sich diesen vollgültigen Anspruch auf Nationalität vollgültig erworben. [...]

Die kräftigen Klänge deutscher Sprache, die Gesänge deutscher Dichter haben in unserer Brust das heilige Feuer der Freiheit entzündet und genährt; der Hauch der Freiheit, der über die deutschen Gaue zog, hat unsere schlummernden Freiheits-Hoffnungen geweckt, und manche frohe Aussicht ist ihnen schon seitdem geworden. Wir wollen dem deutschen Vaterlande angehören; wir werden ihm aller Orten angehören. Es kann und darf und mag von uns Allen fordern, was es von seinen Bürgern zu fordern berechtigt ist; willig werden wir ihm alles opfern – nur Glaube und Treue, Wahrheit und Ehre nicht; denn Deutschlands Helden und Deutschlands Weise haben uns nicht gelehrt, daß man durch solche Opfer ein Deutscher wird!

(M. Isler [Hrsg.], Gabriel Riessers Gesammelte Schriften, Bd. 11. Frankfurt a. M./Leipzig 1867, S. 133, 183 f.)

M 21 Schreiben der Juden der Gemeinde Aschenhausen (Thüringen) an den Gutsherrn von Spesshardt vom 7. Juli 1835

Es ist die große und schöne Tendenz unseres Zeitalters, die starren, überall störend hervortretenden Überbleibsel des Feudalismus und der Vogteiverhältnisse, die mit den besseren Staatseinrichtungen ihren Zweck verloren haben, und weder in unseren Zeiten noch Sitten passen, auf dem Wege des Rechts und Ordnung mehr und mehr zu bekämpfen.

Auch auf uns den Bekennern der mosaischen Religion haftet noch viel des mittelalterlichen Druckes. [...]

Wir sind, wie dies das Gesetz vom 20. Juni 1823 klar ergibt keine Schützlinge mehr, sondern Staatsuntertanen und haben mit diesem *gleiche* Rechte und *gleiche* Verbindlichkeiten. Als Staatsuntertanen zahlen wir für den Staatsschutz unserem Landesherrn Sr. Königlichen Hoheit die gesetzlichen Landesabgaben. Das Schutzgeld welches wir an Ew. Hochwohlgeboren entrichteten, und welches uns auch noch jetzt angefordert wird, hat keinen Zweck mehr. Die Vogtei welche das Schutzgeld begründete, existiert nicht mehr. An die Stelle des Vogts sind die Gesetze getreten. Es gewährt uns der Staat, nicht mehr aber Ew. Hochwohlgeboren den Schutz. Dieser Schutz wird uns aber nicht als Schützlingen, sondern als *Staatsuntertanen* gewährt, und es möchte daher von selbst in die Augen springen, daß wir rechtlich nicht verbunden sein können, ferner Schutzgeld zu bezahlen.

Die Richtigkeit dieser Ansicht wird sich auch durch die Bestimmung in § 3. der Judenordnung nicht widerlegen lassen. Denn in diesem Paragraphen ist bestimmt, daß das Schutzgeld nur da wo es mit Recht zu den grundherrlichen Befugnissen gezählt worden sei, fortbestehen sollte. Es wird sich aber sowohl nach gemeinrechtlichen als auch nach staatsrechtlichen Grundsätzen, namentlich den Bestimmungen in der Bundesakte evident nachweisen lassen, daß allhier bereits 1823 die Schutzgeld-Erhebung nicht mehr *mit Recht* geschah. [...]

---

[1] geboren 1806 in Hamburg; studierte Rechtswissenschaft, wurde aber weder als Rechtsanwalt noch als Universitätsdozent zugelassen, weil er Jude war. Er widmete sich zeitlebens dem Kampf um Emanzipation; 1848 erster Vizepräsident des Frankfurter Paulskirchenparlaments; 1860 als erster Jude in einem solchen Amt Richter am Obergericht in Hamburg; 1863 dort gestorben.

Es wird uns sogar auch zugemutet, daß derjenige welcher sich hier verheiraten will, einen Schutzbrief lösen und dafür viel Geld ausgeben soll. Der Staatsuntertan soll sich also zum bloßen Schützling herabwürdigen. Hierfür kann es nimmermehr eine Verbindlichkeit für uns geben! [...]
Ew. Hochwohlgeboren wissen daß die Mehrzahl der hiesigen Juden arm genannt werden kann. Sie werden es daher uns auch nicht verdenken können, wenn wir den angedeuteten Gründen gemäß hiermit erklären: daß wir für die Folge weder Schutzbriefe lösen, noch als Staatsuntertanen Schutzgeld bezahlen.
(J. Toury, Probleme jüdischer Gleichberechtigung auf lokalbürgerlicher Ebene. In: Jahrbuch des Instituts für Deutsche Geschichte, Bd. 2. Tel Aviv 1973, S. 278 f.)

Arbeitshinweise
1 *Betrachten Sie das Bild von dem jüdischen Freiwilligen 1813 (B 2). Woran ist erkennbar, daß es sich um einen Juden handelt?*
2 *Äußern Sie sich zur Bedeutung der Befreiungskriege für die Juden (B 2 und M 19).*
3 *Erarbeiten Sie Gabriel Riessers Argumentationsstrategie gegen Kirchenrat Paulus (M 20).*
4 *Bewerten Sie das Schreiben der Juden von Aschenhausen an den Herrn von Spesshardt (M 21).*

3.2 Ergebnisse und Bewertungen

M 22 Zur Zielsetzung der Emanzipation
Durch die Emanzipationsakte der Französischen Revolution (und ebenso durch die entsprechende Gesetzgebung in anderen Ländern, die auf sie folgte) erhielten wohl die Juden als Individuen, die Juden als Menschen, als Staatsbürger, als Glieder anderer Nationen rechtliche Gleichstellung. Diese Gleichheit betraf aber nicht die Juden als Gesamtheit, das jüdische Volk. Im Gegenteil: Die Emanzipation der Juden war eigentlich ein letzter entscheidender Schlag gegen den Bestand des jüdischen Volkes als Kollektivindividualität. Was die Gewalt nicht erreicht hatte, sollte gewissermaßen durch die Verführung des Friedens geschehen: Das jüdische Volk als Gesamtheit sollte aufgelöst, endgültig begraben werden. Seine Glieder sollten sich als einzelne Individuen unter die Völker zerstreuen. Zwischen ihnen und den anderen Bürgern des Staates sollte kein anderer Unterschied sein, als daß die einen in Kirchen beteten, die anderen in Synagogen. Selbst dieser Unterschied, so hofften viele, werde mit der Zeit schwinden – durch die Beseitigung und das Hinschwinden der Religion als wesentlicher Faktor im modernen Leben oder durch Übertritt der Juden in ein weniger dogmatisches, verblaßtes Christentum – und damit der letzte Rest einer jüdischen Sonderexistenz beseitigt sein.
(A. Bein, Die Judenfrage. Biographie eines Weltproblems, Bd. I. Stuttgart: DVA 1980, S. 198)

M 23 Der Prozeß der Emanzipation der Juden in Deutschland im 19. Jahrhundert
Ablauf und Tempo des Emanzipationsprozesses waren [...] im Kern abhängig von dem allgemeinen Prozeß der Herausbildung und Ausformung der modernen Gesellschaft, und es läßt sich in der Tat beobachten, daß in Phasen rascher gesamtgesellschaftlicher Entwicklung die Emanzipation der Juden voranschritt, während in Zeiten wirtschaftlicher Krisen und politischer Reaktion auch die Emanzipation der Juden stagnierte. [...]
Die Emanzipation der Juden war nicht das Ergebnis einer plötzlichen Hochschätzung des Judentums oder eines aufklärerischen Philosemitismus, sondern eine notwendige Konsequenz der modernen Staats- und Gesellschaftsentwicklung. [...]
Mit der Emanzipation war nach Jahrhunderten des Hasses und der Unterdrückung erstmalig die Chance gegeben, zu einem grundlegend neuen und zukunftsträchtigen Verhältnis von Juden und Nichtjuden – in Deutschland ebenso wie im übrigen Europa – zu gelangen.
Allerdings war der Emanzipationsprozeß in der Praxis nicht so einfach, wie er sich in der Theorie darstellen mochte und wie er auch uns heute leicht erscheinen mag. Die alten Vorurteile waren tief verwurzelt, und man mußte mit langen Fristen rechnen, ehe die in Religion und Volkskultur verankerten negativen Vorstellungen von „dem Juden" und dem Judentum abgeschwächt und schließlich überwunden werden konnten. Auch darf nicht übersehen werden, daß die wirtschaftliche und soziale Eingliederung einer bis dahin fremden und ungeliebten Minderheit immer Probleme schaffen wird, da nicht nur vermeintliche, sondern auch reale Interessen auf dem Spiel stehen. [...]
In einem Zeitalter des raschen gesellschaftlichen Wandels, in dem die sozialen Positionen nicht mehr so gesichert sind wie in früheren Zeiten, können der soziale Aufstieg, der wirtschaftliche Erfolg oder die kulturelle Leistung eines Außenseiters nur allzu leicht als Bedrohung empfunden werden – als Veränderungen, die sich auf Kosten derjenigen vollziehen, die in ihrer eigenen Entwicklung weniger erfolgreich sind.
Das alles sind mehr oder weniger unvermeidliche Belastungen des Emanzipations- und Integrationsprozesses, wie sie auch in anderen Ländern zu finden sind. [...]
Wichtig ist zunächst, daß die Rechtsgleichheit nur all-

mählich hergestellt, die Emanzipation also stufenweise durchgeführt wurde. Dadurch blieb die Rechtsstellung der Juden allzulange umstritten, gewöhnte man sich daran, daß auch in der modernen Gesellschaft die Juden nicht wie alle anderen Bürger behandelt wurden. Alte Vorurteile schienen so durch Recht und Gesetz bestätigt zu werden. Hinzu kam, daß man hartnäckig an der Vorstellung festhielt, daß die Emanzipation von den Juden erst verdient werden müsse, daß die volle Gleichstellung nur eine Art krönender Abschluß eines langwierigen Erziehungsprozesses sein könnte. […]

Durch die Emanzipation sollte nicht eine Minderheit als Minderheit gleichgestellt werden: Die Gleichstellung sollte vielmehr die mehr oder weniger rasche Auflösung dieser Minderheit einleiten. Die Emanzipation galt, wenn man den Gedanken ein wenig zuspitzt, nicht den Juden als Juden, sondern den Individuen, die künftig keine Juden mehr sein würden, jedenfalls keine Juden mehr in dem bis dahin bekannten Sinne. Damit steckte in der gesamten Emanzipationspolitik trotz aller guten Absichten von vornherein ein beträchtliches Maß an Intoleranz gegenüber allem Jüdischen, das sich in der Andersartigkeit gegenüber der christlich-deutschen Mehrheit ausdrückte. Darüber hinaus mußte diese Vorstellung aber auch die ganze Emanzipationsbewegung insofern gefährden, als die Tatsache, daß auch nach vielen Jahrzehnten die Juden noch immer als eine Minderheit erkennbar waren, als ein scheinbar durchschlagendes Argument gegen die Theorie und Praxis der Emanzipation gebraucht werden konnte.

(R. Rürup, Emanzipation und Antisemitismus. Historische Verbindungslinien. In: H.A. Strauss/N. Kampe [Hrsg.], Antisemitismus. Bonn: Bundeszentrale für politische Bildung 1985, S. 91 ff.)

M 24 Zu den Folgen des Emanzipationsprozesses

Die Folgen für die Juden waren tiefgreifend: Jetzt erst wurde ihre Zerstreuung vollendet. Nicht nur die räumliche! Mit dem Austritt der Juden aus dem Ghetto und der allen gemeinsamen religiös-kulturellen Tradition und Verpflichtung begann eine Zerstreuung neuer Art: Die Juden in den verschiedenen Ländern erklärten sich als Angehörige der Völker, in deren Mitte sie lebten, identifizierten sich mit dem Kulturleben der Völker, mit ihrem nationalen Zukunftswillen; sie versuchten sogar, sich mit deren Geschichtsbewußtsein zu identifizieren, obwohl doch dieses Geschichtsbewußtsein auf anderen Voraussetzungen der Herkunft, des Schicksals, der religiösen und nationalen Tradition erwachsen war. Sie kämpften in den Kriegen der Völker als Soldaten in einander feindlichen Armeen. […]

Aus einer in ihren Grundauffassungen und Endzielen geeinten Judenheit entwickelten sich auf diese Weise viele Judenheiten, die sich national und kulturell als Angehörige der verschiedensten Nationen erklärten. Die emanzipierten oder nach Emanzipation strebenden Juden wollen nicht mehr Juden sein, die durch Geschick oder Zufall in bestimmten Ländern wohnen, sie wollen Franzosen, Engländer, Deutsche, Ungarn sein und ihr Judesein nur als eine das Privatleben betreffende Tatsache oder Eigenschaft empfinden, als etwas, was im Grunde keinen anderen angeht. Sie sind keine in Frankreich (oder in irgendeinem anderen Lande) lebenden Juden mehr, kaum mehr französische Juden; sie lieben es mehr davon zu sprechen, daß sie jüdische Franzosen seien oder, besser noch, israelitische Franzosen oder Franzosen mosaischer Konfession. […]

Diese innere Unsicherheit hatte Folgen verschiedener Art. Zunächst machte sie die Juden gerade in den Augen der Umwelt keineswegs sympathischer, sondern eher noch seltsamer, beinahe verdächtiger: Der Jude muß doch etwas zu verbergen haben, wenn er sich so unsicher und seltsam benimmt! War der Jude aber – wiederum aus dieser Unsicherheit und dem Gefühl der inneren Abhängigkeit heraus – unterwürfig und allzu gefügig, suchte er sich allzu eifrig den Sitten der Umwelt anzugleichen, so erregte er oft gerade dadurch Verachtung und Abscheu: Er ist eben doch eine Sklavennatur, unsere Väter hatten recht, ihn so zu behandeln; gib dem Sklaven einen Tritt und sieh zu, daß er, der scheinbar Demütige, dich nicht hinterrücks überfällt! Wurde der Jude aber – in dem Bemühen, seine Schwäche und Unsicherheit zu verbergen, und zugleich aus einem von Instinkt und alter Tradition genährten und ihm selbst oft unverständlichen Gefühl der Überlegenheit heraus – überheblich, so war das eben die jüdische Frechheit („Chuzpah"), die Undankbarkeit des „Gastes" seinem „Wirtsvolk" gegenüber, wenn nicht Schlimmeres.

(A. Bein, Die Judenfrage. Biographie eines Weltproblems, Bd. I. Stuttgart: DVA 1980, S. 252, 255)

Arbeitshinweise

1 *Sind die kritischen Äußerungen zur Emanzipation in Deutschland (M 22 und M 23) gerechtfertigt?*
2 *Fassen Sie Alex Beins Überlegungen (M 24) zu Thesen zusammen, und diskutieren Sie sie.*

3.3 Reformjudentum und Orthodoxie

M 25 Ankunft eines Juden in Berlin Ende des 18. Jahrhunderts

Endlich erreichte ich diese Stadt. Hier glaubte ich meinem Elende ein Ende zu machen und alle meine Wünsche zu erreichen, betrog mich aber leider sehr.
Da, wie bekannt, in dieser Residenzstadt kein Betteljude gelitten wird, so hat die hiesige jüdische Gemeinde zur Versorgung ihrer Armen ein Haus am Rosenthaler Tore bauen lassen, worin die Armen aufgenommen, von den jüdischen Ältesten über ihr Gesuch in Berlin befragt und nach Befinden entweder, wenn sie krank sind oder einen Dienst suchen, in der Stadt aufgenommen, oder weiter verschickt werden. Auch ich wurde also in dieses Haus gebracht, das teils mit Kranken, teils aber mit liederlichem Gesindel angefüllet war. Lange Zeit sah ich mich vergebens nach einem Menschen um, mit dem ich mich über meine Angelegenheiten hätte besprechen können.
Endlich bemerkte ich einen Menschen, der nach seinem Anzuge zu urteilen, ein Rabbiner sein mußte; ich wandte mich also an diesen, und wie groß war nicht meine Freude, als ich von ihm erfuhr, daß er wirklich ein Rabbiner und in Berlin ziemlich bekannt sei. Ich unterhielt mich mit ihm über allerhand Gegenstände der rabbinischen Gelehrsamkeit, und da ich sehr offenherzig bin, so erzählte ich ihm meinen Lebenslauf in Polen, eröffnete ihm mein Vorhaben, in Berlin Medizin zu studieren, zeigte ihm meinen Kommentar über den More Newochim[1] usw. Dieser merkte sich alles und schien sich für mich sehr zu interessieren. Aber auf einmal verschwand er mir aus dem Gesichte. Endlich gegen Abend kamen die jüdischen Ältesten. Es wurde ein jeder der Anwesenden vorgerufen und über sein Gesuch befragt. Die Reihe kam auch an mich, und ich sagte ganz offenherzig, ich wünsche in Berlin zu bleiben, um daselbst Medizin zu studieren.
Die Ältesten schlugen mein Gesuch geradezu ab, gaben mir meinen Zehrpfennig und gingen fort. Die Ursache dieses Betragens gegen mich besonders war keine andere als diese:
Der Rabbiner, von dem ich vorher gesprochen habe, war ein eifriger Orthodox. Nachdem er also meine Gesinnungen und Vorhaben ausgeforscht hatte, ging er in die Stadt, benachrichtigte die Ältesten der Gemeinde von meiner ketzerischen Denkungsart, indem ich den More Newochim kommentieren neu herausgeben wolle, und daß mein Vorhaben nicht sowohl sei, Medizin zu studieren und als Profession zu treiben, sondern hauptsächlich mich in Wissenschaften überhaupt zu vertiefen und meine Erkenntnis zu erweitern.
Dies letztere sehen die orthodoxen Juden als etwas der Religion und den guten Sitten Gefährliches an, besonders glauben sie dieses von den polnischen Rabbinern, die durch einen glücklichen Zufall aus der Sklaverei des Aberglaubens befreit, auf einmal das Licht der Vernunft erblicken und sich von jenen Fesseln losmachen.

(Salomo Maimons Lebensgeschichte. Von ihm selbst geschrieben [1792]. Berlin: Union Verlag 1988; S. 123 f.)

M 26 Über das kulturelle Leben der Juden in Berlin um 1780

Ein unbekannter Reisender berichtet:
Die Judenschaft in Berlin ist ansehnlich. Die Juden wohnen größtenteils in dem eigentlichen Berlin, besonders in der Jüden-, Königs-, Spandauer- und einigen anderen Straßen. Unter den Linden hat der Bankier Ephraim[1] ein prächtiges Haus. In der Friedrichstadt wohnt kein einziger. Es gibt sehr reiche Juden in Berlin: Moses, Itzig[1] und die Ephraim werden für die reichsten gehalten. Einige haben Fabriken, die meisten ernähren sich jedoch durch den Handel. Ihr Benehmen, besonders derjenigen, welche eine gute Erziehung genossen haben, ist fein und artig. Sie haben lange nicht das Steife, Niedrige und Grobe, was ihrer Nation eigen zu sein pflegt. Die Vornehmen oder überhaupt diejenigen, welche nach guten Grundsätzen erzogen sind, gehen viel mit Christen um, nehmen gemeinschaftlich mit ihnen an unschuldigen Zerstreuungen teil, und oft sieht man es ihnen kaum an, daß sie Juden sind. Sehr viele tragen ihre Haare jetzt ebenso wie die Christen und unterscheiden sich auch in der Kleidung nicht von uns.
Es gibt verschiedene Gelehrte unter ihnen, denen man den Ruhm nicht absprechen kann, daß sie sich mit bemerkenswertem Eifer den Wissenschaften widmen. Wem ist Moses Mendelssohn nicht bekannt? Doktor Bloch ist ein großer Kenner der Naturgeschichte und Physik. Doktor Herz liest jetzt philosophische Kollegia. Übrigens lieben sie die Lektüre mehr als jemals. Schöngeisterei und Dichtkunst wechseln bei ihnen mit der Lektüre der Wochenschrift und dem Besuche des Schauspiels ab. Die Romansucht ist außerordentlich unter ihnen eingerissen, und besonders kranken die Frauenzimmer daran. Das schöne Geschlecht der Israeliten spielt in Berlin eine große Rolle. Es gibt

---

[1] Hauptwerk des Mose ben Maimon (auch Maimonides), der von 1135 bis 1204 lebte und als bedeutendster jüdischer Philosoph des Mittelalters gilt; Das Werk vertritt die Identität der jüdischen Religion mit der Philosophie des Aristoteles. Mose ben Maimons Ansichten wurden stark angefeindet.

[1] Veitel Heine Ephraim (gest. 1775) und Daniel Itzig (1723–1799), beide Münzmeister Friedrichs II. von Preußen, erhielten 1760 nach dem verlustreichen Sieg von Torgau die Münze zur Pacht mit dem Auftrag, wertgemindertes Geld zu prägen.

wirklich Schönheiten im eigentlichsten Sinne unter ihnen. [...]
Unter allen Vergnügungen lieben die Juden das Schauspiel am meisten. Am Sonnabend ist das Parterre großenteils von ihnen besetzt. Bei gutem Wetter sieht man sie an diesem Tage in Scharen im Tiergarten oder Unter den Linden spazierengehen.
(J. Höxter, Quellenbuch zur jüdischen Geschichte und Literatur [1927ff.], Bd. IV. Zürich: Morascha 1983, S. 158f.)

M 27 Jüdische Aufklärung (Haskala)

Die jüdische Aufklärungsbewegung (Haskala) war ein Zweig der europäischen Aufklärung und dieser darin ähnlich, daß sie das Individuum, den „Menschen", erhöhte und sich zum Ziel setzte, ihn aus geschichtlich entwickelten sozialen und religiösen Systembindungen zu befreien. Damit, daß die Aufklärung dem Menschen den ersten Platz einräumte, postulierte sie, daß die menschliche Vernunft der Maßstab für alle natürlichen und sozialen Erscheinungen sei. Daher standen die Verfechter der Aufklärung in einer Gegenposition zu traditionellen Werten und Institutionen und neigten dazu, die zurückliegende Geschichte der Menschheit als eine Anhäufung von Irrtümern zu betrachten, die auf Unwissenheit, Autoritätshörigkeit und auf der Ausbeutung der ignoranten Massen durch Führer voll Gier nach Macht und Reichtum beruhten.

Das Besondere der jüdischen Aufklärung bestand darin, daß sie sich parallel zu der sozialen und kulturellen Integration der Juden in ihre Umwelt entfaltete. Die Juden nahmen nicht nur die kulturellen Wertbegriffe europäischer Nationen auf, sondern einige von ihnen begannen sogar als Schriftsteller in den europäischen Sprachen Schöpferisches zu leisten. Dies war in der jüdischen Geschichte nichts Neues. Schon früher hatten Juden in fremden Sprachen – auf griechisch, arabisch, spanisch und italienisch – zahlreiche hervorragende Werke, die sich mit jüdischen und allgemeinen Themen beschäftigten, verfaßt. Indessen waren diese Schriften von den grundlegenden Glaubenssätzen der jüdischen Religion geprägt gewesen, selbst wenn sie vom Geist eines extremen Rationalismus durchtränkt waren; sie waren in der Absicht entstanden, den Beweis zu liefern, daß sich die Wahrheit der göttlichen Offenbarung rational darlegen und auf diese Weise die jüdische Tradition rechtfertigen lasse. In Haskala-Kreisen des 18. Jahrhunderts aber entnahm man den Prüfstein für Erkenntnis und Bewertung den geistigen Schätzen der kulturellen Umwelt, und damit wurde, selbst bei jenen Maskilim[1], die theoretisch der jüdischen Religion die Treue hielten, die Aufklärungsbewegung zum Ausdruck universaler geistiger Tendenzen.

---

1 vgl. Glossar

Der geistige Vater der Maskilim war der hochangesehene Philosoph Moses Mendelssohn (1729–86).
(S. Ettinger, Vom 17. Jahrhundert bis zur Gegenwart/ Die Neuzeit. In: H. H. Ben-Sasson [Hrsg.], Geschichte des jüdischen Volkes, Bd. III. München: C. H. Beck 1980, S. 71)

M 28 Über das Wirken von Moses Mendelssohn und seines Kreises

1778 begann er mit der Veröffentlichung seiner deutschen Übersetzung des Pentateuch mit hebräischem Kommentar (Biur) auf rationalistischer Grundlage. Dieses Projekt, eigentlich dazu bestimmt, Mendelssohns Kindern zu einem besseren Verständnis der Bibel zu verhelfen, wurde für viele junge Juden gewissermaßen zu einem Schnellkurs in deutscher Sprache und Kultur, einer Einführung in die rationalistische Interpretation der Schrift. Es nimmt nicht wunder, daß der Biur bei den konservativen Elementen im Judentum auf heftige Ablehnung stieß.

Noch bedeutsamer in den Konsequenzen war jedoch, daß Mendelssohn sich zu dem in aufgeklärten Kreisen Europas herrschenden Grundsatz der Trennung von Staat und Religion bekannte. In seinem Buch „Jerusalem" betonte er, daß nur der Staat Zwang anwenden dürfe, während die Religion (die Kirche) sich des Mittels des Überzeugens zu bedienen habe. Deshalb sollten kirchlichen Organen keine Zwangs- und Aufsichtsbefugnisse übertragen werden. Diese Theorie hatte praktisch eine Unterhöhlung der Autorität der innerjüdisch autonomen Organisation zur Folge. Mendelssohn wandte sich gegen das Recht der jüdischen Gemeinde, Mitglieder auszuschließen, und gegen ihre juristischen Entscheidungsbefugnisse.

Trotz dieser Ansichten stieß Mendelssohn bei den führenden Männern des deutschen Judentums oder den Rabbinern auf keinen erbitterten Widerspruch. Dies lag zum Teil daran, daß er selbst die religiösen Vorschriften einhielt, teils an seinem Ansehen in der deutschen Gesellschaft und teils auch daran, daß er die Juden gegen verschiedene ihnen feindselig gesinnte Elemente in Schutz nahm. Nicht das gleiche galt für die Tätigkeiten seiner Schüler und engen Gefährten. Hartwig [Naftali Herz] Wessely [Weisel], David Friedländer und Naftali Herz Homberg setzten sich mit Energie für eine Reformierung und Anpassung der jüdischen Gesellschaft ein. [...]

Nach Mendelssohns Tod und namentlich mit Beginn der neunziger Jahre wurde der öffentlich ausgetragene Streit zwischen Kreisen der Haskala und ihren Gegnern schärfer. In ihren hebräischen Publikationen wahrten die Maskilim zwar einen gemäßigten Ton, doch ihre auf deutsch verfaßten Schriften waren deutlich gegen die Tradition gerichtet und sogar deistisch. Fast allgemein war die Ablehnung des Talmud und der Mizwot [religiösen Gebote], das erklärte Ideal der „reine Mosaismus" oder die „Naturreligion". [...]
Die große Mehrheit der Maskilim löste sich allerdings

nicht vom geistigen Erbe Mendelssohns; sie hielt an der Ansicht fest, daß ein „reiner" Judaismus dem Christentum vorzuziehen sei, und maß ihm zuweilen Zukunftsbedeutung bei, indem sie die messianischen Hoffnungen des Judentums universal auslegte, als Hoffnungen auf ein Zeitalter der Vernunft, Freiheit und Brüderlichkeit.
(S. Ettinger, Vom 17. Jahrhundert bis zur Gegenwart/ Die Neuzeit. In: H.H. Ben-Sasson [Hrsg.], Geschichte des jüdischen Volkes, Bd. III. München: C.H. Beck 1980, S. 73 f.)

M 29 Zur Praxis der Reformkräfte
Nachdem Kley[1] aus Berlin nach Hamburg übergesiedelt war und die Leitung der dortigen jüdischen „Freischule" übernommen hatte, entfaltete er an seiner neuen Wirkungsstätte eine erfolgreiche Agitation für die Errichtung einer Reformsynagoge. Bald schloß sich eine ansehnliche Zahl von Familien zu einem Reformverein zusammen, und im Oktober 1818 fand die Einweihung des neu erbauten „Tempels" statt, an dem Kley das Predigeramt übernahm. Die Hebraisten M.J. Bresselau und Isaak Säckel Fränkel[2] gaben für die Tempelbesucher ein Gebetbuch heraus, in dem zwar die heilige Sprache, nicht aber das gesamte überlieferte liturgische Material beibehalten war: viele Gebete waren nämlich entweder ganz weggelassen oder durch wohlklingendere, dem sephardischen Ritus entlehnte Hymnen („Piutim") ersetzt; aus Gebeten von ausgesprochen nationalem und messianischem Charakter wurden jene Stellen ausgeschieden, die allzu deutlich auf die erhoffte Wiedergeburt des israelitischen Staates anspielend, die Vaterlandsliebe der deutschen Juden unglaubwürdig zu machen schienen. Die im „Tempel" eingeführte gottesdienstliche Ordnung lehnte sich an das Berliner Vorbild an: im hebräischen Originaltext wurden lediglich die Hauptgebete (so das „Schema") vorgelesen, die übrigen dagegen in deutscher Sprache, in der auch die Predigt gehalten wurde; die Hymnen wurden von einem Chor unter Orgelbegleitung vorgetragen. Diese Neuerungen führten zu einer Spaltung in der Hamburger Gemeinde. Den „Tempelherren" traten die Altfrommen entgegen. Bald nach Eröffnung des neuen Tempels erließ das Rabbinerkollegium von Hamburg-Altona einen Aufruf, in dem es allen Rechtgläubigen den Besuch des Reformtempels und den Gebrauch des neuen Gebetbuches aufs nachdrücklichste untersagte.
(S. Dubnow, Weltgeschichte des jüdischen Volkes. Die neueste Geschichte, Bd. IX. Das Zeitalter der ersten Reaktion und der zweiten Emanzipation. Berlin: Jüdischer Verlag 1929, S. 88)

1 Dr. Eduard (Israel) Kley (1789–1867) war Lehrer und Prediger.
2 Übersetzer der biblischen Apokryphen ins Hebräische.

M 30 Vereinigungsakte des „Neuen israelitischen Tempelvereins" in Hamburg (1817)
Durchdrungen von der Notwendigkeit, den öffentlichen Gottesdienst, der teils wegen der immer mehr abnehmenden Kenntnis der Sprache, in welcher er bis jetzt allein gehalten worden, teils durch die mannigfaltigen dabei eingeschlichenen Mängel, seit einiger Zeit von so vielen vernachlässigt worden, zu seiner ihm angemessenen Würde und Bedeutung zurückzuführen, und von dem Wunsche beseelt, den fast erkalteten Sinn für die ehrwürdige Religion der Väter wieder zu beleben, haben die Endesunterzeichneten sich dahin vereinigt, nach dem Beispiele mehrerer israelitischer Gemeinden in Deutschland, und namentlich der in Berlin, auch in dieser Stadt, für sich und alle, die mit ihnen gleich gesinnt sind, einen würdigen und geordneten Ritus herzustellen, nach welchem an den Sabbat- und Festtagen sowie bei anderen feierlichen Gelegenheiten, in einem eigens zu diesem Behufe einzurichtenden Tempel, der Gottesdienst gehalten werden soll. Bei diesem Gottesdienst soll namentlich auch eine deutsche Predigt und Choralgesang mit Begleitung der Orgel eingeführt werden.
Der erwähnte Ritus soll übrigens sich nicht bloß auf den Gottesdienst im Tempel beschränken, vielmehr sich auf alle diejenigen religiösen Gebräuche bei Handlungen des bürgerlichen Lebens erstrecken, die durch die Kirche geheiligt sind oder ihrer Natur nach geheiligt werden sollen. Die vorzüglichsten derselben sind die bei der Aufnahme der Neugeborenen in den Bund der Väter, bei den Trauungen u.dgl.m. Auch soll ein religiöser Akt eingeführt werden, durch welchen die Kinder beiderlei Geschlechts, nachdem sie in der Glaubenslehre einen angemessenen Unterricht erhalten haben, als Bekenner der mosaischen Religion eingesegnet werden sollen.
(J. Höxter, Quellenbuch zur jüdischen Geschichte und Literatur [1927 ff.], Bd. V. Zürich: Morascha 1983, S. 119 f.)

M 31 Diskussion um die Reform des Judentums
Samson Raphael Hirsch (1808–1888), Gründer und erster Rabbiner der „Israelitischen Religionsgesellschaft" in Frankfurt a.M. bezieht im Sinne der Orthodoxie Stellung:
Also *zeitgemäß* das Judentum zu gestalten, das sei die Aufgabe unserer Zeit, das sei die Aufgabe aller Zeiten gewesen, das hätten auch die großen Altmeister jeder Zeit geübt, und nur wir unerleuchtete Finsterlinge wollten starrsinnig solche Weisheit nicht fassen, nicht üben? [...]
War das Judentum je zeitgemäß? *kann* das Judentum je zeitgemäß werden? *konnte* es so je gewesen sein? *wird* es je es werden? – [...] War das Judentum zeitgemäß, für welches [...] Jahrhunderte herab unsere Väter in allen Ländern, allen Zeiten den schmählich-

sten Druck, den höhnendsten Spott und tausendfältig Tod und Verfolgung erlitten? War je in allen diesen Jahrtausenden das Judentum zeitgemäß, entsprach es je den Ansichten der herrschenden Zeitgenossen, war es je nicht der Mißdeutung und Verkennung ausgesetzt, war es je bequem und leicht, Jude und Jüdin zu sein? *Und es wäre die Aufgabe des Judentums, jederzeit zeitgemäß zu sein?!*
Was wäre auch aus dem Judentum geworden, wenn unsere Väter es hätten als ihre Aufgabe betrachten dürfen, ihr Judentum jederzeit zeitgemäß, d.h. den in ihrer Umgebung zeitlich herrschenden Ansichten und Verhältnissen gemäß zu gestalten. [...] Wechseln doch die Ansichten, die Sitten, die Bedürfnisse von Land zu Land, von Jahrzehnt zu Jahrzehnt, und wo ist noch eine Religion, die also bestimmt ist, durch alle Länder, alle Zeiten zu wandern wie das Judentum, – und wir sollten es *überall zeitgemäß* gestalten? Aber vor allem, was wäre das für ein Judentum, wenn wir es zeitgemäß gestalten *dürften!* [...]
Täuschen wir uns nicht! Die ganze Frage ist einfach nur die: Ist das „Und Gott sprach zu Mosche wie folgt", womit alle Gesetze der jüdischen Bibel beginnen, *ist es eine Wahrheit*, glauben wir wahrhaftig und wahr, daß Gott, daß der allmächtige, allheilige Gott also zu Mosche gesprochen, ist es eine Wahrheit, wenn wir im Kreise der Brüder auf dieses geschriebene Bibelwort die Hand legen und sprechen, daß Gott uns diese Lehre gegeben, daß es seine Lehre, die Lehre der Wahrheit und damit das ewige Leben in unsere Mitte gepflanzt sei, ist das alles kein Lippenwort, keine Redefloskel und Täuschung, wohlan denn, so müssen wir es halten, müssen es erfüllen, unverkürzt, ungemäkelt, unter allen Umständen es halten, zu allen Zeiten, (so) muß uns dieses Gotteswort das ewige, über alles Urteil des Menschen ewig erhabene Maß sein, demgemäß wir uns und all unser Tun jederzeit gestalten müssen, und statt zu klagen, es sei nicht mehr zeitgemäß, dürfen wir nur die eine Klage kennen, daß die Zeit nicht mehr ihm gemäß sein wolle. [...]
Dann, dann – wenn die Zeiten *Gott gemäß* geworden, wird auch das Judentum *zeitgemäß* sein. [...]
Aber auch längst vor diesem Ziele, auf seiner ganzen Wanderung durch Zeiten und Länder, steht der Jude keineswegs so schroff durch sein Judentum den Ländern und Zeiten gegenüber; es weist ihn vielmehr dieses Judentum selbst auf jede Zeit und jedes Land, durch das er wandert, und lehrt ihn die freundlichsten, ernstesten Bande mit jeder Zeit und jedem seinem Lande knüpfen. [...]
Keiner Wissenschaft, keiner Kunst, keiner Bildung wird daher der Jude abhold sein, sobald sie nur wahrhaft wahr, sobald sie nur wahrhaft sittlich, sobald sie nur das Menschenheil wahrhaft fördernd befunden werden. Zu prüfen hat er alles an dem ewig unantastbaren Prüfstein seiner Gotteslehre; was davor und damit nicht besteht, ist für ihn nicht da. Aber je fester er auf dem Felsen seines Judentums steht, je voller er das Bewußtsein seines Judentums in sich trägt, je geneigter wird er überall sein, das den jüdischen Wahrheiten entsprechende wahrhaft Wahre, wahrhaft Gute anzunehmen und sich dankbar anzueignen, von welchem Geiste es auch gefunden, aus welchem Munde es ihm auch töne. [...] Nie und nimmer wird er auch nur eine Faser seines Judentums opfern, nie und nimmer wird er sein Judentum zeitgemäß gestalten; aber er wird gern alles bei sich heimisch machen, wo ihm seine Zeit dem Judentum Gemäßes bietet, wird es in jeder Zeit als seine Aufgabe betrachten, vom Standpunkte seines Judentums die Zeit und ihre Verhältnisse zu würdigen, um in jeder Zeit, mit den von jeder Zeit gewährten neuen Mitteln, in den von jeder Zeit gestalteten neuen Verhältnissen den Geist seines alten Judentums in immer neuer Blüte zu entfalten, und die Aufgabe seines alten Judentums in immer reicherer Fülle, mit immer neuer Treue, voll und ganz zu lösen.
(J. Höxter, Quellenbuch zur jüdischen Geschichte und Literatur [1927ff.], Bd. V. Zürich: Morascha 1983, S. 125ff.)

M 32 Programm des „Vereins der Reformfreunde" Frankfurt a. M. (1842)

Der als extrem geltende Verein bestand nur zwei Jahre. Sein Gründer, Theodor Creizenach, trat zum Christentum über.
1. Wir erkennen in der mosaischen Religion die Möglichkeit einer unbeschränkten Fortbildung. 2. Die gewöhnlich mit dem Namen Talmud bezeichnete Sammlung von Kontroversen, Abhandlungen und Vorschriften hat für uns weder in dogmatischer noch in praktischer Hinsicht irgendeine Autorität. 3. Ein Messias, der die Israeliten nach dem Lande Palästina zurückführe, wird von uns weder erwartet noch gewünscht, wir kennen kein Vaterland als dasjenige, dem wir durch Geburt oder bürgerliche Verhältnisse angehören.
(H. M. Graupe, Die Entstehung des modernen Judentums. Geistesgeschichte der deutschen Juden 1650–1942. Hamburg: Helmut Buske Verlag ²1977, S. 222)

M 33 Zur Reformbewegung im Judentum

Die Reformbewegung verfolgte einen doppelten Zweck. Sie suchte nach einer legitimen Methode, dem modernen Juden die Last religiöser Gesetze zu erleichtern, so daß er seinem Beruf nachgehen, seine wirtschaftlichen Ziele verfolgen und gleichzeitig den Zugang zur nichtjüdischen Gesellschaft finden konnte. Das war sozusagen die praktische Seite der Reform. Nicht weniger wichtig war ihr theoretisches Ziel: Eine umfassende Philosophie des Judentums zu entwickeln, im Einklang mit dem Status des modernen Juden als Bürger eines nichtjüdischen Staates und Mitglied einer nichtjüdischen Gesellschaft. Dies konnte nur durch eine sorgfältige Auslese traditioneller Grundsätze geschehen, wobei man diejenigen Teile ausließ, die mit der neuen Stellung der Juden unvereinbar erschienen, und Lehren, die der neuen Situation angemessen waren, betonte oder neu einführte. Das biblische und sogar das talmudische Judentum, obgleich zum größten Teil auf das jüdische Volk eingestellt und als solches beschränkt-national genannt werden kann, enthielt jedoch auch universale Elemente, wie Gesetze, die für alle Menschen bindend waren und die Zeit voraussahen, wo die gesamte Menschheit in der Huldigung eines einzigen wahren Gottes vereint sein würde. Das Reformjudentum bemühte sich, diese Elemente hervorzuheben und entgegengesetzte Ideen, die nicht weniger ein Bestandteil derselben Tradition waren, zu beseitigen oder zu vernachlässigen. [...]

Die Tendenz, ein Judentum zu bilden, das nicht mehr als ein Glaubensbekenntnis war, wurde nicht von allen geteilt. Die Orthodoxen konnten nicht umhin, bei ihrem traditionellen Konzept zu bleiben, nach dem ein Jude ein Mensch ist, der von einer jüdischen Mutter geboren wurde – ungeachtet seiner Handlungen und Überzeugungen. Allerdings verurteilten die Orthodoxen jede Abweichung von jüdischer Tradition in bezug auf Dogma oder religiöse Pflichten, und in einigen Ländern (Ungarn 1869 und Preußen 1876) führte dies zu einem offenen Konflikt mit den Reformgemeinden. [...]

Die Aufklärung hatte ein Instrument rationalistischer Kritik geschaffen. Im grellen Licht der Vernunft gesehen, begann sich die Geschlossenheit jüdischer Tradition aufzulösen, und dem rationalistischen Beobachter offenbarten sich Unterschiede zwischen wesentlichen und unwesentlichen Bestandteilen des Judentums. Die Reformbewegung machte, besonders in ihren Anfängen, häufig Gebrauch von solcher Unterscheidung und entledigte sich vieler traditionell-religiöser Praktiken durch die Behauptung, nur auf unwesentliche Elemente verzichten zu wollen.
(J. Katz, Aus dem Ghetto in die bürgerliche Gesellschaft. Jüdische Emanzipation 1770–1870. Frankfurt a.M.: Jüdischer Verlag im Athenäum Verlag 1986, S. 229ff.)

M 34 Reformbewegung und Orthodoxie

Die Zeit war der Reformbewegung günstig. Sie leistete jeglicher Religionsverflachung, besonders im Bereich des Judentums, Vorschub. Die allmählich sich ausbreitende Emanzipation öffnete den Juden die Tore in eine Außenwelt, in der die hergebrachte Ordnung im Umbruch begriffen war.

Ein neuer Glaube an Fortschritt, Vernunft und Wissenschaft durchsetzte das religiöse Bewußtsein und schob die Religion auf ein Nebengleis des individuellen und öffentlichen Lebens. Der Staat säkularisierte große Bereiche gesellschaftlicher Wirksamkeit, die bisher von den Kirchen beherrscht oder zumindest entscheidend beeinflußt worden waren, vor allem den der Erziehung. Die rasch zunehmende Verstädterung der Bevölkerung, insbesondere der jüdischen, lockerte die Bindungen an die Tradition, wertete sie durch eine alles verdrängende Beschäftigung mit Wirtschaft und Beruf ab und ersetzte sie schließlich durch eine versachlichte Massenkultur. Den positiven Religionen, besonders einer so geschlossenen und traditionsgebundenen wie der jüdischen Orthodoxie, erstanden mächtige Gegner im Kampf der Ideen auf den Gebieten der Wissenschaft, Philosophie, Wirtschaft und Politik. [...]

Es war für den besonderen religiösen und soziologischen Charakter der deutsch-jüdischen Orthodoxie bestimmend, daß sie beide Wege einschlug, wenn auch auf verschiedene Art. Sie schloß nicht von innen das Tor der Emanzipation, sondern ließ ihre Anhänger fast vorbehaltlos an den wirtschaftlichen und kulturellen Errungenschaften der modernen Außenwelt teilnehmen. Gleichzeitig rüstete sie sie mit einer Bildungstheorie und einer religiösen Weltanschauung, die es ihnen ermöglichen sollten, absolute Traditionstreue mit relativer geistiger Aufgeschlossenheit zu verbinden und das Kulturgut der modernen Außenwelt in Nützliches und Unannehmbares zu scheiden. Umso mehr aber isolierte sich die Orthodoxie in gesellschaftlicher und gemeinschaftlicher Beziehung und legte größten Wert auf die Bildung mehr oder weniger autonomer Gemeinden, in denen unter der Leitung sorgfältig ausgewählter Rabbiner, deren Autorität nach wie vor hochgehalten wurde, ein intensiv-religiöses Leben in Haus, Schule und Synagoge geführt wurde, das sich um die Jahrhundertwende zu bemerkenswerter Blüte entfalten konnte. [...]

Jedenfalls wurde die Orthodoxie durch die ständig wachsende und um sich greifende Säkularisierung der deutschen Judenheit immer mehr zu einer Minderheitsgruppe.
(M. Breuer, Jüdische Orthodoxie im Deutschen Reich 1871–1918. Frankfurt a.M.: Jüdischer Verlag im Athenäum Verlag 1986, S. 5ff.)

Arbeitshinweise

1 *Beschreiben Sie anhand der zeitgenössischen Berichte (M 25 und M 26) die Lebenssituation der Juden in Berlin im ausgehenden 18. Jahrhundert. Ziehen Sie auch die Texte von C.W. Dohm (M 2) und M. Mendelssohn (M 3) zu Rate.*

2 *Berichten Sie über die Besonderheit der jüdischen Aufklärung (Haskala; M 27).*

3 *Informieren Sie sich anhand der Materialien über die Bedeutung von Moses Mendelssohn für das deutsche Judentum. Vergleichen Sie auch Kap. 1.*

4 *Informieren Sie sich über die Konfliktpunkte zwischen den Reformjuden und den Orthodoxen (M 29ff.), und stellen Sie die unterschiedlichen Zielsetzungen einander gegenüber.*

3.4 Wissenschaft vom Judentum und das jüdische Erziehungswesen

M 35 Entstehung der Wissenschaft vom Judentum

Ismar Elbogen schreibt in seinem Werk „Ein Jahrhundert Wissenschaft des Judentums" über die Ursprünge und den Begründer dieser Wissenschaft, Leopold Zunz (1794–1886):

Rund ein Jahrhundert ist der Name „Wissenschaft des Judentums" in Gebrauch; soweit nachzuweisen, fand er zum erstenmal 1822 im Titel der von Leopold Zunz herausgegebenen „Zeitschrift für die Wissenschaft des Judentums" Verwendung. Gerade in die Mitte des Jahrhunderts fällt die Eröffnung der „Hochschule für die Wissenschaft des Judentums", die den Namen weithin bekanntgemacht hat.

Zunz hatte den Namen mit Vorbedacht gewählt, die neue Bezeichnung bildete den Ausdruck für eine neue Sache, durch sie kennzeichnete er den Gegensatz zu dem bislang gepflegten jüdischen Wissen. An geistigen Arbeitern und an Gelehrsamkeit hat es dem Judentum zu keiner Zeit gefehlt, *Wissenschaft* aber war ihm mehrere Jahrhunderte fremd, seit dem Kampf um die Schriften Maimunis[1] und um die Zulässigkeit des Studiums der Philosophie (13.–14. Jahrhundert) hatte sie zusehends an Boden verloren, es war der jüdischen Gelehrsamkeit alles entschwunden, was das Wissen zur Wissenschaft macht. Das jüdische Wissen war einseitig, es beschränkte sich fast ausschließlich auf das Gebiet der talmudischen Literatur und bearbeitete auch dieses nicht erschöpfend, sondern nur in einem engen Ausschnitt; die Wissenschaft des Judentums wollte systematisch verfahren, die Gesamtheit der Lebensäußerungen des Judentums, zumal den vollen Umfang seines geistigen Schaffens in ihren Bereich ziehen und zur Darstellung bringen. Das alte jüdische Wissen war judäozentrisch, betrachtete alle jüdischen Dinge als sich selbst genug und von der übrigen Welt losgelöst, die Wissenschaft des Judentums verwarf auch diese Einseitigkeit, erkannte die Wechselwirkung, in der alles Geistige steht, und versuchte, die Zusammenhänge zwischen Jüdischem und Außerjüdischem, die gegenseitige Beeinflussung durch Anpassung und Abstoßung zu ergründen und zu erklären. Das alte jüdische Wissen war dogmatisch gebunden, im Glauben an eine unantastbare Tradition und die Autorität ihrer Träger befangen, die Wissenschaft des Judentums fühlte sich unabhängig, wollte in freier unbefangener Kritik ihr Material prüfen, kein Ergebnis auf Treu und Glauben hinnehmen, ohne seinen Ursprung und seine Voraussetzungen, ohne die Wege der Überlieferung untersucht zu haben. Das alte jüdische Wissen verfuhr nach dialektischer Methode und blieb weltfremd, die Wissenschaft des Judentums wollte realistisch sein, forderte Anschaulichkeit und Wirklichkeitssinn. Sie begnügte sich nicht mit der Anhäufung von Kenntnissen, sondern forderte auch ihre Einordnung, Verknüpfung und Wertung sowie ihre Erhebung zu allgemeinen, im ganzen Denkzusammenhang gültigen Begriffen. Die alte jüdische Gelehrsamkeit war eine fromme Beschäftigung, ein Stück jüdischer Religiosität, die Wissenschaft des Judentums kannte keinen außer ihr liegenden Zweck, sie wollte nichts anderes sein als ein Beitrag zur Kenntnis der Entwicklung des menschlichen Geistes, ein Zweig der allgemeinen Wissenschaft. Es ist das unsterbliche Verdienst von Leopold Zunz, die Erforschung des Judentums aus ihrer weltfremden Einseitigkeit, aus ihrer dogmatischen Enge befreit und zum Range einer wissenschaftlichen Disziplin erhoben, sie in die Gesamtheit der Wissenschaften eingereiht zu haben.

(I. Elbogen, Ein Jahrhundert Wissenschaft des Judentums. Berlin: Philo-Verlag 1922, S. 5 f.)

M 36 Zur Reform des jüdischen Bildungswesens

Die ersten Pioniere der Aufklärung gingen samt und sonders aus der nächsten Umgebung Mendelssohns, aus dem Kreise der Mitarbeiter an seiner neuen Bibelausgabe hervor. Ihre Aufgabe war eine zwiefache: sie lief einerseits auf die Umgestaltung des *Schulwesens*, andererseits auf die Erneuerung der hebräischen *Literatur* hinaus. Die Lösung dieser beiden Teilaufgaben wurde von den Jüngern Mendelssohns zu der Zeit in Angriff genommen, als der Meister noch am Leben war. Auf Grund des von seinem jungen Verehrer *David Friedländer* (1750–1834), dem Schwiegersohn des Berliner Bankiers Daniel Itzig[1], ausgearbeiteten Planes wurde in Berlin im Jahre 1778 die erste „Jüdische Freischule" („Chinuch Nearim") gegründet, in der die Kinder deutschen Elementarunterricht genossen sowie in der Bibel und in der hebräischen Grammatik unterwiesen wurden. Die neu gegründete Schule stellte gleichsam einen lebendigen Protest gegen den altmodischen „Cheder" und die primitive Pädagogik der die talmudische Scholastik pflegenden „Melamdim" aus Polen dar. Das Bestreben der Begründer der neuen Lehranstalt ging nicht zuletzt darauf, durch Einführung der deutschen Sprache im Unterricht das Jüdisch-Deutsch, die Mundart der jüdischen Volksmassen, auch im Leben nach und nach außer Gebrauch zu setzen. Aus der Berliner Freischule gingen denn auch im Laufe von zehn Jahren etwa fünfhundert Zöglinge hervor, die mit einem nicht unbeträchtlichen Vorrat an neuen Begriffen ins Leben traten, um in ihrem jeweiligen bescheidenen Wirkungskreise der Aufklärung weitere Anhänger zu gewinnen. Die Reformschule von Berlin diente als Vorbild bei der später erfolgten Gründung ähnlicher

---

1 d.i. Mose ben Maimon, vgl. M 25, Fn. 1

1 vgl. M 26, Fn. 1

B 3 Die Jacobson-Schule – Handwerklicher Unterricht in der Schule

Anstalten in einer Reihe anderer Städte: in Dessau, Seesen, Wolfenbüttel und Breslau.
(S. Dubnow, Weltgeschichte des jüdischen Volkes. Die Neuzeit, Bd. VII. Zweite Periode. Berlin: Jüdischer Verlag 1930, S. 380f.)

M 37 Zur Geschichte der Jacobson-Schule[1] in Seesen (Harz)

Im Oktober 1801 wurde das „Religions- und Industrie-Institut" mit zwölf Zöglingen eröffnet. Neben den Elementarfächern sollten handwerkliche und landwirtschaftliche Ausbildungen unter Beweis stellen, daß Juden auch zu diesen befähigt waren, worin ihnen aber die Bewährung bis dahin auf Grund ihres Ausschlusses vom zünftigen Handwerk und des Verbots, Grund und Boden zu erwerben, nicht möglich war. Die Ausbildung zu Landwirten scheiterte schon in den Anfängen; als die dazu benötigten Ländereien angekauft werden sollten, erhob sich von seiten des Magistrats und der Bürgerschaft von Seesen ein starker Widerstand. Deshalb wurde der Plan wieder aufgegeben. Die Ausbildung zu Handwerkern wurde dagegen fortgeführt.

Auf dem Unterrichtsplan standen Fächer wie Naturwissenschaft, Geschichte, Geographie, Mathematik, Singen, Musik, Grammatik und Morallehre. Hinzu kamen Buchführung und andere kaufmännische Fächer. Hebräisch und jüdische Religion wurden von dem Schulinspektor und einem jüdischen Lehrer unterrichtet. Die anderen Fächer wurden von drei nichtjüdischen Lehrern erteilt. Der Unterricht war bei

[1] Die Schule wurde nach ihrem Gründer, dem Braunschweiger Kammeragenten Israel Jacobson, benannt.

weitem besser und vielseitiger als in der städtischen Bürgerschule. So kam es, daß Honoratioren der Stadt um Aufnahme ihrer Söhne in den Unterricht nachsuchten. Das gestattete Jacobson mit Genugtuung, kam doch der gemeinsame Schulbesuch seinem Wunsche des Miteinander von Juden und Christen entgegen. 1802 wurden die ersten christlichen Schüler aufgenommen. Das Institut wurde so zur Simultanschule. Inzwischen waren außer den armen Schülern, die ganz auf Kosten des Instituts erzogen wurden, auch zahlende Pensionäre aufgenommen worden. Für die Kleidung der armen Zöglinge sorgte ein dafür verpflichteter Faktor. Dieser mußte für eine Pauschalsumme die Kleidung liefern und instand halten. Über den Gesundheitszustand der Schüler wachten zwei Ärzte.

Abgehende Zöglinge, die ein Handwerk erlernen wollten, konnten auch weiterhin im Institut wohnen. Seesener Handwerksmeister waren bereit, auch jüdische Lehrlinge anzunehmen, aber sie konnten bei den Gilden nicht eingeschrieben werden, da diese grundsätzlich keine Juden aufnahmen.
(G. Ballin, Zur Geschichte der Jacobson-Schule in Seesen. In: Lessings ‚Nathan' und jüdische Emanzipation im Lande Braunschweig. Katalog der Ausstellung in Bad Gandersheim und Wolfenbüttel. Wolfenbüttel: Lessing-Akademie 1981, S. 88f.)

Arbeitshinweise
1 *Beschreiben Sie die Unterschiede der neugegründeten „Wissenschaft vom Judentum" gegenüber der traditionellen jüdischen Gelehrsamkeit.*
2 *Informieren Sie sich über die Grundzüge des jüdischen Freischulwesens (M 36, B 3).*

4. Die Situation der jüdischen Bevölkerung in Deutschland in der zweiten Hälfte des 19. Jahrhunderts

Die tiefgreifenden Umstrukturierungen in der deutschen Wirtschaft in der zweiten Hälfte des 19. Jahrhunderts konnten nicht ohne Auswirkung auf die jüdische Bevölkerung bleiben, die kurz vor und während des Kaiserreichs ca. ein Prozent der gesamten Bevölkerung ausmachte. Zwar veränderte sich die Berufsstruktur der jüdischen Bevölkerung nur sehr langsam. So blieben nach wie vor der Handel, vor allem der Kleinhandel, die Finanzwirtschaft und die freien Berufe die Haupttätigkeitsfelder. Aber die soziale Zusammensetzung veränderte sich in dramatischer Weise. Lebten um 1780 fast neun Zehntel der deutschen Juden in großer Armut, so zählten um 1871 ca. zwei Drittel der Juden zur wirtschafts- und bildungsbürgerlichen Oberschicht und zur Klasse der Höchstbesteuerten. Offenbar war es der jüdischen Minderheit besser als anderen Gruppen gelungen, einen Platz im Prozeß der Kapitalisierung und Industrialisierung der Wirtschaft zu finden und am wirtschaftlichen und sozialen Fortschritt zu partizipieren.

Demographisch konzentrierte sich der größte Teil der deutschen Juden in den Großstädten. Eine kontinuierliche Zuwanderung aus dem Osten brachte neue, eher traditionelle kulturelle Einflüsse in die jüdische Gemeinschaft, aber auch neue Probleme.

Im Alltag des Zusammenlebens von Juden und Nichtjuden in Deutschland gab es trotz des im 19. Jahrhundert aufkommenden Antisemitismus eine Entwicklung, die nahezu alle Kommentatoren der gesellschaftlichen Entwicklung zu der Meinung kommen ließ, daß eine vollständige Integration der jüdischen Minderheit in die Gesellschaft lediglich eine Frage der Zeit sei. Die These einer deutsch-jüdischen Symbiose gewann im deutschen Kaiserreich bis zum Ersten Weltkrieg zunehmend an Plausibilität. Die noch vorhandenen Erscheinungsformen der traditionellen Judenfeindschaft konnten an diesem Eindruck grundlegend ebensowenig ändern wie der moderne Antisemitismus, der, bezogen auf die gesamtgesellschaftliche Entwicklung, doch eher bescheidene Erfolge erzielte.

Der Einfluß der Orthodoxie auf die jüdische Gemeinschaft verringerte sich noch weiter zu Gunsten der assimilationswilligen Kräfte. Entgegen andersgerichteten Erwartungen kam es aber nicht zu einer quantitativ bedeutenden Austrittswelle aus den jüdischen Gemeinden. Vielmehr entwickelte sich das Bewußtsein davon, gleichzeitig Jude und Deutscher zu sein.

Die Möglichkeit zu dieser neuen Identitätsfindung führte dazu, daß gerade in Kreisen des jüdisch-deutschen Bürgertums nationale und nationalistische Positionen und Einstellungen besonders populär wurden. Auch die Tatsache, daß lediglich einige liberale politische Gruppierungen und die Sozialdemokratie keine antisemitischen Positionen in ihren Programmen vertraten, änderte diese Situation nicht wesentlich.

M 38 Verhältnis der Anzahl der Juden zu der Anzahl der Christen (1844)

Ein *Jude* kommt
in: Österreich auf: 70 Christen
Preußen 77
Bayern 69
Sachsen 2073
Hannover 157
Württemberg 147
Baden 58
Kurhessen 81
Hessen-Darmstadt 30
Sachsen-Weimar 177
Sachsen-Meiningen 101
Sachsen-Altenburg keine Juden
Sachsen-Coburg-Gotha 119
Braunschweig 171
Mecklenburg-Schwerin 159
Mecklenburg-Strelitz 141
Oldenburg 271
Nassau 63

(E. Sterling, Judenhaß. Die Anfänge des politischen Antisemitismus in Deutschland (1815–1850). Frankfurt a. M.: EVA 1969, S. 180 f.)

M 39 Die Berufsstruktur der jüdischen Bevölkerung nach Wirtschaftsabteilungen 1852–1907

	Westfalen				Rheinland				Preußen			
	1852	1882	1895	1907	1852	1882	1895	1907	1852	1882	1895	1907
1. Ortsanwesende jüdische Bevölkerung	15477	18247	19359	19824	30516	42650	49018	51171	226241	357554	361944	374353
2. davon Erwerbstätige, einschl. Dienende für häusliche Dienste	4312	6704	7917	10045	8293	16118	19982	25479	64965	137138	160798	194396
3. Erwerbstätige in % der Bevölkerung	27,9	36,7	40,9	50,7	27,2	37,8	40,8	49,8	28,7	38,4	38,3	51,9

	Westfalen				Rheinland				Preußen			
4. Selbständige (in % aller Erwerbstätigen)	72,2	62,0	58,8	54,7	69,5	62,9	61,6	58,7	71,7	66,1	63,8	59,5
5. *Die Erwerbstätigen nach Wirtschaftsabteilungen:* A. Landwirtschaft	0,5	1,1	1,1	2,7	1,8	2,2	1,8	2,2	1,1	1,2	1,0	1,2
B. Industrie und Gewerbe	18,4	21,6	20,9	20,1	19,3	24,5	23,1	24,2	19,4	20,9	20,6	23,7
C. Handel, Verkehr und Gastwirtschaft	57,2	62,3	61,8	58,2	50,9	57,6	56,3	53,3	51,8	56,9	53,9	47,8
D. Häusliche Dienste und Lohnarbeit E. Militär, öffentl. Dienst und freie Berufe F. ohne Beruf und Berufsangabe	9,5	11,4	13,7	0,8 3,8 12,6	10,7	11,2	15,6	0,4 4,5 14,3	13,9	17,8	21,9	0,5 6,5 18,5
1) davon Lehrer, freie Berufe, Rentner, Pensionäre 2) davon Bettler, etc. ohne Erwerb	(4,7) (4,8)				(4,0) (6,7)				(5,6) (8,3)			
3) davon Rentner und Pensionäre		(8,2)				(7,8)				(13,0)		
G. Dienende für häusliche Dienste	14,4	3,6	2,5	1,8	17,3	4,5	3,2	1,2	13,8	3,2	2,6	1,6

(A. Barkai, Jüdische Minderheit und Industrialisierung. Tübingen: J.C.B. Mohr [Paul Siebeck] 1988, S.112)

M 40 Zur sozialen Entwicklung der jüdischen Bevölkerung

Als mit fortschreitender Emanzipation die rechtlichen Beschränkungen an Bedeutung verloren und gleichzeitig die Industrialisierung bessere Lebensbedingungen bot, kehrten sich die demographischen Besonderheiten aus der voremanzipatorischen Zeit um. Die jüdische Minderheit durchlief eine Phase überdurchschnittlicher Bevölkerungsvermehrung, nahm stärker als andere Gruppen an den Wanderungsbewegungen teil und strömte in die großen Städte. Zu Beginn des 19. Jahrhunderts lebten in den deutschen Staaten (ohne die Habsburger Länder) etwa 260000 Juden. Im Jahre der Reichsgründung lag ihre Zahl bei 470000. Aufgrund der geringfügig höheren Zuwachsraten stieg der jüdische Anteil an der Gesamtbevölkerung von rund 1,1 auf etwa 1,2%. Damit war der Höhepunkt erreicht. [...]
Um 1780 gehörten fast neun Zehntel der deutschen Juden den in völliger Armut lebenden Marginal- und Unterschichten an. Diese Gruppe, die hauptsächlich aus Bettlern, Hausierern und Trödlern, also Menschen ohne Eigentum und gesichertes Einkommen, bestand, umfaßte um 1830 noch knapp die Hälfte, um

B 4 Annonce eines jüdischen Kaufhauses um 1900

1870 nur noch rund ein Zehntel der jüdischen Bevölkerung. Viele Angehörige dieser sozialen Schicht wanderten aus, den meisten gelang der Aufstieg. Insgesamt verschwand die einst so breite jüdische Unterschicht fast vollständig. In die entgegengesetzte Richtung wiesen die Veränderungen bei den Mittelschichten. Sie waren zu Beginn der Emanzipationsepoche mit annähernd einem Zehntel an der jüdischen Minderheit beteiligt, erreichten im frühen 19. Jahrhundert ungefähr ein Viertel und erhöhten zur Zeit der Reichsgründung ihren Anteil auf knapp ein Drittel. Vieh-, Korn- und Weinhändler, kleine Ladenbesitzer sowie Angestellte spielten im jüdischen „Mittelstand" eine besonders große Rolle.

Die am sozialen Wandel der jüdischen Minderheit auffälligste und schon von den Zeitgenossen am stärksten beachtete Erscheinung war der Aufstieg deutscher Juden in die gehobenen und höchsten Ränge des Wirtschafts- wie des Bildungsbürgertums. Mit einem Anteil von 2% an der jüdischen Gesamtbevölkerung waren die Hofbankiers und die wenigen mit der deutschen Bildungswelt verbundenen Gelehrten in den letzten Jahrzehnten der alteuropäischen Gesellschaft statistisch nicht ins Gewicht gefallen. Doch bereits im Vormärz gehörte schätzungsweise fast ein Drittel der Juden zur Klasse der Höchstbesteuerten, wobei sie allerdings so gut wie nirgendwo die Spitzenpositionen einnahmen. Dieser Prozeß setzte sich mit der Industriellen Revolution beschleunigt fort. Zu Beginn des Kaiserreiches zählte die Mehrzahl der Juden, wahrscheinlich waren es nahezu zwei Drittel, zur wirtschafts- und bildungsbürgerlichen Oberschicht. Insgesamt lag die jüdische Bevölkerung bei der Verteilung des materiellen Wohlstands weit über dem Durchschnitt. [...]

(H. Berding, Moderner Antisemitismus in Deutschland. Frankfurt a.M.: Suhrkamp 1988, S. 35, 38f.)

M 41 Die jüdische Bevölkerung im Kaiserreich

Die jüdische Bevölkerung, die im Deutschland des Kaiserreichs ca. 1% der Gesamtbevölkerung ausmachte, war gekennzeichnet

- *demographisch* durch eine starke Ost-West-Wanderung, durch eine hohe Konzentration in den Städten, besonders den Großstädten, aber auch durch eine zunehmende Überalterung;
- *sozial* durch eine überdurchschnittliche Konzentration im Mittelstand und in der bürgerlichen Oberschicht, bei nur geringer Nobilitierung. Ein jüdisches Industrieproletariat hat es, im Gegensatz zum Ostjudentum, in Deutschland nicht gegeben;
- *wirtschaftlich* durch eine außergewöhnliche Konzentration in bestimmten Branchen: im Waren- und Produktenhandel, in den Banken, im Kommissions- und Pfandleihgeschäft, in den modernen Großindustrien wie Elektro und Maschinenbau, im Gesundheits- und Rechtswesen sowie im Journalismus und Pressewesen.

(G. Mai, Sozialgeschichtliche Bedingungen von Judentum und Antisemitismus im Kaiserreich. In: T. Klein/V. Losemann/G. Mai [Hrsg.], Judentum und Antisemitismus von der Antike bis zur Gegenwart. Düsseldorf: Droste 1984, S. 121)

M 42 Einfluß der Großstädte auf das jüdische Leben

Die Konzentration in den Großstädten hat auf das gesamte Leben der Juden einen einschneidenden Einfluß, der sich besonders in folgenden Richtungen zeigt:

a) In der Auflösung des engen Gemeinschaftslebens, das früher für die Juden charakteristisch war und den einzelnen zwang, seine individuellen Interessen denen der Gemeinschaft unterzuordnen. Die in der Gemeinschaft lebende jüdische Tradition hielt ihre Mitglieder in Bann. In der Großstadt entzieht sich der einzelne leichter der Kontrolle der Gemeinschaft und kann ungehindert seine eigenen Wege gehen, die ihn fast immer vom Judentum entfernen;

b) in dem erleichterten Zugang zu höherer Bildung, zu höheren Schulen und Universitäten;

c) in der größeren Möglichkeit, durch große und gewagte Geschäfte rasch zu Wohlstand und Reichtum zu gelangen (allerdings, ihn auch ebenso rasch wieder zu verlieren). Diese Jagd nach Reichtum bringt in das wirtschaftliche Leben der Juden, das in der Kleinstadt relativ ruhig und gleichmäßig verläuft, Unsicherheit, Unruhe und Hast hinein;

d) in der Beschränkung der Geburtenzahl, die für die gebildeten Schichten in der Großstadt typisch ist;

e) in dem erleichterten Verkehr mit der nichtjüdischen Bevölkerung, die zu einer Steigerung der Mischehen führt;

f) in der Abkehr von aller religiösen Tradition entsprechend der Tatsache, daß überall die Großstädte die Zentren der religiösen Indifferenz und des Atheismus sind.

(A. Ruppin, Soziologie der Juden, Bd. I. Die soziale Struktur der Juden. Berlin: Jüdischer Verlag 1930, S. 127 f.)

M 43 Zur Verankerung in der deutschen Kultur (1912)

Denn wir deutschen Juden, wir *heute Lebenden*, wir können ebensowenig hebräische Dichter werden, wie wir nach Zion auswandern können. Oder mit andern Worten: so sehr wir wünschen müssen, jüdische und nichtjüdische Deutsche kulturell reinlich voneinander zu scheiden, um aus dem Kompromiß, der Halbheit, der Menschen- und Mannesunwürdigkeit herauszukommen, so unmöglich scheint das, wenigstens in absehbarer Zeit. Denn trotz Verfolgung, Verhöhnung, Mißachtung ist das Judentum im Laufe einer mehr als tausendjährigen Gemeinschaft mit dem Deutschtum so eng in den Wurzeln verwachsen, daß beide nicht mehr voneinander gelöst werden können. Die rasseneinen Germanen mögen sich sträuben wie sie wollen, sie mögen (mit echt germanischer Logik) alles Gute für sich in Anspruch nehmen und alles Übel den Juden zur Last legen: sie werden doch die Tatsache nicht aus der Welt schaffen, *daß deutsche Kultur zu einem nicht geringen Teil jüdische Kultur ist*. Denn Europa überhaupt ist wahrscheinlich mehr jüdisch als man im allgemeinen weiß.

(M. Goldstein, Deutsch-jüdischer Parnaß [1912]. In: A. von Borries [Hrsg.], Selbstzeugnisse des deutschen Judentums 1870–1945. Frankfurt a. M.: Fischer 1962, S. 28)

M 44 Judenfeindschaft im Alltagsleben

Ich bin am ersten Dezember 1893 geboren.
Suche ich nach Kindheitserinnerungen, werden mir diese Episoden bewußt:
Ich habe ein Kleidchen an. Ich stehe auf dem Hofe unseres Hauses an einem Leiterwagen. Er ist groß, größer als Marie, so groß wie ein Haus. Marie ist das Kindermädchen, sie trägt rote Korallen um den Hals, runde, rote Korallen. Jetzt sitzt Marie auf der Deichsel und schaukelt. Durchs Hoftor kommt Ilse mit ihrem Kindermädchen. Ilse läuft auf mich zu und reicht mir die Hand. Wir stehen eine Weile so und sehen uns neugierig an. Das fremde Kindermädchen unterhält sich mit Marie. Nun ruft sie Ilse:
– Bleib da nicht stehen, das ist ein Jude.
Ilse läßt meine Hand los und läuft fort. Ich begreife den Sinn der Worte nicht, aber ich beginne zu weinen, hemmungslos. Das fremde Mädchen ist längst mit Ilse davongegangen. Marie spricht auf mich ein, sie nimmt mich auf den Arm, sie zeigt mir die Korallen, ich mag nicht die Korallen, ich zerreiße die Kette.
(E. Toller, Eine Jugend in Deutschland. Reinbek: Rowohlt 1963, S. 12)

M 45 Jüdische Politiker in der Führung der Sozialdemokratie – das Beispiel Paul Singer

Oft hatten die sozialdemokratischen Arbeiter Gelegenheit, ihrer Sympathie zu Führern, die als Sozialisten und als Juden zwiefachem Angriff ausgesetzt waren, offen Ausdruck zu geben. Der Schriftsteller und Kunsthistoriker Max Osborn erzählte 1944 im amerikanischen Exil von einer solchen Demonstration zur Zeit der Berliner Bewegung und des Kampfes der Sozialdemokratie gegen die Antisemiten. Paul Singer hatte auf einer Arbeiterversammlung gesprochen; die Zuhörerschaft spendete ihm Beifall:
„Und da geschah das, weswegen ich hier davon erzähle. Vom obersten Rang herab nämlich klang es plötzlich in den Raum, mit einer unendlich zärtlichen Stimme ‚Judenpaule! Judenpaule!' Die Massen horchten auf. ‚Bravo Judenpaule!', ‚Hoch, Judenpaule!' tönte es noch einmal von oben. Und wie eine Flamme sauste der Ruf durch den Saal. Einzelne nahmen ihn auf. Jetzt mehrere. Jetzt ganze Scharen. Und bald schwoll es zu einem Orkan. Das Wort war völlig aus der Art der Berliner Arbeitersprache geboren. So würde man auch sonst etwa einen Berufsgenossen jüdischen Glaubens angeredet haben, mit einer spielenden Charakteristik seiner Besonderheit, ohne eine Spur von unerfreulichem Nebengeräusch. Auch hier

benutzte man diese Titulierung gänzlich harmlos. Sie war lediglich ein Ausdruck noch gesteigerter Vertrautheit. Das verstanden alle. Hunderte, Tausende wiederholten: ‚Judenpaule! Judenpaule!' Es umbrauste die mächtige Gestalt des Gefeierten, der noch am Rednerpult stand und, zuerst erstaunt und sprachlos, dann bis ins Innerste ergriffen, die eigenartige Huldigung entgegennahm. Die Arbeiter konnten sich gar nicht beruhigen. Sie stürmten auf das Podium und holten Singer herunter. Sie hoben ihn hoch und trugen ihn im Triumph aus dem Gebäude auf die Straße. [...] So etwas begab sich einmal in Deutschland. Es ist freilich fast zwei Menschenalter her."
(P. W. Massing, Vorgeschichte des politischen Antisemitismus. Frankfurt a. M.: Syndikat/EVA 1986, S. 218 f.)

M 46   Zur Situation der deutschen Juden vor dem Ersten Weltkrieg
Die politische Lage der deutschen Juden blieb bis zum Ausgang dieser Epoche unverändert. Noch zwei Monate vor Ausbruch des Weltkrieges befaßte man sich im Reichstag und im preußischen Landtag wieder einmal mit Interpellationen über die Verletzung der jüdischen Gleichberechtigung. Im Landtag war es der Führer des radikalen Flügels der Sozialdemokratie Karl Liebknecht, der die antisemitische Regierungspolitik brandmarkte und vom Kultusministerium Aufklärung darüber verlangte, weshalb es selbst den verdienstvollsten jüdischen Dozenten keinen der erledigten Lehrstühle einräume. Im Reichstag stand erneut die sattsam bekannte Frage der Nichtzulassung der Juden in das Offizierskorps zur Debatte. Die Erklärung des Kriegsministers lautete diesmal dahin, daß eine derartige Behandlung jüdischer Aspiranten in der Tat verfassungswidrig sei und daß künftighin die anspruchsberechtigten Juden nach Möglichkeit zu Reserveoffizieren befördert werden würden. Diese Erklärung wurde Anfang Mai 1914 abgegeben, und schon drei Monate später rückten Zehntausende von jüdischen Soldaten im Verband des deutschen Heeres gegen die russische und französische Grenze vor, geweiht dem Tode auf den Schlachtfeldern des völkermordenden Weltkrieges.
(S. Dubnow, Weltgeschichte des jüdischen Volkes, Bd. X. Das Zeitalter der zweiten Reaktion. Berlin: Jüdischer Verlag 1929, S. 416)

Arbeitshinweise
1 *Untersuchen Sie die Statistiken zur jüdischen Bevölkerung (M 38 und M 39) hinsichtlich räumlicher Verteilung und Berufsstruktur, und vergleichen Sie die Ergebnisse mit früheren Arbeitsergebnissen, vor allem aus Kapitel C.*
2 *Beschreiben Sie zusammenfassend die soziale Situation der jüdischen Bevölkerung in der zweiten Hälfte des 19. Jahrhunderts.*
3 *Berichten Sie über die soziale und räumliche Mobilität der Juden im 19. Jahrhundert.*
4 *Erläutern Sie anhand von M 43 den Begriff „jüdisch-deutsche Symbiose", mit dem gewöhnlich die Lage der Juden am Ende des 19. Jahrhunderts gekennzeichnet wird.*
5 *Überprüfen Sie die „deutsch-jüdische Symbiose" an einigen der Erinnerungsberichte.*

5. Die völkisch-nationale Judenfeindschaft und der Antisemitismus

Die wirtschaftlichen und sozialen Umbruchprozesse im deutschen Kaiserreich, die zur Verelendung und Entwurzelung größerer Bevölkerungsgruppen führten (z. B. Teile der ländlichen Bevölkerung und der städtischen Mittelschichten), schufen den Nährboden für die Entstehung neuer Formen von Judenfeindschaft. Insbesondere während der schnellen Industrialisierung und Kapitalisierung in Deutschland und der folgenden Gründerkrise (1873 bis 1878) wurde deutlich, daß gerade die vom sozialen und wirtschaftlichen Fortschritt weitgehend ausgeschlossenen Gesellschaftsschichten zur Zielgruppe judenfeindlicher Agitatoren wurden. Im wesentlichen traten dabei zwei Grundrichtungen hervor: die völkisch-nationale Judenfeindschaft und der Antisemitismus.
Die Vertreter der völkisch-nationalen Judenfeindschaft versuchten die Ausgrenzung der Juden aus der Gesellschaft dadurch zu erreichen, daß Staat und Gesellschaft als „christlicher Staat" definiert wurden. In einem solchen Staat mußten Andersgläubige ein Fremdkörper bleiben. Die Notwendigkeit der religiösen und kulturellen Homogenität des Staates – so die Argumentation – sei gerade für einen jungen Nationalstaat wie das Deutsche Reich unverzichtbar. Die Juden wurden im Ergebnis vor die Alternative gestellt, sich vollständig zu assimilieren, d. h. ihre Identität als Juden aufzugeben, oder aber auszuwandern.

Noch größere Popularität als die völkisch-nationale Judenfeindschaft erlangte die neu entstehende rassisch begründete Form der Judenfeindschaft: der Antisemitismus. Die in scheinwissenschaftlicher Aufmachung angebotene, wissenschaftlich aber völlig unhaltbare Theorie des Antisemitismus besagte im Kern, daß die Menschheit, ebenso wie die Tierwelt, in höher- und minderwertigere Rassen einzuteilen sei. Als wertvollste Rasse wurden die „Arier" definiert, zu denen „die Deutschen" als angebliche Nachfahren der Germanen zu rechnen seien. Am untersten Ende der Rassenskala wurden die Juden angesiedelt. Die Anwesenheit von Juden in der deutschen Gesellschaft wurde als Gefahr für die rassische Reinheit und damit für die Überlegenheit der Deutschen gegenüber anderen Rassen und Nationen bewertet. Die Tatsache, daß Juden seit Jahrhunderten in Deutschland lebten, wurde als Ursache nahezu aller gesellschaftlichen und nationalen Probleme gesehen.

Diese mit scheinwissenschaftlichen Argumenten und Beispielen ausgestaltete Theorie von der Überlegenheit der „Arier", konnte Anklang finden bei den gesellschaftlichen Gruppen, die, von sozialer Deklassierung bedroht oder betroffen, in ihrem Selbstwertgefühl verunsichert nach Schuldigen für ihre Probleme suchten. Dazu gehörten sowohl Teile des Kleinbürgertums (Inhaber kleinerer Geschäfte, Angestellte ohne besondere berufliche Qualifikation etc.), als auch Vertreter akademischer Führungsschichten, die sich von den jüdischen „Emporkömmlingen" in ihrer Privilegiertheit bedroht fühlten. So ist deutlich festzustellen, daß der Auf- und Abschwung der antisemitischen Bewegung eng verknüpft war mit der wirtschaftlichen Entwicklung: In Krisenzeiten (1873–1890, 1914–1923, 1929 ff.) erhielten antisemitische Agitatoren und Organisationen deutlich mehr Zulauf als in Zeiten der relativ stabilen wirtschaftlichen Entwicklung (1850–1873, 1890–1914, 1924–1928).

Zu dem Neuartigen des Antisemitismus im Spektrum der traditionellen Judenfeindschaft gehörte nicht nur die scheinwissenschaftliche rassische Begründung, sondern auch das Bestreben, einen eigenständigen organisatorischen Rahmen für die judenfeindliche Agitation und Politik zu schaffen. Die „Christlich-Soziale Partei" des Hofpredigers Adolf Stöcker und der überparteiliche rechtsradikale „Alldeutsche Verband" waren zwei der herausragenden politischen Organisationen mit antisemitischer Stoßrichtung.

Die Bedeutung des organisierten Antisemitismus erwuchs weniger aus der Zahl der erreichten Sitze im Reichstag (maximal 16 Sitze), sondern daraus, daß von ihm das „Feindbild Jude" mit neuer Begründung auch für das sich assimilierende deutsche Judentum fortgeschrieben wurde. Nahezu das ganze Spektrum des späteren nationalsozialistischen Antisemitismus findet sich bereits in den Schriften und Reden der antisemitischen Theoretiker und Organisationen am Ende des vorigen Jahrhunderts. Lediglich die offene Forderung nach der physischen Vernichtung der Juden findet sich in der späteren Klarheit nicht. Die völkisch-nationale Judenfeindschaft und der Antisemitismus werden – aufgrund ihrer engen Verknüpfung in der politischen Praxis – in der politisch-historischen Publizistik, aber auch in der wissenschaftlichen Diskussion häufig unter dem Oberbegriff „Moderner Antisemitismus" zusammengefaßt.

5.1 Positionen und Folgen völkisch-nationaler Judenfeindschaft

M 47 Ernst Moritz Arndt gegen die Juden (1814)

Arndt, 1769–1860, war zeitlebens glühender Verfechter eines deutschen Nationalismus. 1814 veröffentlichte er als junger Greifswalder Professor seinen „Blick aus der Zeit auf die Zeit", wo er sich heftig gegen die Juden ausließ. Während der Vormärzzeit wurde er wegen seiner politischen Ansichten disziplinarisch verfolgt. In dem o. g. Werk heißt es:

Man sollte die Einfuhr der Juden aus der Fremde in Deutschland schlechterdings verbieten und hindern. [...] Die Juden als Juden passen nicht in diese Welt und in diese Staaten hinein, und darum will ich nicht, daß sie auf eine ungebührliche Weise in Deutschland

vermehrt werden. Ich will es aber auch deswegen nicht, weil sie ein durchaus fremdes Volk sind und weil ich den germanischen Stamm so sehr als möglich von fremdartigen Bestandteilen rein zu erhalten wünsche. [...] Ein gütiger und gerechter Herrscher fürchtet das Fremde und Entartete, welches durch unaufhörlichen Zufluß und Beimischung die reinen und herrlichen Keime seines edlen Volkes vergiften und verderben kann. Da nun aus allen Gegenden Europas die bedrängten Juden zu dem Mittelpunkte desselben, zu Deutschland, hinströmen und es mit ihrem Schmutz und ihrer Pest zu überschwemmen drohen, da diese verderbliche Überschwemmung vorzüglich von Osten her, nämlich aus Polen droht, so ergeht das unwiderrufliche Gesetz, daß unter keinem Vorwande und mit keiner Ausnahme fremde Juden je in Deutschland aufgenommen werden dürfen; und wenn sie beweisen könnten, daß sie Millionenschätze mitbringen.
(L. Gf. v. Westphalen, Geschichte des Antisemitismus in Deutschland im 19. und 20. Jahrhundert, Stuttgart: Klett 1984, S. 16)

M 48 Richard Wagner über Juden und ihre kulturellen Leistungen (1850)

Der Jude, der bekanntlich einen Gott ganz für sich hat, fällt uns im gemeinen Leben zunächst durch seine äußere Erscheinung auf, die, gleichviel welcher europäischen Nationalität wir angehören, etwas dieser Nationalität unangenehm Fremdartiges hat: wir wünschen unwillkürlich mit einem so aussehenden Menschen nichts gemein zu haben. [...]

Die sinnliche Anschauungsgabe der Juden ist nie vermögend gewesen, bildende Künstler aus ihnen hervorgehen zu lassen: ihr Auge hat sich von je mit viel praktischeren Dingen befaßt, als da Schönheit und geistiger Gehalt der förmlichen Erscheinungswelt sind. Von einem jüdischen Architekten oder Bildhauer kennen wir in unseren Zeiten, meines Wissens, nichts: ob neuere Maler jüdischer Abkunft in ihrer Kunst wirklich geschaffen haben, muß ich Kennern von Fach zur Beurteilung überlassen; sehr vermutlich dürften aber diese Künstler zur bildenden Kunst keine andere Stellung einnehmen, als diejenigen der modernen jüdischen Komponisten zur Musik, zu deren Beleuchtung wir uns nun wenden. [...]

Alles, was sich bei der Erforschung unserer Antipathie gegen jüdisches Wesen der Betrachtung darbot, aller Widerspruch dieses Wesens in sich selbst und uns gegenüber, alle Unfähigkeit desselben, außerhalb unseres Bodens stehend, dennoch auf diesem Boden mit uns verkehren, ja sogar die ihm entsprossenen Erscheinungen weiter entwickeln zu wollen, steigern sich zu einem völlig tragischen Konflikt in der Natur, dem Leben und Kunstwirken des frühe verschiedenen Felix Mendelssohn-Bartholdy. Dieser hat uns gezeigt, daß ein Jude von reichster spezifischer Talentfülle sein, die feinste und mannigfaltigste Bildung, das gesteigertste, zartest empfindende Ehrgefühl besitzen kann, ohne durch die Hilfe aller dieser Vorzüge es je ermöglichen zu können, auch nur ein einziges Mal die tiefe, Herz und Seele ergreifende Wirkung auf uns hervorzubringen, welche wir von der Kunst erwarten, weil wir sie dessen fähig wissen, weil wir diese Wirkung zahllos oft empfunden haben, sobald ein Heros unserer Kunst sozusagen nur den Mund auftat, um zu uns zu sprechen. [...]

Noch einen Juden haben wir zu nennen, der unter uns als Schriftsteller auftrat. Aus seiner Sonderstellung als Jude trat er, Erlösung suchend, unter uns: er fand sie nicht und mußte sich bewußt werden, daß er sie nur *mit auch unserer Erlösung zu wahrhaften Menschen* finden können würde. Gemeinschaftlich mit uns Mensch werden, heißt für den Juden aber zu allernächst soviel als: aufhören, Jude zu sein: Börne hatte dies erfüllt. Aber gerade Börne lehrt auch, wie diese Erlösung nicht in Behagen und gleichgültig kalter Bequemlichkeit erreicht werden kann, sondern daß sie, wie uns, Schweiß, Not, Ängste und Fülle des Leidens und Schmerzes kostet. Nehmt rücksichtslos an diesem durch Selbstvernichtung wiedergebärenden Erlösungswerke teil, so sind wir einig und ununterschieden! Aber bedenkt, daß nur eines eure Erlösung von dem auf euch lastenden Fluche sein kann: die Erlösung Ahasvers, – der *Untergang*!
(R. Wagner, Das Judentum in der Musik (1850). In: B.W. Wessling [Hrsg.], Bayreuth im Dritten Reich. Richard Wagners politische Erben. Eine Dokumentation. Weinheim, Basel: Beltz 1983, S. 18, 21, 29, 34f.)

M 49 Darstellung von Juden in der Literatur des 19. Jahrhunderts.
Gustav Freytag: Soll und Haben (1855)

Durch eine Öffnung des Parkes sah Anton das Schloß vor sich liegen, hoch und vornehm ragte es über die Ebene. Lustig flatterte die Fahne auf dem Türmchen, und kräftig glänzte im Sonnenschein das Grün der Schlingpflanzen, welche den braunen Stein der Mauern überzogen.

„So fest, so edel!" sagte Anton vor sich hin.

„Wenn du diesem Baron aufzählst hunderttausend Talerstücke, wird er dir doch nicht geben sein Gut, was er geerbt von seinem Vater", sprach eine scharfe Stimme hinter Antons Rücken. Dieser wandte sich zornig um, das Zauberbild verschwand, er stand in dem Staube der großen Landstraße. Neben ihm lehnte an einem Weidenstamm ein junger Bursche in ärmlichem Aufzuge, welcher ein kleines Bündel unter dem Arme hielt und mit ruhiger Unverschämtheit unsern Helden anstarrte.

„Bist du's, Veitel Itzig!" rief Anton, ohne große Freude über die Zusammenkunft zu verraten. Junker Itzig war keine auffallend schöne Erscheinung; hager, bleich, mit rötlichem krausen Haar, in einer alten Jacke und defekten Beinkleidern sah er so aus, daß er einem Gendarmen ungleich interessanter sein mußte als andern Reisenden. Er war aus Ostrau, ein Kamerad Antons von der Bürgerschule her. Anton hatte in früherer Zeit Gelegenheit gehabt, durch tapferen Gebrauch seiner Zunge und seiner kleinen Fäuste den Judenknaben vor Mißhandlungen mutwilliger Schüler zu bewahren und sich das Selbstgefühl eines Beschützers der unterdrückten Unschuld zu verschaffen. Namentlich einmal in einer düstern Schulszene, in welcher ein Knackwürstchen benutzt wurde, um verzweifelte Empfindungen in Itzig hervorzurufen, hatte Anton so wacker für Itzig plädiert, daß er selbst ein Loch im Kopfe davontrug, während seine Gegner weinend und blutrünstig hinter die Kirche rannten und selbst die Knackwurst aufaßen. Seit diesem Tage hatte Itzig eine gewisse Anhänglichkeit an Anton gezeigt, welche er dadurch bewies, daß er sich bei schweren Aufgaben von seinem Beschützer helfen ließ und gelegentlich ein Stück von Antons Buttersemmel zu erobern wußte; Anton aber hatte den unliebenswürdigen Burschen gern geduldet, weil ihm wohltat, einen Schützling zu haben, wenn dieser auch im Verdacht stand, Schreibfedern zu mausen und später an Begüterte wieder zu verkaufen. In den letzten Jahren hatten die jungen Leute einander wenig gesehen, gerade so oft, daß Itzig Gelegenheit erhielt, die vertraulichen Formen des Schulverkehrs durch gelegentliche Anreden und kleine Spöttereien aufzufrischen.

„Die Leute sagen, daß du gehst nach der großen Stadt, um zu lernen das Geschäft", fuhr Veitel fort. „Du wirst lernen, wie man Tüten dreht und Sirup verkauft an die alten Weiber; ich gehe auch nach der Stadt, ich will machen mein Glück."

Anton antwortete unwillig über die freche Rede und über das vertrauliche Du [...]: „So gehe deinem Glück nach und halte dich nicht bei mir auf."

„Es hat keine Eil", entgegnete Veitel nachlässig, „ich will warten, bis auch du gehst, wenn dir meine Kleider nicht sind zu schlecht." Diese Berufung auf Antons Humanität hatte die Folge, daß Anton sich schweigend die Gegenwart des unwillkommenen Gefährten gefallen ließ. Er warf noch einen Blick nach dem Schlosse und schritt dann stumm auf der Landstraße fort, Itzig immer einen halben Schritt hinter ihm. Endlich wandte sich Anton um und fragte nach dem Eigentümer des Schlosses.

Wenn Veitel Itzig nicht ein Hausfreund des Gutsbesitzers war, so mußte er doch zum wenigsten ein vertrauter Freund seines Pferdejungen sein; denn er war bekannt mit vielen Verhältnissen des Freiherrn, der in dem Schlosse wohnte. Er berichtete, daß der Baron nur zwei Kinder habe, dagegen eine ausgezeichnete Schafherde auf einem großen schuldenfreien Gut. Der Sohn sei auswärts auf einer Schule. Als Anton mit lebhaftem Interesse zuhörte und dies durch seine Fragen verriet, sagte Itzig endlich: „Wenn du willst haben das Gut von diesem Baron, ich will dir's kaufen."

„Ich danke", antwortete Anton kalt; „er würde es nicht verkaufen, hast du mir eben gesagt."

„Wenn einer nicht will verkaufen, muß man ihn dazu zwingen", rief Itzig.

„Du bist der Mann dazu", sprach Anton.

„Ob ich bin der Mann, oder ob es ist ein anderer: es ist doch zu machen, daß man kauft von jedem Menschen, was er hat. Es gibt ein Rezept, durch das man kann zwingen einen jeden, von dem man etwas will, auch wenn er nicht will." [...]

„...aber ich werde finden das Rezept. Und wenn du haben willst das Gut des Barons, und seine Pferde und Kühe und seinen bunten Vogel, und den Backfisch, seine Tochter, so will ich dir's schaffen aus alter Freundschaft..."

Anton war entrüstet über die Frechheit seines Gefährten. „Hüte dich nur, daß du kein Schuft wirst, du scheinst mir auf gutem Wege zu sein", sagte er zornig und ging auf die andere Seite der Straße.

(G. Freytag, Soll und Haben. Roman in 6 Bänden [1855]. In: Die Bibliothek deutscher Klassiker, o.O.: Verlag Harenberg Kommunikation 1982, Bd. 48, S. 23 ff.)

M 50 Kampf um Emanzipation in Preußen am Beispiel des Moritz Jutrosinski (1860er Jahre)

Michel Jutrosinski, der das Schneiderhandwerk ausübte, war ein ernster, etwas wortkarger, aber gütiger Mann, überaus fleißig und nur darauf bedacht, seine Kinder möglichst vorwärtszubringen. [...]

Moritz Jutrosinski, Michels ältester Sohn, war der erste aus der Familie, der studierte. Er besuchte zuerst die Dorfschule seines Heimatortes Sandberg, hatte nebenbei Unterricht in Hebräisch und Talmud und lernte bei Mönchen des benachbarten Klosters Glogowka die Anfangsgründe der klassischen Sprachen. Er kam dann später auf das Comenius-Gymnasium in Lissa und mußte sich seinen Lebensunterhalt z.T. durch Stundengeben verdienen. Die Sitte wohlhabender Familien, unbemittelten Schülern Freitische zu gewähren, erleichterte ihm das Fortkommen. Immerhin bedeuteten diese Jünglingsjahre für ihn sehr viel Entbehrung und Entsagung.

Im Jahre 1847 ging er nach Breslau, um Geographie, Deutsch, Geschichte und Sprachen zu studieren. [...] Ein großer Freundeskreis erschloß sich Jutrosinski durch seinen Eintritt in die Burschenschaft der Raczecks. Er war ein guter sachlicher Redner und erwarb dadurch bald in der Burschenschaft eine angesehene Stellung, so daß sie ihn 1848 zu dem Burschenschaftstag in Eisenach als ihren Vertreter entsandten, wo er ebenfalls mit Wort und Tat eine wichtige Rolle spielte. Von jener Tagung rührte die Bekanntschaft mit Karl Schurz her, der die Bonner Burschenschaft vertrat, dem späteren berühmten deutsch-amerikanischen Staatsmann, Jutrosinski traf ihn nach Jahrzehnten, als Schurz Bismarck in Berlin besuchte, wieder

und besuchte ihn in Begleitung seines Sohnes Richard im Hotel Kaiserhof.
Aus Mangel an Mitteln mußte Jutrosinski sein Studium unterbrechen und nahm eine Stellung als Hauslehrer in Bielitz in Österreich-Schlesien an, [...] Er wurde von 1862 ab in Posen an der städtischen Berger Realschule – der Stiftung eines wohlhabenden Bürgers – als Hilfslehrer beschäftigt. Der Magistrat wollte ihn, als sich bald seine ausgezeichnete Lehrbefähigung zeigte, anstellen. Die Regierung machte Schwierigkeiten, und nun begann ein Kampf, der bis 1868 dauerte. Der preußische Kultusminister lehnte eine Bestätigung ab, weil ein Jude Geschichte, Deutsch und klassische Sprachen nicht unterrichten könne, da mit Geschichte u. a. die Darstellung der Entstehung des Christenthums und der Reformation behandelt werden müßte, mit dem Deutschen der Unterricht in Ethik verbunden wäre, und klassische Sprachen alleine nicht ausreichten. Jutrosinski hätte diese schweren Jahre sich ersparen können, wenn er wie manche andere sich zur Taufe entschlossen hätte. Er blieb jedoch fest und ebenso der Posener Magistrat. Die Posener Schulbehörde bewilligte ihm einen Urlaub, und nach einem Aufenthalt in Paris und England konnte er die Facultas für Französisch und Englisch erwerben. Trotzdem machte das Kultusministerium immer noch Schwierigkeiten, bis im Jahre 1868 endlich die Bestätigung erfolgte.
Von höchstem Interesse sind die stenographischen Berichte des preußischen Landtags aus dem Jahre 1862–1868, in denen in wiederholten Sitzungen die Anstellungsfrage Jutrosinskis und die Gleichberechtigung der Juden im öffentlichen Dienst, besonders im Lehrfach behandelt wurde. Für Jutrosinski traten im Abgeordnetenhaus in erster Linie die fortschrittlichen Abgeordneten Virchow, Schmidt-Stettin, Diesterweg und Saucken-Tarputschen ein und im Herrenhause sein früherer Lehrer in Breslau, Prof. Röpell.
(M. Richarz [Hrsg.], Jüdisches Leben in Deutschland, Bd. 1. 1780–1871. Stuttgart: DVA 1976, S. 417 ff.)

M 51 Der Historiker Heinrich von Treitschke zu den Juden im Deutschen Reich (1879)

In den Jahren 1879–1880 kam es unter den namhaftesten deutschen Historikern zu einer politischen Kontroverse über die „Judenfrage". Die wichtigsten Kontrahenten waren dabei die Professoren Heinrich von Treitschke und Theodor Mommsen (vgl. M 52).

Wenn Engländer und Franzosen mit einiger Geringschätzung von dem Vorurtheil der Deutschen gegen die Juden reden, so müssen wir antworten: Ihr kennt uns nicht; Ihr lebt in glücklicheren Verhältnissen, welche das Aufkommen solcher „Vorurtheile" unmöglich machen. Die Zahl der Juden in Westeuropa ist so gering, daß sie einen fühlbaren Einfluß auf die nationale Gesittung nicht ausüben können; über unsere Ostgrenze aber dringt Jahr für Jahr aus der unerschöpflichen polnischen Wiege eine Schaar strebsamer hosenverkaufender Jünglinge herein, deren Kinder und Kindeskinder dereinst Deutschlands Börsen und Zeitungen beherrschen sollen; die Einwanderung wächst zusehends, und immer ernster wird die Frage, wie wir dies fremde Volksthum mit dem unseren verschmelzen können. Die Israeliten des Westens und des Südens gehören zumeist dem spanischen Judenstamme an, der auf eine vergleichsweise stolze Geschichte zurückblickt und sich der abendländischen Weise immer ziemlich leicht eingefügt hat; sie sind in der That in ihrer großen Mehrzahl gute Franzosen, Engländer, Italiener geworden – soweit sich dies billigerweise erwarten läßt von einem Volke mit so reinem Blute und so ausgesprochener Eigenthümlichkeit. Wir Deutschen aber haben mit dem polnischen Judenstamme zu thun, dem die Narben vielhundertjähriger christlicher Tyrannei sehr tief eingeprägt sind; er steht erfahrungsgemäß dem europäischen und namentlich dem germanischen Wesen ungleich fremder gegenüber.

Was wir von unseren israelitischen Mitbürgern zu fordern haben, ist einfach: sie sollen Deutsche werden, sich schlicht und recht als Deutsche fühlen – unbeschadet ihres Glaubens und ihrer alten heiligen Erinnerungen, die uns. Allen ehrwürdig sind; denn wir wollen nicht, daß auf die Jahrtausende germanischer Gesittung ein Zeitalter deutsch-jüdischer Mischcultur folge. [...]

Bis in die Kreise der höchsten Bildung hinauf, unter Männern, die jeden Gedanken kirchlicher Unduldsamkeit oder nationalen Hochmuths mit Abscheu von sich weisen würden, ertönt es heute wie aus einem Munde: die Juden sind unser Unglück!

Von einer Zurücknahme oder auch nur einer Schmälerung der vollzogenen Emancipation kann unter Verständigen gar nicht die Rede sein; sie wäre ein offenbares Unrecht, ein Abfall von den guten Traditionen unseres Staates und würde den nationalen Gegensatz, der uns peinigt, eher verschärfen als mildern. Was die Juden in Frankreich und England zu einem unschädlichen und vielfach wohlthätigen Elemente der bürgerlichen Gesellschaft gemacht hat, das ist im Grunde doch die Energie des Nationalstolzes und die festgewurzelte nationale Sitte dieser beiden alten Culturvölker. Unsere Gesittung ist jung; uns fehlt noch in unserem ganzen Sein der nationale Stil, der instinctive Stolz, die durchgebildete Eigenart, darum waren wir so lange wehrlos gegen fremdes Wesen. Jedoch sind wir im Begriff uns jene Güter zu erwerben und wir können nur wünschen, daß unsere Juden die Wandlung, die sich im deutschen Leben als eine nothwendige Folge der Entstehung des deutschen Staates vollzieht, rechtzeitig erkennen.

(W. Boehlich [Hrsg.], Der Berliner Antisemitismusstreit. Frankfurt a. M.: Insel 1988, S. 9f., 13)

M 52 Theodor Mommsens Antwort auf Heinrich von Treitschke: Auch ein Wort über das Judentum (1880)

Die gute Sitte und noch eine höhere Pflicht gebieten, die Besonderheiten der einzelnen Nationen und Stämme mit Maß und Schonung zu diskutieren. Je namhafter ein Schriftsteller ist, desto mehr ist er verpflichtet, in dieser Hinsicht diejenigen Schranken einzuhalten, welche der internationale und der nationale Friede erfordert. Eine Charakteristik der Engländer und Italiener von einem Deutschen, der Pommern und der Rheinländer von einem Schwaben ist ein gefährliches Unternehmen: bei aller Wahrhaftigkeit und allem Wohlwollen hört der Besprochene doch von allem nur den Tadel. Das unvermeidliche und unvermeidlich ungerechte Generalisieren wirkt verstimmend und erbitternd, während es selbstverständlich eine Lächerlichkeit sein würde, von solchen Schilderungen eine Besserung der bezeichneten Schäden zu erwarten. Darin vor allem liegt das arge Unrecht und der unermeßliche Schaden, den Herr v. Treitschke mit seinen Judenartikeln angerichtet hat. Jene Worte von den hosenverkaufenden Jünglingen und den Männern aus den Kreisen der höchsten Bildung, aus deren Munde der Ruf ertönt „die Juden sind unser Unglück" – ja es ist eingetroffen, was Herr v. Treitschke voraussah, daß diese „versöhnenden Worte" mißverstanden worden sind. Gewiß waren sie sehr wohlgemeint; gewiß liegt den einzelnen Klagen, die dort erhoben werden, vielfach Wahres zu Grunde; gewiß sind härtere Anklagen gegen die Juden tausendmal ungehört verhallt. Aber wenn die Empfindung der Verschiedenheit dieses Teils der deutschen Bürgerschaft von der großen Majorität bis dahin niedergehalten worden war durch das starke Pflichtgefühl des besseren Teils der Nation, welche es nicht bloß wußte, daß gleiche Pflicht auch gleiches Recht fordert, sondern auch davon tatsächlich Konsequenzen zog, so sah sich diese Empfindung nun durch Herrn v. Treitschke proklamiert als die „natürliche Reaktion des germanischen Volksgefühls gegen ein fremdes Element", als „der Ausbruch eines tiefen lang verhaltenen Zornes." Das sprach Herr v. Treitschke aus, der Mann, dem unter allen ihren Schriftstellern die deutsche Nation in ihren letzten großen Krisen den meisten Dank schuldet, dessen Feder eines der besten Schwerter war und ist in dem gewendeten, aber nicht beendeten Kampfe gegen den alten Erbfeind der Nation, den Partikularismus. Was er sagte, war damit anständig gemacht. Daher die Bombenwirkung jener Artikel, die wir alle mit Augen gesehen haben. Der Kappzaum der Scham war dieser „tiefen und starken Bewegung" abgenommen; und jetzt schlagen die Wogen und spritzt der Schaum.

(W. Boehlich [Hrsg.], Der Berliner Antisemitismusstreit. Frankfurt a. M.: Insel 1988, S. 220 ff.)

M 53 Der „christliche Staat" und die Gefahr des jüdischen Liberalismus

Die Art und Weise, in der die Konservativen Begriffe der Politik mit Religion durchdringen, findet ihren Ausdruck in dem pietistischen Begriff einer „christlichen, von Gott geschaffenen Monarchie" […]; Der bestehende Staat ist für sie der leiblich gewordene Geist selber. Sie umgeben die Ständeordnung und Obrigkeitsverhältnisse des preußischen Staates mit einem Schein der Heiligkeit und idolisieren die „christliche Monarchie" als Schöpfung Gottes. Wer dem Staat angehören wolle, für den sei die „Anerkennung Christi als des Erlösers der Welt" eine unbedingte Notwendigkeit. Nur durch das „Christliche" sei der Staat „beweglich" und habe eine „Seele" – im Gegensatz zum liberalen Staat, der „rationalistisch, erstarrt" – „jüdisch" sei. Die Ultramontanen, die mit dem bestehenden Staat, der Bürokratie, seiner rationalistischen Tendenz im Widerspruch sind, vergötzen dagegen eine „organisch ständische Ordnung" und wollen den „christlichen Staat" so, wie er sein sollte. Die liberale These von der Gleichheit aller, die die ständische Ordnung bedroht, ist für die Konservativen Ausdruck eines Angriffs auf Gottes Kreatur; Gleichheit sei sündhaft, antichristlich und etwas Jüdisches; sie sei einer „fremdländischen Wucherpflanze" vergleichbar, die nicht in den Garten Gottes passe. Die Konservativen, die nicht die Überzeugung der Aufklärer teilen, daß die Menschen grundsätzlich gut seien, fürchten, daß ohne das als Ordnung des Staates sich ausdrückende „christliche Prinzip", ohne die „höhere Autorität und Sanktion im Gewissen" der „Egoismus", die „angeborene Sündhaftigkeit" und die „Schwäche" der Menschen freien Lauf hätten. Die Juden, „die ausgesprochenen Feinde der Kirche", in den Staat aufzunehmen, sei „falsche Humanität". Dies zerstöre nur seinen christlichen Charakter. Gleichberechtigung der Juden sei identisch mit „Nivellierung" und „Verwirrung" der individuellen und gesellschaftlichen Unterschiede, mit „völliger Auflösung", und ende in einer „grauenhaften Despotie". Sie führe zu allgemeiner „Gleichmacherei" und könne womöglich auch noch die Emanzipation der Frauen und des Proletariats zur Folge haben; sie zehre die „Seele des Staates" auf und würde „notwendig auf die einzige Grundlage der materiellen Interessen und der rohen Gewalt zurückführen".

(E. Sterling, Judenhaß. Die Anfänge des politischen Antisemitismus in Deutschland (1815–1850). Frankfurt a.M.: EVA 1969, S. 110f.)

M 54 Hintergründe der nationalistischen Judenfeindschaft

Die Aggressionserscheinungen gegen andere, nicht zuletzt gegen die Juden, haben in der Tat eine ihrer Ursachen darin, daß Deutschland später als andere europäische Nationen zu staatlicher Einheit gelangt ist. Das Schlagwort vom „Platz an der Sonne", den

sich Deutschland erkämpfen müsse, bleibt Ausdruck eines Gefühls der Unsicherheit und der Angst, den Anschluß bei der Verteilung der Machtpositionen verpaßt zu haben. In einem nichtaufgeklärten Staate, für den Toleranz ein rein literarisches Phänomen der Dichter und Denker blieb, in einem Deutschland, das national an einer Selbstunsicherheit litt, erschien die Judenemanzipation als eine zunehmende Gefahr der Überfremdung. Die Juden wurden besonders in Krisensituationen zum inneren Feind gestempelt, wenn es nicht gelang, der Schwierigkeiten Herr zu werden, oder wenn der äußere Feind sich als zu mächtig erwies. Der Staat, der die Juden integrieren sollte, besaß keine Fundamente, welche es ermöglicht hätten, den Juden in christlich-humaner Souveränität zu begegnen. Für breite Schichten galt die Demokratie als eine Institution der Furcht, auf die man mit neurotischen Erscheinungen reagierte. Die Judenemanzipation wurde als Symptom der vordringenden Demokratisierung, des Kapitalismus und der Industrialisierung empfunden, die in England bereits weit fortgeschritten war, als die Juden in den Genuß der Gleichberechtigung gelangten, die allen von dem herrschenden Bekenntnis abweichenden Konfessionen zugute kam. Die Juden Englands galten daher nicht als die Außenseiter schlechthin, sondern befanden sich in der Gesellschaft von anderen Religionen, vor allem der Katholiken. Wer sich jedoch in Deutschland vom Kapitalismus, der Industrialisierung und der modernen Wissenschaft bedroht fühlte, verwies gern auf die Juden als Urheber allen Übels. Blieben diese ihrer Religion treu, so aktivierte man den von der Tradition sanktionierten Gegensatz zwischen Judentum und Christentum; säkularisierten sich die Juden wie ihre Umwelt, so glaubte man erst recht den Feind entdeckt zu haben, den wahren Verführer zum Unglauben. So konnten die Unlust-, Angst- und Haßgefühle in gleicher Weise sowohl auf den ‚verstockten' als auch auf den von seinem Judentum entfremdeten Juden abreagiert werden. Als Bemäntelung für ein solches Vorgehen diente die inhaltlos gewordene Phrase vom ‚christlichen Staat'.
(E.L. Ehrlich, Emanzipation und christlicher Staat. In: W.-D. Marsch/K. Thieme [Hrsg.], Christen und Juden. Mainz: Matthias Grünewald Verlag 1961, S. 178f.)

Arbeitshinweise

1 *Mit dem Aufkommen des völkischen Nationalismus Anfang des 19. Jahrhunderts wird ein neues Bild von dem Juden gezeichnet. Ermitteln Sie das völkische Judenbild anhand einiger Textauszüge.*
2 *Zeigen Sie die Möglichkeiten des Widerstands gegen die Emanzipation am Beispiel des Moritz Jutrosinski (M 50). Benutzen Sie zur Aufklärung des Hintergrundes auch M 10 und M 20.*
3 *Fassen Sie die Positionen Treitschkes (M 51) und Mommsens (M 52) im sogenannten „Berliner Judenstreit" thesenartig zusammen.*
4 *Heinrich von Treitschke war ein publizistisch und politisch sehr aktiver Mann, der seine Aufgabe in der Erziehung der Deutschen zu einem deutschen Nationalismus hin sah. Beurteilen Sie vor diesem Hintergrund den Satz „Die Juden sind unser Unglück!"*
5 *Erläutern Sie die Bedeutung der Idee vom christlichen Staat für die Emanzipation der Juden (M 53).*

5.2 Erscheinungsbild des Antisemitismus

M 55 Gobineau: Über die Ungleichheit der Menschen

In den Jahren 1853/1855 veröffentlichte der Franzose Arthur Comte de Gobineau sein vierbändiges Werk „Essai sur l'inégalité des races humaines". Mit diesem romantisierenden Geschichtswerk schuf er die Grundlage für die später von Houston Steward Chamberlain (vgl. M 70) durch Ausbau seiner Gedanken geschaffenen Rassenlehre.

Ist aber dieses seelische Leben, das jedem Wesen unserer Gattung tief in sein Inneres eingepflanzt ist, einer unendlichen Erweiterung fähig? Haben alle Menschen im gleichen Maße die unbegrenzte Fähigkeit, in ihrer intellektuellen Entwicklung fortzuschreiten? Anders ausgedrückt, sind die menschlichen Rassen mit der Fähigkeit begabt, sich einander anzugleichen? Dies ist im Grunde die Frage nach der unbegrenzten Vervollkommnungsfähigkeit der Menschheit und der Gleichheit der Rassen untereinander. Beide Fragen beantworte ich mit Nein. Der Glaube an die unbegrenzte Vervollkommnungsfähigkeit ist eine Versuchung für viele Menschen unserer Zeit. [...]
Die Hautfarbe der Arier war weiß und rosig; so bei den ältesten Griechen und Persern; desgleichen bei den Hindu. In der Haar- und Bartfarbe herrschte das Blond vor, und wir kennen die Vorliebe, welche die Hellenen dafür hegten; nur so stellten sie sich ihre edelsten Gottheiten vor. [...] Diese Spielform der menschlichen Art, die sich also durch ihre besondere körperliche Schönheit auszeichnete, war nicht weniger überlegen an Geist. Sie strahlte eine unerschöpfliche Quelle von Lebhaftigkeit und Energie aus, und die Regierungsform, die sie sich gegeben hatte, entsprach durchaus den Bedürfnissen eines so lebhaften Naturells.
(Graf Arthur Gobineau, Die Ungleichheit der Menschenrassen. Berlin: Wolff 1935, S. 112, 255f.)

M 56 Erste antisemitische Hetzschrift

Im Jahre 1876 veröffentlichte die populäre illustrierte Familienzeitschrift „Die Gartenlaube" eine Artikelserie von Otto Glagau; daraus ist der folgende Textausschnitt entnommen.

Nicht länger dürfen falsche Toleranz und Sentimentalität, leidige Schwäche und Furcht uns Christen abhalten, gegen die Auswüchse, Ausschreitungen und Anmaßungen der Judenschaft vorzugehen. Nicht länger dürfen wir's dulden, daß die Juden sich überall in den Vordergrund, an die Spitze drängen, überall die Führung, das große Wort an sich reißen. Sie schieben uns Christen stets beiseite, sie drücken uns an die Wand, sie nehmen uns die Luft und den Atem. Sie führen tatsächlich die Herrschaft über uns; sie besitzen eine gefährliche Übermacht, und sie üben einen höchst unheilvollen Einfluß. Seit vielen Jahrhunderten ist es wieder zum ersten Mal, daß ein fremder, an Zahl so kleiner Stamm die große eigentliche Nation beherrscht. Die ganze Weltgeschichte kennt kein zweites Beispiel, daß ein heimatloses Volk, eine physisch wie psychisch entschieden degenerierte Rasse bloß durch List und Schlauheit, durch Wucher und Schacher über den Erdkreis gebietet. Von den Juden können wir lernen. Vom getauften Minister bis zum polnischen Schnorrer bilden sie eine einzige Kette; machen sie, festgeschlossen, bei jeder Gelegenheit Front gegen die Christen. Fürst Bismarck ist, wie seine zahlreichen Strafanträge lehren, sehr empfindlicher Natur und gewiß ein gewaltiger Mann. Aber ihr dürft zehnmal eher den Reichskanzler beleidigen als den schäbigsten Juden. Seht einen Trödeljuden nur schief an, und sofort erschallt von Gumbinnen bis Lindau, von Meseritz bis Bamberg und Oppenheim der Ruf: Israel ist in Gefahr! Mendel Frenkel, in einem galizischen Nest wegen Betrugs oder Diebstahls eingesperrt, verlangt im Gefängnis koschere Kost, und da er sie nicht erhält, schreit die ganze europäische Presse über Justizmord!
(H. Pross [Hrsg.], Die Zerstörung der deutschen Politik. Dokumente 1871–1933. Frankfurt a. M.: Fischer 1959, S. 253)

M 57 Hofprediger Adolf Stoecker zur Judenfrage (1879)

Ich bin von einem anständigen Juden gefragt, was ich eigentlich mit meinem Angriff gegen das moderne Judentum bezwecke. Meine Antwort ist die, daß ich in dem zügellosen Kapitalismus das Unheil unserer Epoche sehe und deshalb naturgemäß auch durch meine sozial-politischen Anschauungen ein Gegner des modernen Judentums bin, in welchem jene Richtung ihre hauptsächlichen Vertreter hat. [...]
Es ist doch wahrlich kein Frevel, zu wünschen, die Juden möchten, soweit es ihre körperliche Beschaffenheit erlaubt, dieselbe Arbeit tun wie ein Deutscher, möchten Schneider und Schuhmacher, Fabrikarbeiter und Diener, Mägde und Arbeiterinnen werden. Ihre Zahl ist in Berlin zu groß, als daß sie sich von der groben Arbeit fernhalten könnten. Sonst kommt es dahin, daß sie je länger, je mehr Arbeitgeber werden, dagegen die Christen in ihrem Dienste arbeiten und von ihnen ausgebeutet werden; ein Zustand, der unserer nationalen wie geistigen Stellung nicht würdig ist. [...]
Auf den Berliner Gymnasien sind 1488 Israeliten bei 4764 protestantischen Schülern; also 5 Prozent der Bevölkerung, aber 30 Prozent der Besucher höherer Schulen. Ein solcher Trieb nach sozialer Bevorzugung, nach höherer Ausbildung verdient an sich die höchste Anerkennung; nur bedeutet er für uns einen Kampf um das Dasein in der intensivsten Form. Wächst Israel in dieser Richtung weiter, so wächst es uns völlig über den Kopf. Denn man täusche sich nicht; auf diesem Boden steht Rasse gegen Rasse und führt, nicht im Sinne des Hasses, aber im Sinne des Wettbewerbes einen Rassestreit. Dagegen verwahrt sich freilich das Judentum mit allen Kräften; es will als völlig deutsch gelten und weist von allen Gedanken meiner ersten Rede am meisten den zurück, daß es ein Volk im Volke, ein Staat im Staate, ein Stamm in einer fremden Rasse sei. Dennoch ist dies der Ausdruck tatsächlicher Verhältnisse. Ist Israel durch die „Alliance Israélite"[1] auf der ganzen Erde zu sozialpolitischem Wirken verbunden, so ist es ein Staat im Staate, international innerhalb der Nation. Ist Israel in seinem Erwerbsleben isoliert, nimmt es an unserem Landbau gar nicht, an unserem Handwerk wenig Anteil, so ist es ein Volk im Volke. Israel hat noch heute religiöse Satzungen, die es von den andern Völkern absondern; die orthodoxen Israeliten glauben sich zu verunreinigen, wenn sie mit Christen zusammen essen, sie haben ihre besonderen Schlächter und ihre Speisegesetze. Nun, aber dann sind sie doch gewiß eine fremde Rasse, wenn sie die christlichen Deutschen und ihre Mahlzeiten für unrein achten.
Ich glaube, daß man bei der Judenfrage gerade diesen letzten Punkt allzusehr übersieht; derselbe beweist, daß Israel in der Tat ein fremdes Volk ist und nie mit uns eins werden kann, außer wenn es sich zum Christentum bekehrt.
(A. Stoecker, Das moderne Judenthum in Deutschland, besonders in Berlin. Zwei Reden in der christlich-socialen Arbeiterpartei. Berlin: Weigandt & Grieben ²1880, S. 4 ff.)

M 58 Vorstellungen von „Verjudung" (1879)

Wilhelm Marr, der Verfasser des folgenden Textauszugs, war der Begründer der „Antisemitenliga", der ersten judenfeindlichen Vereinigung im Kaiserreich.

---

1 Alliance Israélite Universelle; 1860 in Paris gegründeter Verein, der überall für bürgerliche Gleichstellung der Juden eintreten will sowie den Leidenden und Verfolgten helfen möchte.

123

Durch sie wurde der Begriff „Antisemit" in Umlauf gebracht.

In den Juden ist dem Abendlande durch die Römer ein Volksstamm aufgedrungen worden, der, seiner eigenen Geschichte zufolge, bei allen Völkern des Orients aufs gründlichste verhaßt war. [...] Nichts ist natürlicher, als daß die Juden ihre Unterjocher und Wegführer aus der Heimath hassen mußten. Nichts natürlicher, als daß dieser Haß durch einen beinahe zwei Jahrtausende langen Druck und Verfolgung im Abendlande anschwellen mußte. [...] Nächst dem Slawenthum war aber das Germanenthum am unvorbereitetsten gegen die Fremdlinge. Das Gefühl eines Nationalstolzes existirte in den germanischen Ländern nicht. Und gerade deshalb wurde es dem Semitismus leichter, in Deutschland festen Boden zu fassen als in andern Ländern. Allerdings erregte auch hier die Spezialität der orientalischen Fremdlinge Anstoß. [...] Dieses fremde Volkselement und sein Realismus stach zu sehr ab gegen den ganzen Charakter des Germanenthums. [...] Er [der Jude] war ihnen [den anderen Völkern] typisch fremd und ist es geblieben bis auf den heutigen Tag [...].
(W. Marr, Der Sieg des Judenthums über das Germanenthum. Vom nicht confessionellen Standpunkt aus betrachtet. Bern: Rudolph Costenoble 1879, S. 9ff.)

M 59 Karl Eugen Dühring: Forderung nach Rassenhaß

Der 1877 wegen persönlicher Angriffe auf Kollegen aus dem Lehrdienst entlassene Berliner Privatdozent für Philosophie war einer der ersten, die aus der Lehre von der Unterschiedlichkeit der Rassen (vgl. Gobineau, M 55) die Forderung nach Rassenhaß ableitete. 1881 veröffentlichte er die Schrift „Die Judenfrage als Racen-, Sitten- und Culturfrage".

Was den inzwischen erforderlichen modus vivendi betrifft, so ist auf dem Fuße der Gleichheit kein andauerndes Zusammenleben mit den Juden möglich, weil der fragliche Stamm von Natur auf einer ungleichen und zwar erheblich tiefern Stufe der Begabung und Moralität steht. Hier kann auch kein geistiges Prinzip helfen; denn der Fehler ist physiologischer Art und liegt im Naturcharakter selbst. [...]
Die Juden sind nicht bloß schlecht erträgbar für andere, sondern auch für sich selbst und unter sich selbst. Der einzelne ist sich mit seiner eigenen Natur mehr oder minder zur Last; die volle innere Ruhe bleibt dem Juden unbekannt. Er fühlt sich fortwährend nicht bloß im Widerspruch mit der bessern Menschheit, sondern auch mit sich selbst. [...] Das Judengemüt – wenn man überhaupt den edlen deutschen Ausdruck Gemüt für so etwas brauchen darf – befindet sich in rastloser Öde und kam beispielsweise nicht einmal bei Spinoza zu einer gehörigen Einigkeit mit sich selbst. Der ewige Jude, der nach dem Höheren und Edleren nicht aufzuschauen vermag und sich im Niedern durch die Weltgeschichte ruhelos treibt, ist das ganze Volk selbst, beladen mit dem Fluche der Natur, alle andern Völker heimzusuchen und selbst nicht sobald zur Ruhe einzugehen. Die Erlösung der Juden von sich selbst ist weltgeschichtlich durch ihren Reformator Christus vermittelst eines geistigen Prinzips versucht worden, aber mißlungen. [...]
Was bleibt also übrig, als daß andere Völker an ihnen mit andern als geistigen Mitteln das vollziehen, was ihr eigener Reformator nicht vermocht hat, nämlich die Welt gründlich von allem Judenwesen zu erlösen. [...] Die Mittel werden [...] politische, wirtschaftliche und gesellschaftliche sein müssen. Selbst ein mächtigeres Geistesprinzip als alle bisherigen Religionen würde als bloß geistige Macht den Judenstamm nicht erheblich zum Bessern verändern. Im Gegenteil würde die Aufnahme von Juden auch in den besten Geistesgemeinschaft nur schädlich werden. [...] Darum gibt es gegen sie auch nur eine einzige Politik, nämlich die der äußerlichen Einschränkung, Einpferchung und Abschließung. [...]
Die Juden haben mit ihrem Gelde und mit dem Schleichertum, vermöge dessen sie sich in alle gesellschaftlichen Kanäle einschmuggeln, schon vor ihrer sogenannten Emanzipation eine Menge von Fäden des sozialen Lebens in die Hände bekommen. Später haben sie sogar die gesellschaftlichen und öffentlichen Stellungen, soviel an ihnen war, förmlich überschwemmt und sich in Staat und Gemeinde an allen Ecken eingenistet. Ja, sie haben es in einigen Richtungen zur tatsächlichen Vorherrschaft gebracht. Wie soll da der einzelne, bei dem besten Willen, sich von den Juden zu emanzipieren, sich aus solchen politischen und sozialen Klammern herausziehen? Hier hat sich die Gesellschaft nicht bloß in ihren einzelnen Gliedern als Gesellschaft, sondern sofort als Staat durch Gesetzgebung und Verwaltung zu helfen.
(M. Görtemaker, Deutschland im 19. Jahrhundert. Entwicklungslinien. Bonn: Bundeszentrale für politische Bildung ²1986, S. 229)

M 60 Theodor Fritsch: Antisemiten-Catechismus

Theodor Fritsch (1852–1933) war Herausgeber der antisemitischen Zeitschrift „Hammer"; 1924 Reichstagsabgeordneter der Nationalsozialistischen Freiheitspartei; der „Antisemiten-Catechismus" gilt als erfolgreichstes Werk der völkisch-antisemitischen Literatur.

Was haben die Juden eigentlich begangen?
1. Sie haben durch Auswucherung viele Bauern, Gewerbetreibende, Beamte, Offiziere usw. vollständig ruiniert und [...] dem moralischen Untergang preisgegeben [...].
2. Sie haben durch unehrliches Gebaren und geheimes Zusammenwirken den soliden Handels- und Gewerbestand untergraben und viele Geschäftszweige so vollständig in ihre Hände gebracht, daß der ehrliche nichtjüdische Geschäftsmann kaum mehr neben ihnen bestehen kann.

3. Sie haben das ehrliche Handwerk fast vollständig vernichtet, so daß der frühere selbständige Meister heute zum Lohnsklaven des jüdischen Ladenbesitzers geworden ist und um einen Hungerlohn für denselben arbeitet.
4. Sie haben die Arbeitslöhne und die Preise aller Produkte so sehr heruntergedrückt, daß es immer unmöglicher wird, sich durch ehrliche Arbeit zu ernähren. Das soziale Elend und die gesellschaftliche Unzufriedenheit wird dadurch immer größer und die Gefahr blutiger Volksaufstände immer näher gerückt.
5. Sie haben sich der öffentlichen Presse bemächtigt und bedienen sich derselben dazu, das Volk über die wahren Ursachen des allgemeinen Notstandes zu täuschen und dessen Unzufriedenheit nach einer falschen Richtung (auf die Regierung, auf „Pfaffen", „Junker", Polizei, Beamtentum usw.) abzulenken.
6. Sie fördern durch ihre Zeitungen die sittliche Verwilderung, indem sie das Volk mit allerhand „pikanten" Skandal- und Verbrechensgeschichten unterhalten und dadurch das moralische Bewußtsein abzustumpfen suchen.
7. Sie haben mit Hilfe der Presse durch den Börsenschwindel in den 70er Jahren Tausende von Millionen aus dem Volke herausgezogen.
8. Sie haben durch jüdische Parlamentarier [...] sowie durch nichtjüdische bezahlte Subjekte in der Volksvertretung die Gesetzgebung dahin beeinflußt, daß den jüdischen Gelüsten möglichst viel Spielraum gegeben wurde (z. B. zum betrügerischen Bankrott, Börsenspiel, Gründungsschwindel usw. sowie durch schrankenlose Gewerbefreiheit, Freizügigkeit etc.).
9. Alles machen sie käuflich: Ämter, Titel, Namen, Ehre, Liebe und so fort. Sie richten besonders in der weiblichen Jugend unseres Volkes eine unerhörte sittliche Verwüstung an. Das niedrig-sinnliche Naturell der Juden und ihr Mangel an Scham und Gewissen macht sie zu den verwegensten Verführern. [...]
10. Sie haben viele Personen in hervorragenden Stellungen in ihre Netze zu locken gewußt und dieselben durch ihren Geldeinfluß sich dienstbar gemacht [...]. Die wenigen charakterfesten Männer, die diesen Verlockungen widerstanden haben, werden vor dem Volke durch die jüdische Presse in unerhörter Weise verdächtigt und beschimpft.
11. Sie haben selbst die Regierungen durch schlaue Finanzoperationen in ihre Fesseln geschlagen [...]. Durch ihre internationalen Beziehungen beeinflussen die Juden alle Staatskabinette und halten die Regierungen gegenseitig im Schach, so daß kein einzelner Staat wagen kann, gegen die Judenschaft vorzugehen [...].

(Th. Fritsch, Antisemiten-Catechismus. Leipzig: Hammer Verlag [25]1893, S. 142f.)

M 61 Houston Steward Chamberlain[1] über Rassenlehre und Judentum (1899)

Der Rassegedanke fand erst durch H. St. Chamberlain in Deutschland weitere Rezeption. Hier die wichtigsten Gedanken aus seinem viel gelesenen Standardwerk „Die Grundlagen des 19. Jahrhunderts":

Als ob die gesamte Geschichte nicht da wäre, um uns zu zeigen, wie Persönlichkeit und Rasse auf das engste zusammenhängen, wie die Art der Persönlichkeit durch die Art der Rasse bestimmt wird und die Macht der Persönlichkeit an gewisse Bedingungen ihres Blutes geknüpft ist! Und als ob die wissenschaftliche Tier- und Pflanzenzüchtung uns nicht ein ungeheuer reiches und zuverlässiges Material böte, an dem wir sowohl die Bedingungen wie auch die Bedeutung von ‚Rasse' kennenlernen. Entstehen die sogenannten ‚edlen' Tierrassen, die Zugpferde vom Limousin, die amerikanischen Traber, die irischen Renner, die absolut zuverlässigen Jagdhunde durch Zufall und Promiskuität[2]? Entstehen sie, indem man den Tieren Rechtsgleichheit gewährt, ihnen dasselbe Futter vorwirft und über sie die nämliche Rute schwingt? Nein, sie entstehen durch geschlechtliche Zuchtwahl und durch strenge Reinhaltung der Rasse. Und zwar bieten uns die Pferde, namentlich aber die Hunde jede Gelegenheit zu der Beobachtung, daß die geistigen Gaben Hand in Hand mit den physischen gehen; speziell gilt dies von den moralischen Anlagen; ein Bastardhund ist nicht selten sehr klug, jedoch niemals zuverlässig, sittlich ist er stets ein Lump. Andauernde Promiskuität unter zwei hervorragenden Tierrassen führt ausnahmslos zur Vernichtung der hervorragenden Merkmale von beiden. Warum sollte die Menschheit eine Ausnahme bilden?

[...] mag man über die vergangene Historie der Juden denken wie man will, ihre gegenwärtige nimmt tatsächlich so viel Platz in unserer eigenen Geschichte ein, daß wir ihr unmöglich die Aufmerksamkeit verweigern können. [...]

Dieses fremde Volk aber, ewig fremd, weil [...] an ein fremdes, allen anderen Völkern feindliches Gesetz unauflösbar gebunden, dieses fremde Volk ist gerade im Laufe des 19. Jahrhunderts ein unverhältnismäßig wichtiger, auf manchen Gebieten geradezu ausschlaggebender Bestandteil des Lebens geworden. [...]

Von idealen Beweggründen bestimmt, öffnete der Indoeuropäer in Freundschaft die Tore: wie ein Feind stürzte der Jude hinein, stürmte alle Positionen und pflanzte – ich will nicht sagen auf den Trümmern, doch auf den Breschen unserer echten Eigenart die Fahne seines uns ewig fremden Wesens auf. [...]

---

1 von Geburt Engländer, aus Begeisterung für Richard Wagners Musik Wahldeutscher, Schwiegersohn Wagners und Förderer Adolf Hitlers.
2 andauernder sexueller Verkehr der Geschlechter ohne eheliche Bindung.

Sollen wir die Juden darob schmähen? Das wäre ebenso unedel, wie unwürdig und unvernünftig. Die Juden verdienen Bewunderung, denn sie haben mit absoluter Sicherheit nach der Logik und Wahrheit ihrer Eigenart gehandelt, und nie hat die Humanitätsduselei (welche die Juden nur insofern mitmachten, als sie ihnen selber zum Vorteil gereichte) sie auch nur für einen Augenblick die Heiligkeit der physischen Gesetze vergessen lassen. Man sehe doch, mit welcher Meisterschaft sie das Gesetz des Blutes zur Ausbreitung ihrer Herrschaft benutzen: der Hauptstock bleibt fleckenlos, kein Tropfen fremden Blutes dringt hinein; [...] inzwischen werden aber tausende von Seitenzweiglein abgeschnitten und zur Infizierung der Indoeuropäer mit jüdischem Blute benutzt.
(H. S. Chamberlain, Die Grundlagen des neunzehnten Jahrhunderts. Erste Hälfte. München: F. Bruckmann ^{29}1944, S. 311 f., 381 ff.)

M 62 Das antisemitische Programm des Alldeutschen Verbandes

Der Alldeutsche Verband, gegründet 1891, war eine überparteiliche rechtsradikale Organisation im Kaiserreich und in der Weimarer Republik. Obwohl der Verband in seinen besten Jahren nur rund 40 000 Mitglieder zählte, war er eine einflußreiche politische Größe, vor allem unter seinem Vorsitzenden von 1908 bis 1939 Justizrat Heinrich Claß, der unter seinem Pseudonym Daniel Frymann im Jahre 1912 die Schrift „Wenn ich der Kaiser wär'" veröffentlichte. Darin beschreibt er sein antisemitisches Programm:
Eine Gesundung unseres Volkslebens, und zwar aller seiner Gebiete, kulturell, moralisch, politisch, wirtschaftlich, und die Erhaltung der wiedergewonnenen Gesundheit ist *nur möglich, wenn der jüdische Einfluß entweder ganz ausgeschaltet oder auf das Maß des Erträglichen, Ungefährlichen, zurückgeschraubt wird.*
Bei der Erörterung des nach dieser Richtung Notwendigen wird man sich darüber klar sein, daß der Unschuldige mit dem Schuldigen leiden muß – [...]
Daß heute *die Grenzen vollständig und rücksichtslos gegen jede weitere jüdische Einwanderung gesperrt werden, ist unbedingt geboten,* genügt aber längst nicht mehr. Ebenso selbstverständlich ist es, *daß die fremden Juden, die noch kein Bürgerrecht erworben haben, schnellstens und rücksichtslos bis auf den letzten Mann ausgewiesen werden* – aber auch das genügt nicht. [...]
Die Forderung muß sein: *die landansässigen Juden werden unter Fremdenrecht gestellt.* [...]
Jude im Sinne des geforderten Fremdenrechts ist jeder, der am 18. Januar 1871 der jüdischen Religionsgemeinschaft angehört hat, sowie alle Nachkommen von Personen, die damals Juden waren, wenn auch nur ein Elternteil jüdisch war oder ist [...]. Den Juden bleiben alle *öffentlichen Ämter* verschlossen, einerlei ob gegen Entgelt oder im Ehrenamt, einerlei ob für Reich, Staat und Gemeinde.

Zum *Dienst in Heer und Flotte* werden sie nicht zugelassen.
Sie erhalten weder *aktives, noch passives Wahlrecht.*
Der Beruf der *Anwälte* und *Lehrer* ist ihnen versagt; die *Leitung von Theatern* desgleichen.
Zeitungen, an denen Juden mitarbeiten, sind als solche kenntlich zu machen; die anderen, die man allgemein „deutsche" Zeitungen nennen kann, dürfen weder in jüdischem Besitz stehen, noch jüdische Leiter und Mitarbeiter haben.
Banken, die nicht rein persönliche Unternehmen einzelner sind dürfen keine jüdischen Leiter haben.
Ländlicher Besitz darf in Zukunft weder in jüdischem Eigentum stehen, noch mit solchen Hypotheken belastet werden.
Als Entgeld für den Schutz, den die Juden als Volksfremde genießen, entrichten sie doppelte Steuern wie die Deutschen. [...]
(H. Pross [Hrsg.], Die Zerstörung der deutschen Politik. Dokumente 1871–1933. Frankfurt a. M.: Fischer 1959, S. 131)

M 63 Wirtschaftliche Hintergründe der Entstehung des organisierten Antisemitismus

Die Weltmarktkrise von 1873 traf dieses optimistische, vorwärtsstrebende, wild spekulierende Reich wie ein Blitzschlag. Ein Börsenkrach, der viele schnell erworbene Vermögen zusammen mit einer Unzahl kleiner, mühsam errungener Spargroschen auslöschte, leitete den wirtschaftlichen Zusammenbruch ein; er entwickelte sich zu einer der längsten und schwersten Krisen in der Geschichte Deutschlands. Im wirtschaftlichen Drunter und Drüber der nächsten sechs Jahre wurden das Ansehen und die Aussichten des deutschen Liberalismus, um die es ohnehin wegen der verspäteten wirtschaftlichen und verwirrten politischen Entwicklung des Landes nicht sehr gut stand, tödlich geschwächt. Der ökonomische Rückschlag wirkte sich unmittelbar auch auf die Stellung der Juden aus. Der ganzen liberalen Bewegung wurde jetzt der Prozeß gemacht; die Bezeichnung „Liberaler" galt als Schimpfwort. Für die Feinde der neuen Ära verkörperte sich der Liberalismus in der Fortschrittspartei und der Nationalliberalen Partei, und beide wurden als „jüdisch" gebrandmarkt.
(P. W. Massing, Vorgeschichte des politischen Antisemitismus. Frankfurt a. M.: Syndikat/EVA 1986, S. 4)

Arbeitshinweise

1 *Erläutern Sie Gobineaus Vorstellung von der Rasseneinheit und der „arischen" Rasse (M 55).*
2 *Zeigen Sie die Weiterentwicklung der Lehre Gobineaus zum Rasseantisemitismus durch Dühring (M 59).*
3 *Zeigen Sie die historisch neue Qualität in der Haltung Glagaus (M 56) gegenüber den Juden, indem Sie die Gefühle beschreiben, die Glagau wecken will.*
4 *Mit der Agitation des Hofpredigers Stoecker*

erreicht der neu entflammte Antisemitismus einen ersten Höhepunkt. Untersuchen Sie seine Ausführungen hinsichtlich ihrer gedanklichen Grundlagen (M 57).
5 *Klären Sie den Begriff „Verjudung" (M 58).*
6 *Erarbeiten Sie die Zielsetzungen von Theodor Fritschs „Antisemiten-Catechismus", und beurteilen Sie seine Öffentlichkeitswirksamkeit.*

7 *Ordnen Sie das Programm des Alldeutschen Verbandes historisch in Ihnen schon bekannte antijüdische Forderungen ein.*
8 *P.W. Massing (M 63) geht auf wirtschaftliche Hintergründe des Antisemitismus ein. Lassen sie sich in den antisemitischen Äußerungen wiederfinden?*

5.3 Folgen und Schlußfolgerungen des Antisemitismus

M 64 Das Neue des Antisemitismus des späten 19. Jahrhunderts

Neu war an dem Antisemitismus der späten siebziger Jahre, daß er sich gegen das emanzipierte und assimilierte Judentum wandte, während die ältere Judenfeindschaft sich vor allem gegen die Juden richtete, die außerhalb der Mehrheitsgesellschaft lebten und gerade nicht integriert und assimiliert waren. Neu war auch, daß die ethnische Zugehörigkeit, die „Abstammung", jetzt wichtiger als die Religionszugehörigkeit erschien, daß Vorstellungen von „Rasse" als einer Art Naturgesetz mit einer antijüdischen Zuspitzung in Umlauf kamen, so daß die „Judenfrage" als „Rassenfrage" definiert werden konnte. Neu war auch, daß der Antisemitismus als eine mehr oder weniger selbständige politische Bewegung – mit der Gründung von besonderen Antisemitenparteien – in Erscheinung trat. Und schließlich wurde erst jetzt eine antisemitische „Weltanschauung" entwickelt, die mehr war als ein antijüdisches Programm, sondern in den Juden den Schlüssel zum Verständnis und zur Lösung allgemeiner gesellschaftlicher Probleme gefunden zu haben glaubte.
(R. Rürup, Emanzipation und Antisemitismus: Historische Verbindungslinien. In: H.A. Strauss/N. Kampe [Hrsg.], Antisemitismus. Von der Judenfeindschaft zum Holocaust. Bonn: Bundeszentrale für politische Bildung 1985, S. 95)

M 65 Zur sozialen Basis des Antisemitismus

So gab es zwei große Lager in Deutschland: Dem Antisemitismus waren diejenigen verfallen, die bewußtseinsmäßig in einer besonnten Vergangenheit lebten, weil sie sich den Anforderungen der Gegenwart nicht gewachsen fühlten. Es waren Menschen, die kaum verwinden konnten, daß ihre überlieferten Wertvorstellungen verblaßten, die der Meinungspluralismus verwirrte, ja ängstigte. Zu ihnen gesellten sich diejenigen, die ihre wirtschaftliche Position bedroht sahen, um den Bestand liebgewordener gesellschaftlicher Institutionen bangten, einen Prestigeverlust ihres Berufsstandes nicht akzeptieren wollten oder von ihrem gewohnten Lebensstil Abschied nehmen mußten. Viele dieser insgesamt braven und gehorsamen Staatsbürger schlossen sich nicht zuletzt auch deshalb den Antisemiten an, weil dies die einzige „staatlich erlaubte Opposition" war. Und das Oppositionsbedürfnis wuchs, je verwirrender die Vielfalt der Ereignisse und Meinungen wurde, je stärker die nivellierenden Tendenzen der Industriegesellschaft im täglichen Leben zu spüren waren und somit der beklemmende Eindruck eines „Verfalls" aller Ordnungssysteme entstehen konnte.
In dieser Auffassung standen dem Kaiser diejenigen Volkskräfte sehr viel näher, die sonst grundsätzlich gegen ihn und sein Herrschaftssystem opponierten. Wie der Kaiser verwarfen den Antisemitismus alle diejenigen Volksschichten, die an den Fortschritt glaubten, Vertrauen in eine gerechte, humanere und spannungsfreiere Zukunft hatten. Dazu gehörte an erster Stelle die sozialdemokratische Arbeiterschaft. Sie hatte keinerlei Veranlassung, der Vergangenheit nachzutrauern, die ihr bis zum Überdruß verleidet war. Der Marxismus als eminent zukunftsorientierte Theorie gab seinen Anhängern Kraft, die Aufgaben der Zeit zu meistern.
(W. Jochmann, Struktur und Funktion des deutschen Antisemitismus 1878–1914. In: H.A. Strauss/N. Kampe [Hrsg.], Antisemitismus. Von der Judenfeindschaft zum Holocaust. Bonn: Bundeszentrale für politische Bildung 1985, S. 140f.)

M 66 Resolution des Sozialdemokratischen Parteitags in Köln 1893 zum Antisemitismus

Da nun die Sozialdemokratie der entschiedenste Feind des Kapitalismus ist, einerlei ob Juden oder Christen seine Träger sind, und da sie das Ziel hat, die bürgerliche Gesellschaft zu beseitigen, indem sie deren Umwandlung in die sozialistische Gesellschaft herbeiführt, wodurch aller Herrschaft des Menschen über den Menschen, wie aller Ausbeutung des Menschen durch den Menschen ein Ende bereitet wird, lehnt es die Sozialdemokratie ab, ihre Kräfte im Kampfe gegen die bestehende Staats- und Gesellschaftsordnung durch falsche und darum wirkungslos werdende Kämpfe gegen eine Erscheinung zu zersplittern, die mit der bürgerlichen Gesellschaft steht

und fällt. Die Sozialdemokratie bekämpft den Antisemitismus als eine gegen die natürliche Entwicklung der Gesellschaft gerichtete Bewegung, die jedoch trotz ihres reaktionären Charakters wider ihren Willen schließlich revolutionär wirkt, weil die von dem Antisemitismus gegen die jüdischen Kapitalisten aufgehetzten kleinbürgerlichen und kleinbäuerlichen Schichten zu der Erkenntnis kommen müssen, daß nicht bloß der jüdische Kapitalist, sondern die Kapitalistenklasse überhaupt ihr Feind ist und daß nur die Verwirklichung des Sozialismus sie aus ihrem Elende befreien kann.
(R. Leuschen-Seppel, Sozialdemokratie und Antisemitismus im Kaiserreich 1871–1914. In: A. Mannzmann [Hrsg.], Judenfeindschaft in Altertum, Mittelalter und Neuzeit. Königstein/Ts.: Scriptor 1981, S. 72f.)

M 67 Zur Entwicklung des Antisemitismus bis 1914

Zusammenfassend bleibt festzuhalten, daß der Antisemitismus in den rund vier Jahrzehnten von der Reichsgründung bis zum Ausbruch des Ersten Weltkrieges stark an Bedeutung zunahm. Zwar ereigneten sich spektakuläre Ausschreitungen gegen Juden wie 1881 im hinterpommerschen Neustettin, 1891 im niederrheinischen Xanten und 1900 im westpreußischen Konitz relativ selten. Auch konnte der Antisemitismus als eigenständige politische Kraft nur vorübergehend größere Erfolge erringen. Aber er gewann beträchtlichen Einfluß in den politischen und gesellschaftlichen Organisationen, spielte eine wichtige Rolle im Denken des national gesinnten Bürgertums und wurde im gesellschaftlichen Leben zur sozialen Norm. Die antijüdischen Animositäten und Vorurteile, die weite Teile der Wilhelminischen Gesellschaft prägten, reichten einerseits für die Herausbildung einer antisemitischen Massenbewegung nicht aus. So beschränkte sich der radikale und militante politische Antisemitismus auf eine kleine Minderheit. Andererseits genügte die Verbreitung antisemitischer Einstellungen, um nicht nur die „schweigende Mehrheit", sondern auch die großen Parteien, Kirchen und andere Organisationen in der Gesellschaft daran zu hindern, dem Antisemitismus aktiv entgegenzutreten. Die jüdische Minderheit blieb im Abwehrkampf ziemlich auf sich gestellt.
(H. Berding, Moderner Antisemitismus in Deutschland. Frankfurt a.M.: Suhrkamp 1988, S. 161f.)

M 68 Zur sinkenden Bedeutung des Antisemitismus bis 1914

Weder die christlichsoziale Spielart des Antisemitismus in den achtziger Jahren noch die völkische in den Neunzigern vermochte es, die rechtliche Stellung der Juden in irgendeiner Weise zu beeinträchtigen. Keine einzige Vorlage wurde angenommen, die das Emanzipationsgesetz von 1869 eingeschränkt hätte, während es an Unterdrückungen gegen Katholiken, Sozialisten und Polen nicht fehlte. Die völkischen Forderungen nach Ausnahmegesetzen gegen Juden hatten nie die geringste Aussicht, verwirklicht zu werden. [...]
Wenn man von den konkreten Resultaten ideologischer Kampagnen auf deren wirkliche Ziele schließen darf, so handelte es sich sowohl 1893 wie 1880 bei den Angriffen auf die Juden um Mittel zum Zweck; der manipulative Charakter der antisemitischen Kampagnen ist evident. Machtvolle konservative Kräfte und machtlose Mittelstandsschichten waren eine Verbindung eingegangen, bei der Antisemitismus als das vermittelnde Glied diente. Antisemitismus aber bedeutete für jeden der beiden ungleichen Partner etwas vollkommen anderes. [...]
Um 1910 schien es, als ob die volle Assimilierung der jüdischen Gruppe nur noch eine Frage von kurzer Zeit sei. Weder die Sozialdemokraten und Liberalen noch die Juden selber erkannten, daß der Niedergang des Antisemitismus dem Aufstieg des Imperialismus zu verdanken war, daß dieser aber in seiner Ideologie wie in seinem politischen Verhalten die antisemitische Substanz, wenn auch passiv, bewahrte. [...]
Solange der deutsche Imperialismus Erfolg hatte, kehrte sich dieses Gesicht nach außen auf Engländer, Franzosen, Slawen, Chinesen, Afrikaner. Die minderwertige Rasse schlechthin war noch nicht fixiert. Im Inneren hatte „die marxistische Gefahr" die „jüdische" vollkommen verdrängt. Schon längst nicht mehr drohte dem Regime vom Liberalismus her Gefahr. In der neuen Machtkonstellation war politischer Antisemitismus überflüssig geworden. Als dann der erste Weltkrieg der imperialistischen Phase und dem Traum von nationaler Harmonie auf der Grundlage internationaler Vorherrschaft ein demütigendes Ende bereitete, konnte der Antisemitismus, stärker und bösartiger denn je, die verlassenen Positionen wieder einnehmen.
(P.W. Massing, Vorgeschichte des politischen Antisemitismus. Frankfurt a.M.: Syndikat/EVA 1986, S. 222ff.)

M 69 Zu den längerfristigen Folgen des Antisemitismus in der deutschen Gesellschaft

Im Glauben an den Fortschritt und in der Ablehnung des Antisemitismus stand den Sozialdemokraten trotz aller politischen Gegensätze auch das linksliberale Bürgertum nahe. Die dem Liberalismus verpflichteten Angehörigen der freien Berufe, Akademiker und Beamte, Unternehmer und Kaufleute hatten nach einem vorübergehenden Schock angesichts des eigenen Anhängerschwunds und des raschen Aufstiegs der Sozialdemokratie wieder „Vertrauen und Zuversicht" gewonnen. Dazu hatte unter anderem die gute und erfolgreiche Zusammenarbeit der Liberalen mit den Sozialdemokraten auf vielen Gebieten, nicht zuletzt im Kampf gegen die Antisemiten, beigetragen.

Dabei hatten sie partiell seitens des Zentrums Unterstützung erhalten. Bei allem, was gläubige Katholiken von sozialistischen Dissidenten und wissenschaftsergebenen liberalen Rationalisten trennte, im Kampf gegen den biologischen Materialismus der Rassenfanatiker und den kulturkritischen Pessimismus der national-radikalen Gruppen und Verbände standen sie Seite an Seite. Partiell sympathisierten mit dieser „Koalition" auch noch hohe Beamte, Offiziere, Unternehmer und Wissenschaftler, weil sie in der einen oder anderen Form vom wirtschaftlichen Fortschritt profitierten, Repräsentanten des nationalen Machtstaates waren oder am wachsenden Ansehen der deutschen Wissenschaft und Kultur teilhatten. Durchdrungen von der Überzeugung, daß es Deutschland dank ihrer Mitwirkung und Leistung auf allen Gebieten herrlich weit gebracht und den viel berufenen „Platz an der Sonne" erkämpft habe, verachteten sie die Propheten der Krise. Behauptungen wie die, daß deutsche Interessen preisgegeben, die nationale Geschlossenheit und Stärke durch das Vordringen „undeutschen Geistes" gefährdet worden seien, waren ihrer Auffassung nach schlechthin absurd. Ihr Optimismus wurde allerdings im Verlauf des Ersten Weltkrieges stark erschüttert oder total zerstört.

Der Antisemitismus trug mithin, je länger desto mehr, zur Polarisierung der deutschen Gesellschaft bei. Dabei ergaben sich ganz neue Gruppierungen. Auf der einen Seite näherten sich einander die politischen Kräfte, die dann während des Ersten Weltkrieges eine Zusammenarbeit einleiteten und die Basis für die Weimarer Koalition bildeten. Auf der anderen Seite entfremdete sich das Gros des nationalen Bürgertums mehr und mehr dem Staat und steigerte sich zunehmend in eine Oppositionshaltung gegen die Regierungen in Reich und Ländern und einen Teil der führenden Schichten hinein, weil diese ihr unrealistisches Staatsideal und ihre überzogene Volksidee nicht akzeptierten. Damit rückten die Kreise und Gruppen zusammen, die sich in der Weimarer Republik als „nationale Opposition" formierten. Gerade die Antisemiten, die ständig das Gespenst eines „drohenden Umsturzes" beschworen und vorgaben, alle Kräfte der Abwehr zu mobilisieren, haben durch ihre fanatische Besessenheit und ihren Radikalismus mehr als alle anderen zur Unterminierung der politischen Ordnung des Kaiserreiches beigetragen.

(W. Jochmann, Struktur und Funktion des deutschen Antisemitismus 1878–1914. In: H.A. Strauss/N. Kampe [Hrsg.], Antisemitismus. Von der Judenfeindschaft zum Holocaust. Bonn: Bundeszentrale für politische Bildung 1985, S. 141 f.)

Arbeitshinweise

1 *Was unterscheidet nach Rürup (M 64) den modernen Antisemitismus von der traditionellen Judenfeindschaft?*
2 *Zeigen Sie die Konsequenzen für das Zusammenleben von Christen und Juden auf, die sich aus der Einführung des Rassegedankens ergeben.*
3 *Äußern Sie sich zum sozialhistorischen Hintergrund des Antisemitismus (M 65).*
4 *Begründen Sie die anti-antisemitische Haltung der SPD.*
5 *Diskutieren Sie W. Jochmanns These (M 69) von der längerfristigen Wirkung des Antisemitismus in der deutschen Gesellschaft.*

6. Die Antwort der Juden auf die völkisch-nationale Judenfeindschaft und den Antisemitismus

Lag das Zentrum des Antisemitismus in Deutschland, so fanden hier auch die stärksten Reaktionen auf den Antisemitismus statt. Die Veränderungen hinsichtlich der sozialen Lage und der gesellschaftlichen Stellung des größten Teils des deutschen Judentums schufen Voraussetzungen für neue Aktions- und Organisationsformen im Abwehrkampf gegen den Antisemitismus als neue Form der Judenfeindschaft. Die Juden waren nun nicht mehr die recht- und schutzlose, verfolgte Minderheit, sondern sie lebten in ihrer Mehrzahl als kulturell assimilierte und rechtlich zumindest formal gleichgestellte Staatsbürger im Kaiserreich.

Diese Ausgangssituation prägte vor allem das Verhalten der wichtigsten jüdischen Organisation zur Abwehr des Antisemitismus, des „Centralvereins deutscher Staatsbürger jüdischen Glaubens" (CV). Diese 1893 ins Leben gerufene Organisation mit dem programmatischen Namen setzte sich zum Ziel, die feste Verankerung der Juden in der deutschen Gesellschaft zu propagieren und weiterzuentwickeln und gleichzeitig allen Ausgrenzungsbestrebungen seitens des völkischen Nationalismus oder des Antisemitismus offensiv entgegenzutreten. Vor allem mit rechtlichen Mitteln, aber auch mit Aufklärungs- und Informationsarbeit wurde versucht den Abwehrkampf zu organisieren. Im Zentrum der Verlautbarungen des CV stand immer wieder der Hinweis auf die für unauflösbar gehaltene Einbindung der deutschen Juden in ihr Vaterland. Mit dieser Grundposition gelang es dem CV, eine große Resonanz in der jüdischen Bevölkerung zu finden. Keine andere jüdische Organisation konnte eine so große Zahl von Mitgliedern für sich mobilisieren wie der CV und die ihm angeschlossenen Organisationen. Auf dem Höhepunkt seines Einflusses gelang es ihm, mehr als die Hälfte aller deutschen Juden organisatorisch zu vertreten.

Propagierte der „Centralverein" die Vorstellung, daß die deutschen Juden sich nur durch ihre Religion von den anderen Staatsbürgern unterschieden, so reagierte eine andere Gruppierung innerhalb der jüdischen Gemeinschaft in Deutschland ganz entgegengesetzt auf die völkisch-nationale Judenfeindschaft und den Antisemitismus. Als Konsequenz aus den Schwierigkeiten bei der Umsetzung der Gedanken der Aufklärung und der Emanzipation in die politische Praxis entwickelte sich ein neuer jüdischer Nationalismus: der Zionismus. Eine seiner Entstehungsbedingungen ist sicherlich darin zu suchen, daß es den Juden in den meisten größeren Nationalstaaten Ende des 19. Jahrhunderts trotz Aufklärung und Emanzipation immer noch nur unter Vorbehalt zugestanden wurde, als Staatsbürger wie alle anderen ihren Platz in der Gesellschaft einzunehmen. Die häufig nur unterschwellig spürbaren, gelegentlich aber auch klar artikulierten, tiefsitzenden Abneigungen gegen die jüdische Bevölkerung schufen eine wichtige Voraussetzung für verstärkte Diskussionen um den Aufbau eines eigenen jüdischen Staates.

Aber nicht nur die Enttäuschung über die für die Juden nur teilweise verwirklichten Ideale der Aufklärung waren für die Entwicklung der zionistischen Idee von großer Bedeutung, sondern auch ihre Untermauerung durch die biblische Verheißung der Rückkehr in das Land der Väter. Im Gegensatz zum „Centralverein deutscher Staatsbürger jüdischen Glaubens" versuchte die zionistische Bewegung ein neues nationales Selbstbewußtsein in der jüdischen Bevölkerung zu entwickeln, an dessen Ziel die „nationale Wiedergeburt der Juden" (Leo Pinsker) stehen sollte. In Schriften wie Leo Pinskers „Autoemanzipation" (1882) oder Moses Heß' „Rom und Jerusalem" (1862) wurde um die theoretische Fundierung und die praktische Umsetzung des Zionismus gerungen. 1897 gelang es Theodor Herzl u. a., auf dem ersten Zionistenkongreß in Basel, der Bewegung einen organisatorischen Rahmen zu geben, der es ermöglichen sollte, die beiden großen Ziele, die „Stärkung des jüdischen Volksgefühls und Volksbewußtseins" und die Neuansiedlung in „Erez Israel", anzustreben. Theodor Herzls Schrift „Der Judenstaat" (1896) wurde zur programmatischen Grundlage der zionistischen Bewegung. In Deutschland fanden die zionistischen Organisationen bis zum Ersten Weltkrieg eine deutlich geringere Resonanz als der „Centralverein". Dennoch spielte die „Zionistische Vereinigung für Deutschland" eine wichtige Rolle innerhalb der zionistischen Weltorganisation.

Der „Centralverein deutscher Staatsbürger jüdischen Glaubens" mit seinem Kampf für die Anerkennung der Juden als gleichwertige Bürger in Staat und Gesellschaft auf der einen Seite und die zionistischen Organisationen, mit ihrem Bestreben zur Entwicklung einer neuen nationalen Identität der Juden bildeten die wichtigen Gegenpole innerhalb des organisierten jüdischen Lebens vom Ende des 19. Jahrhunderts bis zum Nationalsozialismus. Die gemeinsame Grundlage beider Richtungen, die sich heftig bekämpften, war die Notwendigkeit, eine Antwort zu geben auf die völkisch-nationale Judenfeindschaft und den Antisemitismus. Die neuen großen Erfolge des Antisemitismus in Deutschland nach dem verloren gegangenen Ersten Weltkrieg konnten beide Organisationen nicht verhindern.

6.1 Abwehr des Antisemitismus

M 70 Zur Reaktion jüdischer Gemeinden auf den Antisemitismus

Wie reagierte nun die jüdische Öffentlichkeit auf die ersten Ausbrüche des Antisemitismus? Kulturell assimiliert und einer nationalpolitischen Organisation ermangelnd, war die deutsche Judenheit auf einen minderwertigen Organisationsersatz angewiesen, auf ihre „Synagogengemeinden", die zum größten Teil in dem „Deutsch-israelitischen Gemeindebund" zusammengeschlossen waren. Als die ersten Anzeichen einer antijüdischen Bewegung merkbar wurden, faßte der Gemeindebund den Beschluß, die in Wort und Schrift betriebene judenfeindliche Agitation mit allen gesetzlichen Mitteln zu bekämpfen und vor allem gegen die zu Gewalttaten aufreizenden Hetzer bei den Verwaltungs- und Gerichtsinstanzen Schutz zu suchen. [...]
Ende 1880 versandte der Gemeindebund an die einzelnen Gemeinden ein Rundschreiben mit der Überschrift: „Wie hat sich der Jude der antisemitischen Bewegung gegenüber zu verhalten?" Es war dies ein Hirtenbrief, der der gesamten Umwelt vor Augen führen sollte, daß das Judentum an evangelischer Demut die Verfechter des „Christlichen Staates" bei weitem übertreffe. „So schmerzlich jeden denkenden und fühlenden Glaubensgenossen – so hieß es in dem Rundschreiben – der künstlich und gewaltsam neu angefachte und geschürte Glaubens- und Rassenhaß bewegt, er soll ihm nicht das Herz verbittern gegen seine christlichen Mitbürger, nicht den Sinn trüben für seine bürgerlichen Pflichten. Lehrt ihn diese Prüfungszeit die wahren Freunde und Förderer humaner Denkweise kennen, schätzen und verehren, so mahnt sie ihn auch zur Einkehr in sich". Des weiteren ermahnte das Sendschreiben zur Arbeitsliebe sowie zur peinlichsten Rechtschaffenheit im Handel, wodurch der „Chillul ha'schem" [die Entweihung des heiligen Namens] vermieden werden sollte, und betonte insbesondere, daß die Ergebenheit der Synagoge gegenüber niemand daran hindere, „treuer Deutscher" zu sein.
(S. Dubnow, Weltgeschichte des jüdischen Volkes, Bd. X. Das Zeitalter der zweiten Reaktion. Berlin: Jüdischer Verlag 1929, S. 24ff.)

M 71 Aufruf des Vereins zur Abwehr des Antisemitismus (1891)

Der Verein wurde am 14. Dezember 1890 unter der Führung des Rechtsgelehrten Rudolf von Gneist und des Reichstagsabgeordneten Rickert gegründet. Der Vereinsname ist auch Programm. Ende Januar 1891 wurde der folgende Aufruf von insgesamt 535 Christen veröffentlicht:
Gegen unsere jüdischen Mitbürger wird ein gehässiger Kampf fortgesetzt, welcher der Natur unseres Volkes, seiner geschichtlichen Entwicklung und seiner Stellung unter den zivilisierten Nationen zuwider ist. In massenhaft verbreiteten Flugschriften, Zeitungen und Broschüren werden die Juden, denen die Gesetze des Reichs die volle staatsbürgerliche Gleichberechtigung gewährleisten, ohne Unterschied, und nur weil sie Juden sind, mit den niedrigsten Beschimpfungen verfolgt. Sie werden als *Fremdlinge dargestellt* und als Menschen, welche die sittlichen Grundlagen des Staats und der Gesellschaft gefährden. *Die Aufhebung der staatsbürgerlichen Gleichberechtigung* ist das *Ziel* der antisemitischen Agitation. Derselben gleichgültig und untätig zuzuschauen, wäre eine verhängnisvolle Unterlassung. In einzelnen Bezirken des Vaterlandes hat die antisemitische Bewegung größere Kreise, namentlich auf dem platten Lande, ergriffen; auf andere auszudehnen, ist man eifrig am Werk. Deutsche Fürsten und Staatsmänner haben das verderbliche und unchristliche Treiben der Antisemiten verurteilt, aber es ist vor allem eine *Ehrensache* für das *deutsche Volk* und vornehmlich für uns *Christen*, demselben baldigst ein Ende zu machen.
Die Unterzeichneten, Mitglieder verschiedener religiöser Bekenntnisse und politischer Parteien, haben einen Verein zur Abwehr des Antisemitismus ins Leben gerufen. Sie wollen der antisemitischen Agitation mit Wort und Schrift entgegentreten. Sie wollen wirklich vorkommende Ausschreitungen und Mißstände weder verhehlen noch entschuldigen, sondern durch positive Einwirkung, insbesondere auch durch wirtschaftliche Maßregeln, solche zu beseitigen suchen. Sie wenden sich an ihre Mitbürger, ohne Unterschied der Partei und des Glaubens, mit der Bitte, sie bei diesen Bestrebungen zu unterstützen und dem Verein beizutreten.
(J. Höxter, Quellenbuch zur jüdischen Geschichte und Literatur [1927ff.], Bd. V. Zürich: Morascha 1983, S. 149f.)

M 72 Programm des „Centralvereins deutscher Staatsbürger jüdischen Glaubens" vom 27. September 1893

1. Wir deutschen Staatsbürger jüdischen Glaubens stehen fest auf dem Boden der deutschen Nationalität. Unsere Gemeinschaft mit den Juden anderer Länder ist keine andere als die Gemeinschaft der Katholiken und Protestanten Deutschlands mit den Katholiken und Protestanten anderer Länder. Wir erfüllen als Staatsbürger freudig unsere Pflicht und halten fest an unseren verfassungsmäßigen Rechten.
2. Wir gehören als Juden zu keiner politischen Partei. Die politische Meinung ist, wie die religiöse, Sache des einzelnen.
3. Wir haben keine andere Moral als unsere andersgläubigen Mitbürger. Wir verdammen die unsittliche Haltung des einzelnen, wes Glaubens er sei.
4. Wir verwahren uns gegen die leichtfertige und

131

böswillige Verallgemeinerung, mit der Vergehen einzelner Juden der jüdischen Gesamtheit zur Last gelegt werden.
(H.M. Klinkenberg, Zwischen Liberalismus und Nationalismus. Im Zweiten Kaiserreich (1870–1918). In: K. Schilling [Hrsg.], Monumenta Judaica. 2000 Jahre Geschichte und Kultur der Juden am Rhein. Handbuch. Köln: Stadt Köln ³1963, S. 324)

M 73 Ludwig Holländer[1] über den „Centralverein deutscher Staatsbürger jüdischen Glaubens"

Central-Verein deutscher Staatsbürger jüdischen Glaubens.
I. *Organisation und Arbeit.* Der C.-V. deutscher Staatsbürger j. Glaubens E. V. wurde 1893 in Berlin gegründet. Er zählte 1926 über 60 000 Einzelmitglieder, die in 555 Ortsgruppen und 21 Landesverbänden vereinigt sind. Einschließlich der angeschlossenen Vereine und Körperschaften vertritt der C.-V. über 300 000 deutsche J. Der *Zweck* des C.-V.'s wurde bei seiner Begründung in dem seither unveränderten § 1 der Satzungen folgendermaßen festgelegt: „Der C.-V. deutscher Staatsbürger j. Glaubens E. V. bezweckt, die deutschen Staatsbürger j. Glaubens ohne Unterschied der religiösen und politischen Richtung zu sammeln, um sie in der tatkräftigen Wahrung ihrer staatsbürgerlichen und gesellschaftlichen Gleichstellung sowie in der unbeirrbaren Pflege deutscher Gesinnung zu bestärken." Der C.-V. lehnt also bei völliger religiöser Unparteilichkeit den j. Nationalismus ab und sieht die deutschen J. als Angehörige des deutschen Volkes an. [...]
Die *Aufgaben* des C.-V.'s erstrecken sich in erster Linie auf das *politische* Gebiet. Hier kommen im einzelnen als Arbeitsgebiete in Frage: Bekämpfung des Antisemitismus in *jeder* Gestalt, bes. des politischen, mit allen gesetzlichen und moralischen Mitteln, wie: Eingreifen bei Wahlen durch bes. vorgebildete Redner, durch Flugblätter, durch Vorträge und Beteiligung an gegnerischen Versammlungen, Fühlungnahme mit politischen Parteien, Pressekorrespondenzen usw. Auf *wissenschaftlichem* Gebiete erstrebt der C.-V. Schaffung von Abwehrmitteln auf wissenschaftlicher Grundlage gegen Angriffe auf das Gesamtj.-tum und insb. auf das deutsche J.-tum, fernerhin Herausgabe und Förderung von Werken, die zur Aufklärung über J.-tum und J.-heit unter Berücksichtigung der Tagesfragen dienen. [...]
Mit Hilfe einer *Rechtsschutzabteilung* gewährt er unentgeltlichen Rechtsrat und kostenlose Verteidigung in allen Fällen, in denen J. um ihres J.-tums willen angegriffen sind. [...]
(„Centralverein deutscher Staatsbürger jüdischen Glaubens". In: Jüdisches Lexikon. Ein enzyklopädisches Handbuch des jüdischen Wissens in vier Bänden, Bd. I. Berlin: Jüdischer Verlag 1927, S. 1289f.)

M 74 Zur Bedeutung des ‚Centralvereins Deutscher Staatsbürger Jüdischen Glaubens'

Der Centralverein hat der jüdischen Gemeinschaft in einer schicksalhaften Epoche dazu verholfen, sich ehrenhaft zu verhalten. Er hat eine militante Selbstverteidigung organisiert, die dem Judentum das Rückgrat stärkte und der Schutzjudenmentalität entgegenwirkte. Den Zerfall der jüdischen Gemeinschaft hat er gebremst (er kann dabei ähnliche Verdienste für sich verbuchen wie der Zionismus). [...]
Der Centralverein hat das unbestreitbare Verdienst, schon im Wilhelminischen Deutschland ein Mahner in der deutschen Gesellschaft gewesen zu sein und als ein demokratisierender Faktor im öffentlichen Leben fungiert zu haben. [...]
Schließlich darf der Centralverein für sich in Anspruch nehmen, schon vor 1914 eine große und energische, den deutschen Verhältnissen entsprechende Organisation errichtet und damit erreicht zu haben, daß das deutsche Judentum den schwerwiegenderen Krisen der Nachkriegszeit nicht völlig unvorbereitet gegenübertrat. Als eine tatkräftige „pressure group" hätte sie bei gleichzeitiger konsequenter Fortentwicklung der eigenen Ideologie, für die es zahlreiche Anzeichen gab, genügen können, sowohl in einer konstitutionellen Monarchie, die sich schrittweise demokratisierte, wie auch in einer evolutionären Transformation der deutschen Gesellschaftsform zu einer demokratischen oder sozialdemokratischen Republik. Einer Phase tiefgehender gesellschaftlicher Erschütterung und revolutionärer Gärung hingegen war der Centralverein sicherlich nicht gewachsen. Hier wäre eine völlige Umstellung unerläßlich gewesen (die zu später Stunde seinen jüngeren Kräften nur sehr teilweise gelingen sollte), zu der seine in den liberalen Vorstellungen des neunzehnten Jahrhunderts verhaftete, legalistisch denkende und konservativ lebende Führergeneration außerstande war.
(A. Pauker, Zur Problematik einer jüdischen Abwehrstrategie in der deutschen Gesellschaft. In: W.E. Mosse [Hrsg.], Juden im Wilhelminischen Deutschland 1890–1914. Tübingen: J.C.B. Mohr (Paul Siebeck) 1976, S. 543ff.)

Arbeitshinweise

1 *Erläutern Sie die Reaktion der Juden auf den Antisemitismus anhand der Gründung des CV und seines Programms (M 71 bis M 74).*
2 *Halten Sie die programmatische Linie des CV angesichts der antisemitischen Agitation (Kap. 2) für angemessen?*

---

1 Ludwig Holländer war Direktor des ‚Centralvereins'.

6.2 Jüdischer Nationalismus und Zionismus

B 5 Titelblatt „Der Judenstaat" und Porträt Theodor Herzl (1860–1904)

M 75 Theodor Herzl, Der Judenstaat

Die Judenfrage besteht. Es wäre töricht, sie zu leugnen. Sie ist ein verschlepptes Stück Mittelalter, mit dem die Kulturvölker auch heute beim besten Willen noch nicht fertig werden konnten. Den großmütigen Willen zeigten sie ja, als sie uns emanzipierten. Die Judenfrage besteht überall, wo Juden in merklicher Anzahl leben. Wo sie nicht ist, da wird sie durch hinwandernde Juden eingeschleppt. […] Ich halte die Judenfrage weder für eine soziale, noch für eine religiöse, wenn sie sich auch noch so und anders färbt. Sie ist eine nationale Frage, und um sie zu lösen, müssen wir sie vor allem zu einer politischen Weltfrage machen, die im Rate der Kulturvölker zu regeln sein wird.

Wir sind ein Volk, *ein* Volk.

Wir haben überall ehrlich versucht, in der uns umgebenden Volksgemeinschaft unterzugehen und nur den Glauben unserer Väter zu bewahren. Man läßt es nicht zu. Vergebens sind wir treue und an manchen Orten sogar überschwängliche Patrioten, vergebens bringen wir dieselben Opfer an Gut und Blut wie unsere Mitbürger, vergebens bemühen wir uns, den Ruhm unserer Vaterländer in Künsten und Wissenschaften, ihren Reichtum durch Handel und Verkehr zu erhöhen. In unseren Vaterländern, in denen wir ja auch schon seit Jahrhunderten wohnen, werden wir als Fremdlinge ausgeschrieen; oft von solchen, deren Geschlechter noch nicht im Lande waren, als unsere Väter da schon seufzten. Wer der Fremde im Lande ist, das kann die Mehrheit entscheiden; es ist eine Machtfrage, wie alles im Völkerverkehre. […]

Der Plan

Der ganze Plan ist in seiner Grundform unendlich einfach und muß es ja auch sein, wenn er von allen Menschen verstanden werden soll. Man gebe uns die Souveränität eines für unsere gerechten Volksbedürfnisse genügenden Stückes der Erdoberfläche, alles andere werden wir selbst besorgen.

Das Entstehen einer neuen Souveränität ist nichts Lächerliches oder Unmögliches. Wir haben es doch in unseren Tagen miterlebt, bei Völkern, die nicht wie wir Mittelstandsvölker, sondern ärmere, ungebildete und darum schwächere Völker sind. Uns die Souveränität zu verschaffen, sind die Regierungen der vom Antisemitismus heimgesuchten Länder lebhaft interessiert.

Es werden für die im Prinzip einfache, in der Durchführung komplizierte Aufgabe zwei große Organe geschaffen: die Society of Jews und die Jewish Company.
Was die Society of Jews wissenschaftlich und politisch vorbereitet hat, führt die Jewish Company praktisch aus.
Die Jewish Company besorgt die Liquidierung aller Vermögensinteressen der abziehenden Juden und organisiert im neuen Lande den wirtschaftlichen Verkehr.
Den Abzug der Juden darf man sich, wie schon gesagt wurde, nicht als einen plötzlichen vorstellen. Er wird ein allmählicher sein und Jahrzehnte dauern. […]

Palästina oder Argentinien?

Ist Palästina oder Argentinien vorzuziehen? Die Society wird nehmen, was man ihr gibt und wofür sich die öffentliche Meinung des Judenvolkes erklärt. Die Society wird beides feststellen.
Argentinien ist eines der natürlich reichsten Länder der Erde, von riesigem Flächeninhalt, mit schwacher Bevölkerung und gemäßigtem Klima. Die argentinische Republik hätte das größte Interesse daran, uns ein Stück Territorium abzutreten. Die jetzige Judeninfiltration hat freilich dort Verstimmung erzeugt; man müßte Argentinien über das wesentliche Verschiedenheit der neuen Judenwanderung aufklären.
Palästina ist unsere unvergeßliche historische Heimat. Dieser Name allein wäre ein gewaltig ergreifender Sammelruf für unser Volk. Wenn Seine Majestät der Sultan uns Palästina gäbe, könnten wir uns dafür anheischig machen, die Finanzen der Türkei gänzlich zu regeln. Für Europa würden wir dort ein Stück des Walles gegen Asien bilden, wir würden den Vorpostendienst der Kultur gegen die Barbarei besorgen. Wir würden als neutraler Staat im Zusammenhange bleiben mit ganz Europa, das uns seine Existenz garantieren müßte. Für die heiligen Stätten der Christenheit ließe sich eine völkerrechtliche Form der Exterritorialisierung finden. Wir würden die Ehrenwache um die heiligen Stätten bilden und mit unserer Existenz für die Erfüllung dieser Pflicht haften. Diese Ehrenwacht wäre das große Symbol für die Lösung der Judenfrage nach achtzehn für uns qualvollen Jahrhunderten. […]

Vorteile der Judenwanderung

Ich denke mir, daß die Regierungen diesem Entwurfe freiwillig oder unter dem Drucke ihrer Antisemiten einige Aufmerksamkeit schenken werden, und vielleicht wird man sogar da und dort von Anfang an dem Plane mit Sympathie entgegenkommen und es der Society of Jews auch zeigen.
Denn durch die Judenwanderung, die ich meine, können keine wirtschaftlichen Krisen entstehen. Solche Krisen, die im Gefolge von Judenhetzen überall kommen müßten, würden durch die Ausführung dieses Entwurfes vielmehr verhindert werden. Eine große Periode der Wohlfahrt würde in den jetzt antisemitischen Ländern beginnen. […]
Darum glaube ich, daß ein Geschlecht wunderbarer Juden aus der Erde wachsen wird. Die Makkabäer werden wieder aufstehen.
Noch einmal sei das Wort des Anfangs wiederholt: Die Juden, die wollen, werden ihren Staat haben.
Wir sollen endlich als freie Männer auf unserer eigenen Scholle leben und in unserer eigenen Heimat ruhig sterben.
Die Welt wird durch unsere Freiheit befreit, durch unseren Reichtum bereichert und vergrößert durch unsere Größe.
Und was wir dort nur für unser eigenes Gedeihen versuchen, wirkt machtvoll und beglückend hinaus zum Wohle aller Menschen.
(T. Herzl, Der Judenstaat. Berlin: Jüdischer Verlag 1918, S. 17, 31f., 34, 82f., 88)

M 76 Theodor Herzls „Judenstaat" und die Umsetzung in politische Aktivitäten

Das Erscheinen des „Judenstaates" löste bei Zionisten in ganz Europa eine Welle der Begeisterung aus. Viele nahmen Kontakt mit Herzl auf, versicherten ihn ihrer loyalen Unterstützung und begannen ihm bei seinen Aktivitäten zu helfen. Dies brachte ihn in Verbindung mit zionistischen Projekten und mit Palästina. Da Baron de Hirsch[1] inzwischen verstorben war, versuchte Herzl die Rothschilds für die Verwirklichung seiner Pläne zu gewinnen, doch diese weigerten sich, ihn zu unterstützen. Er reiste nach Konstantinopel, wo er der Hohen Pforte den Vorschlag unterbreiten wollte, die finanziellen Probleme des türkischen Reiches im Austausch für einen unabhängigen jüdischen Staat in Palästina zu lösen, doch der Sultan lehnte ab. Herzl hielt trotzdem entschlossen an seiner Überzeugung fest, daß es in dieser Frage Verhandlungsmöglichkeiten mit der türkischen Regierung gebe.
Herzl vertrat die Ansicht, der beste Weg zur Verwirklichung seines Planes bestehe in politischer Aktivität, und war entschieden gegen jede „Infiltration" Palästinas ohne ausdrückliche politische Garantien. […]
Um seine Pläne zu fördern beschloß Herzl, alle Gesinnungsgenossen zu versammeln. […] Herzl widmete sich mit ganzem Einsatz seiner Kongreßidee, in der von ihm gegründeten Zeitung „Die Welt", in Artikeln, Reden und zahlreichen Briefen, die er an Persönlichkeiten des öffentlichen Lebens richtete. In dieser Periode trat seine organisatorische Begabung ans Licht, formte sich sein Bild als politischer Führer. Der Erste Zionistenkongreß trat, unter Beteiligung von etwa 200 Delegierten, am 29. August 1897 in Basel zusammen. Er umfaßte das gesamte zionistische

---

[1] Moritz de Hirsch, Freiherr von Gereuth, 1831–1896, Bankier in Brüssel, Finanzier des Eisenbahnbaus in Rußland, Österreich und der Türkei, setzte sein Vermögen für jüdisch-karitative und kolonisatorische Zwecke ein.

Aufgebot, von ein paar Skeptikern abgesehen, und erregte weitverbreitetes Interesse in jüdischen und europäischen Kreisen, denn das Erscheinen einer jüdischen Organisation, die ein eigenständiges politisches Projekt vorlegte, stellte innerhalb wie außerhalb der jüdischen Gemeinschaft eine revolutionäre Neuerung dar.
(S. Ettinger, Vom 17. Jahrhundert bis zur Gegenwart/ Die Neuzeit. In: H.H. Ben-Sasson [Hrsg.], Geschichte des jüdischen Volkes, Bd. III. München: C.H. Beck 1980, S. 217ff.)

M 77 Das Baseler Programm des I. Zionistischen Kongresses vom 30. August 1897

Der Zionismus erstrebt für das jüdische Volk die Schaffung einer öffentlich-rechtlich gesicherten Heimstätte in Palästina. Zur Erreichung dieses Zieles nimmt der Kongreß folgende Mittel in Aussicht:
1. Die zweckdienliche Förderung der Besiedlung Palästinas mit jüdischen Ackerbauern, Handwerkern und Gewerbetreibenden.
2. Die Gliederung und Zusammenfassung der gesamten Judenschaft durch geeignete örtliche und allgemeine Veranstaltungen nach den Landesgesetzen.
3. Die Stärkung des jüdischen Volksgefühls und Volksbewußtseins.
4. Vorbereitende Schritte zur Erlangung der Regierungszustimmungen, die nötig sind, um das Ziel des Zionismus zu erreichen.
(A. Ullmann [Hrsg.], Israels Weg zum Staat. Von Zion zur parlamentarischen Demokratie. München: Deutscher Taschenbuch Verlag 1964, S. 127f.)

M 78 Aus der Protesterklärung von fünf namhaften deutschen Rabbinern gegen die Einberufung des I. Internationalen Zionistenkongresses (1897)

1) Die Bestrebungen sogenannter Zionisten, in Palästina einen jüdisch-nationalen Staat zu gründen, widersprechen den messianischen Verheißungen des Judentums [...].
2) Das Judentum verpflichtet seine Bekenner, dem Vaterlande, dem sie angehören, mit aller Hingabe zu dienen [...].
3) [...] Religion und Vaterlandsliebe legen uns daher in gleicher Weise die Pflicht auf, alle, denen das Wohl des Judentums am Herzen liegt, zu bitten, daß sie sich von den vorerwähnten zionistischen Bestrebungen [...] fernhalten.
(E.P. Blumenthal, Diener am Licht. Eine Biografie Theodor Herzls. Frankfurt a.M.: EVA 1977, S. 195)

M 79 Zum organisierten Zionismus in Deutschland

Die „Zionistische Vereinigung für Deutschland" (ZVfD) war bis zum ersten Weltkrieg eine der einflußreichsten Landesorganisationen in der Zionistischen Weltorganisation (ZWO). Die Stärke der deutschen Zionisten beruhte auf den besonderen Fähigkeiten einiger ihrer führenden Persönlichkeiten; auch die Tatsache, daß sich die Büros der ZWO von 1905 bis 1911 in Köln und von 1911 bis 1920 in Berlin befanden, gab ihnen eine zentrale Stellung. Der Einfluß der ZVfD innerhalb der Gesamtbewegung war im Vergleich zu anderen zionistischen Landesorganisationen größer, als man nach der Zahl ihrer Mitglieder annehmen könnte. Die Mitgliederzahl der ZVfD wird vor 1914 auf höchstens 10000 geschätzt, sie war jedoch viel aktiver und lebendiger als viele der anderen, größeren zionistischen Landesorganisationen.
Die Führung der deutschen Landesorganisation und der Zionistischen Weltorganisation war weitgehend identisch, und diese ständige Unterstützung durch die ZWO stärkte die Widerstandskraft der ZVfD gegen die Angriffe seitens der großen deutsch-jüdischen Organisationen, wie zum Beispiel des „Centralvereins deutscher Staatsbürger jüdischen Glaubens" (CV), der vor 1914 einige zehntausend und zur Zeit der Weimarer Republik bis zu 70000 Mitglieder hatte.
(J. Reinharz, [Hrsg.], Dokumente zur Geschichte des deutschen Zionismus 1882–1933. Tübingen: J.C.B. Mohr (Paul Siebeck) 1981, S. XIX)

M 80 Zur Bedeutung der deutschen zionistischen Bewegung

In der politisch-zionistischen Bewegung Deutschlands, in welcher sich Menschen aus verschiedenen sozialen Schichten und religiösen Richtungen trafen, hatten Akademiker von Anfang an eine führende Rolle gespielt. Die geistige Regsamkeit, die Aufnahmefähigkeit für neue Ideen, politisch geschultes Denken und gekränkter Stolz, hatten sie die Haltlosigkeit ihrer eigenen Situation und nicht nur der der Ostjuden erkennen lassen. Für sie bedeutete der Zionismus nicht nur die Errichtung einer jüdischen Heimstätte für die „armen und rechtlosen Brüder im Osten", sondern die Antithese zu Assimilation, ein Zurückfinden zu sich selbst.
In den zionistischen Studentenverbindungen wurde zum erstenmal der Versuch einer systematischen Rückerziehung zum Judentum unternommen. Nationaljüdische Studenten betrachteten sich als ihren nichtjüdischen Kommilitonen gleichwertig. Daher sollte das Studium jüdischer Geschichte und Kultur nicht dazu dienen, Argumente zur Abwehr des Antisemitismus zu untermauern oder Gegner von der Erhabenheit jüdischer Kulturwerte zu überzeugen. Sein Ziel war, das noch unsichere jüdische Selbstbewußtsein zu stärken. [...]
Während die praktische Arbeit in Palästina zum überwiegenden Teil mit wichtigen individuellen Ausnahmen von Ostjuden geleistet wurde, lebte die Mehrheit der deutschen Juden den Zionismus auf Delegiertentagen, Kongressen, in Studentenverbindungen und Versammlungen aus. Sie liefen Gefahr, daß für sie die

Organisation, die Politik und Agitation, der „Judenstaat unterwegs", zum Selbstzweck werde. Martin Buber warnte vor Halbheiten, vor der Illusion, daß die Erneuerung des Judentums, die in der *Galuth*[1] anheben muß, in der *Galuth* vollendet werden kann. Es genüge nicht, an die Kultur der jüdischen Urzeit, an ihre Werke, Werte, Denk- und Lebensformen anzuknüpfen. [...] Die Schaffung einer schöpferischen jüdischen Gemeinschaft sei nur auf dem Boden möglich, der dem jüdischen Volke in seiner Urzeit seine schöpferische Größe gegeben habe. [...]

Über den „zu Ende gedachten Zionismus" hinaus muß den deutschen Zionisten zumindest auch das Verdienst des Versuches zugesprochen werden, ihre Ideen in die Tat umzusetzen. Einzelne „Pioniere der Verwirklichung" aus Deutschland hatten sich in Palästina niedergelassen, verhältnismäßig mehr als aus anderen westeuropäischen Ländern.

(Y. Eloni, Die umkämpfte nationaljüdische Idee. In: W.E. Mosse [Hrsg.], Juden im Wilhelminischen Deutschland 1890–1914. Tübingen: J.C.B. Mohr (Paul Siebeck) 1976, S. 683–687)

M 81 Veränderung des Selbstbewußtseins durch den jüdischen Nationalismus

Seit dem Ende des 18. Jahrhunderts hatte die europäische Gesellschaft den Umstand, daß ein Wissenschaftler, Künstler oder Politiker Jude war, als Makel, als ein Zeichen von Fremdheit betrachtet. Schon die bloße Erwähnung, daß irgendeine prominente Persönlichkeit Jude war, stellte eine Kränkung dar, während es als ein Akt des Mutes und der Opferbereitschaft galt, wenn ein Jude sich als solcher zu erkennen gab. Die nationale Bewegung gab den Juden die Möglichkeit, sich so in allen Lebensbereichen aktiv zu betätigen, daß ihr Jüdischsein ihnen als ganz natürlich galt. Damit stellte sie die Juden in gesellschaftlicher Sicht und in ihrem eigenen Selbstverständnis Menschen anderer Nationalitäten gleich.

(S. Ettinger, Vom 17. Jahrhundert bis zur Gegenwart/ Die Neuzeit. In: H.H. Ben-Sasson [Hrsg.], Geschichte des jüdischen Volkes, Bd. III. München: C.H. Beck 1980, S. 210)

Arbeitshinweise

1 *Zeigen Sie den gedanklichen Neuansatz der Zionisten anhand von Herzls Buch (B 5, M 75).*

2 *Suchen Sie nach Ursachen für die große Wirkung der zionistischen Idee, obwohl Herzl mit seinem Buch „Der Judenstaat" keineswegs der erste war, der zionistische Gedanken äußerte (M 76, 77 und 79).*

3 *Der Zionismus wurde unter den Juden Deutschlands nicht widerspruchslos hingenommen. Kennzeichnen Sie die Grenzlinien des Streits (M 78).*

---

1 vgl. Glossar

F. Das Judentum im 20. Jahrhundert

1. Juden in Deutschland während des Ersten Weltkriegs und der Weimarer Republik

Die nationalistische Begeisterung zu Beginn des Ersten Weltkrieges wurde auch von der überwältigenden Mehrzahl der deutschen Juden geteilt. Alle bedeutenden jüdischen Organisationen riefen zur „Verteidigung des Vaterlandes" auf. Selbst die zionistischen Organisationen schlossen sich diesen Appellen an. Mit zunehmender Dauer des Krieges veränderte sich diese Situation auch für die jüdische Bevölkerung. Die militärischen Rückschläge, die ständig wachsende Zahl der Toten und Verletzten und die sich dramatisch verschlechternde Versorgungssituation der Bevölkerung im Deutschen Reich führten zu einer wachsenden Kriegsmüdigkeit. Gleichzeitig lebte der im nationalistischen Rausch in den Hintergrund getretene Antisemitismus wieder auf.

Das erste sehr deutliche Anzeichen für die zunehmenden Aktivitäten von antisemitischen Kräften bildete die Judenzählung im deutschen Heer. Mit ihr sollte nachgewiesen werden, daß die Juden es geschickt verstanden hätten, sich aus den Gefahren des Krieges herauszuhalten. Dieser Beweis konnte aber nicht erbracht werden. Allein die 12 000 jüdischen Gefallenen sprachen schon dagegen. Mit dem Zusammenbruch des deutschen Kaiserreiches Ende 1918 erhielten die judenfeindlichen Bestrebungen einen starken Auftrieb. Auf der Suche nach einem Schuldigen für die „nationale Katastrophe" wurde die jüdische Bevölkerungsgruppe wieder einmal ins Blickfeld gebracht. Die Mitarbeit einiger jüdischer Intellektueller in wichtigen Positionen der nach dem militärischen Zusammenbruch entstandenen Räterepubliken schien den judenfeindlichen Kräften ein sicherer Hinweis darauf zu sein, daß „die Juden" ein Interesse am Zusammenbruch des Kaiserreiches und an den chaotischen Zuständen im Übergang zur demokratischen Republik haben mußten.

Für die ganze Geschichte der Weimarer Republik läßt sich immer wieder feststellen, daß in allen Krisensituationen (so etwa in den Jahren 1919–1923 und 1929–1933) die antisemitische Propaganda sich verschärfte und ihre Organisationen Zulauf erhielten. Die jüdische Bevölkerung wurde immer wieder zur Zielscheibe von Schuldzuweisungen für alle erdenklichen wirtschaftlichen und sozialen Probleme (vgl. K 5, S. 198). Dabei lebten die meisten Juden weitgehend assimiliert im Deutschen Reich. Die Bedeutung der religiösen Bindung nahm auch in der jüdischen Gemeinschaft ständig ab. Die sozialstrukturelle Entwicklung des größten Teils der jüdischen Bevölkerung zeigte die Tendenz zur Eingliederung in die Mittelschichten. Die meisten deutschen Juden waren weder Zionisten noch deutsche Nationalisten. Sie lebten im Bewußtsein ihrer Verwurzelung in der deutschen Kultur und Gesellschaft. Viele der von der antisemitischen Propaganda als Juden angegriffenen Menschen in herausragenden Positionen wurden erst durch diese Angriffe wieder auf ihre Wurzeln verwiesen.

In besonderer Weise stand eine Gruppe von Juden im Blickpunkt der Öffentlichkeit und der antisemitischen Propaganda, die Ostjuden. Zwar fiel ihre Zahl (1933 ca. 60 000) bezogen auf die Gesamtbevölkerung kaum ins Gewicht, aber ihr durch andere kulturelle Traditionen geprägtes, von der Mehrheit abweichendes Erscheinungsbild sowie ihre durch Armut und häufig strenge religiöse Normen geprägte Lebensweise machten sie zum bevorzugten Objekt antisemitischer Klischeebildung. Neben den „jüdischen Kapitalisten" und den „jüdischen Bolschewiken" bildeten die Ostjuden das wichtigste Stereotyp im Bild der Antisemiten.

Hatte der Antisemitismus in der Anfangsphase der Weimarer Republik seinen Nährboden in den großen sozialen und wirtschaftlichen Problemen der Nachkriegszeit und der Inflationsjahre gefunden, so führten auch in der Endphase der Republik wirtschaftliche Entwicklungen und ihre sozialen Folgen zu einem erneuten, gewaltigen Aufschwung antisemitischer Agitation. Die Wirtschaftskrise von 1928, deren Auswirkungen in Deutschland vor allem ab 1929 deutlich spürbar wurden, brachte Massenarbeitslosigkeit und den Zusammenbruch vieler – vor allem kleiner und mittlerer – Unternehmen mit sich. Damit war ein sozialer Sprengsatz gelegt, der sich auch in einer Zunahme antijüdischer Aktionen und Propaganda entlud. Zu den großen Erfolgen der NSDAP vor 1933 trug auch ihre antisemitische Position bei. Die Machtübertragung auf den Führer der nationalsozialistischen Bewegung, Adolf Hitler, schuf dann die Voraussetzung für eine praktische Realisierung der antisemitischen Grundpositionen dieser Partei. Die jüdische Minderheit in der deutschen Bevölkerung hatte faktisch keine Möglichkeit, diese politische Entwicklung zu verhindern.

1.1 Deutsche Juden und der Erste Weltkrieg

M 1 Aufruf des „Centralvereins" deutscher Staatsbürger jüdischen Glaubens zum Beginn des Ersten Weltkriegs

An die deutschen Juden!
In schicksalsernster Stunde ruft das Vaterland seine Söhne an die Fahnen. Daß jeder deutsche Jude zu den Opfern an Gut und Blut bereit ist, die die Pflicht erheischt, ist selbstverständlich.
Glaubensgenossen! Wir rufen euch auf, über das Maß der Pflicht hinaus, eure Kräfte dem Vaterland zu widmen! Eilet freiwillig zu den Fahnen! Ihr alle, Männer und Frauen, stellet euch durch persönliche Hilfeleistung jeder Art und Hergabe von Geld und Gut in den Dienst des Vaterlandes.
(J. Bab, Leben und Tod des deutschen Judentums. [1939] Berlin: Argon 1988, S. 79)

M 2 Juden im Ersten Weltkrieg

So zogen die deutschen Juden begeistert an die Front, kämpften, litten und starben für das Vaterland. Einer der ersten Gefallenen war der jüdische Reichstagsabgeordnete Ludwig Frank, der sich freiwillig gemeldet hatte. Insgesamt nahmen rund 100 000 Juden als Soldaten am Krieg teil. 78 000 leisteten ihren Militärdienst an der Front ab, 12 000 bezahlten ihren Einsatz mit dem Leben, 30 000 erhielten Tapferkeitsmedaillen, 19 000 wurden befördert, davon 2000 in den Offiziersrang erhoben.
(H. Berding, Moderner Antisemitismus in Deutschland. Frankfurt a. M.: Suhrkamp 1988, S. 166)

B 1 Christliches und jüdisches Soldatengrab auf dem deutschen Kriegsgräberfriedhof aus dem Ersten Weltkrieg in Cerny-en-Laonnais.

M 3 Stellungnahme der Zionisten zur Judenzählung im Heer in der „Jüdischen Rundschau" (1916)

Der Beschluß des deutschen Reichshaushaltsausschusses[1]. [...] bestätigt die Befürchtung, daß der deutsche Antisemitismus während des Krieges nicht abgenommen habe, und daß die Hoffnungen auf eine Besserung der politischen Stellung der deutschen Juden nach dem Kriege verfrüht seien. Gewisse jüdische Kreise Deutschlands waren seit Ausbruch des Krieges voll hochgespannter Hoffnungen für die Zeit nach dem Weltkrieg, schwelgten im Ausmalen der glänzenden staatsbürgerlichen Stellung, deren sich die Juden in Anerkennung ihrer patriotischen und militärischen Bewährung nach dem Kriege zu erfreuen haben werden, und konnten sich nicht genug tun in apologetischen Hinweisen auf die vaterländische Haltung des deutschen Judentums. Sie werden einsehen müssen, daß der Antisemitismus nicht, wie sie meinen, eine Reaktion auf „schlechte jüdische Gewohnheiten" ist, sondern eine im Bewußtsein des umgebenden Volkes tiefwurzelnde Macht, deren man sich sogar manchmal – und nicht bloß in Rußland – zur Ablenkung des Interesses der Massen von brennenden, aber unbequemen innerpolitischen Fragen bedient. Diese tiefwurzelnde antisemitische Grundstimmung wird weder durch Apologie und Hinweis auf Verdienste aus der Welt geschafft, noch durch das Streben nach Anpassung auch nur vermindert. Es gibt nur einen Weg zur wirksamen Bekämpfung des Judenhasses. Es ist der Weg der Erlösung der Juden aus ihrer Vereinzelung durch Konzentrierung auf einem gemeinsamen Territorium.

(J. Reinharz [Hrsg.], Dokumente des deutschen Zionismus 1882–1933. Tübingen: J.C.B. Mohr (Paul Siebeck) 1981, S. 187f.)

M 4 Die Juden und das Ende des Kaiserreichs

Nach den Enttäuschungen der Kriegszeit wurde der Sturz des Kaiserreiches von der Mehrheit der Juden als „ein Ereignis von größter historischer Tragweite" begrüßt, das ihnen die langentbehrte „wirkliche Gleichberechtigung" verhieß. Sie gründeten die Zukunftserwartung nicht nur darauf, daß die ständige „Zurücksetzung der deutschen Juden im politischen Leben des Landes" überwunden werden würde, sondern viele idealistische Juden – ebenso wie Nichtjuden – glaubten, daß mit der Revolution ein Schritt auf dem Weg der „Selbsterlösung" der Menschheit getan, ein „Sieg des Geistes", der „Freiheit und Gerechtigkeit will", errungen worden sei. Immer wieder wurde die – freilich etwas naive – Hoffnung ausgesprochen, der freiheitliche Geist würde das Zusammenleben der Menschen von Grund auf verändern und dazu führen, daß alle Deklassierten, darunter auch Juden und Angehörige anderer Minderheiten, die in einer feindlichen Atmosphäre „empfindsam, überaus ängstlich und mißtrauisch" geworden waren, freier, stolzer und selbstbewußter würden leben und zum Nutzen der Gemeinschaft wirken können.

Aus Kreisen jüdischer Intellektueller kam auch die Idee, daß in einem Moment, wo die ganze Welt von Deutschenhaß erfüllt war, gerade Juden dem neuen Deutschland entscheidende Dienste leisten könnten, indem sie dabei mitwirkten, den Weg zur Annäherung und Verständigung der Völker zu bahnen.

(W. Jochmann, Die Ausbreitung des Antisemitismus in Deutschland 1914–1923. In: ders., Gesellschaftskrise und Judenfeindschaft in Deutschland 1870–1945. Hamburg: Hans Christians Verlag 1988, S. 125f.)

M 5 Walther Rathenau als deutscher Jude

Walther Rathenau (1867–1922) wurde als Präsident der AEG 1919 von der Reichsregierung zur Vorbereitung der Friedenskonferenz herangezogen. 1921 wurde er Wiederaufbauminister, 1922 Außenminister der Weimarer Republik. Im selben Jahr wurde er von Rechtsextremisten ermordet. In einem Brief vom 23.1.1916 schreibt er:

Ich habe und kenne kein anderes Blut als deutsches, keinen anderen Stamm, kein anderes Volk als deutsches. Vertreibt man mich von meinem deutschen Boden, so bleibe ich deutsch und es ändert sich nichts [...]. Meine Vorfahren und ich selbst haben sich von deutschem Boden und deutschem Geist genährt und unserem, dem deutschen Volk erstattet, was in unseren Kräften stand. Mein Vater und ich haben keinen Gedanken gehabt, der nicht für Deutschland und deutsch war; soweit ich meinen Stammbaum verfolgen kann, war es das gleiche [...]. Ich bin in der Kultgemeinschaft der Juden geblieben, weil ich keinem Vorwurf und keiner Beschwernis mich entziehen wollte, und habe von beidem bis auf den heutigen Tag genug erlebt. Nie hat eine Kränkung mich unwillig gemacht. Nie habe ich meinem, dem deutschen Volke, mit einem Worte oder einem Gedanken derlei vergolten. Mein Volk und jeder meiner Freunde hat das Recht und die Pflicht, mich zurechtzuweisen, wo er mich unzulänglich findet.

(A. von Borries [Hrsg.], Selbstzeugnisse des deutschen Judentums 1870–1945. Frankfurt a.M.: Fischer 1962, S. 34)

Arbeitshinweis

Untersuchen Sie die Veränderungen, die der Erste Weltkrieg und das Ende des Kaiserreichs a) in der Haltung der Juden zum deutschen Staat, b) in der Haltung vieler Deutscher zum Judentum hervorgerufen haben.

---

1 Der Reichshaushaltsausschuß hatte die finanziellen Mittel für die Judenzählung bewilligt.

1.2 Jüdisches Leben in der Weimarer Republik

M 6 Aufruf zur Gründung des Reichsbundes jüdischer Frontsoldaten (Januar 1919)

Kameraden!
Als wir jüdischen Frontsoldaten in Reih und Glied mit unseren Kameraden ins Feld zogen, um das Vaterland zu schützen, da wähnten wir, aller Klassen- und Glaubenshaß, alle religiösen Vorurteile seien getilgt. Wir haben uns getäuscht. Alle Gefahren und Strapazen, die wir mit unseren nichtjüdischen Volksgenossen gemeinsam ertragen haben, all das Blut, das geflossen, all die Tausende jüdischer Kameraden, die wir gemeinsam begraben haben, all die jüdischen Krüppel und Verstümmelten unter uns – all diese Opfer scheinen vergebens gebracht. Gewissenlose Verleumder begrüßen uns bei der Rückkehr von den Schlachtfeldern als „feige Drückeberger"; Schandbuben schmähen unsere Gefallenen.
Kameraden! Das Maß ist voll. [...]
Darum heraus, ihr jüdischen Frontsoldaten, vereint euch zu einem Treubunde, der euch alle im weiten deutschen Vaterlande umschließt.
Was wollen wir? – Wir wollen unseren Verleumdern im politischen, wirtschaftlichen und geselligen Leben, überall, wo es geboten, mit allen erlaubten Mitteln mannhaft die Stirn bieten. Schon das Bestehen unseres Bundes wird ihnen und ihren verhetzten Mitläufern zu denken geben und klärend wirken.
Wir fragen nicht nach politischer Partei und religiöser Richtung. Zu uns gehört jeder deutsche Jude, der sein Leben im Kampfe für das Vaterland eingesetzt hat und der einig mit uns ist, sich das Recht auf unser geliebtes Vaterland von niemand rauben zu lassen. Weil wir unser deutsches Vaterland lieben, fördern wir jede Bestrebung, die ihm zur Blüte und neuer Kraft verhilft. [...]
Unser Bund will keine neue Scheidewand zwischen uns und unseren nichtjüdischen Volksgenossen aufrichten. Er will die Scheidewände, die die Verhetzung und Verleumdung errichtet haben, umstürzen. Hat er seine Ziele erreicht, hat er erlangt, daß uns statt Haß und Verketzerung Recht und Gerechtigkeit wird, wir lösen ihn auf.
Und nun kommt zu uns, ihr Getreuen aus der Wasseröde Flanderns, aus den Schützengräben der Vogesen, ihr aus den Morästen Polens und aus den Steppen der Ukraine, ihr aus den Fiebernestern Mazedoniens und aus den Gluten Palästinas und Mesopotamiens. Ihr alle, die ihr Feind und Tod ins Angesicht gesehen. Auf, ihr jüdischen Frontsoldaten, schart euch um uns zu diesem Kampfe um unsere Ehre und unser Recht als Deutsche und Juden!
Vaterländischer Bund jüdischer Frontsoldaten
Der Vorstand
(U. Dunker, Der Reichsbund jüdischer Frontsoldaten 1919–1938. Geschichte eines jüdischen Abwehrvereins. Düsseldorf: Droste 1977, S. 186ff.)

M 7 Plakat gegen den Antisemitismus (1919)

Die Juden sollen an Allem schuld sein, **so tönt** es heute aus hinterhältig verbreiteten Flugblättern, **so reden** es verhetzte Leute auf der Straße nach. **Wir Juden** sollen schuld sein, daß der **Krieg** kam, aber in der Regierung und Diplomatie, in der Rüstungsindustrie und im Generalstab saßen **keine Juden.** **Wir** sollen **auch** schuld sein, daß der Krieg vorzeitig abgebrochen wurde. **Wir** sollen schuld sein an allen Uebeln des Kapitalismus und **zugleich** an den Leiden der Revolution, die diese Uebel beseitigen will. Was ein paar Führer jüdischer Herkunft gewirkt haben zum Guten und zum Bösen, haben sie selbst zu verantworten, **nicht die jüdische Gesamtheit.** **Wir** lehnen es ab, die **Sündenböcke** abzugeben für alle Schlechtigkeit der Welt. **Wir** fordern unser Recht, wie bisher friedlich weiter zu arbeiten in unserem deutschen Vaterlande, mit dessen Gedeihen in Zeiten der Macht wie der Niederlage auch unser Wohl unauflöslich verbunden ist.
Die Ortsgruppe München des Centralvereins deutscher Staatsbürger jüdischen Glaubens.

M 8 Judenfeindschaft in den Anfangsjahren der Weimarer Republik

Erschwerend wirkte es, daß die Juden zum ersten Mal in der Repräsentation des Staates sichtbar wurden, gerade als dieser Staat in den Augen vieler schwach, unbeliebt, ja lächerlich erschien. Überhaupt kam spannungsverschärfend hinzu, daß die geringen emanzipatorischen Fortschritte der Juden in eine Zeit fielen, in der das deutsche Volk als Ganzes in jeder Beziehung auf das schwerste zurückgeworfen war. Daß die Juden unter den Schlägen der Niederlage genauso litten wie die Nichtjuden, wurde übersehen vor der Tatsache, daß ihr Rechtszustand sich in der Zeit des großen Gemeinschaftsunglücks relativ verbessert hatte. Dasselbe galt zwar auch für die Arbeiter und für die Frauen, und der Kampf gegen die neuen Arbeiterrechte hat sich zu einem Teil zweifellos aus dem gleichen Ressentiment genährt. Aber hier wurde das Ressentiment von der echten Problematik weit in den Schatten gestellt.
(E.G. Reichmann, Die Flucht in den Haß. Die Ursachen der deutschen Judenkatastrophe. Frankfurt a.M.: EVA o.J. (1962), S. 274)

M 9 Jüdisches Leben in den zwanziger Jahren in Hamburg

Arie Goral-Sternheim, geboren 1909 als Walter L. Sternheim, emigrierte 1933 nach Frankreich und von da 1935 weiter nach Palästina. 1953 kehrte er nach Hamburg zurück, wo er seitdem als Künstler und Galerist lebt.

Das Zentrum des jüdischen Lebens in den zwanziger Jahren war der Grindel. Dort trafen sich Talmudisten, Hebraisten, Jiddischisten, Kabbalisten, Pazifisten, Sozialisten, Kommunisten, Anarchisten, Sozialdemokraten, Demokraten, und es gab West-Juden, die nur wenig noch jüdisch, dafür um so mehr deutsch waren. Alles zusammen war eine menschlich und geistig vielstimmige Einheit.

Es gab fromme Juden, liberale Juden, atheistische Juden, deutsch-patriotisch vaterländische Juden, konservativ orthodoxe und nationalzionistische und sozialistisch-zionistische Ostjuden. Es gab Ostjuden, die aus irgendeinem Schtetl in Russisch-Polen oder Galizien kamen und in einer Jeschiwah Talmud und Thora gelernt, und es gab Ostjuden, die in Litauen oder in Lettland hebräische Gymnasien besucht hatten. Ob so oder so, an bewahrter und gelebter Jüdischkeit und fundiertem jüdischem Wissen waren sie den emanzipierten und zumeist assimilierten West-Juden weitaus überlegen. Es gab auch noch die portugiesisch-spaniolischen Juden. Und es gab Juden, die interfraktionell das eine und das andere waren und von allem etwas hatten, beispielsweise als thoratreue Zionisten oder als religiöse Sozialisten.

Die Frommen hatten ihre Synagogenverbände und Betstuben, die Liberalen und Sozialisten hatten ihre Kulturvereinigungen und Jugendbünde. Die meisten fanden sich vereint in der berühmten einmaligen „Deutsch-Israelitischen Kultusgemeinde" mit ihren zahllosen kultischen, kulturellen, pädagogischen und sozialen Einrichtungen. Es gab auch die Gemeinden von Altona und Wandsbek, die von Harburg und Elmshorn, aber das Zentrum des jüdischen Lebens Groß-Hamburgs war die Gegend um den Grindel. Gleichgültig, wer nun wie jüdisch organisiert war, immerhin füllten etwa fünfundzwanzigtausend Juden das ebenso jüdisch vielfältige wie lebendige Leben der Juden Hamburgs aus. Es war schon phantastisch, was und wer alles in der Grindelgegend zusammentraf; alle möglichen und unmöglichen Juden lebten da mehr oder weniger friedlich miteinander. Das machte den Stadtteil auch so lebendig.

„Die Juden" schlechthin als eine geistige Einheit hat es nie gegeben, weder in der Gegend vom Grindel noch sonstwo. Es gab auch nicht nur die „frommen Juden" oder die „geistigen Juden" oder die „berühmten Juden" oder die „reichen Juden". Es gab solche und solche und andere Juden.
(A. Goral-Sternheim, Jeckepotz. Eine jüdisch-deutsche Jugend 1914–1933. Hamburg: VSA-Verlag 1989, S. 138).

M 10 Aus dem Leben assimilierter deutscher Juden

In meinem Elternhause pflegte man Weihnachten ähnlich zu begehen wie die Nachbarn, freilich wurde dabei der eigentliche, der religiöse Sinn dieses Festes ausgeklammert. Viele deutsche Juden hatten diese Gewohnheit angenommen, und schon im Hause von Adolf Schlüsselblum aus Landau in der Pfalz, meines Großvaters mütterlicherseits, der nun ebenso wie meine Eltern in München lebte, strahlte ein Weihnachtsbaum.

Man fand verschiedene Vorwände für diese christliche Sitte im jüdischen Hause. Manche Familien behaupteten, diese schöne Sitte nur mit Rücksicht auf das christliche Dienstmädchen zu pflegen, andere wiederum, wie mein sehr deutschnationaler Onkel, der Arzt Dr. Kastan, betonten nicht zu Unrecht, daß der Christbaum mit dem Christentum ja eigentlich nichts zu tun habe, sondern ein Relikt des germanischen Julfestes darstelle und somit ein Symbol der Wintersonnwende sei.

Dabei wurde die Frage allerdings gar nicht gestellt, ob die Nachkommen der Kinder Israels unbedingt das germanische Brauchtum pflegen sollten.

Bei uns, den Rosenthals, wurde das Weihnachtsfest überhaupt nicht debattiert. Man soll die Feste feiern wie sie fallen – das war die Philosophie des bürgerlichen Milieus, das mich umgab.

Es wäre wohl für meine Schwester Jeanny und mich, ihren sechs Jahre jüngeren Bruder, auch schmerzlich gewesen, wenn die festliche Nacht bei uns ohne Licht und Wärme geblieben wäre.
(Schalom Ben-Chorin, Jugend an der Isar. München: Deutscher Taschenbuch Verlag 1988, S. 14f.)

M 11 Bericht über die Einweihung einer Landsynagoge (1926)

Die offizielle Eröffnung und Einweihung fand an einem strahlenden Freitagnachmittag im September 1926 statt. Die Feier war eines der größten Ereignisse, welche die Hoengener Gemeinde je hatte. Sie sollte bis Sonntag dauern. [...]

Gegen 2 Uhr nachmittags versammelten sich die Ehrengäste in der Wohnung von Michael Lucas. Es war eine ungewöhnliche Zusammenkunft. Da unterhielt sich der Kölner Rabbiner mit dem Pfarrer, der Bürgermeister hörte mit anderen Gästen den spannenden Erzählungen des Brandmeisters zu [...].

„Meine Herren, ich hoffe, Sie werden mir verzeihen", unterbrach Michael Lucas die Versammelten, weil alle um 3 Uhr vor dem alten Gebetsraum sein sollten. Von dort wurden in einer feierlichen Prozession die Thorarollen, die Gesetze Moses, in die neue Synagoge getragen. Der Pfarrer schüttelte dem Rabbiner die Hand. Es wäre unmöglich gewesen, daß der katholische Pfarrer des Dorfes Hoengen hinter den Rollen mit den Gesetzen von Moses gegangen wäre. Die Gemeinde hatte erwogen, ihn einzuladen, an dem

Einweihungsgottesdienst in der neuen Synagoge teilzunehmen, aber es war sicher, daß der Pfarrer die wohlgemeinte Einladung ablehnen mußte. So nahm er mit den besten Wünschen für die Zeremonie Abschied.
Als Vertreter der Gemeindeverwaltung waren der Bürgermeister und der Brandmeister eingeladen, an der offiziellen Eröffnung der Synagoge teilzunehmen. Auch die Einweihung einer Synagoge gehörte zu ihren Repräsentationspflichten als Vertreter der Verwaltung. Allerdings erwartete niemand, daß sie an der Prozession teilnähmen. Die Bewohner des Dorfes hätten es merkwürdig gefunden, und es wäre für den Bürgermeister peinlich gewesen, von allen Zuschauern in einer jüdischen Prozession gesehen zu werden. So wurde vereinbart, daß Bürgermeister und Brandmeister in die Synagoge kommen würden, wenn die Prozession dort angelangt war, um dem Gottesdienst und den Reden zuzuhören. Im Dorf hatte man noch nie an einem Freitagnachmittag so viele Männer und Frauen in ihren besten Kleidern gesehen, und die Bewohner waren neugierig, eine solche fremdartige und ungewöhnliche jüdische Prozession zu beobachten. [...]
Die Feuerwehrkapelle eröffnete den Zug. Sie spielte die religiösen Lieder, die sie kannte. Sie versuchte sogar, Melodien zu spielen, die in der Synagoge gesungen wurden. [...]
Die Zuschauer auf dem Bürgersteig oder oben an den Fenstern waren still, und auf ihren Gesichtern war nur ein Ausdruck des Erstaunens.
(E. Lucas, „Die Herrschaft". Geschichte einer jüdischen Großfamilie im Kreis Aachen von der Mitte des 19. Jahrhunderts bis zum 2. Weltkrieg. Aachen: Heimatblätter des Kreises Aachen 1980, S. 45 f.)

M 12 Die Juden in der Phase der politischen Stabilität der Weimarer Republik
Nach den turbulenten ersten Jahren der Republik, in denen antisemitische Funktionäre Massenleidenschaften aufputschten, durch Mord, Gewalttat, ständigen Terror und Verleumdung die Existenz der Juden in Deutschland gefährdeten und damit zugleich auch den Rechtsstaat in Frage stellten, bot die Periode von 1924 bis 1929 mehr Sicherheit und Normalität. Wenn deshalb im Blick auf diese Zeit von einem Rückgang des Antisemitismus gesprochen wird, bleibt jedoch stets die bewußte geistige und ideologische Distanzierung der Führungs- und Bildungsschicht von den Juden gerade in dieser Phase außer Anschlag, nicht minder die entschiedene, auf die Zukunft abzielende antijüdische Komponente im neuen, völkischen Nationalismus mit all seinen Folgen. Wer das Geschehen der 30er Jahre angemessen deuten will, der kann sich der Tatsache nicht verschließen, daß in dem Jahrzehnt davor Millionen in den Bann von Gedanken und Kampfmethoden gerieten, die sie später zu Aktionen antrieben oder Gewalttaten gegenüber lähmten.
Vor Beginn der ökonomischen Krise stießen die destabilisierenden Kräfte in der Republik aber noch auf Widerstand. Die Mehrheit der Bevölkerung fühlte sich durch den rabiaten Antisemitismus und den mit Totalitätsanspruch auftretenden Nationalismus herausgefordert.
(W. Jochmann, Der Antisemitismus und seine Bedeutung für den Untergang der Weimarer Republik. In: ders., Gesellschaftskrise und Judenfeindschaft in Deutschland 1870–1945. Hamburg: Hans Christians Verlag 1988, S. 182 f.)

M 13 Zur Bedeutung der jüdischen Bevölkerungsgruppe für die gesellschaftliche Entwicklung der Weimarer Republik
Alles in allem kann man also im Hinblick auf die zwanziger Jahre weder von einer ‚Judenrepublik' noch von einer ‚Judenkultur' sprechen. Beides sind maßlose Übertreibungen. Die Nazis setzten solche Schlagworte vor allem im Rahmen ihrer Sündenbock- und Drahtzieherideologie ein. Die deutschen Juden gebrauchten sie dagegen, um mit beleidigtem Stolz darauf hinzuweisen, auch Deutsche oder zumindest deutsche Kulturträger zu sein. Die harten Fakten der ökonomischen, politischen und kulturellen Statistiken sprechen jedoch eine ganz andere Sprache. So war etwa von den zehn größten Vermögen in Deutschland in den späten zwanziger Jahren nicht ein einziges in jüdischer Hand. Von den 576 Abgeordneten, die im Reichstag saßen, waren im Jahr 1930 nur 13 jüdischer Abstammung. Und auch unter den höheren Beamten befanden sich zu diesem Zeitpunkt bloß 1,3% Juden. Selbst auf dem Felde der Kultur sah es nicht viel anders aus. Im Bereich des Theaters und der Musik lassen sich um 1930 lediglich 2,4% als Juden identifizieren. In der Filmindustrie, die immer als besonders ‚verjudet' galt, wurde der Hauptkonzern, nämlich die UFA, von jenem Alfred Hugenberg geleitet, der 1933 in Hitlers erstem Kabinett eine führende Position erhielt. Von den Zeitungen waren damals über die Hälfte entweder konservativ eingestellt oder konfessionell gebunden und stellten deshalb nur in Ausnahmefällen jüdische Redakteure ein. [...]
Vor allem im Bereich von Politik und Wirtschaft sollte man also die These vom überragenden Einfluß der Juden drastisch relativieren. [...] Im Bereich des kulturellen Lebens war jedoch dieser Einfluß, wie man ihn auch dreht und wendet, dennoch recht beachtlich. Hier kann man nicht allein von statistisch-quantitativen Gesichtspunkten ausgehen, sondern muß auch die enorme Qualität dieses Beitrags ins Auge fassen.
(J. Hermand, Juden in der Kultur der Weimarer Republik. In: W. Grab/J. H. Schoeps [Hrsg.], Juden in der Weimarer Republik. Stuttgart/Bonn: Burg Verlag 1986, S. 32 f.)

M 14 Die Juden als soziale Gruppe in der Weimarer Republik

Alles in allem ergibt sich [...] das Bild einer vornehmlich mittelständischen Bevölkerungsgruppe. Sie bestand im wesentlichen aus Besitzern kleiner und mittlerer Handelsfirmen und den von ihnen beschäftigten jüdischen Angstellten, die im Laufe der Wirtschaftskrise und des verschärften antisemitischen Boykotts fast nur noch in jüdischen Betrieben Arbeit fanden. Daneben gab es einige Tausend Handwerker, hauptsächlich in den Bekleidungsbranchen konzentriert, und eine wachsende Anzahl selbständig praktizierender Rechtsanwälte und Ärzte. Dies bedeutet, daß die Juden in ihrer Mehrheit auch in der Periode rapider Hochindustrialisierung und kapitalistischer Konzentration im „alten Mittelstand" steckengeblieben waren. Die ihnen immer wieder zugeschriebene wirtschaftliche Wendigkeit hatte sich nicht bewährt. Sie hielten an ihren überkommenen Berufen und ihrem selbständigen Sozialverhältnis auch dann noch fest, als diese ihnen schon längst keine wirtschaftlichen Vorteile mehr versprachen.

(A. Barkai, Die Juden als sozio-ökonomische Minderheitsgruppe in der Weimarer Republik. In: W. Grab/J.H. Schoeps [Hrsg.], Juden in der Weimarer Republik. Stuttgart/Bonn: Burg Verlag 1986, S. 334)

M 15 Sozioökonomische Daten zur jüdischen Bevölkerung in der Weimarer Republik (vgl. K 6, S. 198)

a) Verteilung der Bevölkerung nach Ortsgröße 1910–1933 (in % und Grenzen von 1933)

Ortsgröße (in 1000)	1910		1925		1933	
	Juden	Gesamtbevölkerung	Juden	Gesamtbevölkerung	Juden	Gesamtbevölkerung
unter 20	26,9	62,8	20,8	59,6	18,9	56,7
20–50	6,8	7,6	6,0	7,9	5,1	7,7
50–100	6,4	5,2	6,4	5,7	5,1	5,2
über 100	59,9	24,4	66,8	26,8	70,9	30,4
Reich insgesamt	100,0	100,0	100,0	100,0	100,0	100,0

(U.O. Schmelz, Die demographische Entwicklung der Juden in Deutschland von der Mitte des 19. Jahrhunderts bis 1933. In: Zeitschrift für Bevölkerungswissenschaft 8, 1982, Heft 1, S. 40)

b) Die jüdischen Erwerbspersonen nach Wirtschaftsabteilungen 1907–1933
(in % nach dem jeweiligen Gebietsstand; in Klammern: Vergleichszahlen der Gesamtbevölkerung)

	1907		1925		1933	
1. Land- und Forstwirtschaft	1,58	(36,8)	1,91	(30,5)	1,73	(28,9)
2. Industrie und Handwerk	26,54	(42,0)	24,24	(42,1)	23,14	(40,4)
3. Handel und Verkehr	61,35	(13,0)	61,32	(16,4)	61,27	(18,4)
3a. Waren- und Produkthandel	(51,0)	(5,4)	(47,8)	(6,9)	(47,7)	(8,4)
4. Öffentl. Dienst u. private Dienstleistungen (incl. freie Berufe)	7,94	(6,5)	9,72	(6,7)	12,46	(8,4)
5. Häusliche Dienste	2,59		2,81		1,40	
	100,0		100,0		100,0	

(A. Barkei, Die Juden als sozio-ökonomische Minderheitsgruppe in der Weimarer Republik. In: W. Grab/J.H. Schoeps [Hrsg.], Juden in der Weimarer Republik. Stuttgart/Bonn: Burg Verlag 1986, S. 332f.)

B 2 Flugblatt gegen die Verunglimpfung der Juden

M 16 Anteil der Juden an der deutschen Gesamtbevölkerung (1939)

Bevölkerung nach Religionszugehörigkeit

Jahr	Bevölkerung insgesamt	Davon							
		Angehörige der				Sonstige			
		Evangelischen Kirche		Römisch-Katholischen Kirche		Zusammen		dar. jüdische Religionsgemeinschaft	
	1000	1000	%	1000	%	1000	%	1000	%
		Insgesamt							
1910	64 926	39 991	61,6	23 821	36,7	1113	1,7	615	1,0
1925	62 411	40 015	64,1	20 193	32,4	2203	3,5	564	0,9
1933	65 218	40 865	62,7	21 172	32,5	3181	4,8	500	0,8
1939[1]	69 314	42 103	60,8	23 024	33,2	4188	6,0	222	0,3
		Männlich							
1925	30 197	19 170	63,5	9 798	32,4	1229	4,1	274	0,9
1933	31 686	19 545	61,7	10 287	32,5	1853	5,8	209	0,8
1939[1]	33 911	20 143	59,4	11 258	33,2	2511	7,4	94	0,3
		Weiblich							
1925	32 214	20 845	64,7	10 395	32,3	973	3,0	290	0,9
1933	33 533	21 320	63,6	10 885	32,5	1328	4,0	261	0,8
1939[1]	35 403	21 960	62,0	11 766	33,2	1677	4,7	128	0,4

1 Gebietsstand: 31. 12. 1937.

Als Juden erfaßte die amtliche Statistik bis 1933 die Mitglieder der jüdischen Religionsgemeinschaft („Glaubensjuden"). Den Zahlen für 1939 liegt die Frage (bei der Volkszählung) zugrunde, ob und welche Großeltern der „Rasse" nach „Volljuden" waren. 1933 gab es im Deutschen Reich 500 000 „Glaubensjuden" zuzüglich ca. 65 000 „Rassejuden".
(W. Borchardt, Die Weimarer Republik als Thema der Erwachsenenbildung. Bonn: Bundeszentrale für politische Bildung 1985, S. 184)

M 17 Aufruf zur Reichstagswahl (1932)

Arbeitshinweise

1 Beschreiben Sie anhand geeigneter Materialien die Lebensumstände assimilierter Juden während der Weimarer Republik.

2 Welchen Zweck verfolgte der Reichsbund jüdischer Frontsoldaten? (M 6, B 2).

3 Die Wirtschaft der Weimarer Republik wurde vielfach als von den Juden beherrscht bezeichnet. Überprüfen Sie diesen Vorwurf (M 13, B 3).

4 Untersuchen Sie die regionale Verteilung der jüdischen Bevölkerung während der Weimarer Republik.

1.3 Ostjuden in Deutschland

M 18 Hintergründe der Einwanderung von Ostjuden

In der verstärkten Einwanderung von Ostjuden nach Deutschland, die bereits in den ausgehenden Jahrzehnten des 19. Jahrhunderts eingesetzt und in der Hauptsache Kaufleute und Händler, überwiegend aus Galizien, nach Deutschland gebracht hatte, bedeutete der Erste Weltkrieg eine neue Phase. Es kamen nun galizische Flüchtlinge, die vor der russischen Besetzung nach Wien geflohen waren und zum – kleineren – Teil von dort nach Deutschland weiterzogen. Hauptsächlich aber wurden nun in den besetzten Gebieten Arbeiter angeworben oder zwangsrekrutiert. Oft waren diese ihrer Herkunft nach allerdings Handwerker, Händler, auch Studenten, also eigentlich für ihre neue Tätigkeit unvorbereitet. Diese Kriegsarbeiter blieben zum Teil auch nach dem Krieg in Deutschland, andere kamen nach einem gescheiterten Rückkehrversuch nach Polen hierher zurück.

Nach dem Krieg kamen dazu, hauptsächlich aus dem neuen polnischen Staat, Juden, die vor Ausschreitungen und Pogromen flüchteten. Ein weiterer Auswanderungsgrund war die sich ständig verschlechternde wirtschaftliche Situation der Juden, die zum einen eine Folge des Krieges, zum anderen der polnischen nationalen Bewegung war. Eine dritte Gruppe bildeten jene, die sich angesichts der Diskriminierung der Juden und des polnisch-sowjetischen Krieges dem Militärdienst zu entziehen suchten. Schließlich sind als vierter Teil der Nachkriegseinwanderung die russischen Juden zu nennen, die Rußland infolge der Revolution verließen.
(T. Maurer, Ostjuden in Deutschland 1918–1933. Hamburg: Hans Christians Verlag 1986, S. 760)

M 19 Zum Verhältnis deutscher Juden zu den Ostjuden

Mein jüdischer Schulkamerad hieß Simon Pfeifenkopf und war ostjüdischer Herkunft.
Wie die meisten Familien des jüdischen Mittelstands lehnten auch meine Eltern die russischen und polnischen Juden ab, die seit der Jahrhundertwende in gro-

ßer Zahl als Flüchtlinge oder Arbeiter nach Deutschland gekommen waren und sich vor allem in Berlin niederließen. Viele Ostjuden standen dem Zionismus nahe; sie brachten traditionell-jüdische Lebensformen mit und waren meist arm. Den wohlhabenden deutschen Juden galten sie als „unkultiviert". Meine Eltern vermieden jede persönliche Beziehung zu diesen Menschen, denn aus ihrer Sicht waren sie es, die den Antisemitismus „nach Deutschland gebracht" hatten. So durfte ich eher mit einem christlichen Nachbarjungen spielen als mit Simon Pfeifenkopf. In der Schule aber waren wir beide, ost- und westjüdisches Kind, einander gleich, denn wir waren demselben Spott, denselben Gemeinheiten ausgesetzt. Ich hielt daher im stillen zu Simon Pfeifenkopf und besuchte heimlich auch das Haus seiner Familie in der Krumme Straße. Dort lernte ich Menschen und Lebensgewohnheiten der ostjüdischen Welt kennen. Simon hat mir vieles erklärt, und er konnte mich begeistern für etwas, das ich bis dahin nicht kannte: die Traditionen des religiösen Judentums.
(J. Schwersenz, Die versteckte Gruppe. Ein jüdischer Lehrer erinnert sich an Deutschland. Berlin: Wichern Verlag 1988, S. 14)

M 20 Erläuterung zum Verhältnis der deutschen Juden gegenüber den zugewanderten Ostjuden

Die deutschen Juden sahen sich als *Deutsche*, deren Deutschtum keinesfalls unbestritten war, und als *Juden* mit dem Problem der ostjüdischen Einwanderung konfrontiert. Als Deutsche erkannten sie prinzipiell die Unerwünschtheit *jeglicher* Einwanderung in den frühen Nachkriegsjahren an. Die Zuwanderung konnte darüber hinaus als Gefährdung ihrer eigenen Position erscheinen. Zwar war sie nicht die einzige Gefahr, denn der Antisemitismus hatte Tradition und *beruhte* nicht auf der Zuwanderung von Ostjuden. Er richtete sich ja gerade gegen die Juden als Deutsche und als gleichberechtigte Staatsbürger. Aber die Ostjudenzuwanderung half doch, das typische Bild des Juden wachzuhalten. Die Gefährdung der deutschen Juden folgte aus der antisemitischen Gleichsetzung von deutschen und Ostjuden. Die einmütige und vehemente Verteidigung der Einwanderer nach außen war also zum einen eine Frage der *jüdischen* Selbstachtung, zum anderen aber auch antizipatorische Selbstverteidigung als jüdische deutsche Staatsbürger. Das große soziale Hilfswerk, das einerseits das Ergebnis eines ethischen, ja religiösen Gebots war („Zedaka"), muß andererseits gerade vor diesem Hintergrund gesehen werden: Sein Ziel war nicht zuletzt, den antisemitischen Argumenten den Boden zu entziehen. Dies mag insofern gelungen sein, als etwa in der *allgemeinen* Debatte über die Ostjudeneinwanderung gewisse beruhigte Phasen zu erkennen sind und das Thema in der zweiten Hälfte der zwanziger Jahre praktisch ganz aus der öffentlichen Diskussion verschwand. Für die Antisemiten dagegen waren die Themen „Juden" und „Ostjuden" unabhängig von der Aktualität und den tatsächlich bestehenden Verhältnissen.
(T. Maurer, Ostjuden in Deutschland 1918–1933. Hamburg: Hans Christians Verlag 1986, S. 766)

Arbeitshinweise
1 Klären Sie die Ursachen für die Einwanderung von Ostjuden nach Deutschland nach dem Ersten Weltkrieg (M 18).
2 Beschreiben Sie das Verhältnis der deutschen assimilierten Juden zu den zugewanderten Ostjuden (M 19 und M 20).

1.4 Antisemitismus und Judenfeindschaft in Deutschland vor 1933

M 21 Zum Antisemitismus in der Anfangsphase der Weimarer Republik

Daß die „Revolution von Juden gemacht" worden sei, ist ein treuer deutscher Glaube, der sich schon im Jahre 1919 in zahlreichen Köpfen festsetzte. Die sozialistischen Parteien […] glaubten den Antisemitismus längst überwunden und rechneten in ihrer Agitation nicht mit der geistigen Verfassung des Kleinbürgertums, in der der Antisemitismus bereits tiefe Wurzeln geschlagen hatte. Es sind psychologische Fehler gemacht worden: man glaubte mit feiner Ironie den Dingen zu Leibe gehen zu können, wo sachliche Aufklärungsarbeit, die sehr taktvoll und vorsichtig hätte geführt werden müssen, am Platze gewesen wäre. Man stellte jüdische Politiker in einer Weise an die Öffentlichkeit, die der antisemitischen Agitation nur allzu willkommene Anlässe bot. Man übersah die ökonomischen Gebundenheiten des Antisemitismus und wurde in dieser Leichtfertigkeit oder Ahnungslosigkeit bestärkt von der demokratischen Presse, deren Bindung an das Ideal eines humanitären, gewissermaßen frei im Raume schwebenden Liberalismus den Blick für ökonomische Grundtatsachen überhaupt unmöglich macht.
(E. Ottwalt, Deutschland erwache! Geschichte des Nationalsozialismus. [1932]. Berlin: Verlag Europäische Ideen 1978, S. 78 f.)

M 22 Der Schriftsteller Jakob Wassermann zur Judenfeindschaft in Deutschland (1921)

Es ist vergeblich, das Volk der Dichter und Denker im Namen seiner Dichter und Denker zu beschwören. Jedes Vorurteil, das man abgetan glaubt, bringt,

wie Aas, die Würmer, tausend neue zutage. Es ist vergeblich, die rechte Wange hinzuhalten, wenn die linke geschlagen worden ist. Es macht sie nicht im mindesten bedenklich, es rührt sie nicht, es entwaffnet sie nicht: sie schlagen auch die rechte.
Es ist vergeblich, in das tobsüchtige Geschrei Worte der Vernunft zu werfen. Sie sagen: was, er wagt es aufzumucken? Stopft ihm das Maul.
Es ist vergeblich, beispielschaffend zu wirken. Sie sagen: wir wissen nichts, wir haben nichts gesehen, wir haben nichts gehört.
Es ist vergeblich, die Verborgenheit zu suchen. Sie sagen: der Feigling, er verkriecht sich, sein schlechtes Gewissen treibt ihn dazu.
Es ist vergeblich, unter sie zu gehen und ihnen die Hand zu bieten. Sie sagen: was nimmt er sich heraus mit seiner jüdischen Aufdringlichkeit?
Es ist vergeblich, ihnen Treue zu halten, sei es als Mitkämpfer, sei es als Mitbürger. Sie sagen: er ist der Proteus, er kann eben alles.
Es ist vergeblich, ihnen zu helfen, Sklavenketten von den Gliedern zu streifen. Sie sagen: er wird seinen Profit schon dabei gemacht haben.
Es ist vergeblich, das Gift zu entgiften. Sie brauen frisches.
Es ist vergeblich, für sie zu leben und für sie zu sterben. Sie sagen: Er ist ein Jude.
(Jakob Wassermann, Mein Weg als Deutscher und Jude. Berlin: Dirk Nishen Verlag 1987, S. 128f.)

M 23 Antisemitismus in den ersten Jahren der Weimarer Republik

Aus dem Leitartikel „Macht ganze Arbeit mit den Juden!" im Völkischen Beobachter Nr. 20/34 vom 10.3.1920:

Über Endziel und Aufgabe der deutschvölkischen Bewegung gegenüber dem Judentum machen sich verschiedene Auffassungen geltend. Der eine glaubt, mit sogenannter Aufklärungsarbeit sei alles getan, der andere will nur auf „kulturellem" Gebiete den jüdischen Geist „ausschalten", der dritte nur auf wirtschaftlichem, der vierte strebt wieder nach anderen Zielen, und so gehen die Meinungen durcheinander [...]. [Dagegen] halten wir es für viel vordringlicher und notwendiger, daß die einzelnen Ortsgruppen danach streben, zunächst in ihrer näheren Heimat [...] das ostjüdische und jüdische Ungeziefer überhaupt mit eisernen Besen auszufegen [...]. Es muß ganze Arbeit gemacht werden. Die Ostjuden müssen unverzüglich hinausgeschafft werden, gegen alle übrigen Juden muß sofort mit rücksichtslosen Maßnahmen vorgegangen werden. Solche Maßnahmen wären z.B. Einführung von Judenlisten in jeder Stadt bzw. in jeder Gemeinde, sofortige Entfernung der Juden aus allen Staatsämtern, Zeitungsbetrieben, Schaubühnen, Lichtspieltheatern usw. – kurz gesagt – es muß dem Juden jede Möglichkeit genommen werden, weiterhin seinen unheilvollen Einfluß zu üben. Damit die beschäftigungslosen Semiten nicht insgeheim wühlen und hetzen können, wären sie in Sammellager zu verbringen.
(K. Dederke, Reich und Republik. Deutschland 1917–1933. Stuttgart: Klett-Cotta ⁴1981, S. 113)

M 24 Aus den Grundsätzen der Deutschnationalen Volkspartei, DNVP (1920)

Zum dritten Male in unserer stolzen Geschichte hat Deutschland Volkstum, Staat, Wirtschaft und Geistesleben neu aufzubauen. Das Kaisertum hat uns auf den Gipfel staatlicher Macht geführt. Das deutsche Volk hat seine Kraft glänzend bewährt. Durch feindliche Übermacht und eigene Schuld ist es jäh zusammengebrochen. Darin ruht die erschütternde Tragik seines Geschickes [...].
Für die gewaltige Aufgabe, die vor ihm liegt, braucht unser Volk höhere Kräfte, als die sittlich verwüstete Welt sie zu geben vermag. [...]
[Die DNVP fordert im einzelnen:] [...]
11. Volkstum. Nur ein starkes deutsches Volkstum, das Art und Wesen bewußt bewahrt und sich von fremdem Einfluß frei hält, kann die zuverlässige Grundlage eines starken deutschen Staates sein. Deshalb kämpfen wir gegen jeden zersetzenden, undeutschen Geist, mag er von jüdischen oder anderen Kreisen ausgehen. Wir wenden uns nachdrücklich gegen die seit der Revolution immer verhängnisvoller hervortretende Vorherrschaft des Judentums in Regierung und Öffentlichkeit. Der Zustrom Fremdstämmiger über unsere Grenzen ist zu unterbinden.
(A. Mannzmann [Hrsg.], Judenfeindschaft im Altertum, Mittelalter und Neuzeit. Königstein/Ts.: Scriptor 1981, S. 178f.)

M 25 Aus dem Programm der NSDAP (1920)

1. Wir fordern den Zusammenschluß aller Deutschen aufgrund des Selbstbestimmungsrechtes der Völker zu einem Großdeutschland. [...]
4. Staatsbürger kann nur sein, wer Volksgenosse ist. Volksgenosse kann nur sein, wer deutschen Blutes ist, ohne Rücksichtnahme auf Konfession. Kein Jude kann daher Volksgenosse sein.
5. Wer nicht Staatsbürger ist, soll nur als Gast in Deutschland leben können und muß unter Fremdengesetzgebung stehen.
6. Das Recht, über Führung und Gesetze des Staates zu bestimmen, darf nur dem Staatsbürger zustehen. Daher fordern wir, daß jedes öffentliche Amt, gleichgültig welcher Art, gleich ob im Reich, Land oder Gemeinde, nur durch Staatsbürger bekleidet werden darf. [...]
7. Wir fordern, daß sich der Staat verpflichtet, in erster Linie für die Erwerbs- und Lebensmöglichkeiten der Staatsbürger zu sorgen. Wenn es nicht möglich ist, die Gesamtbevölkerung des Staates zu ernähren, so sind die Angehörigen fremder Nationen [...] aus dem Reiche auszuweisen. [...]

B 3 Antisemitisches Plakat des „Völkischen Blocks" (1924)

24. Wir fordern die Freiheit aller religiösen Bekenntnisse im Staat, soweit sie nicht dessen Bestand gefährden oder gegen das Sittlichkeits- und Moralgefühl der germanischen Rasse verstoßen.
(E. Deuerlein [Hrsg.], Der Aufstieg der NSDAP in Augenzeugenberichten. München: Deutscher Taschenbuch Verlag 1974, S. 108 ff.)

M 26 Alltäglicher Antisemitismus
Der Schauspieler Fritz Kortner in „Die Leut' erzählen sich das".
Wir hatten eines Nachmittags auf einer Wiese Fußball gespielt. Die beiden Mannschaften bestanden aus etwa zehn- bis zwölfjährigen Buben ohne Unterschied der Konfession. Wir waren verschwitzt und, uneingedenk der mütterlichen Warnung, in diesem Zustand nichts Kaltes zu trinken, gingen wir, Ferdl vom nachbarlichen Milchgeschäft und ich, zum nächsten Sodawasserstandl, um Soda mit Himbeer zu trinken. Wahrscheinlich inspirierte den Ferdl die rötliche Flüssigkeit zu seiner Frage: ‚Sag a mal, hast du eigentlich auch schon Christenblut gekostet?' Zunächst begriff ich die Frage nicht. ‚Na ja,' meinte er, mit einem eigentlich gemütlichen Ton. ‚Ihr Juden trinkt's dös ja.' Die Leut' erzählten sich das, fügte er hinzu, deutlich von keinem Schauer erfaßt. Wahrscheinlich redete er das nur nach, ohne sich des Grauenhaften bewußt zu sein. Er hatte etwas von den Ritualmordprozessen läuten gehört und glaubte an die im Zusammenhang mit ihnen systematisch verbreitete Lüge vom rituellen Menschenopfer, an den Propagandafeldzug der christlich-sozialen Partei Österreichs und Ungarns.
Es dauerte eine ganze Weile, bis das Gehörte bei mir einsickerte. Erst in der Nacht wurde mir die Kehle von dem Gehörten zugeschnürt. Ich fing an, daran zu würgen, und je mehr ich davon herunterwürgte, desto mehr breitete es sich in mir aus und vergiftete mich. Alles, was ich raunen und flüstern gehört hatte, tauchte auf und fügte sich zu einem Ganzen.
Am nächsten Morgen, übernächtigt und von einem aufsteigenden, nicht zu verscheuchenden Gedanken gequält, wich ich meinen Eltern aus, und ohne Frühstück schlich ich mich in die Schule. Um zehn Uhr, in der Eßpause, vom Hunger überwältigt, kaufte ich mir

beim Eßstand des Schuldieners belegte Brote und Soda – ohne Himbeer. Vor dem roten Saft hatte sich ein Grauen entwickelt. Ich ließ es mir schmecken, denn der Schuldiener und seine die Eßwaren verkaufende Frau waren ja keine Juden. So weit war ich.
(H.M. Broder/H. Recher [Hrsg.], 5749 – Ein jüdischer Kalender. Augsburg: Ölbaum Verlag 1988, 28. Siwan/1.7.)

M 27 Zum Zusammenleben von Juden und Nichtjuden am Ende der Weimarer Republik

Die Journalistin Melita Maschmann, geboren 1918, war leitendes Mitglied im Bund Deutscher Mädel (BDM). 1963 veröffentlichte sie – politisch geläutert – ihre Erinnerungen an die Nazizeit in Form eines Briefes an eine jüdische Jugendfreundin.

Rosel Cohn war unsere jüdische Klassenkameradin, aber ich brachte sie eigentlich nicht in Beziehung zu *den Juden*. Die Juden waren und blieben etwas geheimnisvoll Drohendes, Anonymes. Sie waren nicht die Gesamtheit aller jüdischen Individuen, zu denen auch du gehörtest, oder der alte Herr Lewy, sondern sie waren eine böse Macht, etwas, das gespenstische Züge trug. Man konnte es nicht sehen, und es war doch da und richtete Schaden an.
In unserer Kindheit hatten wir Märchen gehört, die uns den Glauben an Hexen und Zauberer einreden wollten. Jetzt waren wir zu erwachsen, um diesen Spuk noch ernst zu nehmen, aber an die „bösen Juden" glaubten wir nach wie vor. Sie waren uns in keinem Exemplar leibhaftig erschienen, aber wir erlebten es tagtäglich, daß die Erwachsenen an sie glaubten. Man konnte schließlich auch nicht nachprüfen, ob die Erde eine Kugel und keine Scheibe war, oder genauer: Man hielt es nicht für nötig, eine solche Behauptung nachzuprüfen. Die Erwachsenen „wußten" es, und man übernahm dieses Wissen ohne Mißtrauen. Sie „wußten" auch, daß die Juden „böse" waren. Diese Bosheit richtete sich gegen den Wohlstand, die Einigkeit und das Ansehen des deutschen Volkes, das man von früh an zu lieben gelernt hatte. Der Antisemitismus meiner Eltern war ein für uns Kinder selbstverständlicher Bestandteil ihrer Gesinnung. Unser Vater entstammte dem akademisch gebildeten Bürgertum. In seiner Generation gab es noch nicht viele Juden an den Universitäten. Sie wurden wohl häufig als Eindringlinge empfunden, auch weil ihre scharfe Intellektualität ein unbequemer Ansporn war. Meine Mutter war in der Familie eines durch eigene Tüchtigkeit zu Wohlstand gekommenen „Hoflieferanten" aufgewachsen! Konkurrenzfurcht mag gerade in diesen Kreisen früh zur Ausbildung eines recht entschiedenen Antisemitismus geführt haben.
Die Eltern klagten zwar über die Juden, aber das hinderte sie nicht, aufrichtige Sympathie für Lewys zu hegen und gesellschaftlich mit jüdischen Kollegen meines Vaters zu verkehren.
Solange wir zurückdenken konnten, wurde uns dieser Widerspruch mit aller Unbefangenheit von den Erwachsenen vorgelebt. Man war freundlich zu den einzelnen Juden, die man angenehm fand, wie man als Protestant freundlich zu einzelnen Katholiken war. Aber während man nicht auf die Idee kam, *den* Katholiken feindlich gesonnen zu sein, war man es *den* Juden durchaus. Dabei ließ man sich nicht durch die Tatsache beunruhigen, daß man keine klare Vorstellung davon hatte, wer das überhaupt waren: *die* Juden. Es gab unter ihnen getaufte und orthodoxe, jiddisch sprechende Trödler und Professoren für deutsche Literatur, kommunistische Agenten und Weltkriegsoffiziere, die hohe Orden trugen, zionistische Eiferer und deutsch-nationale Chauvinisten.
(M. Maschmann, Fazit. Mein Weg in der Hitler-Jugend. München: Deutscher Taschenbuch Verlag ⁵1983, S. 40f.)

M 28 Aufruf der „Liga für Menschenrechte" gegen den Antisemitismus

Der Aufruf wurde im September 1930 veröffentlicht. Er war unterschrieben von namhaften Persönlichkeiten des kulturellen und politischen Lebens. Zu den Unterzeichnern gehörten u.a. Thomas Mann und Gerhart Hauptmann.

Die schwierige wirtschaftliche Lage wird von unverantwortlichen Elementen dazu benützt, eine schamlose antisemitische Hetze zu entfalten, die sich in letzter Zeit so gesteigert hat, daß offene Pogrome angedroht werden. Das Bestreben, eine besondere Schicht des deutschen Volkes für die wirtschaftliche Depression verantwortlich zu machen, muß von jedem anständigen Menschen auf das allerschärfste zurückgewiesen werden. [...]
Deutschland ist heute das einzige große Land, wo diese Art von Antisemitismus überhaupt noch Boden hat. Sowohl im bolschewistischen Rußland wie im faschistischen Italien, ganz abgesehen von Frankreich, England oder Amerika, wird jede Gewalttätigkeit gegen Juden auf das entschiedenste abgelehnt. Erst kürzlich hat der italienische Ministerpräsident Mussolini erklärt, daß er den Antisemitismus innerhalb der faschistischen Bewegung weit von sich weise und sich keinesfalls mit der nationalsozialistischen Bewegung in Deutschland identifiziere. Eine mit den schlimmsten Terrormethoden arbeitende Minderheit darf nicht das deutsche Volk unter das Niveau der anderen großen Völker herabdrücken. Darum rufen die unterzeichneten Männer und Frauen, welche der jüdischen Religionsgemeinschaft nicht angehören, gegen diese Kulturschande des Antisemitismus auf.
(S. Reinhardt [Hrsg.], Lesebuch Weimarer Republik. Deutsche Schriftsteller und ihr Staat von 1918 bis 1933. Berlin: Klaus Wagenbach 1982, S. 215f.)

M 29 Die Juden am Ende der Weimarer Republik

Die Juden waren 1932 schon weitgehend ohne Rückhalt. Die großen staatstragenden Parteien und die Gewerkschaften waren mit ihren eigenen Problemen und Nöten beschäftigt und daher kaum noch in der Lage, sich für die Juden zu engagieren. Bei den christlichen Kirchen war es nicht anders, sie hatten sich zudem theologisch entschieden von den Juden abgegrenzt und von daher – bewußt oder unbewußt – dem Antisemitismus Vorschub geleistet. Es gab noch zahlreiche Staatsbürger – Christen und Nichtchristen – die jüdischen Kollegen, Freunden oder Nachbarn die Treue hielten, aber auch sie exponierten sich nur selten öffentlich. [...]
Die Juden lähmte kurz vor und dann unmittelbar nach dem 30. Januar 1933 die Gleichgültigkeit und Teilnahmslosigkeit der Mitmenschen, das Gefühl, in ihrer Bedrängnis und Not alleingelassen zu sein, von Christen wie von der Mehrheit der Nichtchristen. Das lenkt den Blick auf die Stellung und Gefährdung des Menschen in der modernen Gesellschaft. So wichtig es auch immer ist, über Hitler und das nationalsozialistische Herrschaftssystem nachzudenken, zentraler ist doch – und das zeigt gerade der Blick auf die destruktive Kraft des Antisemitismus – die Frage nach den Selbstbehauptungskräften des Individuums gegenüber kollektiven Leidenschaften, Ideologien und säkularen Heilslehren.
(W. Jochmann, Der Antisemitismus und seine Bedeutung für den Untergang der Weimarer Republik. In: ders., Gesellschaftskrise und Judenfeindschaft in Deutschland 1870–1945. Hamburg: Hans Christians Verlag 1988, S. 193 f.)

M 30 Antisemitismus auf dem Land – vor und nach der nationalsozialistischen Machtübernahme

Karl Polak wurde 1916 in Leer/Ostfriesland geboren und lebte dort als Viehhändler bis 1938. Er überlebte mehrere Konzentrationslager und lebt heute wieder in Leer.
Schon lange vor der ‚Machtübernahme' durch die Nazis herrschte auch in unserer Gegend ein spürbarer Antisemitismus, zunächst mehr unpersönlich und anonym. Doch mit dem Aufkommen der „Bewegung" in der Mitte der zwanziger Jahre und ihrer haßerfüllten Propaganda mehrten sich Belästigungen und persönliche Angriffe auf einzelne jüdische Mitbürger. Als im Jahre 1926 in Leer der größte europäische Zucht- und Nutzviehmarkt abgehalten wurde, erschienen Nazi-Studenten und provozierten die jüdischen Händler, die dort ihre Verkaufsstände hatten, indem sie Schilder mit dem Hakenkreuzsymbol zeigten. Die Händler bewarfen sie mit Kuhfladen und verjagten sie damit, so daß die Geschäfte weitergehen konnten. Daraufhin beschwerten sich die Studenten bei der Polizei und einige Händler wurden mit Geldbußen belegt. Einer von ihnen wurde sogar zu drei Monaten Gefängnis mit Bewährung verurteilt.
Die Lage für uns verschlimmerte sich, als am 30.1.33 die Nazis an die Macht kamen. [...] Schon bald wurden auf dem städtischen Viehhof, wo jeden Mittwoch der Zucht- und Nutzviehmarkt stattfand, die Verkaufsstände für „arische" und „nichtarische" Händler durch Maschendraht getrennt. Bislang war von einem solchen Unterschied nicht die Rede gewesen; aber durch diese Maßnahme ließ sich nun durch jedermann beobachten, wer „beim Juden" kaufte oder verkaufte. Doch die Geschäftsbeziehungen zwischen den jüdischen Händlern und den eingesessenen Landwirten waren seit Generationen so gut eingespielt, daß sich außer „ganz wilden Nazis" zunächst kaum jemand um die Trennung kümmerte.
(1938–1988. Schicksal einer jüdischen Familie. Zeugenberichte von Karl Polak über sieben Jahre Verfolgung. Leer: Stadt Leer 1988, S. 2)

M 31 Zur Funktion des Antisemitismus für die Nationalsozialisten

Der Antisemitismus erfüllte beim Aufstieg des Nationalsozialismus zur Massenpartei eine doppelte Funktion. Einmal war er für die Binnenintegration der nationalsozialistischen Bewegung von außerordentlicher Bedeutung. Mit dem Zustrom von Mitgliedern aus allen Teilen der Bevölkerung wuchs die soziale Heterogenität der Parteianhänger, und die Interessengegensätze nahmen zu. Die alten Spannungen zwischen „linken" und „rechten", nationalrevolutionären und nationalkonservativen, plebejischen und elitären Tendenzen erhielten neue Nahrung. Für Arbeiter bedeutete die Mitgliedschaft in der NSDAP nicht dasselbe wie für Angestellte; Arbeitnehmer hatten andere Erwartungen als Arbeitgeber; die Forderungen der Landwirte deckten sich nicht mit denen der Handwerker. Diese vielfältig divergierenden Kräfte führte der nationalsozialistische Mythos zu einer einheitlichen Bewegung zusammen. Außer dem Führerkult, der zu Beginn der dreißiger Jahre an Bedeutung gewann, und der Propaganda mit ihrer wirkungsvollen Parole von der „deutschen Volksgemeinschaft" zählte der Antisemitismus zu den wichtigsten Integrationsfaktoren. Er war gefühlsmäßig und ideologisch ein einigendes Element der nationalsozialistischen Bewegung. [...]
Gute Gründe sprechen dafür, die mobilisierende Wirkung des Antisemitismus nicht gering zu veranschlagen. Hierzu zählt zunächst einmal die Tatsache, daß der Nationalsozialismus bei seiner Werbung um bestimmte soziale Gruppen, deren antisemitische Einstellungen allgemein bekannt waren, gezielt seine Judenfeindschaft herausstellte. Dies geschah in massiver Weise bei dem Propagandafeldzug, den die Nationalsozialisten 1929/30 zur Gewinnung der Landbevölkerung eröffneten. [...]
Ähnlich zielgerichtet setzte der Nationalsozialismus

seine Propaganda bei mittelständischen Berufsgruppen an. In den zahllosen Wahlaufrufen an Einzelhändler, Handwerker und Gewerbetreibende fehlte selten der Hinweis auf jüdische Warenhäuser, jüdisches Finanzkapital und jüdischen Bolschewismus, die den Mittelstand bedrohten und die der Nationalsozialismus beseitigen werde. Als weiteres Beispiel sei die Studentenschaft genannt. Auch hier verknüpfte die NS-Propaganda geschickt nationalistische und antimarxistische mit antisemitischen Parolen.
(H. Berding, Moderner Antisemitismus in Deutschland. Frankfurt a.M.: Suhrkamp 1988, S. 210f.)

M 32 Zum Zusammenhang von kleinbürgerlicher Ideologie und Antisemitismus im Nationalsozialismus

Eine gesonderte Betrachtung verdient im ideologischen Gerüst des kleinbürgerlichen Faschismus der Antisemitismus. Er zählt ohne Zweifel zu den tragfähigsten Brückenelementen von der kleinbürgerlichen Ideologie zum Nationalsozialismus.
[...] Der nationalsozialistische Antisemitismus wird vom Kleinbürger nicht etwa nur wider Willen in Kauf genommen, sondern Rassismus und Antisemitismus üben von vornherein in hohem Grad auf die kleinbürgerlichen Massen Anziehung aus. Der kleinbürgerliche Faschismus in Deutschland ist genuin antisemitisch.

Für die deklassierten Kleinbürger hat das Bild vom Juden als innerem Feind Tradition und ist in seiner negativen Integrationsfunktion und als Medium aggressiver Triebabfuhr lediglich mit dem Feindbild vom revolutionären Sozialisten (Kommunisten, Bolschewisten) zu vergleichen. Wellen des kleinbürgerlichen Antisemitismus sind bereits seit der Gründerzeit zu beobachten, bewegen sich aber politisch im Umkreis des völkisch-nationalen Konservatismus, wie ihn etwa der „christlich-soziale" Pfarrer Adolf Stöker verkörpert [...]. Die Struktur dieses noch nicht primär rassistisch begründeten Antisemitismus der Wilhelminischen Ära beruht auf der vom Kleinbürger empfundenen ökonomischen Konkurrenz des Juden, die sofort mit der Idee des ökonomischen Liberalismus identifiziert wird. [...]
Aus der ökonomischen Begründung des antiliberalen Antisemitismus wird im Zeichen des Nationalsozialismus eine biologische. Der tiefe Haß derjenigen, die unter den kapitalistischen Existenzformen leiden, auf diejenigen, die sie im Bild des Vorurteils sichtbar verkörpern, sucht sich einen vorgeblich natürlichen Grund – die Rasse [...].
Die ideologische Kette von Antisemitismus und Antiliberalismus verlängert sich, wie gezeigt, in das Motiv des kleinbürgerlichen Antiintellektualismus und Antimodernismus. Ob der Jude nun als bolschewistischer Funktionär oder als „raffender" Kapitalist verteufelt wird, in jedem Fall bekämpft der Kleinbürger in diesem Bild den „typischen modernen, liberalen Menschen, der nicht blind gehorcht, sondern sich seine eigenen Gedanken macht, der nicht anbetet, sondern Vernunft gebraucht" (Rosenberg).
(B. Franke, Die Kleinbürger. Begriff, Ideologie, Politik. Frankfurt a.M./New York: Campus 1988, S. 197f.)

Arbeitshinweise

1 *Beschreiben Sie anhand einiger ausgewählter Beispiele Situationen des alltäglichen Antisemitismus. Lassen sich Parallelen zu alltäglichen Diskriminierungen heute feststellen?*
2 *Untersuchen Sie die gesellschaftliche Reichweite des Antisemitismus während der Weimarer Republik.*
3 *Erläutern Sie die Funktion des Antisemitismus für „den kleinen Mann" (M 32).*
4 *Untersuchen Sie die Funktion des Antisemitismus für die Nationalsozialisten (M 25 und M 31).*
5 *Ist die Verfolgung der Juden nach 1933 (Kap. F.2) als Erfüllung des NSDAP-Programms von 1920 (M 23, M 25, M 43, M 44), zu betrachten? Nehmen Sie Stellung dazu.*

2. Juden unter nationalsozialistischer Herrschaft

Nur wenige jüdische Organisationen machten sich Illusionen über die Bereitschaft der Nationalsozialisten, ihre theoretischen Positionen auch in die politische Praxis umzusetzen. Zwar ahnte im Januar 1933 wohl niemand, zu welchen Konsequenzen der Judenhaß in den nächsten Jahren führen sollte, aber von fast allen Juden wurde die Machtübernahme durch die Nationalsozialisten als Katastrophe für die jüdische Gemeinschaft in Deutschland betrachtet.
Die „Judenpolitik" der Nationalsozialisten entwickelte sich vom Boykott jüdischer Geschäfte am 1. April 1933 bis zu den Massenvernichtungen in den Konzentrationslagern seit 1942. Nach einer Goebbels-Rede unmittelbar nach den Novemberpogromen 1938 hatte das Vorgehen der Nationalsozialisten durchaus System. Drei Entwicklungsphasen lassen sich auf dem Weg von der Entrechtung der Juden bis zu ihrer Vernichtung nachweisen:

1. 1933 bis 1938: Ausgrenzung und Entrechtung

In dieser Zeit wurde eine Vielzahl von Gesetzen und Verordnungen erlassen, die darauf abzielten, die Juden zu entrechten und aus der Gesellschaft auszugrenzen. Nach den ersten antijüdischen Übergriffen 1933 brachten die „Nürnberger Gesetze" von 1935 einen tiefen Einschnitt für das Leben der Juden im Deutschen Reich. Mit diesen Gesetzen wurden sie aus der Gemeinschaft der Staatsbürger ausgeschlossen und mit einem negativen Sonderstatus versehen. In einer Vielzahl von Sonderregelungen wurden ihnen in den folgenden Jahren die Lebensmöglichkeiten in Deutschland immer mehr erschwert. Als Reaktion auf diese Entwicklung beschlossen viele Juden, die finanziell dazu in der Lage waren, auszuwandern (vgl. K 7, S. 199). Die jüdischen Organisationen versuchten durch Information und Gegenpropaganda im Rahmen ihrer immer weiter eingeschränkten Möglichkeiten auf das Unrecht hinzuweisen, das ihnen widerfuhr; die politische Entwicklung in Deutschland konnten sie damit aber nicht aufhalten. In ihrem Abwehrkampf standen sie weitgehend allein, zumal andere gesellschaftliche Gruppen, die Widerstand hätten leisten können, selbst der Verfolgung ausgesetzt waren.

2. 1938 bis 1942: Enteignung und Vertreibung

Das Jahr 1938 brachte eine deutliche Verschärfung der Judenverfolgungen in Deutschland. Bereits seit Jahresbeginn wurde eine Vielzahl von Gesetzen und Verordnungen erlassen, die auf eine Enteignung und Ausplünderung der noch in Deutschland lebenden jüdischen Bevölkerung abzielten. Im Mittelpunkt dieser Maßnahmen standen die Aktionen des nationalsozialistischen Staates, die auf eine Aneignung jüdischer Vermögen und Wirtschaftsbetriebe abzielten. Unter dem Begriff der „Arisierung" wurde die planmäßige, praktisch entschädigungslose Enteignung der Juden betrieben. In engem Zusammenhang mit dem „Arisierungs"-Programm standen auch die Pogrome im November des Jahres, denen die Abschiebung aller Juden mit polnischer Staatsangehörigkeit aus dem Deutschen Reich vorausgegangen war. Die Erschießung eines deutschen Diplomaten durch einen Juden in Paris wurde zum Vorwand genommen, um in einem gut vorbereiteten Überfall auf jüdische Einrichtungen, Geschäfte und Wohnungen die offene Verfolgung einzuleiten. Die sog. „Reichskristallnacht" bildete den Auftakt nicht nur für eine Reihe von Maßnahmen zur endgültigen Ausschaltung der Juden aus dem deutschen Wirtschaftsleben, sondern auch zum Beginn der physischen Vernichtung der Juden.

Eine erneute Auswanderungsbewegung war die Folge, die erst mit dem Beginn des Zweiten Weltkrieges ihr Ende fand. Die Erfolge der deutschen Wehrmacht, insbesondere die Eroberung weiter Teile der Sowjetunion, schufen dann die Voraussetzung für eine weitere Verschärfung der Judenverfolgungen. Nach dem Überfall auf die Sowjetunion wurde die nationalsozialistische Führung damit konfrontiert, daß in den eroberten Gebieten viele Juden lebten.

3. 1942 bis 1945: Ermordung

Das Bestreben der Nationalsozialisten, eine auch bevölkerungspolitische Neuordnung der besetzten Gebiete durchzuführen, ließen eine „Lösung" der „Judenfrage" unausweichlich erscheinen. Als Ergebnis der Diskussion dieser Zielsetzungen wurde das Programm der „Endlösung der Judenfrage" im Januar 1942 verabschiedet. Dieses Programm sah vor, die Juden in ganz Europa zunächst als Arbeitskräfte optimal auszubeuten und sie anschließend zu ermorden. Auschwitz, Treblinka, Majdanek, Sobibor und viele andere Namen stehen für die praktische Umsetzung der Vernichtungspolitik. Bis zu sechs Millionen Juden wurden unter der nationalsozialistischen Herrschaft ermordet (vgl. K 8, S. 200).

Die Juden in Deutschland erlebten die nationalsozialistische Herrschaft als ständige Verschärfung von einschränkenden Vorschriften, die darauf abzielten, das Leben immer unerträglicher zu machen. Bis zu den großen Deportationen aus Deutschland im Jahre 1942 gab es aber im Rahmen des Möglichen ein lebendiges jüdisches Leben im Deutschen Reich. Kulturelle und soziale Organisationen bemühten sich ebenso wie die Gemeinden und Bildungseinrichtungen, den im Land verbliebenen Juden das Leben so erträglich wie möglich zu machen. In den engen Grenzen, die diesen Bemühungen gesetzt waren, entwickelte sich immer wieder die Erwartung einer positiven Wende. Jedes Anzeichen für eine Lockerung der nationalsozialistischen „Judenpolitik", jede Krise des Systems wurde als Hoffnungszeichen verstanden. Die Gefahr einer drohenden physischen Vernichtung der Juden wurde erst erkannt, als es keine Rettungsmöglichkeit mehr gab. Die jüdischen Gemeinden und die 1935 zwangsweise gegründete „Reichsvereinigung der Juden" wurden sogar gezwungen, bei der Organisation der Deportationen der Juden aus dem Reichsgebiet mitzuhelfen. Ansätze von Widerstand und Abwanderung in die Illegalität blieben ebenso wie die Hilfe durch Nichtjuden Ausnahmen von der Regel. Das wirtschaftlich, sozial und kulturell hochentwickelte deutsche Judentum starb in den Konzentrationslagern der Nationalsozialisten.

2.1 Vom Boykott zum Pogrom (1933–1938)

M 33 Stellungnahme des „Centralvereins" zur Ernennung des Kabinetts Hitler am 30. Januar 1933

Wir stehen einem Ministerium, in dem Nationalsozialisten maßgebendste Stellungen einnehmen, selbstverständlich mit größtem Mißtrauen gegenüber, wenn uns auch bei der gegebenen Lage nichts anderes übrig bleibt, als seine Taten abzuwarten. Wir sehen als den ruhenden Pol in der Erscheinungen Flucht den Herrn Reichspräsidenten an, zu dessen Gerechtigkeitssinn und Verfassungstreue wir Vertrauen haben. Aber auch abgesehen davon sind wir überzeugt, daß niemand es wagen wird, unsere verfassungsmäßigen Rechte anzutasten. Jeder nachteilige Versuch wird uns in entschiedener Abwehr auf dem Posten finden.
Im übrigen gilt heute ganz besonders die Parole: Ruhig abwarten!
(W. Eschenhagen [Hrsg.], Die „Machtergreifung". Tagebuch einer Wende nach Presseberichten vom 1. Januar bis 6. März 1933. Darmstadt/Neuwied: Luchterhand 1982, S. 151)

M 34 Bericht von einem Überfall der SA auf das Land- und Amtsgericht Breslau am 11. März 1933

Plötzlich – es war genau elf Uhr – ertönte auf dem Korridor ein Gebrüll wie von wilden Tieren, das sich schnell näherte. Die Türen des Anwaltszimmers flogen auf. Herein quollen etwa zwei Dutzend SA-Männer mit ihren braunen Blusen und Kappen und schrien: „Juden raus!" Einen Augenblick waren alle – Juden wie Christen – wie gelähmt. Dann verließen die meisten jüdischen Anwälte das Zimmer. Ich bemerkte den mehr als siebzig Jahre alten Justizrat Siegismund Cohn, ein Mitglied des Verbandes der Anwaltskammer, wie er vor Schreck wie angenagelt auf seinem Stuhl saß und unfähig war, sich zu erheben. Einige von der braunen Horde stürzten auf ihn zu. Da traten ein paar jüngere christliche Kollegen, darunter Mitglieder des deutschnationalen „Stahlhelms", hinzu und stellten sich schützend vor ihn, was die Eindringlinge bewog, von ihm abzulassen. Ich selbst rührte mich zunächst nicht von der Stelle. Da sprang ein SA-Mann auf mich zu und packte mich am Arm. Ich schüttelte ihn ab, worauf er sofort aus seinem rechten Ärmel eine Metallröhre hervorzog, die auf einen Druck eine Spirale herausspringen ließ, an deren Ende eine Bleikugel befestigt war.
Mit diesem Totschläger versetzte er mir zwei Schläge auf den Kopf, der infolge eines Blutergusses stark zu schwellen begann. Ich merkte, daß die Beulen dicht neben der Narbe des Loches saßen, das ich als Soldat im ersten Weltkrieg empfangen hatte. Die sich bald einstellenden heftigen Schmerzen wurden indessen zunächst durch den Anblick betäubt, den die Korridore des Gerichts boten. Überall sah man Richter, Staatsanwälte, Rechtsanwälte, wie sie, manche in ihren Amtsroben, von kleinen Gruppen der braunen Horde auf die Straße getrieben wurden. Überall rissen die Eindringlinge die Türen auf und brüllten: „Juden raus!" Ein geistesgegenwärtiger Assessor, der gerade seine Sitzung in Zivilsachen abhielt, schrie sie an: „Macht, daß ihr hinauskommt!" – worauf sie sofort verschwanden. In einem Zimmer saß ganz allein ein jüdischer Referendar. Zwei Rowdies schrien ihn an: „Sind hier Juden?" Er erwiderte seelenruhig: „Ich sehe keine." Worauf sie die Tür zuwarfen und weiterzogen. [...]
Die Art, in der die Breslauer Richter auf dieses in den Annalen der deutschen Rechtsgeschichte noch nicht dagewesene Ereignis reagierten, war sehr interessant und ist wohl bis heute kaum bekannt geworden: am Nachmittag desselben Tages versammelten sich über hundert Richter im Gebäude des Oberlandesgerichts und beschlossen, für alle Gerichte der Stadt Breslau ein Justitium (Stillstand der Rechtspflege) eintreten zu lassen. Es wurde bekanntgegeben, daß für eine gewisse Dauer kein Richter ein Gericht betreten werde, was zur Folge hatte, daß keine Verhandlungen stattfanden und der Lauf wichtiger gesetzlicher Fristen gehemmt oder unterbrochen wurde. Mit anderen Worten: Die Richter streikten! Wäre dieses Vorgehen

an all den vielen Gerichten befolgt worden, in denen sich in den folgenden Wochen gleiche unwürdige Szenen abspielten, wer weiß, welchen Verlauf dann die „nationale Erhebung" genommen hätte, die mit einem derartigen Niedergang der Moral begann.
(L. Foerder, SA-Terror in Breslau. In: G. Schoenberner [Hrsg.], Wir haben es gesehen. Augenzeugenberichte über Terror und Judenverfolgung im Dritten Reich. Hamburg: Rütten & Loening 1962, S. 19, 21)

M 35 Zur Auswanderung, Tagebucheintrag vom 30. März 1933

Was man den sogenannten „Glaubensgenossen" verdankt. Am 27. des Monats sagt mir ein jüdischer freidenkender Herr: „Ich bin auf dem Sprunge auszuwandern, wenn Sie klug sind, pumpen Sie sich Geld oder verkaufen schleunigst irgendwelche Wertsachen und kommen mit, denn die Pässe werden in Kürze abgenommen werden." Ich stelle das in Abrede: „Warum sollen Menschen, die sich nichts zuschulden kommen ließen, die Pässe abgenommen werden." Jener: „Verlassen Sie sich drauf, sogar die Grenzen werden noch allgemein gesperrt werden! Für alle Deutsche." Ich meinte: „Ja, wenn ich allein stünde, aber machen Sie mal mit einer einundachtzigjährigen Mutter Experimente!" Dann gingen wir auseinander.
(W. Tausk, Breslauer Tagebuch 1933–1940. Berlin: Rütten & Loening ³1984, S. 47)

M 36 Antisemitisches Plakat der NSDAP 1933

M 37 Jüdische Gegenwehr 1933

Erklärung auf Seite 1 der CV-Zeitung, Organ des Central-Vereins deutscher Staatsbürger jüdischen Glaubens e. V., vom 30. März 1933. Zwei Tage später, am 1. April 1933, fand im ganzen Reich der Boykott jüdischer Betriebe und Geschäfte statt.

Wir 565 000 deutschen Juden legen feierliche Verwahrung ein.

Eine zügellose Greuelpropaganda gegen Deutschland tobt in der Welt. Durch jedes Wort, das gegen unser Vaterland gesprochen und geschrieben wird, durch jeden Boykottaufruf, der gegen Deutschland verbreitet wird, sind wir deutschen Juden genauso tief getroffen wie jeder andere Deutsche. Nicht aus Zwang, nicht aus Furcht, sondern weil gewisse ausländische Kreise die Ehre des deutschen Namens lästern, das Land unserer Väter und das Land unserer Kinder schädigen, sind wir ohne Verzug dagegen aufgestanden. Vor dem Inland und dem Ausland haben wir die Lügenmeldungen über Deutschland und die neue Regierung gebrandmarkt. Weil wir so sind, weil wir nicht anders sein können, ist unser energischer Protest gegen Deutschlands Verunglimpfung geglaubt worden. Weil wir so sind, sind die Schritte in Amerika, die wir unternahmen, erfolgreich für unser Vaterland ausgeschlagen.

Nur in unserem eigenen Vaterland, dem Lande, für das zwölftausend jüdische Helden ihr Leben ließen, glaubt man uns nicht.

Man beschuldigt uns, daß die Kampagne des Hasses und der Lügenhetze von den deutschen Juden ausgehe: Bei den deutschen Juden läge es, die Lügner zurechtzuweisen, die deutschen Juden wollten dies aber nicht.

Gegen diese ungeheuren Beschuldigungen legen wir 565 000 deutschen Juden vor ganz Deutschland feierliche Verwahrung ein. Die deutschen Juden haben niemanden in Deutschland und in der Welt mittelbar oder unmittelbar zu schädlichen Verleumdungen oder gar zu irgendeiner Handlung gegen Deutschland veranlaßt. Die deutschen Juden haben, soweit sie es vermochten, dagegen sofort das Äußerste getan, um jede Beleidigung des Heimatlandes, jede Beschimpfung der Regierung, jede Schädigung der deutschen Volkswirtschaft unmöglich zu machen.

Vor Gott und den Menschen stehen wir so gerechtfertigt da. Mit Würde und mit Mut werden wir die mitleidlosen Maßnahmen Deutscher gegen Deutsche auf eigener Heimaterde zu ertragen wissen.
(H.M. Broder/H. Recher [Hrsg.], 5749 – Ein jüdischer Kalender. Augsburg: Ölbaum-Verlag 1988, 18. Adar II/25. März)

M 38 Erinnerung an den ‚Judenboykott' am Samstag, dem 1. April 1933

Bereits am frühen Morgen des Freitag sah man die SA mit ihren Transparenten durch die Stadt ziehen. „Die Juden sind unser Unglück", „Gegen die jüdische Greuelpropaganda im Auslande". In den Vormittagsstunden begannen sich die Posten der Nazis vor die jüdischen Geschäfte und Betriebe zu stellen, und jeder Käufer wurde darauf aufmerksam gemacht, nicht bei Juden zu kaufen. Auch vor unserem Lokal postierten sich zwei junge Nazis und hinderten die Kunden am Eintritt. Mir erschien das Ganze unbegreiflich. Es konnte mir nicht einleuchten, daß so etwas im 20. Jahrhundert überhaupt möglich sein konnte, denn solche Dinge hatten sich doch höchstens im Mittelalter ereignet. Und doch war es bittere Wahrheit, daß da draußen vor der Tür zwei Jungen in braunem Hemd standen, die ausführenden Organe Hitlers.

Und für dieses Volk hatten wir jungen Juden einst im Schützengraben in Kälte und Regen gestanden und haben unser Blut vergossen, um das Land vor dem Feind zu schützen. Gab es keinen Kameraden mehr aus dieser Zeit, den dieses Treiben anekelte? [...]

Ich nahm meine Kriegsauszeichnungen und legte sie an, ging auf die Straße und besuchte jüdische Geschäfte, wo man mich auch zuerst anhielt. Aber in mir gärte es, ich hätte am liebsten diesen Barbaren meinen Haß ins Gesicht geschrien. Haß, Haß – seit wann hatte dieses Element in mir Platz ergriffen? – Seit einigen Stunden erst war in mir eine Wandlung eingetreten. Dieses Land, und dieses Volk, das ich bisher liebte und schätzte, war mir plötzlich zum Feinde geworden. Ich war also kein Deutscher mehr, oder ich sollte es nicht mehr sein. Das läßt sich natürlich nicht in einigen Stunden abmachen. Aber das eine empfand ich plötzlich: ich schämte mich, daß ich einst zu diesem Volk gehörte. Ich schämte mich über das Vertrauen, das ich so vielen geschenkt hatte, die sich nun als meine Feinde demaskierten. Plötzlich erschien mir auch die Straße fremd, ja die ganze Stadt war mir fremd geworden. Es gibt nicht die richtigen Worte, um die Empfindungen zu schildern, die ich in diesen Stunden erlebte. Zu Hause angelangt, ging ich auf den einen Posten zu, den ich kannte, und der auch mich kannte, und sagte ihm: „Als Sie noch in den Windeln lagen, hab ich schon draußen für dieses Land gekämpft." Er erwiderte: „Sie sollten mir aus meiner Jugend keinen Vorwurf machen, Herr..., aber ich bin kommandiert worden, hier zu stehen." Ich sah in sein junges Gesicht und dachte mir, er hat recht. Arme, irrgeführte Jugend!
(E. Landau, Mein Leben vor und nach Hitler. In: M. Richarz [Hrsg.], Bürger auf Widerruf. Lebenszeugnisse deutscher Juden 1780–1945. München: C.H. Beck 1989, S. 385f.)

M 39 a) Gesetz zur Wiederherstellung des Berufsbeamtentums vom 7. April 1933

§ 3: (1) Beamte, die nicht arischer Abstammung sind, sind in den Ruhestand zu versetzen; Ehrenbeamte sind aus dem Amtsverhältnis zu entlassen.

(2) Dies gilt nicht für Beamte, die bereits seit dem 1.

April 1914 Beamte gewesen sind oder die im Weltkrieg an der Front für das Deutsche Reich gekämpft haben oder deren Väter oder Söhne im Weltkrieg gefallen sind.

b) 1. Verordnung zur Durchführung des Gesetzes zur Wiederherstellung des Berufsbeamtentums des RMI und des RMF vom 11. April 1933

§ 2: (1) Als nicht arisch gilt, wer von nichtarischen, insbesondere jüdischen Eltern oder Großeltern abstammt. Es genügt, wenn ein Elternteil oder ein Großelternteil nicht arisch ist.
(2) Beamte, die nicht bereits am 1. August 1914 Beamte waren, haben nachzuweisen, daß sie arischer Abstammung, bzw. Frontkämpfer sind.
(J. Walk [Hrsg.], Das Sonderrecht für die Juden im NS-Staat. Eine Sammlung der gesetzlichen Maßnahmen und Richtlinien – Inhalt und Bedeutung. Heidelberg/Karlsruhe: C.F. Müller Juristischer Verlag 1981, S. 12 f.)

M 40 Schreiben eines jüdischen Arztes an den Landesleiter der NSDAP in Lippe (April 1933)

Im Vertrauen auf Ihren Gerechtigkeitssinn entschließe ich mich endlich, Sie in dem schweren Kampfe, den wir seit Wochen zu führen haben, um Beistand zu bitten. Fast jeder Tag erneuert und verstärkt die Leiden und Quälereien, denen wir bisher schon ausgesetzt waren. – In der letzten Nacht erschienen SA-Leute vor unserer Haustür und beschmierten – ungeachtet meiner Proteste – die Glasfüllungen der Haustür, den Fußboden des Vorflurs und die Fliesen vor der Haustreppe mit blutroter Ölfarbe; auf den Fliesen liest man: Weg mit Juda. – Wenn ich recht berichtet bin, sollen bei dem Boykott gegen die Juden Personen und Sachen keinen Schaden nehmen. Trotzdem behandelte man mich so, einen Mann, der sich freiwillig in's Feld gemeldet hat, schwer verwundet wurde und das EK II und EK I erhielt; einen Mann, der stets mit Liebe an seinem Deutschtum hing, seine Kinder in diesem Geiste erzog und nie auch nur die geringste Beziehung zu kommunistischen Ideen gehabt, ja Zeit seines Lebens keiner Partei angehört und seit etwa 10 Jahren auch jede politische Betätigung vermieden hatte [...]
Ich hoffe, daß Sie, sehr geehrter Herr, Verständnis für unsere Lage und den Wunsch und die Möglichkeit haben werden, sie etwas zu erleichtern.
(R. Wulfmeyer, Lippe 1933. Die faschistische Machtergreifung in einem deutschen Kleinstaat. Bielefeld: AJZ Verlag 1987, S. 82 f.)

M 41 Erklärung der am 12. Februar 1933 gebildeten „Reichsvertretung der jüdischen Landesverbände" zur „Judenfrage" (8. Juni 1933)

Die deutsche Judenfrage verlangt ein klares Wort der deutschen Juden. Vor dem deutschen Judentum steht das Schicksal, zum Entrechteten in der deutschen Heimat zu werden. In ihrer Ehre getroffen, können die deutschen Juden als die Wenigen sich nicht verteidigen; aber es darf ihnen nicht verwehrt sein, ihre Haltung offen und aufrichtig kundzutun.
Die deutschen Juden weisen es von sich, als die Anhänger oder Urheber irgendeines ‚Systems' angeprangert zu werden, während sie in Wahrheit immer bewiesen haben und auch jetzt zu beweisen bereit sind, daß sie sich jeder staatlichen Ordnung willig und freudig unterordnen, wenn sie ihnen Würde, Arbeit und Freiheit läßt.
Die deutschen Juden lehnen es ab, immer wieder auf ihre Jahrhunderte alte deutsche Kultur zu verweisen, auf ihre dauernde Verbundenheit mit deutschem Land und deutschem Geist. Die Wirklichkeit der Geschichte spricht für sie, spricht von ihrer Arbeit, ihrem Willen und ihrer Treue, von ihrer Verbundenheit mit dem deutschen Volk.
Wir dürfen erwarten, daß auch die Auseinandersetzung mit uns auf dem Boden des Rechtes und mit Waffen der Vornehmheit geführt werde, daß ehrliche Klarheit über unseren Platz und unseren Weg in dem Raume des Lebens geschaffen werde. Eine offene Aussprache mit der Reichsvertretung der deutschen Juden, welche die Gemeindeverbände und die großen jüdischen Organisationen und damit die Gesamtheit des deutschen Judentums umfaßt, vermag zum Ziele zu führen. Das Wohl Deutschlands erfordert es ebenso wie das der deutschen Juden.
(G. Plum, Deutsche Juden oder Juden in Deutschland? In: W. Benz [Hrsg.], Die Juden in Deutschland 1933–1945. München: C.H. Beck 1988, S. 52)

M 42 Zur Reaktion der Juden auf den Nationalsozialismus

Was taten die deutschen Juden während das Verhängnis heranrollte? Man kann nicht sagen, daß sie schliefen. Ihre Organisationen haben in allen Stadien der Entwicklung versucht, ihre freilich unzulänglichen Kräfte gegen das Vordringen des Nationalsozialismus in die Bresche zu führen. Aber ein großer Teil von ihnen war von einem begreiflichen und doch kaum entschuldbaren Optimismus erfüllt. Immer wieder konnte man hören, die Gefahr, daß Hitler zur Macht käme sei nicht ernst – und wenn das doch geschehe, so würde sicher auch, was sein Judenprogramm angehe, nichts so heiß gegessen, wie es gekocht werde. Man hielt die Klügeren für schwere Pessimisten, die erklärten, gerade das Judenprogramm würde im Falle des Sieges restlos verwirklicht werden – nicht nur, weil es immer wieder als Kern der ganzen Bewegung verkündet worden war, sondern vor allem auch, weil es am leichtesten zu verwirklichen sei, weil seine Ausführung auf weniger Widerstand stoßen würde als irgend ein anderer Punkt des Parteiprogramms.

[...] Von irgendeinem Widerstand war natürlich nicht die Rede. So mächtige Organisationen wie die Sozialdemokratische Partei, die katholische Zentrumspartei, das republikanische Reichsbanner hatten kampflos kapituliert. Eine winzige Minderheit von 0,7 Prozent konnte einer Partei, die sich die ganze Staatsmacht angeeignet hatte, natürlich in keiner Weise Widerstand leisten. Sie konnten nur mit mehr oder weniger Geschick und Geduld die geschaffene Situation zu tragen versuchen. Das haben sie dann auch getan. Zunächst schufen die Juden sich jetzt etwas in der Not des Tages, was sie in guten Zeiten nicht gekannt hatten, eine einheitliche Reichsvertretung. Vertreter der verschiedenen Landesverbände, des Centralvereins und der Zionisten und der großen Gemeinden kamen zusammen und bildeten eine einheitliche Reichsvertretung. Der allseits verehrte Rabbiner Leo Baeck wurde ihr erster Vorsitzender; [...]

Diese Vertretung erreichte sehr bald die Anerkennung der Regierung, und sie hatte ein außerordentlich großes Arbeitsfeld. Denn nicht nur mußte immer wieder über die Auslegung und Anwendung immer neuer Verordnungen mit der Regierung verhandelt werden; die anwachsende Wirtschaftsnot der Juden verlangte eine zusammenfassende Pflege des Unterstützungswesens, und die einsetzende Auswanderungsbewegung verlangte vielfache Vorbereitungen und Maßnahmen, die die Reichsvertretung zusammen mit dem Palästinaamt und dem Hilfsverein unternehmen mußte. Besonders die Umschulung der vielen aus akademischen Berufen gerissenen jungen Leute verlangte sehr viel Umsicht und Einsatz großer Mittel. In den ersten drei Jahren sind von 517 000 reichsdeutschen Juden bereits 112 000, also 21 Prozent ausgewandert.

Die große Mehrheit der deutschen Juden aber hielt zunächst an dem Glauben fest, es müsse, wenn auch unter noch so verschlechterten Bedingungen, möglich sein, in Deutschland weiter zu leben. Seit fünf Generationen lebten die Menschen bewußt das Leben als deutsche Staatsbürger mit. Seit noch viel mehr Generationen waren sie mit der deutschen Landschaft und der deutschen Sprache verbunden. [...] Sie wollten bleiben und wollten, wenn möglich, ihr Bild von deutscher Kultur hinüberretten, aufbewahren für eine andere Zeit.

(J. Bab, Leben und Tod des deutschen Judentums. [1939] Berlin: Argon 1988, S. 101 f., 105 f.)

M 43 Adolf Hitler 1925 über die „jüdische Gefahr"

Den gewaltigsten Gegensatz zum Arier bildet der Jude. Bei kaum einem Volke der Welt ist der Selbsterhaltungstrieb stärker entwickelt als beim sogenannten auserwählten. Als bester Beweis hierfür darf die einfache Tatsache des Bestehens dieser Rasse allein schon gelten. [...]

Nein, der Jude besitzt keine irgendwie kulturbildende Kraft, da der Idealismus, ohne den es eine wahrhafte Höherentwicklung des Menschen nicht gibt, bei ihm nicht vorhanden ist und nie vorhanden war. Daher wird sein Intellekt niemals aufbauend wirken, sondern zerstörend und in ganz seltenen Fällen vielleicht höchstens aufpeitschend, dann aber als das Urbild der „Kraft, die stets das Böse will und stets das Gute schafft". Nicht durch ihn findet irgendein Fortschritt der Menschheit statt, sondern trotz ihm. [...]

Der schwarzhaarige Judenjunge lauert stundenlang, satanische Freude in seinem Gesicht, auf das ahnungslose Mädchen, das er mit seinem Blute schändet und damit seinem, des Mädchens, Volke raubt. Mit allen Mitteln versucht er die rassischen Grundlagen des zu unterjochenden Volkes zu verderben. So wie er selber planmäßig Frauen und Mädchen verdirbt, so schreckt er auch nicht davor zurück, selbst im größeren Umfange die Blutschranken für andere einzureißen. Juden waren und sind es, die den Neger an den Rhein bringen, immer mit dem gleichen Hintergedanken und klaren Ziele, durch die dadurch zwangsläufig eintretende Bastardierung die ihnen verhaßte weiße Rasse zu zerstören, von ihrer kulturellen und politischen Höhe zu stürzen und selber zu ihren Herren aufzusteigen.

Denn ein rassereines Volk, das sich seines Blutes bewußt ist, wird vom Juden niemals unterjocht werden können. Er wird auf dieser Welt ewig nur der Herr von Bastarden sein.

So versucht er planmäßig, das Rassenniveau durch eine dauernde Vergiftung der einzelnen zu senken.

Politisch aber beginnt er, den Gedanken der Demokratie abzulösen durch den der Diktatur des Proletariats.

In der organisierten Masse des Marxismus hat er die Waffe gefunden, die ihm die Demokratie entbehren läßt und ihm an Stelle dessen gestattet, die Völker diktatorisch mit brutaler Faust zu unterjochen und zu regieren.

Planmäßig arbeitet er auf die Revolutionierung in doppelter Richtung hin; in wirtschaftlicher und politischer.

Völker, die dem Angriff von innen zu heftigen Widerstand entgegensetzen, umspinnt er dank seiner internationalen Einflüsse mit einem Netz von Feinden, hetzt sie in Kriege und pflanzt endlich, wenn nötig, noch auf die Schlachtfelder die Flagge der Revolution.

Wirtschaftlich erschüttert er die Staaten so lange, bis die unrentabel gewordenen sozialen Betriebe entstaatlicht und seiner Finanzkontrolle unterstellt werden.
Politisch verweigert er dem Staate die Mittel zu seiner Selbsterhaltung, zerstört die Grundlagen jeder nationalen Selbstbehauptung und Verteidigung, vernichtet den Glauben an die Führung, schmäht die Geschichte und Vergangenheit und zieht alles wahrhaft Große in die Gosse.
Kulturell verseucht er Kunst, Literatur, Theater, vernarrt das natürliche Empfinden, stürzt alle Begriffe von Schönheit und Erhabenheit, von Edel und Gut und zerrt dafür die Menschen herab in den Bannkreis seiner eigenen niedrigen Wesensart.
Die Religion wird lächerlich gemacht, Sitte und Moral als überlebt hingestellt, so lange, bis die letzten Stützen eines Volkstums im Kampfe um das Dasein auf dieser Welt gefallen sind.
l) Nun beginnt die große, letzte Revolution. Indem der Jude die politische Macht erringt, wirft er die wenigen Hüllen, die er noch trägt, von sich. Aus dem demokratischen Volksjuden wird der Blutjude und Völkertyrann. In wenigen Jahren versucht er, die nationalen Träger der Intelligenz auszurotten, und macht die Völker, indem er sie ihrer natürlichen geistigen Führer beraubt, reif zum Sklavenlos einer dauernden Unterjochung.
Das furchtbarste Beispiel dieser Art bietet Rußland, wo er an dreißig Millionen Menschen in wahrhaft satanischer Wildheit teilweise unter unmenschlichen Qualen tötete oder verhungern ließ, um einem Haufen jüdischer Literaten und Börsenbanditen die Herrschaft über ein großes Volk zu sichern. [...
Man halte sich die Verwüstungen vor Augen, welche die jüdische Bastardierung jeden Tag an unserem Volke anrichtet, und man bedenke, daß diese Blutvergiftung nur nach Jahrhunderten oder überhaupt nicht mehr aus unserem Volkskörper entfernt werden kann; man bedenke weiter, wie die rassische Zersetzung die letzten arischen Werte unseres deutschen Volkes herunterzieht, ja oft vernichtet, so daß unsere Kraft als kulturtragende Nation ersichtlich mehr und mehr im Rückzug begriffen ist, und wir der Gefahr anheimfallen, wenigstens in unseren Großstädten dorthin zu kommen, wo Süditalien heute bereits ist. Diese Verpestung unseres Blutes, an der Hunderttausende unseres Volkes wie blind vorübergehen, wird aber vom Juden heute planmäßig betrieben. Planmäßig schänden diese schwarzen Völkerparasiten unsere unerfahrenen, jungen blonden Mädchen und zerstören dadurch etwas, was auf dieser Welt nicht mehr ersetzt werden kann. Beide, jawohl, beide christlichen Konfessionen sehen dieser Entweihung und Zerstörung eines durch Gottes Gnade der Erde gegebenen edlen und einzigartigen Lebewesens gleichgültig zu.
(A. Hitler, Mein Kampf. München: Zentralverlag der NSDAP 1940, S. 329, 332, 357f., 629f.)

M 44 Zur ‚Lösung der Judenfrage' im Programm der NSDAP

Wir sehen nach dem klaren Wortlaut unseres Programms die Lösung der Judenfrage darin, daß die Juden im deutschen Volk als Fremde betrachtet werden, die sie sind und als was sie sich selbst gelten, und demnach unter Fremdenrecht gestellt werden. Das bedeutet keinen Pogrom gegen sie. Die Juden haben nur dieselbe Stellung im Staate, wie die hier wohnenden Engländer, Italiener, Japaner, Neger irgendeiner Negerrepublik. Welchem Staate sie angehören wollen, ob dem zionistischen in Palästina, ob dem so judenfreundlichen Frankreich oder dem Herkunftslande der meisten von ihnen, Polen, das berührt uns nicht weiter, das ist ganz die Sache jedes einzelnen von ihnen. Als Angehörige eines fremden Staates haben sie keine Rechte im deutschen Staat, und auch das Wohnrecht nur so lange, als sie sich den Gesetzen des Staates fügen, nicht Verbrecher an ihm oder seinen stammsässigen Staatsbürgern werden, und so lange, als der deutsche Staat durch ihren Aufenthalt nicht die eigenen Staatsbürger in ihren Erwerbs- und Ernährungsverhältnissen beeinträchtigt sieht. Der Franzose, Engländer, Italiener usw., der sich bestimmter Verbrechen schuldig macht, kann als „lästiger Ausländer" ausgewiesen werden. Dasselbe Recht muß dem deutschen Staate über die Juden zustehen. Das Wohnrecht des einzelnen Juden wird als solches nachzuprüfen sein. Verbrechen, die vor dem Inkrafttreten des Judengesetzes begangen wurden, sind durch die etwaige Verbüßung einer Strafe nicht erloschen.
(G. Feder, Die Juden [1933]. In: Comite des Delegations Juives [Hrsg.], Die Lage der Juden in Deutschland 1933. Das Schwarzbuch. Tatsachen und Dokumente. Frankfurt a. M./Berlin/Wien: Ullstein 1983, S. 69f.)

M 45 Gedicht „Der Vater des Juden ist der Teufel" aus einem Bilderbuch (1934)

Als Gott der Herr die Welt gemacht,
hat er die Rasse sich erdacht:
Indianer, Neger und Chinesen
und Juden auch, die bösen Wesen.

Und wir, wir waren auch dabei:
die Deutschen in dem Vielerlei. –
Dann gab er allen ein Stück Erde,
damit's im Schweiß bebauet werde.

Der Jude tat da gleich nicht mit!
Ihn anfangs schon der Teufel ritt.
Er wollt nicht schaffen, nur betrügen,
mit Note 1 lernt er das Lügen
vom Teufelsvater schnell und gut
und schrieb's dann auf in dem Talmud.

Am Nilesstrand der Pharao,
der sah dies Volk und dachte so:

B 4 Aus einem nationalsozialistischen Bilderbuch

„Die faulen Burschen werd ich zwicken!
Die müssen mir jetzt Ziegel rücken!"

Das tat der Jud mit „Au" und „Waih".
Da gab's „Geseires" und Geschrei
und krumme Rücken, breite Latschen –
man sieht sie ja noch heute so datschen
mit Hängemaul und Nasenzinken
und wutverzerrtem Augenblinken!

Das danken Sie dem Pharao,
der ihre Faulheit strafte so. –
Die Juden hatten bald genug!
Der Teufel sie nach Deutschland trug.
Ins Land wollten sie schleichen,
die Deutschen sollten weichen!

(E. Bauer, „Trau keinem Fuchs auf grüner Heid und keinem Jud bei seinem Eid". In: G.B. Ginzel/K. Kleinherne/D. Ney/H.G. Ney/W. Wende [Hrsg.], Mit Hängemaul und Nasenzinken... Erziehung zur Unmenschlichkeit. Düsseldorf: der kleine verlag 1984, S. 28)

M 46 Zu Form und Folgen der Ausgrenzung von Juden aus der Gesellschaft (Brief des Rechtsanwalts Dr. L. aus Strausberg vom 20. Januar 1934)

Hochverehrte gnädigste Frau!
Mein sehr lieber Herr R.!
Herzlichst danke ich Ihnen für Ihre freundlichen Neujahrswünsche, die ich wahrhaftig gut gebrauchen kann. [...]
Ich habe mich umso mehr Ihres gütigen Gedenkens gefreut, weil ich ja so manche Bitternisse von alten Freunden erfahren habe. Ich bin ja nun einmal nichtreinarisch. Ganz abgesehen davon, daß mir diese Tatsache meine alte schöne Praxis zerschlagen und mich vor den Ruin gestellt hat, haben sich viele, die sich unsere Freunde nannten, sehr schnell und recht unvornehm von uns zurückgezogen. Mit einem Male waren für solche, die bis dahin sich gar nicht genug als unsere Allergetreuesten aufspielten, die sich gebärdeten, als seien wir für sie wertvoller Verkehr, minderwertig, und das so, daß sie geradezu Angst

hatten, überhaupt noch merken zu lassen, daß sie jemals mit uns in Beziehung gestanden hatten. Was ich an Demütigungen nicht nur von Fremden, sondern auch von Mitgliedern meiner Familie, noch dazu gerade von denen, an denen meine unvergeßliche Frau und ich besonders viel Gutes getan hatten, habe hinnehmen müssen, läßt sich nicht darstellen.

Das allerschlimmste, was wir in dieser Beziehung erfahren mußten, war, daß *Heinzs* langjährige Verlobte sich in brüskester Form von ihm lossagte. Und das in dem Augenblicke, in dem er auch sein mühsam und mit Erfolg aufgebautes Geschäft mit einem Schlage los wurde, weil englische Ware, die er vertrieb, nicht zu verkaufen war, da ausländische Erzeugnisse boykottiert wurden. Der Junge betreibt nun mit aller Energie seine Auswanderung, und ich kann es ihm beim besten Willen nicht verdenken, wenn ich auch nach seinem Weggange ganz einsam sein werde. Wäre ich jünger, ich ginge auch fort. Glauben Sie mir, es ist sehr sehr schwer, in einem Volke zu leben, dem man mit allen Fasern seines Herzens anhängt und nach besten Kräften treu gedient hat, das einen plötzlich als minderwertig betrachtet und ausstößt. Wer noch jung genug dazu ist, der tut sicher nicht schlecht, wenn er versucht, sich anderswo ein Leben aufzubauen, wo er als gleichberechtigt angesehen wird. [...]

Auch hier halten noch einige wenige Herrschaften treu zu uns, ebenso einige in Berlin, insbesondere solche, mit denen wir durch die gemeinsame Zugehörigkeit zum Reichsklub der Deutschen Volkspartei in nähere Beziehungen treten durften. Aber sonst haben wir uns natürlich ganz zurückgezogen. Wir gehen, da wir uns nicht der Gefahr aussetzen wollen, scheel angesehen zu werden, so gut wie garnicht mehr aus.

(Arbeitsgruppe „Kiezgeschichte – Berlin 1933" [Hrsg.], „Wer sich nicht erinnern will..." – Kiezgeschichte Berlin 1933, Teil C, Berliner Geschichtswerkstatt: Spurensicherung in Schöneberg. Berlin: Elefanten Press 1983, S. 54f.)

M 47 Lehrplan zur Behandlung der „Judenfrage" im Unterricht (1934)
Unterrichtsplan für „Staatspolitik" für die Volksschulen des Dritten Reiches

Woche	Stoffgebiet	Beziehung zum Juden	Lesestoff
1.–4.	Das Deutschland der Vorkriegszeit. Klassenkampf, Profit, Streik.	Der Jude macht sich breit!	Aus Hauptmann „Die Weber"
5.–8.	Vom Agrarstaat zum Industriestaat. Kolonien.	Der Bauer in den Klauen des Juden!	Schilderungen aus den Kolonien. Aus Hermann Löns.
9.–12.	Verschwörung gegen Deutschland, Einkreisung, Sperrfeuer um Deutschland.	Der Jude herrscht! Kriegsgesellschaften.	Beumelburg: „Sperrfeuer..." Hindenburgs Leben. Kriegsbriefe.
13.–16.	Deutsches Ringen – deutsche Not. Blockade! Hungertod!	Der Jude wird wohlhabend! Ausnutzung der deutschen Not.	Manke: Spionage an der Westfront. Kriegsschilderungen.
17.–20.	Dolchstoß. Zusammenbruch.	Juden als Führer der Novemberrevolte.	Pierre des Granges: In geheimer Mission beim Feinde. Bruno Brehm: Das war das Ende.
21.–24.	Deutschlands Golgatha. Erzbergers Verbrechen! Versailles.	Ostjuden wandern ein. Judas Triumph!	Volkmann: Revolution über Deutschland. Feder: Die Juden. Zeitung: Der Stürmer.
25.–28.	Adolf Hitler. Der Nationalsozialismus.	Judas Gegner!	Mein Kampf. Dietrich Eckart.

Woche	Stoffgebiet	Beziehung zum Juden	Lesestoff
29.–32.	Blutende Grenzen. Versklavung Deutschlands. Freikorps. Schlageter.	Der Jude zieht aus der deutschen Not seine Nutzen. Anleihen. (Dawes, Young.)	Beumelburg: Deutschland in Ketten. Wehner: Die Wallfahrt nach Paris. Schlageter: Ein deutscher Held.
33.–36.	Der Nationalsozialismus im Kampf mit der Unterwelt und dem Verbrechertum.	Juden, Anstifter zum Mord. Die jüdische Presse.	Horst Wessel.
37.–40.	Deutschlands Jugend voran! Der Sieg des Glaubens.	Der Endkampf gegen Juda.	Herbert Norkus. Reichsparteitag.

(G.L. Mosse, Der nationalsozialistische Alltag. Königstein/Ts.: Athenäum Verlag 1979, S.305f.)

M 48 Jüdische Schülerinnen berichten
Beide Schülerinnen besuchten die Malwida-von-Meysenburg-Schule in Kassel.

a) Ruth Wertheim (Schulbesuch 1928–1934):
Ich war fast die ganzen Jahre die einzige jüdische Schülerin meiner Klasse und, da ich eine gute, enthusiastische und hilfsbereite Schülerin war, hat das wohl auch meine Stellung in der Klasse geformt. Ich hatte immer gute Freundinnen, nahm bis zuletzt an Wandertagen teil, obwohl ich mich erinnere, daß ich mich bei einem der letzten Ausflüge zur Ludwigsburg sehr schlecht fühlte, weil ich wußte, daß ich als Jüdin dort unerwünscht war. [...] Rassenkunde wurde bei uns noch nicht so unterrichtet, daß es mir unangenehm war. Es war mehr biologisch aufgebaut. Auch im Deutschunterricht gab die Lehrerin uns immer auch ein allgemeines Thema, über das auch ich schreiben konnte. Mein Klassenlehrer war voller Verständnis und erlaubte mir auch inoffiziell, nicht an den Versammlungen und Hitlerreden in der Aula teilzunehmen. Auch unser Direktor, Dr. Becker, ein ehemaliger Volksparteiler, war rücksichtsvoll, aber es war ja auch erst 1933/34. [...] Andere waren Nationalsozialisten und ließen es mich spüren, aber sie waren gerecht und gaben mir die Noten, die mir zukamen. [...] Meine Klasse war anständig zu mir bis zuletzt. Ich bekam den Hyperion von Hölderlin als Abschiedsgeschenk und, obwohl ich wußte, daß sie fast alle bis auf drei oder vier zu dem BDM gehörten, trugen sie mir zuliebe nie das Abzeichen in der Klasse; und nachmittags, wenn ich sie auf der Straße traf, sah ich sie damit rumlaufen. Ich verließ die Schule ohne Druck, aber weil ich wußte, daß man mich doch nicht zum Abitur zulassen würde.

b) Ilse Oppenheim (Schulbesuch 1931–1935):
Zu der Zeit war es für uns, die jüdischen Schülerinnen, unmöglich weiter zu lernen. Rings um uns war Haß und Feindschaft, kein Mensch akzeptierte uns mehr, wir waren Dreck. Vaters Bruder, Onkel Julius, wurde geschändet. Man rasierte ihm die Haare vom Kopf und mißhandelte ihn. Er mußte mit einem Schild auf die Straße: ‚Ich bin ein Schwein. Ich habe mich mit einer Arierin abgegeben.' Ich hatte vorher viele Freundinnen. Wir besuchten uns gegenseitig, spielten und lernten. Plötzlich war alles aus. Wenn ich morgens in die Klasse kam, rümpften sie die Nase: ‚Ja, was stinkt denn da so? – Ah, das jüdische Schwein, das immer Knoblauch frißt!' Auch die Lehrer beachteten uns nicht mehr, und die Noten wurden immer schlechter. Ob ich in dieser Atmosphäre von selbst ging oder rausgeschmissen wurde, bleibt sich gleich. Meine Schwester Ruth wurde nach vier Jahren Volksschule in keine höhere deutsche Schule mehr aufgenommen. [...] Meine Schwester Alice war die einzige jüdische Schülerin ihrer Klasse im Oberlyzeum. Direktor Friedrich stand unter dem Druck der Nazis und bat unsere Eltern, sie aus der Schule zu nehmen.
(C. Vollnhals, Jüdische Selbsthilfe bis 1938. In: W. Benz [Hrsg.], Die Juden in Deutschland 1933–1945. München: C.H. Beck 1988, S. 335f.)

M 49 Die Nürnberger Gesetze vom 15. September 1935
a) Reichsbürgergesetz.
Der Reichstag hat einstimmig das folgende Gesetz beschlossen, das hiermit verkündet wird:
§ 1 (1) Staatsangehöriger ist, wer dem Schutzverband des Deutschen Reiches angehört und ihm dafür besonders verpflichtet ist.
(2) Die Staatsangehörigkeit wird nach den Vorschriften des Reichs- und Staatsangehörigkeitsgesetzes erworben.
§ 2 (1) Reichsbürger ist nur der Staatsangehörige deutschen oder artverwandten Blutes, der durch sein Verhalten beweist, daß er gewillt und geeignet ist, in Treue dem Deutschen Volk und Reich zu dienen.
(2) Das Reichsbürgerrecht wird durch Verleihung des Reichsbürgerbriefes erworben.
(3) Der Reichsbürger ist der alleinige Träger der vollen politischen Rechte nach Maßgabe der Gesetze.

§ 3 Der Reichsminister des Innern erläßt im Einvernehmen mit dem Stellvertreter des Führers die zur Durchführung und Ergänzung des Gesetzes erforderlichen Rechts- und Verwaltungsvorschriften.
Nürnberg, den 15. September 1935, am Reichsparteitag der Freiheit.
Der Führer und Reichskanzler, Adolf Hitler
Der Reichsminister des Innern, Frick

b) Gesetz zum Schutze des deutschen Blutes und der deutschen Ehre.
Durchdrungen von der Erkenntnis, daß die Reinheit des deutschen Blutes die Voraussetzung für den Fortbestand des Deutschen Volkes ist, und beseelt von dem unbeugsamen Willen, die Deutsche Nation für alle Zukunft zu sichern, hat der Reichstag einstimmig das folgende Gesetz beschlossen, das hiermit verkündet wird:
§ 1 (1) Eheschließungen zwischen Juden und Staatsangehörigen deutschen oder artverwandten Blutes sind verboten. Trotzdem geschlossene Ehen sind nichtig, auch wenn sie zur Umgehung dieses Gesetzes im Ausland geschlossen sind.
(2) Die Nichtigkeitsklage kann nur der Staatsanwalt erheben.
§ 2 Außerehelicher Verkehr zwischen Juden und Staatsangehörigen deutschen oder artverwandten Blutes ist verboten.
§ 3 Juden dürfen weibliche Staatsangehörige deutschen oder artverwandten Blutes unter 45 Jahren in ihrem Haushalt nicht beschäftigen.
§ 4 (1) Juden ist das Hissen der Reichs- und Nationalflagge und das Zeigen der Reichsfarben verboten.
(2) Dagegen ist ihnen das Zeigen der jüdischen Farben gestattet. Die Ausübung dieser Befugnis steht unter staatlichem Schutz.
§ 5 (1) Wer dem Verbot des § 1 zuwiderhandelt, wird mit Zuchthaus bestraft.
(2) Der Mann, der dem Verbot des § 2 zuwiderhandelt, wird mit Gefängnis oder mit Zuchthaus bestraft.
(3) Wer den Bestimmungen der §§ 3 oder 4 zuwiderhandelt, wird mit Gefängnis bis zu einem Jahr und mit Geldstrafe oder mit einer dieser Strafen bestraft.
§ 6 Der Reichsminister des Innern erläßt im Einvernehmen mit dem Stellvertreter des Führers und dem Reichsminister der Justiz die zur Durchführung und Ergänzung des Gesetzes erforderlichen Rechts- und Verwaltungsvorschriften.
§ 7 Das Gesetz tritt am Tage nach der Verkündung, § 3 jedoch erst am 1. Januar 1936 in Kraft.
Nürnberg, den 15. September 1935,
am Reichsparteitag der Freiheit.
Der Führer und Reichskanzler, Adolf Hitler
Der Reichsminister des Innern, Frick
Der Reichsminister der Justiz, Dr. Gürtner
Der Stellvertreter des Führers, R. Heß, Reichsminister ohne Geschäftsbereich
(Reichsgesetzblatt, Jahrgang 1935, Teil 1. In: E. Liesner/P. Geißler/A.M. Steinebach [Hrsg.], Menschenschicksale nach Originalakten. Staatsangehörigkeitsgesetze 1933–1945. Borken: Verlag Rehms 1986, S. 159f.)

M 50 Judenverfolgung und Olympiade (1936)
Im Sommer 1936 trat eine Pause in der deutschen Judenverfolgung ein, aus sehr bemerkenswertem Grunde: Die Olympischen Spiele fanden in Berlin statt, Tausende von Fremden wurden im Reich erwartet, und Deutschland wünschte, im Ausland einen guten Eindruck zu machen. Die Machthaber aber wußten ganz genau, wie abscheulich ihre Art von Judenagitation auf alle anständigen Menschen in der Welt wirken mußte. Es ist ja sehr charakteristisch, daß während all dieser Zeit es streng verboten war, ein Exemplar des Stürmers mit ins Ausland zu nehmen, während doch im Lande alles für die Verbreitung dieses würdigen Organs geschah. Jetzt, im Sommer 1936 wurden die Aushängekästen des Stürmer, die schon viele Straßenecken von Berlin zierten, überstrichen oder ganz eingezogen. Auch die Schilder, die den Eintritt der Juden an allen möglichen Orten verboten, verschwanden zum großen Teil. – Es wurde schon früher gesagt, daß sogar eine Anzahl hervorragender jüdischer Sportler noch (mehr oder weniger freiwillig) bei den Wettkämpfen für Deutschland mitzuwirken hatte. Auch der Staatssekretär Lewald, der noch von der Republik mit der Leitung der Olympischen Spiele betraut worden war, durfte noch amtieren. Dann aber verschwand er sofort und völlig aus der Öffentlichkeit, denn der Unglückliche hatte jüdisches Blut; er stammte von der bekannten jüdischen Schriftstellerin Fanny Lewald ab.
Es wäre durchaus falsch zu sagen, daß sich bei den Nationalsozialisten so etwas wie Schamgefühl gezeigt hätte, es handelte sich vielmehr um eine ganz kaltblütige, wohl überlegte Irreführung des Auslands. Denn unmittelbar nach Ablauf der olympischen Wochen erstand die Judenhetze in alter Kraft. Die alten Stürmer-Kästen waren wieder zu sehen, und das Blatt konnte triumphierend melden, daß in zwei Monaten 131 neue Aushängekästen etabliert seien.
(J. Bab, Leben und Tod des deutschen Judentums. [1939].Berlin: Argon 1988, S. 112)

M 51 Ermahnung der NSDAP Braunschweig (14. Februar 1938)
Es besteht Veranlassung, wieder einmal in den Kreisen der Parteigenossen, mit aller Deutlichkeit auf folgende Grundforderungen hinzuweisen:
1) Trage dein Parteiabzeichen!
2) Grüße mit „Heil Hitler"!
3) Kaufe nicht beim Juden!
[...]
Zu 3) Der Jude ist unser Todfeind, er ist eingewandert und gehört nicht zu unserer Rasse. Der Jude ist von Natur aus jeder ernsthaften, produktiven Arbeit abge-

neigt, er ist ein Blutsauger an unserem Volk, der mit seinen minderwertigen Instinkten in der vergangenen Zeit versuchte, die sittlichen und moralischen Werte unseres Volkes zu zersetzen, um im Chaos seine Weltwirtschaftspläne zu verwirklichen. Das jüdische, meist den Nichtjuden gestohlene und abgegaunerte Kapital hetzt die Völker zum Kriege. Wer beim Juden kauft, stärkt damit das jüdische Kapital und besorgt somit zugleich die Geschäfte des Bolschewismus. Wer dagegen es ablehnt, beim Juden zu kaufen und mit Juden Geschäfte zu machen, schwächt damit zugleich deren finanzielle Macht und hilft somit indirekt den Weltfrieden zu sichern.

Es ist bedauerlich, daß auf vorstehende Punkte immer noch hingewiesen werden muß, Punkte, die jedem Nationalsozialisten in Fleisch und Blut übergegangen sind. Die Disziplinlosigkeit mancher Parteigenossen kann nicht mehr länger geduldet werden. Wer gegen die Parteidisziplin verstößt, schließt sich selbst aus unserer Gemeinschaft aus, und wird in Zukunft gegen solche Elemente mit aller Schärfe vorgegangen werden.

(R. Bein [Hrsg.], Juden in Braunschweig 1900–1945. Braunschweig: Döring-Druck o. J., S. 135)

Arbeitshinweise

1 *Beschreiben Sie den Vorgang der zunehmenden Verfolgung der Juden anhand ausgewählter Materialien.*

2 *Erläutern Sie die Bedeutung des 1. April 1933 (M 36–M 38) und des 15. September 1935 (M 39a und b).*

3 *Welche Funktion hat die Olympiade in Berlin 1936 im Rahmen der Verfolgung der Juden (M 50)?*

4 *Ermitteln Sie die wirtschaftliche Funktion der Judenverfolgung (M 36, 51, 58, 59).*

5 *Zeigen Sie die Reaktion der Juden auf die zunehmende Verfolgung (M 35, 37 und 38, 40 bis 42).*

6 *Untersuchen Sie die Wirksamkeit der antijüdischen Erziehung an den Schulen (M 47 und 48).*

2.2 Novemberpogrome und die Folgezeit (1938–1942)

M 52   Zur Vorbereitung der Reichspogromnacht vom 9./10. November 1938

a) Fernschreiben der Gestapo (9. November 1938)

Geheim!
An alle Staatspolizeiämter:
Solche Aktionen werden in ganz Deutschland stattfinden. Sie sollen nicht behindert werden. Wichtiges Archivmaterial in Synagogen ist sofort sicherzustellen (insbesondere das hochwichtige Material in der Synagoge in Köln). Die Festnahme von 20–30 000 Juden im Reich ist vorzubereiten: vor allem sind reiche Juden auszuwählen. Wenn im Laufe der Aktion im Besitz von Juden Waffen gefunden werden, sind strengste Maßregeln zu ergreifen.

b) Befehl eines SS-Gruppenführers an seinen Stabsführer (9. November 1938)

Sämtliche jüdische Geschäfte sind sofort von SA-Männern in Uniform zu zerstören, und eine SA-Wache aufzuziehen, die dafür sorgt, daß keinerlei Wertgegenstände entwendet werden können. Die Presse ist heranzuziehen. Synagogen sind sofort in Brand zu stecken, jüdische Symbole sind sicherzustellen. Von der Feuerwehr sind nur Wohnhäuser von Ariern zu schützen, aber auch jüdische anliegende Wohnhäuser, allerdings müssen Juden raus, da Arier dort kürzlich einziehen werden.

Die Polizei darf nicht eingreifen. Sämtliche Juden sind zu entwaffnen, bei Widerstand sofort über den Haufen schießen. An den zerstörten jüdischen Geschäften, Synagogen usw. sind Schilder anzubringen: „Rache für Mord an vom Rath", „Tod dem internationalen Judentum", „Keine Verständigung mit den Völkern, die judenhörig sind". Dies kann auch erweitert werden auf die Freimaurerei.

c) Fernschreiben des Reichsführers SS und Chefs der Deutschen Polizei Himmler (10. November 1938, 01.20 Uhr)

Maßnahmen gegen Juden in der heutigen Nacht:
Sofortige Vorbereitungen und Besprechungen in Anwesenheit der Kommandeure der Ordnungspolizei. Es dürfen nur solche Maßnahmen getroffen werden, die keine Gefährdung deutschen Lebens oder Eigentums mit sich bringen (Synagogenbrände nur, wenn keine Brandgefahr für die Umgebung besteht); keine Zerstörung oder Plünderung jüdischer Wohnungen oder Geschäfte und Sicherung nichtjüdischer Geschäfte; keine Belästigung von Juden fremder Staatsangehörigkeit. Sofortige polizeiliche Beschlagnahme von Archivmaterial der jüdischen Kultusgemeinden. In allen Bezirken sind so viele Juden – insbesondere wohlhabende – festzunehmen, als in den vorhandenen Haftträumen untergebracht werden können. Nach der Festnahme ist unverzüglich mit dem zuständigen KZ wegen deren schnellster Unterbringung Verbindung aufzunehmen. Alle Staatspolizeistellen sind angewiesen, sich nicht mit Gegenmaßnahmen einzumischen.

(J. Walk [Hrsg.], Das Sonderrecht für die Juden im NS-Staat. Heidelberg/Karlsruhe: C. F. Müller Verlag 1981, S. 249/253)

M 53 Die Pogromnacht im Spiegel der NS-Presse
Göttinger Tageblatt vom 11.11.1938
Unsere Antwort auf den Meuchelmord.
Die feige Mordtat des Juden Grünspan hat im ganzen Reich zu Protestaktionen schärfster Form geführt. Daß dabei jüdische Geschäfte ebenso wie Synagogen in Trümmer gingen, kann nicht überraschen. Zu stark traf uns der Schlag des internationalen Judentums, als daß wir darauf mit Worten allein hätten reagieren können. Eine seit Jahrzehnten aufgespeicherte Wut gegen das Judentum brach sich Bahn, für die sich die Juden bei ihrem Rassegenossen Grünspan, bei dessen geistigen oder tatsächlichen Lenkern und bei sich selbst bedanken können. Einigermaßen unverständlich ist es allerdings, daß das Judentum, nachdem es schon lange vor 1933 wußte, wie die Einstellung des Nationalsozialismus zu ihm beschaffen ist, nicht spätestens 1933 seine Koffer packte und vom deutschen Boden verschwand. Es hat in den vergangenen Jahren nicht an Warnungen gefehlt. Trotzdem suchte sich das Judentum in Deutschland sogar noch auszubreiten, was vielfach nicht ohne Unverschämtheiten abgegangen ist. Es ist jetzt erneut und unmißverständlich aufgeklärt worden, daß es sich wohl nun keinerlei Täuschungen oder Hoffnungen hingeben wird. Dabei ist mit den Juden selbst glimpflich verfahren worden. Es ist lediglich demonstrativ vor Augen geführt worden, welchen Grad der Zorn des deutschen Volkes erreicht hat, ohne daß dabei Juden an Leib und Seele Schaden erlitten haben. Diese Demonstration ist, wie Dr. Goebbels in seinem Aufruf gefordert hat, nunmehr beendet. Es wird ein Gesetz folgen, das die Judenfrage lösen wird, aber in einem Sinne, der mit der Idee der Aktionen der Volksempörung übereinstimmt.
Wir brauchen auch in Göttingen nicht zu verschweigen, was sich in der Nacht zum 10. November zugetragen hat. Wer dafür kein Verständnis aufbringt, ist unfähig, die Stimme des Volkes zu verstehen. Wir haben gesehen, daß der gelbe Tempel des rachsüchtigen Judengottes in der Oberen Maschstraße in Flammen aufgegangen ist und daß die Fensterscheiben einiger noch in jüdischen Händen befindlicher Geschäfte gestern morgen nicht mehr vorhanden waren. Die Sicherheitsbehörden haben dafür gesorgt, daß es bei diesen Demonstrationen des Volkszorns blieb. Sie haben sich sogar für die persönliche Sicherheit der Göttinger Juden eingesetzt und sie vorübergehend in Schutzhaft genommen.
(P. Wilhelm: Die Synagogengemeinde Göttingen, Rosdorf und Geismar 1850–1942. Göttingen: Vandenhoek & Ruprecht 1978, S. 55, 57)

M 54 Aus dem Protokoll der Besprechung über die Judenfrage im Reichsluftfahrtministerium am 12. November 1938
Göring: Meine Herren, die heutige Sitzung ist von entscheidender Bedeutung. Ich habe einen Brief bekommen, den mir der Stabsleiter des Stellvertreters des Führers Bormann im Auftrag des Führers geschrieben hat, wonach die Judenfrage jetzt einheitlich zusammengefaßt werden soll und so oder so zur Erledigung zu bringen ist. [...]
Da das Problem in der Hauptsache ein umfangreiches wirtschaftliches Problem ist, wird hier der Hebel angesetzt werden müssen. [...]
Goebbels: Nr. 2: Es sind in fast allen deutschen Städten Synagogen niedergebrannt. Nun ergeben sich für die Plätze, auf denen die Synagogen gestanden haben, die vielfältigsten Verwendungsmöglichkeiten. Die einen Städte wollen sie zu Parkplätzen umgestalten, andere wollen dort wieder Gebäude errichten.
Göring: Wieviele Synagogen sind tatsächlich niedergebrannt?
Heydrich: Es sind im ganzen 101 Synagogen durch Brand zerstört, 76 Synagogen demoliert, 7500 zerstörte Geschäfte im Reich.
Göring: Was heißt: durch Brand zerstört?
Heydrich: Z. T. abgebrannt, z. T. ausgebrannt.
Goebbels: Ich bin der Meinung, daß das der Anlaß sein muß, die Synagogen aufzulösen. Alle, die nicht mehr vollkommen intakt sind, müssen von den Juden niedergelegt werden. Die Juden müssen das bezahlen. Hier in Berlin sind die Juden dazu bereit. Die Synagogen, die in Berlin gebrannt haben, werden von den Juden selbst niedergelegt. [...] Das muß nun, glaube ich, als Richtschnur für das ganze Land herausgegeben werden, daß die Juden selbst die beschädigten oder angebrannten Synagogen zu beseitigen haben und der deutschen Volksgemeinschaft fertige freie Plätze zur Verfügung zu stellen haben. [...]
Heydrich: Sachschaden, Inventar- und Warenschaden schätzen wir auf mehrere hundert Millionen, allerdings einschließlich des Schadens, den das Reich durch Steuerausfall erleiden wird. Umsatz-, Vermögen- und Einkommensteuer. Das wird der Herr Finanzminister sicher auch erfahren haben.
v. Krosigk: Ich habe keinerlei Einblick in den Umfang.
Heydrich: 7500 zerstörte Geschäfte im Reich.
Daluege: Eine Frage muß noch besprochen werden. Die Waren, die sich in den Läden befanden, sind nicht Eigentum des Besitzers gewesen, sondern laufen größtenteils auf Rechnung von anderen Firmen, die diese Waren geliefert haben. Jetzt kommen die unberechneten Lieferungen von Firmen, die bestimmt nicht alle jüdisch, sondern arisch sind, die Waren, die auf Kommission gegeben waren.
Hilgard: Die müssen auch bezahlt werden.
Göring: Mir wäre lieber gewesen, ihr hättet 200 Juden erschlagen und hättet nicht solche Werte vernichtet.
Heydrich: 35 Tote sind es.
Kehrl: Ich glaube, man könnte es so machen: Soweit es Juden sind, wird sowieso nicht gezahlt. Soweit es Arier sind, muß gezahlt werden, und dann mag die

Versicherungsgesellschaft über die Reichsgruppe mit uns in Verbindung treten, und wir prüfen die Fälle. Ich denke an die kleinen Gegenseitigkeitsvereine, von denen man unschwer feststellen kann, daß sie das nicht tragen können. [...] Dann werden wir schon einen Weg finden [...]. Selbstverständlich nur da, wo es unbedingt notwendig ist.
Funk: Der Weg ist nicht notwendig [...]. Wenn die Juden das bezahlen, brauchen es die Versicherungsgesellschaften nicht zu bezahlen.
(W. Mairgünther, Reichskristallnacht. Kiel: Neuer Malik Verlag 1987, S. 90, 97f., 109)

M 55 Folgemaßnahme der Reichspogromnacht
Verordnung über eine Sühneleistung der Juden deutscher Staatsangehörigkeit des Beauftragten für den Vierjahresplan (Göring) vom 12. November 1938:
Die feindliche Haltung des Judentums gegenüber dem deutschen Volk und Reich, die auch vor feigen Mordtaten nicht zurückschreckt, erfordert entschiedene Abwehr und harte Sühne.
Ich bestimme daher [...]
§ 1. Den Juden deutscher Staatsangehörigkeit in ihrer Gesamtheit wird die Zahlung einer Kontribution von 100 000 000 RM an das Deutsche Reich auferlegt.
§ 2 Die Durchführungsbestimmungen erläßt der Reichsminister der Finanzen.
(J. Walk [Hrsg.], Das Sonderrecht für die Juden im NS-Staat. Heidelberg/Karlsruhe: C.F. Müller Verlag 1981, S. 255)

M 56 Erich Fried: „Diese Toten"
Im Gedenken an die Nacht der Judenverfolgung („Reichskristallnacht") in Deutschland am 9./10. November 1938.
Hört auf, sie immer Miriam
und Rachel und Sulamith
und Aron und David zu nennen
in eueren Trauerworten!
Sie haben auch Anna geheißen
und Maria und Margarete
und Helmut und Siegfried:
Sie haben geheißen wie ihr heißt

Ihr sollt sie euch nicht
so anders denken, wenn ihr
von ihrem Andenken redet,
als sähet ihr sie
alle mit schwarzem Kraushaar
und mit gebogenen Nasen:
Sie waren manchmal auch blond
und sie hatten auch blaue Augen

Sie waren wie ihr seid.
Der einzige Unterschied
war der Stern den sie tragen mußten
und was man ihnen getan hat:

Sie starben wie alle Menschen sterben
wenn man sie tötet
nur sind nicht alle Menschen
in Gaskammern gestorben

Hört auf, aus ihnen
ein fremdes Zeichen zu machen!
Sie waren nicht nur wie ihr
sie waren ein Teil von euch:
wer Menschen tötet
tötet immer seinesgleichen.
Jeder der sie ermordet
tötet sich selbst
(H. Rosenstrauch [Hrsg.], Aus Nachbarn wurden Juden. Ausgrenzung und Selbstbehauptung 1933–1942. Berlin: Transit-Buchverlag 1988, S. 5)

M 57 Zur Begrifflichkeit: Kristallnacht oder Pogrom
Wie alle habe ich gehört, daß die Nazis dem Anlaß zur forcierten Legalisierung der Judenausgrenzung in Deutschland den Namen „Reichskristallnacht" gaben, „Kristallnacht". Das ist zynisch, ist euphemistisch, schönfärberisch gemeint. In den damaligen Zeitungen finde ich das Wort „Kristallnacht" nicht. Von Ereignissen und Aktionen ist die Rede, auch vom „spontanen Volkszorn". Die ich frage, sind unsicher. Sie glauben nicht, daß sie das Wort zeitgleich mit der Tat hörten. Vielleicht war es doch der Volksmund, der die Scherben und das Klirren als „Kristallnacht" zusammenfaßte. Mich hat das Wort „Kristallnacht" von jeher mehr beunruhigt als der klassische Begriff des Pogrom. Pogrome gehören für mich zu den Bauern im zaristischen Rußland, nach Polen und Rumänien. Sie scheinen nicht auf die urbane Situation eines Industriestaates zu passen, auf Deutschland, das Land der großen Kultur. Ich bilde mir ein, das Splittern, das Krachen, das Aufknallen, die dumpfen Schläge und die grellen Flammen im Wortbild „Kristallnacht" wiederzuerkennen. Mit dem Begriff Pogrom verbinde ich keine sinnlichen Erfahrungen.
Am Tag nach dieser Nacht sind die Menschen durch das Glas gegangen, um das Glas herumgegangen. Nicht überall hat es Synagogen, nicht überall hat es jüdische Geschäfte, nicht überall hat es jüdische Kinderheime, Altenheime, Krankenhäuser, nicht überall in Deutschland hat es Juden gegeben.
(I. Runge, Mein November 1938. In: M. Brumlik/P. Kunik [Hrsg.], Reichspogromnacht. Vergangenheitsbewältigung aus jüdischer Sicht. Frankfurt a.M.: Brandes & Apsel 1988, S. 50)

M 58 Zur Verdrängung der Juden aus der Wirtschaft bis 1938
Die Bestandsaufnahmen im Herbst 1938 zeigten, daß die Arisierungs- und Liquidierungspraxis schon ihre Spuren hinterlassen hatte. Von den ehemals rund 100 000 jüdischen Betrieben befanden sich nur noch

40000 in jüdischen Händen. Besonders erfolgreich war die Ausschaltung des jüdischen Einzelhandels betrieben worden. Von 50000 Einzelhandelsgeschäften waren nur noch 9000 übriggeblieben. Die Zahl der Ärzte hatte sich von 8000 auf knapp 3000 verringert. Von 4500 Rechtsanwälten übten nur noch 1753 ihre Tätigkeit aus. Die Berufsverbote schlugen sich in den Arbeitslosenzahlen nieder. Ende 1937 wurden 30000 jüdische Arbeitslose registriert. Im Frühjahr 1938 waren es doppelt so viele. Rigoros hatte man sich schon am begehrten „Judenvermögen" schadlos gehalten. 1933 wurde das jüdische Vermögen auf rund 12 Milliarden Reichsmark geschätzt. Im April 1938 war es auf weniger als die Hälfte zusammengeschrumpft. Was seit der „Machtübernahme" in Gang gesetzt, wurde nach dem Novemberpogrom beschleunigt zum Abschluß gebracht. Die Ereignisse von 1938 kündigten dann auch nicht den Beginn, sondern den Abschluß der „Entjudung" der Wirtschaft an. Die Zwangsarisierungen und Stillegungen der Geschäfte, die letzten Berufsverbote und der Raub des Restvermögens führten zum raschen wirtschaftlichen und finanziellen Ruin.
(K. Kwiet, Nach dem Pogrom: Stufen der Ausgrenzung. In: W. Benz [Hrsg.], Die Juden in Deutschland 1933–1945. München: C.H. Beck 1988, S. 547)

M 59 Zur Bedeutung der „Arisierung" für den Mittelstand
Die „Arisierung" bot zunächst die Gelegenheit, mittellose Handwerker und Kleinhändler mit einem Betrieb zu „beschenken". In einem Erlaß vom 2.8.1938 an alle Gauleiter erklärte Heß:
„Ich weise besonders darauf hin, daß die Überführung jüdischer Betriebe in deutsche Hände der Partei die Möglichkeit gibt, eine gesunde Mittelstandspolitik zu betreiben und Volksgenossen, die politisch und fachlich geeignet sind, zu einer selbständigen Existenz zu verhelfen, auch wenn sie finanziell nicht über die entsprechenden Mittel verfügen."
Durch die Vergabe jüdischer Werkstätten und Geschäfte sowie durch die Beteiligung an jüdischem Haus- und Grundbesitz konnten die Nazis somit zahlreiche Kleingewerbetreibende korrumpieren und an das System binden. Mit Freuden eigneten sich die Betreffenden die Werte ihrer jüdischen Mitbürger an. Die Mehrzahl der Handwerker und Einzelhändler war jedoch an der Auflösung der jüdischen Betriebe interessiert, weil die Zahl der Unternehmungen dadurch verringert und die eigenen Absatzchancen erhöht werden konnten. Die NS-Führung hat diesem Wunsch weitgehend entsprochen, zumal sie die Überbesetzung einiger Wirtschaftszweige beseitigen wollte. In Berlin z.B. wurden nur 700 der 3750 jüdischen Einzelhandelsgeschäfte in „arische" Hände übergeben. Von den jüdischen Handwerksbetrieben, die im Dezember 1938 noch bestanden, wurden lediglich 6% „arisiert" und der Rest kurzerhand geschlossen.

(B. Keller, Das Handwerk im faschistischen Deutschland. Zum Problem der Massenbasis. Köln: Pahl-Rugenstein Hochschulschriften 1980, S. 129)

M 60 Phasen der Emigration
Die erste große Emigrationswelle setzte unmittelbar nach Hitlers Machtübernahme Ende Januar 1933 ein: eine größtenteils überstürzte Auswanderung, die von der Illusion lebte, daß diesem Terrorstaat ein baldiges Ende bevorstünde. Ziele waren daher bevorzugt die europäischen Nachbarländer, nur selten Übersee. Die wenigsten Flüchtlinge hatten konkrete Pläne für eine Niederlassung im Ausland, zunächst wollten sie nur den nationalsozialistischen Repressalien entkommen. Nachdem im Jahre 1933 etwa 37000 Juden Deutschland verlassen hatten, ebbte im Jahre 1934 diese erste große Auswanderungswelle, bedingt durch das scheinbare Nachlassen des anti-jüdischen Terrors und durch die Hoffnung auf ruhigere Zeiten nach dem „Röhm-Putsch", ab. Die trügerische Vorstellung, Juden könnten doch in Deutschland unter einigermaßen normalen Umständen weiterleben, veranlaßte sogar einen Teil der 1933 Ausgewanderten zur Rückkehr.
Eine zweite Auswanderungsphase läßt sich auf die Zeit nach dem Erlaß der „Nürnberger Gesetze" im September 1935 datieren. Gleichzeitig setzte eine verstärkte Binnenwanderung innerhalb Deutschlands ein. Viele Juden wanderten aus deutschen Kleingemeinden in die Großstädte, um sich durch die Anonymität dort vor der anti-jüdischen Hetze zu schützen. Später war dann häufig auch die größere Nähe zu den ausländischen Konsulaten und den jüdischen Hilfsorganisationen der Grund für einen Umzug in die Stadt. [...]
Die Zahl der Auswanderer stieg im Jahre 1936 auf 25000 an, fiel aber 1937 dann wieder auf 23000. Alle suchten den politischen Horizont nach Anzeichen für Änderungen ab; jede unerwartete Milde in der anti-jüdischen Politik wurde als Vorbote einer Änderung interpretiert. [...]
Die Verschärfung des Kurses gipfelte im Novemberpogrom 1938 und den daran anschließenden judenfeindlichen Verordnungen der Hitler-Regierung. Es begann die dritte Auswanderungsphase. Nach dem Terror der „Reichskristallnacht" gab es nur noch wenige Juden, die nicht nach einem Zufluchtsort im Ausland Ausschau hielten. Aber den wenigsten gelang damals noch der Sprung über die Grenze. Es begann der völlige Zusammenbruch einer geregelten Emigration, die, nachdem sich die erste Panik von 1933 gelegt hatte, durch die deutschen Auswandererhilfsorganisationen hatte organisiert werden können. Seit Herbst 1938 beherrschte die Stimmung „Rette sich wer kann" die Szene.
(J. Wetzel, Auswanderung aus Deutschland. In: W. Benz [Hrsg.], Die Juden in Deutschland 1933–1945. München: C.H. Beck 1988, S. 417ff.)

M 61 Aus Bertolt Brecht: Die jüdische Frau

*Frankfurt, 1935. Es ist Abend. Eine Frau packt Koffer. Sie wählt aus, was sie mitnehmen will. Mitunter nimmt sie wieder etwas aus dem Koffer und gibt es an seinen Platz im Zimmer zurück, um etwas anderes einpacken zu können. Lange schwankt sie, ob sie eine große Photographie ihres Mannes, die auf der Kommode steht, mitnehmen soll. Denn läßt sie das Bild stehen. Sie wird müde vom Packen und sitzt eine Weile auf einem Koffer, den Kopf in die Hand gestützt. Dann steht sie auf und telefoniert. [...]
Sie hängt ein und ruft keine andere Nummer mehr an. Sie hat geraucht. Jetzt zündet sie das Büchlein an, in dem sie die Telefonnummern nachgeschlagen hat. Ein paarmal geht sie auf und ab. Dann beginnt sie zu sprechen. Sie probt die kleine Rede ein, die sie ihrem Mann halten will. Man sieht, er sitzt in einem bestimmten Stuhl.*
Ja, ich fahre jetzt also, Fritz. Ich bin vielleicht schon zu lange geblieben, das mußt du entschuldigen, aber [...]
Sie bleibt stehen und besinnt sich, fängt anders an.
Fritz, du solltest mich nicht mehr halten, du kannst es nicht... Es ist klar, daß ich dich zugrunde richten werde, ich weiß, du bist nicht feig, die Polizei fürchtest du nicht, aber es gibt Schlimmeres. Sie werden dich nicht ins Lager bringen, aber sie werden dich nicht mehr in die Klinik lassen, morgen oder übermorgen, du wirst nichts sagen dann, aber du wirst krank werden. Ich will dich nicht hier herumsitzen sehen, Zeitschriften blätternd, es ist reiner Egoismus von mir, wenn ich gehe, sonst nichts. Sage nichts [...]
Sie hält wieder inne. Sie beginnt wieder von vorn.
Sage nicht, du bist unverändert, du bist es nicht! Vorige Woche hast du ganz objektiv gefunden, der Prozentsatz der jüdischen Wissenschaftler sei gar nicht so groß. Mit der Objektivität fängt es immer an, und warum sagst du mir jetzt fortwährend, ich sei nie so nationalistisch jüdisch gewesen wie jetzt. Natürlich bin ich das. Das steckt ja so an. Oh, Fritz, was ist mit uns geschehen!
Sie hält wieder inne. Sie beginnt wieder von vorn.
Ich habe es dir nicht gesagt, daß ich fort will, seit langem fort will, weil ich nicht reden kann, wenn ich dich ansehe, Fritz. Es kommt mir dann so nutzlos vor, zu reden. Es ist doch alles schon bestimmt. Was ist eigentlich in sie gefahren? Was wollen sie in Wirklichkeit? Was tue ich ihnen? Ich habe mich doch nie in die Politik gemischt. War ich für Thälmann? Ich bin doch eines von diesen Bourgeoisweibern, die Dienstboten halten usw., und plötzlich sollen nur noch die Blonden da sein dürfen? In der letzten Zeit habe ich oft daran gedacht, wie du mir vor Jahren sagtest, es gäbe wertvolle Menschen und weniger wertvolle, und die einen bekämen Insulin, wenn sie Zucker haben und die andern bekämen keins. Und das habe ich eingesehen, ich Dummkopf! Jetzt haben sie eine neue Einteilung dieser Art gemacht, und jetzt gehöre ich zu den Wertlosen. Das geschieht mir recht.
Sie hält wieder inne. Sie beginnt wieder von vorn.
Ja, ich packe. Du mußt nicht tun, als ob du das nicht gemerkt hättest die letzten Tage. Fritz, alles geht, nur eines nicht: daß wir in der letzten Stunde, die uns bleibt, einander nicht in die Augen sehen. Das dürfen sie nicht erreichen, die Lügner, die alle zum Lügen zwingen. Vor zehn Jahren, als jemand meinte, das sieht man nicht, daß ich eine Jüdin bin, sagtest du schnell: doch, das sieht man. Und das freut einen. Das war Klarheit. Warum jetzt um das Ding herumgehen? Ich packe, weil sie dir sonst die Oberarztstelle wegnehmen. Und weil sie dich schon nicht mehr grüßen in deiner Klinik und weil du nachts schon nicht mehr schlafen kannst. Ich will nicht, daß du mir sagst, ich soll nicht gehen. Ich beeile mich, weil ich dich nicht noch sagen hören will, ich soll gehen. Das ist eine Frage der Zeit. Charakter, das ist eine Zeitfrage. Er hält soundso lange, genau wie ein Handschuh. Es gibt gute, die halten lange. Aber sie halten nicht ewig. Ich bin übrigens nicht böse. Doch, ich bin's. Warum soll ich alles einsehen? Was ist schlecht an der Form meiner Nase und der Farbe meines Haares? Ich soll weg von der Stadt, wo ich geboren bin, damit sie keine Butter zu geben brauchen. Was seid ihr für Menschen, ja, auch du! Ihr erfindet die Quantentheorie und den Trendelenburg und laßt euch von Halbwilden kommandieren, daß ihr die Welt erobern sollt, aber nicht die Frau haben dürft, die ihr haben wollt. Künstliche Atmung und jeder Schuß ein Ruß! Ihr seid Ungeheuer oder Speichellecker von Ungeheuern! Ja, das ist unvernünftig von mir, aber was hilft in einer solchen Welt die Vernunft? Du sitzt da und siehst deine Frau packen und sagst nichts. Die Wände haben Ohren, wie? Aber ihr sagt ja nichts! Die einen horchen, und die andern schweigen. Pfui Teufel. Ich sollte auch schweigen. Wenn ich dich liebte, schwiege ich. Ich liebe dich wirklich. Gib mir die Wäsche dort. Das ist Reizwäsche. Ich werde sie brauchen. Ich bin sechsunddreißig, das ist nicht zu alt, aber viel experimentieren kann ich nicht mehr. Mit dem nächsten Land, in das ich komme, darf es nicht mehr so gehen. Der nächste Mann, den ich kriege, muß mich behalten dürfen. Und sage nicht, du wirst Geld schicken, du weißt, das kannst du nicht. Und du sollst auch nicht tun, als wäre es nur für vier Wochen. Das hier dauert nicht nur vier Wochen. Du weißt es, und ich weiß es auch. Sage also nicht: es sind schließlich nur ein paar Wochen, während du mir den Pelzmantel gibst, den ich doch erst im Winter brauchen werde. Und reden wir nicht von Unglück. Reden wir von Schande. O Fritz!
Sie hält inne. Eine Tür geht. Sie macht sich hastig zurecht. Ihr Mann tritt ein. [...]
(Bertolt Brecht, Die jüdische Frau. Aus: Furcht und Elend des Dritten Reiches. Gesamtausgabe. Frankfurt a.M.: Suhrkamp 1967)

M 62 Der Schriftsteller Erich Fried zur Möglichkeit der Auswanderung

Wer von den verfolgten Juden in Hitlers Gaskammern endete und wer noch rechtzeitig, vor Kriegsausbruch, ein Auslandsvisum erhielt, das hing nicht nur vom Zufall ab, sondern sehr oft davon, welcher gesellschaftlichen Schicht sie angehörten. Gewiß kam es manchmal auch auf den Zufall an. Wer nach Belgien oder Frankreich ausgewandert war oder gar in der Tschechoslowakei oder in Italien Zuflucht gefunden hatte, der wurde einige Jahre später von den Schergen des Hitlerregimes eingeholt, wenn er nicht versteckt wurde oder weiterfliehen konnte. Unter diesen später Eingeholten gab es natürlich auch Wohlhabende, die ursprünglich dank ihren Verbindungen oder Auslandsguthaben wenig Schwierigkeiten gehabt hatten, Visa und Aufenthaltsbewilligungen zu erhalten.

Meistens aber kamen, besonders in Deutschland und Österreich, gerade die Ärmeren unter den Verfolgten nicht mehr rechtzeitig hinaus und wurden schließlich deportiert und vernichtet. Das waren Arbeiter und Arbeitslose, die sich oft auch nicht gut auskannten, wie man sich Dokumente verschaffen oder mit dem Ausland korrespondieren konnte. Das waren Alte, denen die nicht allzu gastlichen Gastländer meist nur Visa gewährten, wenn sie genügend Geld hatten, so daß nicht zu befürchten war, sie würden dem Gastland zur Last fallen, und schließlich waren das Waisenkinder.

Es gab damals viele Kinder, die Eltern verloren hatten, auch Vollwaisen, z.B. wenn der Vater im Gefängnis oder im Konzentrationslager umgekommen war und die Mutter auf diese Nachricht hin Selbstmord begangen hatte. Zwar kümmerten sich jüdische Waisenhäuser und Gemeinden um die Ausreise dieser Waisenkinder, aber das ging im allgemeinen viel schleppender und weniger wirksam als bei Kindern, die noch Eltern hatten oder aus wohlhabenden Familien stammten.

(E. Fried, Die unwürdigen Familien. In: ders., Mitunter sogar Lachen. Zwischenfälle und Erinnerungen. Berlin: Klaus Wagenbach 1986, S. 81)

M 63 Über die kirchliche Stellung evangelischer Juden (17. Dezember 1941)

Die nationalsozialistische deutsche Führung hat mit zahlreichen Dokumenten unwiderleglich bewiesen, daß dieser Krieg in seinen weltweiten Ausmaßen von den Juden angezettelt worden ist. Sie hat deshalb im Inneren wie nach außen die zur Sicherung des deutschen Lebens notwendigen Entscheidungen und Maßnahmen gegen das Judentum getroffen.

Als Glieder der deutschen Volksgemeinschaft stehen die unterzeichneten deutschen Evangelischen Landeskirchen und Kirchenleiter in der Front dieses historischen Abwehrkampfes, der u. a. die Reichspolizeiverordnung über die Kennzeichnung der Juden als der geborenen Welt- und Reichsfeinde notwendig gemacht hat, wie schon Dr. Martin Luther nach bitteren Erfahrungen die Forderung erhob, schärfste Maßnahmen gegen die Juden zu ergreifen und sie aus deutschen Landen auszuweisen.

Von der Kreuzigung Christi bis zum heutigen Tage haben die Juden das Christentum bekämpft oder zur Erreichung ihrer eigennützigen Ziele mißbraucht oder verfälscht. Durch die christliche Taufe wird an der rassischen Eigenart eines Juden, seiner Volkszugehörigkeit und seinem biologischen Sein nichts geändert. Eine deutsche Evangelische Kirche hat das religiöse Leben deutscher Volksgenossen zu pflegen und zu fördern. Rassejüdische Christen haben in ihr keinen Raum und kein Recht.

Die unterzeichneten deutschen Evangelischen Kirchen und Kirchenleiter haben deshalb jegliche Gemeinschaft mit Judenchristen aufgehoben. Sie sind entschlossen, keinerlei Einflüsse jüdischen Geistes auf das deutsche religiöse und kirchliche Leben zu dulden.

Evangelisch-lutherische Landeskirche Sachsens
Klotzsche, Präsident des Landeskirchenamts
Evangelische Landeskirche Nassau-Hessen
Kipper, Präsident des Landeskirchenamts
Evangelisch-lutherische Kirche Mecklenburgs
Schultz, Landesbischof
Evangelisch-lutherische Landeskirche Schleswig-Holstein
Dr. Kinder, Präsident des Landeskirchenamts
Evangelische Landeskirche Anhalts
Der Evangelische Landeskirchenrat für Anhalt
Wilkendorf, OKR.
Thüringer Evangelische Kirche, der Landeskirchenrat
Dr. Volz, i. V.
Der Kirchenrat der Evangelisch-lutherischen Kirche Lübeck, der Vorsitzende Siewers, OKR.
(J. Beckmann [Hrsg.], Kirchliches Jahrbuch für die evangelische Kirche in Deutschland, 60.–71. Jg., 1933–1944, Gütersloh: 1948, S. 481)

Arbeitshinweise

1 Beschreiben Sie die Ereignisse in der Nacht vom 9./10. November 1938.

2 Berichten Sie über die Darstellung der Pogromnacht durch die NS-Presse (M 53), und äußern Sie sich zu der Darstellung als „Protestaktionen" und „Demonstrationen" der deutschen Bevölkerung.

3 Bewerten Sie die „Sühneleistung" der deutschen Juden im Gefolge der Pogromnacht (M 54, M 55).

4 Erläutern Sie den Stellenwert der Pogromnacht im Rahmen der Judenverfolgung.

5 „Reichskristallnacht" oder „Reichspogromnacht"? (M 57) Äußern Sie sich zum Sprachgebrauch.

6 Ermitteln Sie Phasen und Probleme der Auswanderung der Juden (M 60 bis 62).

7 Bewerten Sie die Rolle der evangelischen Landeskirche im Prozeß der Judenverfolgung (M 63).

2.3 Shoah (Holocaust)

M 64   Räumungsverfügung vom 1.9.1941

Der Oberbürgermeister   Hannover, den 1. September 1941
Mob-Abteilung.

Jude   Hermann Israel Cohn mit Frau T
Jüdin   Bütersworthstraße 17

Räumungsverfügung

Judenwohnung: Bütersworthstr. 17

Durch die Hetze des Judentums im Ausland ist dem Deutschen Volke der jetzige Krieg aufgezwungen worden. Die feindliche Luftwaffe greift offene Städte an und wirft Spreng- und Brandbomben wahllos auf die Wohnhäuser der Zivilbevölkerung. Der Jude Kaufmann in New York fordert in seiner maßlosen Hetze die Sterilisierung aller Deutschen und die Verwendung der deutschen Soldaten als Arbeitskulis in fremden Ländern.

Um die durch den Krieg hervorgerufenen Notstände zu mildern sehe ich mich genötigt, den hiesigen Juden noch zur Verfügung stehenden Wohnraum einzuengen. Ich fordere Sie daher auf, Ihren jetzigen Wohnraum sofort zu räumen. Die Wohnungsschlüssel haben Sie mit Namen, Straße und Hausnummer versehen

bis zum 4. September 1941, 18 Uhr,

beim zuständigen Polizeirevier abzugeben.

Ich weise Sie hiermit in das Haus ....Ohe................Str.8
ein. Der Jude..........Kaufmann...
wird Ihnen die dort zugedachten Räumlichkeiten zuweisen. Die Räumung muß am 4. September 1941, 18 Uhr, beendet sein.

Da es sich um eine enge Belegung handelt, sind Sie nur berechtigt, die notwendigsten Gegenstände und Möbel mitzunehmen. Die hinterlassenen Einrichtungsgegenstände usw. werden von einer Kommission abgenommen und geschätzt. Über den Erlös werden Sie zu gegebener Zeit im Einvernehmen mit dem Herrn Oberfinanzpräsidenten, Abt. Devisenstelle, verfügen können.

~~Diese Verfügung ist endgültig.~~
Die Verfügung wird hiermit zurückgenommen, da es sich um eine priviligierte Mischehe handelt.

Der Oberbürgermeister
der Hauptstadt Hannover

(verkleinerte Schreibmaschinen-Abschrift des Originals von Kurt Wagner-Redding, Braunschweig)

M 65 Aus dem Protokoll der Wannsee-Konferenz, auf der am 20. Januar 1942 die „Endlösung der Judenfrage" beschlossen wurde

II. Chef der Sicherheitspolizei und des SD, SS-Obergruppenführer Heydrich, teilte eingangs seine Bestallung zum Beauftragten für die Vorbereitung der Endlösung der europäischen Judenfrage durch den Reichsmarschall mit und wies darauf hin, daß zu dieser Besprechung geladen wurde, um Klarheit in grundsätzlichen Fragen zu schaffen. [...]
Die Federführung bei der Bearbeitung der Endlösung der Judenfrage liege ohne Rücksicht auf geographische Grenzen zentral beim Reichsführer SS und Chef der Deutschen Polizei (Chef der Sicherheitspolizei und des SD).
Der Chef der Sicherheitspolizei und des SD gab sodann einen kurzen Überblick über den bisher geführten Kampf gegen diese Gegner. Die wesentlichsten Momente bilden:
a) die Zurückdrängung der Juden aus den einzelnen Lebensgebieten des deutschen Volkes,
b) die Zurückdrängung der Juden aus dem Lebensraum des deutschen Volkes.
Im Vollzug dieser Bestrebungen wurde als einzige vorläufige Lösungsmöglichkeit die Beschleunigung der Auswanderung der Juden aus dem Reichsgebiet verstärkt und planmäßig in Angriff genommen.
Auf Anordnung des Reichsmarschalls wurde im Januar 1939 eine Reichszentrale für jüdische Auswanderung errichtet, mit deren Leitung der Chef der Sicherheitspolizei und des SD betraut wurde. [...]
Das Aufgabenziel war, auf legale Weise den deutschen Lebensraum von Juden zu säubern.
Über die Nachteile, die eine solche Auswanderungsforcierung mit sich brachte, waren sich alle Stellen im klaren. Sie mußten jedoch angesichts des Fehlens anderer Lösungsmöglichkeiten vorerst in Kauf genommen werden.
Die Auswanderungsarbeiten waren in der Folgezeit nicht nur ein deutsches Problem, sondern auch ein Problem, mit dem sich die Behörden der Ziel- bzw. Einwandererländer zu befassen hatten. Die finanziellen Schwierigkeiten, wie Erhöhung der Vorzeige- und Landungsgelder seitens der verschiedenen ausländischen Regierungen, fehlende Schiffsplätze, laufend verschärfte Einwanderungsbeschränkungen oder -sperren, erschwerten die Auswanderungsbestrebungen außerordentlich. Trotz dieser Schwierigkeiten wurden seit der Machtübernahme bis zum Stichtag 31. Oktober 1941 insgesamt rund 537 000 Juden zur Auswanderung gebracht. [...]
Die Finanzierung der Auswanderung erfolgte durch die Juden bzw. jüdisch-politischen Organisationen selbst. Um den Verbleib der verproletarisierten Juden zu vermeiden, wurde nach dem Grundsatz verfahren, daß die vermögenden Juden die Abwanderung der vermögenslosen Juden zu finanzieren haben. [...]

Inzwischen hat der Reichsführer-SS und der Chef der Deutschen Polizei im Hinblick auf die Gefahren einer Auswanderung im Kriege und im Hinblick auf die Möglichkeiten des Ostens die Auswanderung von Juden verboten.
III. An Stelle der Auswanderung ist nunmehr als weitere Lösungsmöglichkeit nach entsprechender vorheriger Genehmigung durch den Führer die Evakuierung der Juden nach dem Osten getreten.
Diese Aktionen sind jedoch lediglich als Ausweichmöglichkeit anzusprechen, doch werden hier bereits jene praktischen Erfahrungen gesammelt, die im Hinblick auf die kommende Endlösung der Judenfrage von wichtiger Bedeutung sind.
Im Zuge dieser Endlösung der europäischen Judenfrage kommen rund 11 Millionen Juden in Betracht, die sich wie folgt auf die einzelnen Länder verteilen:

Land	Zahl
A. Altreich	131 800
Ostmark	43 700
Ostgebiete	420 000
Generalgouvernement	2 284 000
Bialystok	400 000
Protektorat Böhmen und Mähren	74 200
Estland	judenfrei
Lettland	3500
Litauen	34 000
Belgien	43 000
Dänemark	5600
Frankreich, besetztes Gebiet	165 000
unbesetztes Gebiet	700 000
Griechenland	69 600
Niederlande	160 800
Norwegen	1300
B. Bulgarien	48 000
England	330 000
Finnland	2300
Irland	4000
Italien, einschl. Sardinien	58 000
Albanien	200
Kroatien	40 000
Portugal	3000
Rumänien, einschl. Bessarabien	342 000
Schweden	8000
Schweiz	18 000
Serbien	10 000
Slowakei	88 000
Spanien	6000
Türkei (europ. Teil)	55 500
Ungarn	742 800
UdSSR	5 000 000
Ukraine	2 994 684
Weißrußland ausschl. Bialystok	446 484
zusammen:	über 11 000 000

Bei den angegebenen Judenzahlen der verschiedenen ausländischen Staaten handelt es sich jedoch nur um Glaubensjuden, da die Begriffsbestimmungen der Juden nach rassischen Grundsätzen teilweise dort noch fehlen. [...]

Unter entsprechender Leitung sollen im Zuge der Endlösung die Juden in geeigneter Weise im Osten zum Arbeitseinsatz kommen. In großen Arbeitskolonnen, unter Trennung der Geschlechter, werden die arbeitsfähigen Juden straßenbauend in diese Gebiete geführt, wobei zweifellos ein Großteil durch natürliche Verminderung ausfallen wird.

Der allfällig endlich verbleibende Restbestand wird, da es sich bei diesen zweifellos um den widerstandsfähigsten Teil handelt, entsprechend behandelt werden müssen, da dieser eine natürliche Auslese darstellend, bei Freilassung als Keimzelle eines neuen jüdischen Aufbaues anzusprechen ist. (Siehe die Erfahrung der Geschichte).

Im Zuge der praktischen Durchführung der Endlösung wird Europa von Westen nach Osten durchgekämmt.

(K. Pätzold [Hrsg.], Verfolgung – Vertreibung – Vernichtung. Dokumente des faschistischen Antisemitismus. Frankfurt a. M.: Röderberg 1984, S. 336f.)

M 66 Die „Endlösung" im Tagebuch von Joseph Goebbels

27. März 1942 (Freitag).

Aus dem Generalgouvernement werden jetzt, bei Lublin beginnend, die Juden nach dem Osten abgeschoben. Es wird hier ein ziemlich barbarisches und nicht näher zu beschreibendes Verfahren angewandt, und von den Juden selbst bleibt nicht mehr viel übrig. Im großen kann man wohl feststellen, daß 60% davon liquidiert werden müssen, während nur noch 40% in die Arbeit eingesetzt werden können. Der ehemalige Gauleiter von Wien [Odilo Globočnik], der diese Aktion durchführt, tut das mit ziemlicher Umsicht und auch mit einem Verfahren, das nicht allzu auffällig wirkt. An den Juden wird ein Strafgericht vollzogen, das zwar barbarisch ist, das sie aber vollauf verdient haben. Die Prophezeiung, die der Führer ihnen für die Herbeiführung eines neuen Weltkriegs mit auf den Weg gegeben hat, beginnt sich in der furchtbarsten Weise zu verwirklichen. Man darf in diesen Dingen keine Sentimentalität obwalten lassen. Die Juden würden, wenn wir uns ihrer nicht erwehren würden, uns vernichten. Es ist ein Kampf auf Leben und Tod zwischen der arischen Rasse und dem jüdischen Bazillus. Keine andere Regierung und kein anderes Regime konnte die Kraft aufbringen, diese Frage generell zu lösen. Auch hier ist der Führer der unentwegte Vorkämpfer und Wortführer einer radikalen Lösung, die nach Lage der Dinge geboten ist und deshalb unausweichlich erscheint. Gottseidank haben wir jetzt während des Krieges eine ganze Reihe von Möglichkeiten, die uns im Frieden verwehrt wären. Die müssen wir ausnützen. Die in den Städten des Generalgouvernements freiwerdenden Ghettos werden jetzt mit den aus dem Reich abgeschobenen Juden gefüllt, und hier soll sich dann nach einer gewissen Zeit der Prozeß erneuern.

(H. Graml, Reichskristallnacht. Antisemitismus und Judenverfolgung im Dritten Reich. München: Deutscher Taschenbuch Verlag 1988, S. 261f.)

M 67 Zur Durchführung der Deportationen

Bei den Deportationen aus dem Reichsgebiet arbeiteten staatliche Stellen im engen Einvernehmen mit der Gestapo. Das Finanzamt registrierte und konfiszierte das Eigentum der „Abgeschobenen" oder „Abgewanderten", wie es in der Amtssprache hieß, trieb sämtliche Schulden ein und kassierte die Lebensversicherungen. Auf dem „Sammelplatz" nahm ihnen das Ernährungsamt „ordnungsgemäß" die Lebensmittelkarten ab; das Wohnungsamt sammelte die Haustürschlüssel ein. Polizeiformationen begleiteten den Weg zum Bahnhof. Die Reichsbahn organisierte die Todesfahrt.

In diesem teuflisch-bürokratisch durchorganisierten Plan mußte auch die Reichsvereinigung der Juden Hilfe leisten. Sie erhielt den Auftrag, in einigen Städten Sammellager einzurichten, die Versorgung der auf die „Evakuierung" Wartenden zu organisieren, Deportationslisten, nach Anweisung der Gestapo, zusammenzustellen, Boten- und Abholdienste zu leisten. Es ist heute kaum noch möglich, sich in die damalige verzweifelte Lage zurückzuversetzen. Das schreckliche Ende überschattet jede menschliche Einsicht. Wir wissen nur, daß auch ohne die untergeordnete Mitwirkung der jüdischen Vereinigung der nazistische Mordapparat sein Soll erreicht hätte. Die Tätigkeit der jüdischen Organisationen, die selbst im Rahmen des nationalsozialistischen Verbrechens noch „human" handelten, mag, so unfaßlich dies auch scheinen mag, manchen den letzten Weg vielleicht erleichtert haben. Tatsache ist jedenfalls, daß viele führende Mitarbeiter der Reichsvertretung und der späteren Reichsvereinigung Möglichkeiten ausschlugen, sich selber durch die Flucht zu retten; daß sie in Deutschland blieben, in der Hoffnung, wie auch nur möglich, der jüdischen Gemeinschaft zu helfen. Vielen Menschen konnten sie noch den Weg ins Ausland bahnen, aber fast alle Mitglieder der Reichsvereinigung mußten ihr eigenes Leben lassen.

(I. Elbogen/E. Sterling; Die Geschichte der Juden in Deutschland. Frankfurt a. M.: Athenäum 1988, S. 318f.)

M 68 Reichsvereinigung der Juden als gezwungene Helfer bei den Deportationen

Jacob Jacobson, Historiker und von 1920 bis 1938 Leiter des „Gesamtarchivs der deutschen Juden", der 1938 nach der Reichspogromnacht auswandern wollte, wurde gezwungen, für das Reichssippenamt, wo die Ariernachweise geführt wurden, weiterzuarbeiten. Auf diesem Wege wurde er auch gezwungen, für die NS-Regierung an den Deportationen mitzuwirken. Über den so entstandenen Konflikt um seine Helferrolle schreibt er in seinen Erinnerungen:

Es erhebt sich die Frage – und sie ist ja leider in einer rein theoretischen Form erhoben worden – ob es besser gewesen wäre, wenn Reichsvereinigung und Jüdische Gemeinde jede Mitwirkung bei Organisierung der Deportationen abgelehnt hätten. Es wäre natürlich besser gewesen, wenn sie dazu in der Lage gewesen wären, aber waren sie dazu in der Lage? Hätte ein die eigene Sicherheit, das eigene Leben hintansetzender Heroismus das für die jüdischen Massen von den nationalsozialistischen Machthabern bestimmte Schicksal aufgehalten oder grundlegend erleichtern können? Hätte es wirklich weniger Opfer gegeben? Dazu muß man sagen, daß das Los von Dr. Otto Hirsch[1] ein Warnungszeichen sein mußte.
[…]
Die Deportationen gingen weiter. Die Abholungen fanden zum Teil durch jüdische Helfer statt oder wurden durch solche angekündigt. Auch das wurde später kritisiert. Ich glaube kaum mit Recht, wie ich aus eigener Anschauung bekräftigen kann. Ich machte auf direkte Anregung von Dr. Eppstein[2] für kurze Zeit diesen Abholerdienst mit und kann nur bestätigen, daß diejenigen, zu denen ich in Begleitung eines der Angestellten des Gesamtarchivs kam, es zu schätzen wußten, daß wir es waren, die ihnen beim Packen halfen, ihr letztes Mahl in ihrer Wohnung teilten, ihnen Ratschläge gaben und sie zu trösten suchten – wir, und nicht ein paar SS-Leute. Das Schicksal war uns günstig, daß es uns davor bewahrte, Untergetauchte in jüdischen Wohnungen anzutreffen.
(M. Richarz [Hrsg.], Jüdisches Leben in Deutschland, Bd. III: 1918–1945. Selbstzeugnisse zur Sozialgeschichte. Stuttgart: DVA 1982, S. 403)

1 Württembergischer Ministerialrat, 1933–1939 Geschäftsführender Vorsitzender der Reichsvereinigung der Juden in Deutschland, anschließend Vorstandsmitglied, wurde am 19. Juni 1941 aus dem Amt heraus verhaftet und in Mauthausen ermordet.
2 Dr. Paul Eppstein, seit 1933 führender Mitarbeiter der Reichsvertretung in Berlin, in dieser Eigenschaft Verbindungsmann zur Gestapo, der Aufsichtsbehörde der Reichsvertretung, wurde im Januar 1943 nach Theresienstadt deportiert, dort zum Judenältesten ernannt und im September 1944 erschossen.

M 69 Aus dem Tagebuch eines SS-Mannes vom 12. Juli 1941

Um 6 Uhr früh werde ich plötzlich aus meinem festen Schlaf geweckt. Zur Exekution antreten. Nun gut, spiele ich halt noch Henker und anschließend Totengräber, warum nicht? Ist doch eigentümlich, da liebt man den Kampf, und dann muß man wehrlose Menschen über den Haufen schießen. 23 sollten erschossen werden, darunter befinden sich die schon erwähnten Frauen. Sie sind zu bestaunen. Sie verweigern von uns auch nur ein Glas Wasser anzunehmen.
Ich werde als Schütze eingeteilt und habe eventuell Flüchtende zu erschießen. Wir fahren die Landstraße einen Kilometer entlang und gehen dann rechtsseitig in einen Wald. Wir sind nur 6 Mann augenblicklich und suchen nach einem geeigneten Ort zum Erschießen und Vergraben. Nach wenigen Minuten haben wir so etwas gefunden. Die Todeskandidaten treten mit Schaufeln an, um ihr eigenes Grab zu schaufeln. Zwei weinen von allen. Die anderen haben bestimmt erstaunlichen Mut. Was wohl jetzt in diesem Augenblicke in den Gehirnen vorgehen mag. Ich glaube, jeder hat eine kleine Hoffnung, irgendwie doch nicht erschossen zu werden. Die Todeskandidaten werden in 3 Schichten angestellt, da nicht soviel Schaufeln hier sind. Eigentümlich, *in mir rührt sich gar nichts. Kein Mitleid, nichts.* […]
Die Frauen traten riesig gefaßt an die Grube, drehten sich um, 6 Mann hatten von uns diese zu erschießen. Die Einteilung wurde getroffen, 3 Mann auf das Herz, 3 Mann auf den Schädel. Ich nehme das Herz. Die Schüsse fallen, und die Gehirnmassen schwirren durch die Luft. Zwei auf den Schädel ist zuviel. Sie reißen fast den Kopf weg. Fast alle sinken lautlos zusammen, nur bei 2 klappt es nicht, sie heulen und winseln noch lange. Die Revolverschüsse taugten nichts. Bei uns beiden, die wir zusammen schießen, ist kein Versagen. Die vorletzte Gruppe muß nun die bereits Erschossenen in das Massengrab werfen, dann müssen sie sich selbst aufstellen und fallen auch, und zwar von selbst, hinein. *Die letzten Zwei müssen sich auf den vordern Rand des Grabes setzen, damit sie gleich richtig heineinfallen.* Nun werden noch einige Leichen mit einer Spitzhacke umgeschichtet, und dann beginnen wir mit der Totengräberarbeit.
Hundemüde komme ich zurück, und nun geht es wieder an die Arbeit, alles im Gebäude in Ordnung zu bringen. Ohne Rast geht es weiter. Nachmittag kommt nun unerwartet der Wagen aus Radom zurück. Ich freue mich wie ein kleines Kind auf die Post. Es war auch meine erste Frage. […]
Endlich kam ich dazu, die Post ganz zu lesen. Es ist eigentümlich, ich fiel von einer Stimmung in die andere. Manche Zeilen haben mir große Sorgen bereitet. Unter anderem schreibt Trude, sie wisse nicht, ob sie ihr Versprechen halten könne und ob sie stark genug sein werde. Warum muß es mir gerade bei einem Menschen so ergehen, den ich so liebe. Ich muß sie sehen und sprechen, dann wird meine kleine Trude wieder stark werden. Sie muß hierherkommen.
(Kriegstagebuch von Felix Landau. In: E. Klee/W. Dreßen/V. Rieß [Hrsg.], „Schöne Zeiten". Judenmord aus der Sicht der Täter und Gaffer. Frankfurt a. M.: Fischer 1988, S. 95 ff.)

M 70 Zusammenstellung zur „Endlösung der Judenfrage"

R. Schnabel zitiert in seinem Buch „Macht ohne Moral" (Frankfurt a. M.: Röderberg, 1957) folgende Zahlen, die vom „Institut für jüdische Probleme" in New York zusammengestellt wurden:

Land	Jüdische Bevölkerung Sept. 1939	Jüdische Verluste	Prozentsatz der jüd. Verluste
Polen	3 300 000	2 800 000	85,0
UdSSR, besetzte Gebiete	2 100 000	1 500 000	71,4
Rumänien	850 000	425 000	50,0
Ungarn	404 000	200 000	49,5
Tschechoslowakei	315 000	260 000	82,5
Frankreich	300 000	90 000	30,0
Deutschland	210 000	170 000	81,0
Litauen	150 000	135 000	90,0
Holland	150 000	90 000	60,0
Lettland	95 000	85 000	89,5
Belgien	90 000	40 000	44,4
Griechenland	75 000	60 000	80,0
Jugoslawien	75 000	55 000	73,3
Österreich	60 000	40 000	66,6
Italien	57 000	15 000	26,3
Bulgarien	50 000	7 000	14,0
Verschiedene (Dänemark, Estland, Luxemburg, Norwegen, Danzig)	20 000	6 000	30,0
	8 301 000	5 978 000	72,0

Andere Schätzungen über die Gesamtzahl der getöteten Juden belaufen sich auf 4 194 200 bis 4 581 200 (G. Reitlinger: Die Endlösung. Berlin, ³1960, S. 573) bzw. 5 721 000 (Anglo-Amerikanisches Komitee vom April 1946 – s. Reitlinger S. 573).
(B. Hey/J. Radkau, Nationalsozialismus und Faschismus. Stuttgart: Klett ²1980, S. 69)

M 71 Zur Begrifflichkeit: Holocaust oder Shoah

Holocaust oder Schoa?[1] Es ist durchaus nicht sinnlos, daß heutzutage eine Diskussion darüber geführt wird, welchen der beiden Begriffe man für den Massenmord an den Juden verwenden soll. Richtig scheint es zu sein, daß es zuerst Elie Wiesel war, der den Ausdruck „Holocaust" [hebr. òla, „Brandopfer"] in den Sprachgebrauch einführte. Andererseits ist es charakteristisch, daß gerade auch Wiesel selbst davon wieder abgekommen ist, und seinerseits den Terminus „Schoa" verwendet. Dieses Wort erscheint bei Jesaja im 47. Kapitel, Vers 11, und bedeutet „Unheil".

Man mag sich fragen, welche Gründe gegen eine Vorstellung bestehen, die diesen Massenmord in Verbindung mit dem biblischen Ausdruck von „Opfer" bringt, welche Wortgeschichte „òla" im einzelnen

[1] Gebräuchlichere Schreibweise: Shoah

innerhalb der hebräischen Bibel auch gehabt haben mag. Wir meinen, daß bei diesem ganzen Problem theologische Fragen nicht im Vordergrund stünden, zumindest erst sekundär zu behandeln seien. Zunächst geht es doch darum, daß Millionen von Juden, von Individuen, die nur noch zum Schein die menschliche Dimension mit anderen gemeinsam hatten, ermordet wurden, allein deshalb, weil diese Menschen Juden waren. Dies geschah mit Hilfe von vielen, die in der einen oder anderen Weise sich daran beteiligten. […]

Die von den Nazis ausgeplünderten und hingemordeten Juden wollten kein „Opfer" bringen, weder ein Sühneopfer noch ein Brandopfer, noch irgendein anderes Opfer! Diese Millionen ermordeter Juden wollten leben wie alle anderen Menschen. Sie wollten, wenn sie religiös waren, als Juden ihrem Gotte dienen, als lebendige Juden, nicht als tote. Wenn sie dennoch auch in den Vernichtungslagern den Namen Gottes anriefen und beteten, so geschah das nicht in dem Bewußtsein und Willen, diesem Gotte als Opfer zu dienen, sondern in der ihnen eigenen, selbstverständlichen Frömmigkeit. […]

Kein „gläubiger Jude" hatte die Absicht, ein „Brandopfer" darzubringen. Man sollte endlich damit aufhören, den ermordeten Juden Glaubensvorstellungen unterzuschieben, die nicht dem Judentum entsprechen. Dadurch ehrt man ihr Andenken nicht, sondern versucht, eine schleichende Missionstheologie zu infiltrieren, als ob dieser schreckliche Mord nicht doch einen Sinn gehabt haben könnte, und dann erst noch einen, welcher der christlichen Theologie entnommen wird. Es ist doch ein vehementer Unterschied, ob man – trotz allem – seinen Glauben an Gott durchhält, Gott also treu bleibt, oder von einer „Ganzopfer"-Vorstellung besessen ist, die diesen Juden absolut fremd war.

Die „Schoa" hat keine religiöse Dimension, es sei denn, man frage nach der theologischen Ethik derer, die angesichts der nazistischen Verbrechen an den Juden verkündeten: „Der Fluch hat sich furchtbar erfüllt. Bis auf den heute laufenden Tag." […] In jedem Falle jedoch soll man sich aus der geschichtlichen Verantwortung nicht davonstehlen, indem man den Juden eine „Holocaust-Theologie" unterschiebt, die ihnen absolut fremd war und bleibt.
(E.L. Ehrlich, Holocaust oder Schoa? Die Juden wollten kein ‚Brandopfer' bringen. In: Allgemeine Jüdische Wochenzeitung (Bonn), Nr. 33, 43. Jg., 19.8.1988, S. 1)

M 72 Zur nationalsozialistischen Judenpolitik in der zweiten Kriegsphase

Auch in der zweiten Kriegsphase, als Massendeportationen die Zahl der Juden rasch zusammenschmelzen ließen, setzte das Regime eine Politik fort, in der sich organisierter Völkermord größten Ausmaßes mit kleinlichsten bürokratischen Schikanen und Demüti-

gungen verband. So war es den Juden seit 1. Mai 1942 verboten, ohne schriftliche Erlaubnis der Ortsbehörden auf dem Wege zur Arbeit oder zur Schule öffentliche Verkehrsmittel zu benutzen. Auch das Telefonieren von öffentlichen Fernsprechern, der Aufenthalt in Wäldern und Grünanlagen, der Besuch von Gaststätten war nicht mehr erlaubt. Juden durften keine Haustiere mehr halten. Sie mußten im Winter 1941/42, weil man ihnen freiwillige Kleiderspenden zur Linderung der Not deutscher Soldaten im russischen Winter nicht zutraute, ihre Pelz- und Wollkleidung abgeben. Laut Anordnung vom 9. Juni 1942 hatten sie „alle entbehrlichen Kleidungsstücke" abzuliefern, wenig später außerdem elektrische und optische Geräte, Fahrräder, Schreibmaschinen, Schallplatten und andere Gegenstände mehr. Am 1. Juli 1943 bestimmte die 13. Verordnung zum Reichsbürgergesetz in § 1: „Strafbare Handlungen von Juden werden durch die Polizei geahndet." Das NS-Regime setzte Juden „hors-la-loi", stieß sie aus der Rechtsordnung aus.
(H. Berding, Moderner Antisemitismus in Deutschland. Frankfurt a. M.: Suhrkamp 1988, S. 251 f.)

M 73 Eva G. Reichmann zum Verhältnis von Juden und Nicht-Juden in Deutschland während des Nationalsozialismus

Eva Gabriele Reichmann war Journalistin und Mitarbeiterin in wichtigen jüdischen Organisationen in Deutschland.

Das Verhältnis zwischen Juden und Nichtjuden in Deutschland hätte von sich aus niemals zu einem radikalen Antisemitismus, wie er im Nationalsozialismus zutage trat, Anlaß gegeben, wenn nicht der weitgehende gesellschaftliche Zerfall durch Krieg und Nachkriegskrise alle auflösenden Faktoren außerordentlich verstärkt und die Ordnungskräfte lahmgelegt hätte. Mitentscheidend war das Versagen der Demokratie, die unter so schwierigen Verhältnissen nur dann hätte befriedigend arbeiten können, wenn sie sich auf moralische Reserven aus langjährigen demokratischen Sympathien und Traditionen hätte stützen können.

Der Nationalsozialismus verdankt seine Entstehung nicht dem deutschen Antisemitismus, sondern der deutsche Antisemitismus jener Zwischenkriegsjahre war eine Begleiterscheinung des nationalsozialistischen Erfolges. Trotz zahlreichen Faktoren, die der Aufnahme des Antisemitismus durch das deutsche Volk entgegenkamen, ist der Antisemitismus auch da, wo er als Symbol angenommen wurde, nur zögernd in die Tat umgesetzt worden. Die geringe Zahl spontaner Gewaltakte gegen Juden vor und selbst nach der nationalsozialistischen Machtergreifung sowie die durchschnittliche Zurückhaltung gegenüber Boykottparolen, deren Durchführung nicht gewaltsam erzwungen wurde, lassen Rückschlüsse auf den geringen Tiefgang der antisemitischen Stimmung selbst in diesen kritischen Jahren zu. Alle diese Feststellungen sind nicht absolut zu nehmen, sondern relativ zu der Ungeheuerlichkeit des aktiven Judenhasses, der nach der hemmungslosen Propaganda hätte erwartet werden müssen. [...] Die Lebensform der Juden in Deutschland, also die kulturelle Angleichung und weitgehende Identifizierung mit der Umwelt bei Beibehaltung jüdischen Lebenswillens und jüdischer Eigenleistung, ist weder durch die Zerstörung der Emanzipation noch durch die Vernichtung der deutschen Judenheit ad absurdum geführt worden. [...] Die zunehmende Indifferenz gegenüber der jüdischen Qualität der Mitbürger, das enge nachbarliche Verhältnis, Gewöhnung, Freundschaft und Familienbindungen erwiesen sich als wirksame Hindernisse gegenüber der Ausbreitung des Antisemitismus im Volksbewußtsein. Daß diese Hindernisse trotz der Ungunst von Zeit und Raum überhaupt zur Wirkung gelangen konnten, läßt die Grundlage ihrer Entstehung, nämlich wiederum die gesellschaftliche Annäherung von Juden und Nichtjuden, nur um so hoffnungsvoller erscheinen. [...] Trotz zahlreichen Schwierigkeiten hatte das bessere Kennenlernen von Juden und Nichtjuden es vermocht, abergläubische Vorstellungen zu verdrängen, Vorurteile und ungerechte Verallgemeinerungen wesentlich zu vermindern. Aus der Gewalt der historischen Ereignisse, die nachher hereinbrechen mußten, um das Gewebe der jüdisch-nichtjüdischen Beziehungen wieder auseinanderzureißen, kann geschlossen werden, wie fest es trotz allen Hemmnissen gefügt war. Nein, die Lebensform des gleichberechtigten Zusammenlebens von Juden und Nichtjuden ist durch die Katastrophe in Deutschland nicht als gescheitert zu betrachten, es sei denn, man würde auch die Arbeiteremanzipation, die Frauenemanzipation und die Demokratie als gescheitert betrachten, da ja auch sie sämtlich durch den Nationalsozialismus in Deutschland vorübergehend vernichtet worden sind.
(E. G. Reichmann, Flucht in den Haß. Die Ursachen der deutschen Judenkatastrophe. Frankfurt a.M.: EVA o.J. [1962], S. 287 ff.)

M 74 Leo Baeck, oberster Repräsentant der deutschen Juden während des Nationalsozialismus, zum Widerstand gegen die Judenverfolgung

Leo Baeck (1873–1956), seit 1912 Lehrer an der Lehranstalt für die Wissenschaft des Judentums in Berlin, seit 1933 Präsident der Reichsvertretung der deutschen Juden, überlebte im Konzentrationslager Theresienstadt und erinnerte sich 1949:

Aus der Berliner Bevölkerung zeichneten sich hauptsächlich zwei Gruppen durch ihren Widerstand gegen die Judenverfolgungen der Nazis aus. Einesteils viele Angehörige des Uradels und der Beamtenschaft, andererseits die sozialistische Arbeiterschaft Berlins. Ohne die moralische Unterstützung, die so ein Ver-

halten bedeutete, wäre das Leben weit schwieriger zu ertragen gewesen. Den Juden zu helfen war manchmal die einzige Art, auf die ein Deutscher den Nazis gegenüber seine Opposition auszudrücken vermochte. Während der letzten Jahre besuchte mich eine Gräfin jeden Freitag in meiner Wohnung, um mir Gemüse, das es auf jüdische Lebensmittelkarten nicht gab, zu bringen. Gelegentlich fand ich vor meiner Tür auch einen Korb Obst von namenlosen Spendern. In der überfüllten S-Bahn trat eines Sonntags ein Unbekannter ganz dicht an mich heran und fragte: „Kommt jetzt Tiergarten?" Dann fügte er im Flüsterton hinzu: „Ich bin vom Lande und habe ein paar Eier in Ihre Tasche gesteckt." Ein andermal ließ ein Mann auf der Straße einen Umschlag fallen, hob ihn auf und reichte ihn mir mit den Worten: „Sie haben etwas verloren." Der Umschlag enthielt ein Päckchen Lebensmittelkarten.
(L. Poliakov/J. Wulf [Hrsg.], Das Dritte Reich und die Juden. Dokumente und Aufsätze. Berlin: arani-Verlag 1955, S. 439)

M 75 Formen des Widerstands von Juden
– Politische Aktionen im Völkerbund, Druck auf demokratische Regierungen
– Internationale jüdische Solidarität, Boykotte, Finanzhilfen
– Entwicklung von Fluchtmöglichkeiten nach Palästina
– Organisation der illegalen Einreise nach Palästina
– Aufbau sozialer Solidarität in Deutschland, Selbsthilfeorganisationen
– Bildung von Solidaritätsfonds in England und Frankreich
– Flüchtlingshilfsorganisationen im Ausland
– Aufbau der Auslands-Hachscharah[1]
– Aufbau von Hilfs- und Rettungskomitees durch die Zionisten in der Schweiz, der Slowakei, Ungarn und Instanbul
– Organisation von Fluchtwegen in die Slowakei, Ungarn, Rumänien
– Versorgung jüdischer Kriegsgefangener mit Kleidung und Nahrung
– Aufbau eines Kuriersystems in die Zentren der Verfolgung
– Versorgung mit Lebensmitteln, Geld, falschen Papieren
– Verschickung von ausländischen Visa und Schutzpässen
– Bewaffnung von Kämpfern und Bau von Bunkern in den Gettos
– Veröffentlichung von Untergrundpublikationen
– Aufbau der Haganah[2] in den Zentren der Verfolgung
– Kooperation mit der Résistance in Westeuropa

1 Organisation zur Vorbereitung auf Palästina
2 Organisation der bewaffneten Verteidigung

– Bildung von Partisaneneinheiten nach der Flucht aus Getto und KZ
– Abtauchen in den Untergrund der Städte, Aufbau von Hilfsorganisationen
– Bewaffnete Aktionen auf militärische Versorgungslinien
– Aufstände in Osteuropa
– Verhandlungen mit der SS über die Einstellung von Deportationen und Vergasung
– Verhinderung der Liquidierung von KZs und des Gettos in Budapest

(F. Kroh, David kämpft. Vom jüdischen Widerstand gegen Hitler. Reinbek: Rowohlt 1988, S. 75)

M 76 Bericht über eine jüdisch-kommunistische Widerstandsgruppe
Charlotte Holzer, die Mitglied dieser Gruppe war, berichtet:
Etwa in den Jahren 1938/39 fand sich eine Anzahl junger Genossen jüdischer Herkunft zu einer Widerstandsgruppe zusammen. Die meisten kamen aus dem jüdischen Mittelstand, waren durch die bürgerliche Jugendbewegung gegangen und hatten sich dort mit sozialistischem Gedankengut beschäftigt. Fast alle von ihnen waren Facharbeiter geworden und waren zum Teil schon vor 1933 im Kommunistischen Jugendverband oder in der Kommunistischen Partei Deutschlands organisiert gewesen. [...]
Es ist das Verdienst von Herbert Baum, dieser Gruppe einen politischen Inhalt und ein festes Ziel gegeben zu haben. Nach außen hin trat die Gruppe als ein Kreis junger Menschen in Erscheinung, die gemeinsame Wanderungen unternahmen, Musik- und Leseabende veranstalteten und versuchten, die drückenden Folgen der Vereinsamung jüdischer Menschen zu überwinden. Zugleich entwickelte sich in der Gruppe eine systematische Schulungsarbeit mit dem Zweck, die Mitglieder der Gruppe auf illegale Arbeit vorzubereiten. [...] Jedes einzelne Mitglied der Gruppe begann systematisch auf seiner Arbeitsstelle unter den jüdischen Zwangsarbeitern und auch anderen Arbeitern, die Arbeitskameraden um sich zu scharen, ihnen Mut zuzusprechen und ihnen klarzumachen, daß man nicht in Lethargie versinken darf. sondern gemeinsam mit allen Antifaschisten den Kampf gegen die Nazis aufnehmen muß. Der Einfluß der Gruppe Baum breitete sich sehr rasch aus und war besonders stark in den Siemens-Werken, wo die meisten Mitglieder der Gruppe arbeiteten. Anfang 1941 wurde noch eine weitere Gruppe jüdischer Jugendlicher, die sich bei Siemens zusammengefunden hatten, zur Mitarbeit herangezogen. [...] Die Angehörigen dieser Gruppe hatten außerdem jeweils einen Kreis von Jugendlichen im Alter von 14–15 Jahren um sich geschart. Die Zahl der Mitglieder aller genannten Gruppen – die zusammen die Herbert Baum Gruppe ausmachten – dürfte etwa 7 betragen haben. [...]
Nach der ersten schweren Niederlage der Faschisten

vor Moskau versuchten die Nazis mit allen Mitteln, in der Bevölkerung den Haß gegen die Sowjetunion ins Maßlose zu steigern. Sie bereiteten in Berlin zu diesem Zweck eine Ausstellung vor, die sie das ‚Sowjetparadies' nannten. Mit der Ausstellung wollten die Nazis die sozialistischen Errungenschaften in den Schmutz zerren und eine panische Furcht vor dem Bolschewismus hervorrufen. Schon bei Bekanntwerden dieses Planes wurde in den einzelnen Zirkeln unserer Gruppen beraten, was gegen diese faschistische Verhetzung unternommen werden kann. Es wurde beschlossen, auf der Ausstellung Flugblätter zu verbreiten. Das erwies sich als undurchführbar und es wurde der Entschluß gefaßt einen Anschlag auf die Ausstellung auszuführen und dadurch weithin sichtbar gegen den Faschismus zu protestieren. Die Ausstellung sollte in Brand gesetzt werden. Die Mitglieder der Gruppe fertigten das Material an ihren Arbeitsplätzen selbst an. Die Brandsätze [Zündstoffe] wurden von Werner Steinbrink aus dem Kaiser-Wilhelm-Institut für Chemie beschafft.

Am 18. Mai 1942 nachmittags begaben sich sieben Genossen der Gruppe Baum und vier Genossen aus der Gruppe Steinbeck in die Ausstellung, die im ehemaligen Berliner Lustgarten aufgebaut war. Sie setzten diese an mehreren Stellen in Brand und konnten das Gelände unbehelligt verlassen. Der Brand in der Ausstellung sprach sich schnell herum. Die Aktion war aber durch einen Spitzel schon vorher an die Gestapo verrraten worden. [...]

Die Gestapo nahm furchtbare Rache. Zur Vergeltung wurden auf den Straßen Berlins für jeden verhafteten jüdischen Genossen je 100, insgesamt 500 Juden, zusammengetrieben. Von ihnen wurden noch am gleichen Tag 250 auf dem Hofe der SS-Kaserne Berlin-Lichterfelde erschossen. Die übrigen Opfer wurden bald danach im Konzentrationslager Sachsenhausen umgebracht.

(A. Ehmann, Selbstbehauptung und Widerstand deutscher Juden unter dem NS-Regime. In: W. Dreßen [Hrsg.], Jüdisches Leben. Berlin: Museumspädagogischer Dienst 1985, S. 73)

M 77 Mitglieder einer zionistischen Jugendgruppe im Untergrund (1943)

Die Wohnung Ewos[1] wurde am 27. Februar 1943 zum Fluchtpunkt für viele unserer Kinder. Es war der Tag der sogenannten „Fabrikaktion", an dem die noch in Berlin lebenden Juden völlig unvorbereitet in ihren Arbeitsstätten und Wohnungen zusammengetrieben wurden und, auf Lastwagen gepfercht, zur letzten und brutalsten Massendeportation „abgeholt" wurden. Ich sah die Gestapo-Autos, die verzweifelten Menschen. Ich wußte, nun kommt auch der Vater nicht mehr zurück.

---

1 Ewo = Edith Wolff, die spätere Lebensgefährtin von Jizchak Schwersenz

Ewo und ich hatten die Kinder schon vor meinem Untertauchen auf diese „Stunde X" vorbereitet, auf den Augenblick, in dem es keinen Ausweg mehr gab. Wir wußten nicht, wie das aussehen würde, aber wir hatten ihnen auf unseren Zusammenkünften immer gesagt: Wenn eine Stunde kommt, wo alles verloren ist, wo ihr dann ohnehin nicht mehr bei den Eltern bleiben könnt, dann müßt ihr versuchen, euch zu retten, dann kommt zu Ewo, kommt dorthin in der Dunkelheit, da seid ihr sicher – und in der Tat, an diesem Abend trafen eine Reihe unserer früheren Schüler, unsere Mädchen und Jungen aus dem Bund bei Ewo ein. Es war ihnen gelungen, von den Lastwagen abzuspringen, sich zu verstecken oder über die Dächer zu fliehen, als sie die Gestapo-Autos auf der Straße sahen. Sie hatten nicht viel Zeit zum Überlegen, es geschah alles sehr plötzlich. Aber sie hatten einen starken Lebenswillen, und sie wußten: Das ist jetzt der Augenblick.

Von Anfang an war es unser Ziel, nicht nur das Leben dieser Menschen durchzubringen, sondern auch – und noch viel mehr – sie geistig und menschlich zu stärken und sie im Sinne unserer zionistischen Ideen auch weiter zu bilden. Wir wollten unsere Erziehungsarbeit, so wie wir sie vorher verstanden hatten, auch unter den schwierigsten Bedingungen weiterführen, mit allem, was uns immer wichtig gewesen war: das Bewußtsein für die jüdische Tradition und die jüdische Gemeinschaft, die Kameradschaft untereinander, und nicht zuletzt auch das Interesse an Kultur und Literatur. In der Abgeschlossenheit unseres Daseins versuchten wir, die Brücken zur Außenwelt nicht völlig abreißen zu lassen. Vor allem wollten wir das Band mit dem jüdischen Land wenigstens in unseren Gedanken fester knüpfen. Das Schicksal der Juden sollte durch die Arbeit in der Gruppe, durch unsere kleine, aber feste und verläßliche Gemeinschaft in einen positiven Wert umgewandelt werden. In den Willen, das jüdische Schicksal auf sich zu nehmen, um es für die Zukunft besser zu gestalten, damit eine Wiederholung der Leiden und Verfolgungen für alle Zeiten unmöglich würde.

Für unser Durchkommen waren neben der Quartierbeschaffung weitere Probleme zu lösen: Wo bekamen wir etwas zu essen? Wie sollten wir uns ausweisen? Wer gab uns das nötige Geld? Zur Organisation unseres illegalen Daseins waren wir daher auf Menschen angewiesen, die den Mut hatten, uns zu helfen, und die uns noch helfen konnten: Menschen aus nicht-jüdischen Kreisen, christliche Berliner, aber auch Menschen aus „Mischehen", „Mischlinge" oder „Geltungsjuden", die von den Deportationen noch nicht betroffen waren und im allgemeinen weniger bespitzelt oder schikaniert wurden. Für uns waren vor allem jene „Mischehen" von Bedeutung, in denen die Frauen christlicher Herkunft waren und vielfach auch Christinnen blieben. Diese Frauen und „jüdisch-versippten" Mütter haben, obwohl von Ämtern und

Behörden ständig Druck auf sie ausgeübt wurde, durch ihr treues Ausharren in vielen Fällen nicht nur ihre jüdischen Ehemänner und ihre halbjüdischen Kinder retten können, sondern auch manche der illegal lebenden jüdischen Menschen.

Unsere Helferkreise teilten wir auch danach ein, was sie für uns tun wollten oder tun konnten. So gab es die „Quartierleute", dann diejenigen, die uns zu Tisch einluden, andere, die uns Lebensmittel oder Marken schenkten, und schließlich die „Geldgeber". Eine besondere Gruppe von Menschen, die uns mit Ausweisen und Personalpapieren behilflich waren, gab es nicht. Vorübergehend hatten wir einen Graveur oder Grafiker, der es verstand, Ausweiskarten und Identitätspapiere zu fälschen, im übrigen aber waren es die zuverlässigsten Helfer, die uns in jeder Weise von morgens bis abends zur Seite standen und die dann auch versuchten, auf irgendeine Art die nötigen Papiere für uns zu besorgen.

(J. Schwersenz, Die versteckte Gruppe. Ein jüdischer Lehrer erinnert sich an Deutschland. Berlin: Wichern Verlag 1988, S. 95 ff., 101 f.)

M 78 Zu den Grenzen geschichtswissenschaftlicher Erkenntnis

Die besondere Schwierigkeit, die „Endlösung" in den Rahmen einer umfassenden Deutung des Nationalsozialismus zu integrieren, hat in der Tat manche Historiker in die paradoxe Lage gebracht, daß sie zwar die absolut zentrale Bedeutung von Hitlers rassistischer Ideologie für das System des Nationalsozialismus betonen, dann aber mit einer Deutung der Hauptfragen des Nationalsozialismus fortfahren, ohne die antijüdische Politik in Betracht zu ziehen. All dies kann uns zu dem Schluß führen, daß die Vernichtung des europäischen Judentums vielleicht ein Problem darstellt, das historische Analyse und historisches Verstehen nicht zu lösen vermögen.

Allenfalls kann man von einem bis heute einzigartigen Auftauchen eines messianischen Glaubens und einer apokalyptischen Vision der Geschichte mitten im politischen, bürokratischen und technologischen System einer hochentwickelten Industriegesellschaft sprechen. Aber auch hierbei entsteht wieder ein falscher Eindruck – es gab keine Massenbewegung gegen die Juden, nicht einmal ein Kreuzzug einer fanatischen Sekte. Die Bürokratie spielte die zentrale Rolle, eine Bürokratie, die der Vernichtung gleichgültig gegenüberstand, aber von einem Führer gelenkt wurde, der seinerseits von den stärksten Überzeugungen getrieben wurde.

Die Lähmung der Historiker resultiert aus der Gleichzeitigkeit und Verquickung völl heterogener Phänomene: messianischer Fanatismus und bürokratische Strukturen, pathologische Handlungsantriebe und administrative Erlasse, archaische Denkweisen in einer hochentwickelten Industriegesellschaft.

Wir wissen im einzelnen, was geschah; wir kennen die Abfolge der Ereignisse und ihre möglichen Zusammenhänge; aber die Tiefendynamik des Phänomens entgleitet uns. Und was wir auch nicht begreifen, ist die fast schlagartige Auflösung der politischen, institutionellen und der Rechtsstrukturen Deutschlands sowie die Kapitulation der moralischen Kräfte, die naturgemäß wichtige Hindernisse hätten darstellen müssen für die Nazis in Deutschland, in anderen europäischen Ländern und in der gesamten westlichen Welt.

(S. Friedländer, Vom Antisemitismus zur Judenvernichtung. In: E. Jäckel/J. Rohwer [Hrsg.], Der Mord an den Juden im Zweiten Weltkrieg. Entschlußbildung und Verwirklichung. Frankfurt a.M.: Fischer 1987, S. 48 f.)

M 79 Zur Diskussion um die Schuld an der nationalsozialistischen Gewaltherrschaft

Adalbert Rückerl, der langjährige Leiter der „Zentralen Stelle zur Aufklärung von NS-Verbrechen" der Landesjustizverwaltungen in Ludwigsburg schreibt:

Wenn in Deutschland die Mehrzahl derer, die jene Zeit bewußt erlebt haben, heute behauptet, von diesen Massenmorden im Osten damals nichts gewußt zu haben, so wird man ihnen dies abnehmen dürfen. Der Grund für die relativ geringe Verbreitung der Kenntnis dieses Geschehens ist nicht so sehr in der Tatsache zu suchen, daß sich der größte Teil jener Mordaktionen weitgehend abgeschirmt von der Öffentlichkeit hinter den Stacheldrahtbarrieren der Konzentrations- und Vernichtungslager oder an abgelegenen Orten in den besetzten Ostgebieten ereignete, daß ferner die auf die physische Vernichtung der Juden abzielenden Befehle und deren Vollzugsmeldungen in aller Regel den Stempel „Geheime Reichssache" trugen und daß man sich in den Kreisen der Verantwortlichen und ihrer Helfer zum Zwecke der Verschleierung dieser Vorgänge einer besonderen Nomenklatur bediente. Wesentlich bedeutungsvoller dürfte es gewesen sein, daß zu jener Zeit auch unbeteiligte Augenzeugen oder Zeugen von Hörensagen davor zurückschreckten, dieses sie selbst sicherlich oftmals schwer belastende Wissen anderen mitzuteilen, aus Furcht, sodann wegen angeblicher Verleumdung, wegen Wehrkraftzersetzung oder mit einer anderen vorgeschobenen Begründung zur Verantwortung gezogen zu werden und sich schließlich als politischer Häftling in einem Konzentrationslager wiederzufinden.

Daß es Konzentrationslager gab, wußte damals jeder in Deutschland. Jeder Berliner verband mit den Namen Sachsenhausen-Oranienburg, jeder Münchner mit dem Namen Dachau, wenigstens die Vorstellung einer unbestimmten Drohung. Wohl wußte man meist nichts Genaueres; man ahnte aber doch, daß dort hinter dem Stacheldraht Schreckliches vor sich ging; – ein von den damaligen Machthabern durchaus erwünschter Effekt, der dazu beitragen sollte, bei der

Masse einen Widerstandswillen erst gar nicht aufkommen zu lassen. [...]

Wenn man im Zusammenhang mit der Frage nach der Entstehung und dem immerhin zwölf Jahre andauernden Bestand der nationalsozialistischen Gewaltherrschaft von einer allgemeinen Schuld sprechen will, dann doch in erster Linie in dem Sinne, daß die Menschen damals – ebenso wie vielfach hier und anderswo auch noch heute – zu sehr bedacht auf die Wahrung ihres persönlichen Wohlergehens gleichgültig wurden gegenüber dem Schicksal einer willkürlich zum Sündenbock gestempelten Minderheit.

(J. Walk [Hrsg.], Das Sonderrecht für die Juden im NS-Staat. Heidelberg/Karlsruhe: C.F. Müller Verlag 1981, S. 408f., 412)

Arbeitshinweise

1 *Untersuchen Sie das Protokoll der Wannseekonferenz vom 20. Januar 1942 (M 65).*

a) *Welche Pläne für die „Endlösung" werden erörtert?*
b) *Warum wird die bis dahin betriebene Auswanderung der Juden nicht weiter verfolgt?*
c) *Was bedeuten die Begriffe „Arbeitseinsatz im Osten" und „Evakuierung"? Warum werden sie verwendet?*

2 *Nehmen Sie Stellung zu Goebbels' Bewertung der „Endlösung" (M 66).*

3 *Gab es jüdischen Widerstand gegen das Vernichtungsprogramm? (M 75–77) Bewerten Sie seine Wirksamkeit.*

4 *Bewerten Sie die Sicht der Täter (M 69).*

5 *Ermitteln Sie das Ausmaß der Vernichtung (M 70).*

6 *Äußern Sie sich zur Rolle der Reichsvereinigung der Juden (M 68).*

7 *Sollte man die Vernichtung der Juden als „Holocaust" oder „Shoah" bezeichnen? (M 71). Nehmen Sie dazu Stellung.*

3. Der Kampf um die Gründung des Staates Israel

Die Heimkehr der Juden in das Land Israel (Erez Israel) war für die Juden in aller Welt ein Traum, der über die Jahre der Zerstreuung mehr oder weniger intensiv wachgehalten worden war. Hatte die Emanzipation der Juden in Europa und Nordamerika den Eindruck erwecken können, als sei ein jüdischer Staat gar nicht mehr erforderlich, so mußte spätestens das Aufkommen des Antisemitismus deutlich gemacht haben, daß die Juden auch in den Nationalstaaten Ende des 19. Jahrhunderts keinen gesicherten Platz in der Gesellschaft finden konnten. Gerade diese Erfahrung hatte zur Entwicklung des Zionismus geführt. Dabei standen weniger religiöse Überlegungen als die Notwendigkeit zur Suche nach einer sicheren Heimstatt für Juden im Mittelpunkt der Überlegungen (vgl. Kapitel D.6.2.). Als um die Jahrhundertwende große Pogrome in Polen und Rußland die noch immer aktuelle Gefahr für Juden in verschiedenen Ländern zeigten, hatte die zionistische Bewegung an Attraktivität gewonnen. Im Zusammenhang der Neuordnung Europas gegen Ende des Ersten Weltkriegs waren auch die Diskussionen um die Bildung eines jüdischen Staates wieder intensiviert worden. Zum ersten Mal wurde in der Balfour-Deklaration 1917 von Großbritannien den Juden das Recht zur staatlichen Eigenständigkeit in Palästina zugesprochen. Damit war der Wunsch nach einem jüdischen Staat in greifbare Nähe gerückt. Die zionistische Bewegung erlebte einen großen Aufschwung, und es bildeten sich erste größere Ansätze zur Übersiedlung von Juden aus verschiedenen europäischen Ländern nach Palästina.

Die Erfahrung der Vernichtungspolitik der Nationalsozialisten führte noch einmal zu einer verzweifelten Forcierung der Bestrebungen zur Etablierung eines „Judenstaates". Es bedurfte aber noch erheblicher Anstrengungen und Auseinandersetzungen mit der britischen Mandatsmacht und der ansässigen arabischen Bevölkerung, bevor 1948 der Staat Israel ausgerufen werden konnte. Zum ersten Mal nach fast 2000 Jahren war damit den Juden wieder die Möglichkeit gegeben worden, im Land ihrer Väter in einem eigenen Staat zusammenzuleben.

Es zeigte sich aber sofort, daß dieser Staat auf erhebliche Widerstände bei den in und um Palästina angesiedelten arabischen Staaten und Stämmen stieß. So waren die ersten Jahre der Geschichte des Staates Israel Jahre des Kampfes um die eigene Existenz (vgl. K 9, S. 200). Der Erfolg dieser Kämpfe schuf die Gewähr dafür, daß Juden überall in der Welt, die wegen ihres Glaubens und ihrer Abstammung verfolgt werden, heute einen Ort haben, der ihnen Schutz und Sicherheit bietet. An diesem Ort ist auch das friedliche Zusammenleben von Christen und Juden möglich geworden, wie das Beispiel Nes Ammim im Norden Israels zeigt. Dort leben in einer 1963 gegründeten Siedlung Christen bewußt in Israel und zusammen mit Juden, um in diesem kleinen Modellprojekt deutlich zu zeigen, daß auch nach einer langen Geschichte des Gegeneinanders und der Verfolgung der jüdischen Minderheit durch die christliche Mehrheit ein friedliches Zusammenleben für die Zukunft nicht ausgeschlossen werden muß.

M 80 Die Balfour-Deklaration
Ministerium des Äußeren, 2. November 1917
Mein lieber Lord Rothschild,
zu meiner großen Genugtuung übermittle ich Ihnen namens S.M. Regierung die folgende Sympathie-Erklärung für die jüdisch-nationalen Bestrebungen, die vom Kabinett geprüft und gebilligt worden ist.
Seiner Majestät Regierung betrachtet die Schaffung einer nationalen Heimstätte in Palästina für das jüdische Volk mit Wohlwollen und wird die größten Anstrengungen machen, um die Erreichung dieses Zieles zu erleichtern, wobei klar verstanden wird, daß nichts getan werden soll, was die bürgerlichen und religiösen Rechte bestehender nichtjüdischer Gemeinschaften in Palästina oder die Rechte und die politische Stellung der Juden in irgendeinem anderen Lande beeinträchtigen könnte. Ich bitte Sie, diese Erklärung zur Kenntnis der zionistischen Föderation zu bringen.
(gez.) James Balfour
(A. Ullmann, Israels Weg zum Staat, München: Deutscher Taschenbuch Verlag 1964, S. 252)

M 81 Auszug aus dem Völkerbundsmandat für das Vereinigte Königreich über Palästina (1923)

Das Mandat über Palästina wurde am 24. Juli 1922 vom Völkerbundsrat gebilligt und am 29. September 1923 in Kraft gesetzt. Es regelte den Auftrag des Völkerbunds an seinen Mandatar, das Vereinigte Königreich von Großbritannien, zur Verwaltung Palästinas.
In Anbetracht dessen, daß die alliierten Hauptmächte zur Durchführung der Bestimmungen des Artikels 22 des Covenants des Völkerbundes übereingekommen sind, die Verwaltung des Territoriums von Palästina, das früher zum türkischen Reiche gehörte, innerhalb der von ihnen zu fixierenden Grenzen einem von den erwähnten Mächten zu wählenden Mandatar anzuvertrauen, und daß die alliierten Hauptmächte ferner übereingekommen sind, daß der Mandatar verantwortlich sein soll für die Verwirklichung der ursprünglich am 2. November 1917 durch die Regierung Seiner Britischen Majestät erlassenen und von den erwähnten Mächten anerkannten Deklaration zugunsten der Errichtung einer nationalen Heimstätte für das jüdische Volk in Palästina, wobei klar verstanden ist, daß nichts getan werden soll, was die bürgerlichen und die religiösen Rechte bestehender nichtjüdischer Gemeinschaften in Palästina oder die Rechte und die politische Stellung, deren sich die Juden in irgendeinem anderen Lande erfreuen, beeinträchtigen würde; und
daß dadurch die Anerkennung der historischen Verknüpftheit (historical connection) des jüdischen Volkes mit Palästina und der Grundlagen für die Wiedererrichtung seiner nationalen Heimstätte in diesem Lande erfolgt ist; [...]
werden die Bestimmungen des erwähnten Mandats wie folgt bestätigt: [...]
Artikel 2. Der Mandatar soll dafür verantwortlich sein, daß das Land unter solche politische, administrative und wirtschaftliche Bedingungen gestellt wird, welche die Errichtung der jüdischen nationalen Heimstätte, wie in der Einleitung niedergelegt, und die Entwicklung von Selbstverwaltungsinstitutionen sowie die Wahrung der bürgerlichen und religiösen Rechte aller Einwohner Palästinas, ohne Unterschied der Rasse und Religion, sichern.
Artikel 3. Der Mandatar soll, soweit die Umstände dies erlauben, die lokale Selbstverwaltung fördern.
Artikel 4. Eine angemessene jüdische Vertretung („Jewish Agency") soll als eine öffentliche Körperschaft anerkannt werden zu dem Zweck, die Verwaltung Palästinas in solchen wirtschaftlichen, sozialen und anderen Angelegenheiten zu beraten und mit ihr zusammenzuwirken, die die Errichtung der jüdischen nationalen Heimstätte und die Interessen der jüdischen Bevölkerung in Palästina betreffen, und, immer vorbehaltlich der Kontrolle durch die Verwaltung, an der Entwicklung des Landes zu helfen und teilzunehmen [...].
Artikel 15. [...] Keine Unterscheidung irgendwelcher Art soll zwischen den Einwohnern Palästinas auf Grund ihrer Rasse, Religion oder Sprache gemacht werden. Niemand soll aus dem bloßen Grunde seines religiösen Glaubens aus Palästina ausgeschlossen werden.
(A. Ullmann [Hrsg.], Israels Weg zum Staat. München: Deutscher Taschenbuch Verlag 1964, S. 281f.)

M 82 Aus dem Bericht einer Emigrantin

Die Autorin, Paula Blinder, geboren 1918, lebte in Braunschweig und emigrierte 1935 nach Palästina, wo sie heute unter dem Namen Zipora Schilgi lebt.

1935 begann ich mit dem Vorbereitungsdienst für die Emigration nach Palästina. In ein Vorbereitungslager durfte ich nicht gehen, das hätte mein Vater nicht erlaubt. So kam ich als Hausgehilfin für ein Jahr in die Familie des Rabbiners von Emden, Dr. Blum. [...] Die Tätigkeit als Hausgehilfin in einem Rabbinerhaushalt wurde als Vorbereitungsdienst anerkannt. Kurz vor der Ausreise wurde die Gruppe, welche gemeinsam nach Palästina gehen sollte, in Blankenese bei Hamburg in einem Vorbereitungslager zusammengefaßt. Dort lernten wir uns kennen und arbeiteten gemeinsam. Der Zweck war festzustellen, ob man in der Gemeinschaft leben konnte oder nicht. Im August 1936 reiste ich dann mit den anderen nach Palästina. Damals war ich 16½ Jahre alt. [...]
In Haifa verließen wir das Schiff. Die vier Gruppen wurden wieder aufgeteilt, unsere kam in eine Siedlung, die in der Nähe von Tivon liegt. Sie wurde von Juden bewohnt, die um 1905 bzw. 1920 aus Rußland oder Polen eingewandert waren. Sie lebten in größter Armut. Das Dorf war in einem unbeschreiblichen Zustand. Keine Wohnungen, wie wir sie kannten, Wellblechhütten, kein Wasser, alles ganz primitiv. Massen von Fliegen. Malaria. Eine andere Welt!
Wir bezogen Wellblechhütten und machten uns an die Arbeit. Unsere Aufgabe für die nächsten zwei Jahre war es, den Bauern in ihrem Betrieb zu helfen. Jeder Siedler hatte bei der Einwanderung eine Kuh bekommen. Ein paar Hühner liefen herum. Getreide bauten sie an, Kartoffeln kannten sie nicht.
Es war unerhört schwer, dort zu leben. Wir schufteten wie die Pferde, und es gab dafür nichts. Manchmal bekamen wir Lust auf eine Nahrung, die es nicht gab. Dann verständigten wir die Studenten der Technischen Hochschule, die unser Dorf vor Angriffen der Araber schützten. Sie sollten uns ein bestimmtes Nahrungsmittel aus der Stadt mitbringen. Ich weiß noch, daß wir sie einmal beauftragten, uns Tomatenmark zu besorgen. Dann mixten wir Tomatenmark mit Eiern und brieten das, und die Siedler staunten.
Später baute die Jewish Agency in dem Dorf kleine Häuser, in die wir zogen. Sie besaßen zwei Zimmer, und wir bewohnten sie zu acht. Die Küche bestand aus vier Wänden, Sandfußboden und einem Wasseranschluß. Noch später baute die Agency eine Schule, und wir zogen dort ein, denn wir wollten gemeinsam leben. Als wir die Häuschen verließen, zogen die Siedler in sie ein.
Wir arbeiteten hart auf den Feldern, und gefährlich war es obendrein. Die Zuglinie teilte jüdisches und arabisches Siedlungsgebiet. Und wenn die Bummelbahn [...] vorbeifuhr, standen wir mit der Feuerpatsche [...] bereit, denn die Araber im Zug warfen brennende Öllappen in die jüdischen Felder. Die Arbeit bei diesen Bauern war unser Vorbereitungsdienst für die eigene landwirtschaftliche Tätigkeit. Am Nachmittag erhielten wir außerdem Unterricht in Hebräisch und jüdischer Geschichte. Nach den zwei Jahren taten sich die vier Gruppen wieder zusammen und gingen in ein Arbeitslager, als Vorbereitung für einen Kibbuz.

(R. Bein [Hrsg.], Juden in Braunschweig 1900–1945. Braunschweig: Döring-Druck o. J., S. 161)

M 83 Aus der Proklamationsurkunde des Staates Israel (14. Mai 1948)

In Erez Israel stand die Wiege des jüdischen Volkes; hier wurde sein geistiges, religiöses und politisches Antlitz geformt; hier lebte es ein Leben staatlicher Selbständigkeit; hier schuf es seine nationalen und universellen Kulturgüter und schenkte der Welt das unsterbliche „Buch der Bücher".
Mit Gewalt aus seinem Lande vertrieben, bewahrte es ihm in allen Ländern der Diaspora die Treue und hörte niemals auf, um Rückkehr in sein Land und Erneuerung seiner politischen Freiheit in ihm zu beten und zu hoffen.
Auf Grund dieser historischen und traditionellen Verbundenheit strebten die Juden in allen Geschlechtern danach, ihre alte Heimat wiederzugewinnen; in den letzten Generationen kehrten viele von ihnen in ihr Land zurück; Pioniere, Helden und Kämpfer brachten die Wüste zu neuer Blüte, erweckten die hebräische Sprache zu neuem Leben, errichteten Städte und Dörfer und schufen so eine ständig zunehmende Bevölkerung eigener Wirtschaft und Kultur, friedliebend, aber imstande, sich selbst zu schützen, eine Bevölkerung, die allen Bewohnern des Landes Segen und Fortschritt bringt und nach staatlicher Selbständigkeit strebt.
Im Jahre 1897 trat auf den Ruf Theodor Herzls [...] der Zionistische Kongreß zusammen und proklamierte das Recht des jüdischen Volkes auf nationale Wiedergeburt in seinem Heimatlande.
Dieses Recht wurde in der Balfour-Deklaration vom 2. November 1917 anerkannt und im Völkerbund-Mandat bestätigt, das inbesondere der historischen Verbundenheit des jüdischen Volkes mit Erez Israel und dem Rechte des Volkes, sein Nationalheim wieder zu errichten, internationale Geltung verlieh.
Die über das jüdische Volk in der letzten Zeit hereingebrochene Vernichtung, in der in Europa Millionen Juden zur Schlachtbank geschleppt wurden, bewies erneut und eindeutig die Notwendigkeit, die Frage des heimat- und staatenlosen jüdischen Volkes durch Wiedererrichtung des jüdischen Staates in Erez Israel zu lösen. Dieser Staat wird seine Tore für jeden Juden weithin öffnen und dem jüdischen Volke die Stellung einer gleichberechtigten Nation unter den Völkern verleihen. [...]
Am 29. November 1947 hat die Vollversammlung der Vereinten Nationen einen Beschluß gefaßt, der die

Errichtung eines jüdischen Staates in Erez Israel fordert; die Vollversammlung verlangte von der Bevölkerung Erez Israels, selbst alle notwendigen Schritte zu ergreifen, um diesen Beschluß durchzuführen. Diese Anerkennung des Rechtes des jüdischen Volkes auf die Errichtung seines Staates durch die Vereinten Nationen kann nicht rückgängig gemacht werden. Es ist das natürliche Recht des jüdischen Volkes, ein Leben wie jedes andere staatlich selbständige souveräne Volk zu führen.

Wir, die Mitglieder des Volksrates, die Vertreter der jüdischen Bevölkerung Palästinas und der Zionistischen Bewegung, sind daher heute, am Tage der Beendigung des britischen Mandats über Erez Israel, zusammengetreten und proklamieren hiermit kraft unseres natürlichen und historischen Rechtes und auf Grund des Beschlusses der Vollversammlung der Vereinten Nationen die Errichtung eines jüdischen Staates in Erez Isarel, des Staates Israel.

Wir bestimmen, daß vom Augenblick der Beendigung des Mandates in dieser Nacht zum 15. Mai 1948 an bis zur Errichtung der ordentlichen Staatsbehörden, die auf Grund eines durch die verfassunggebende Versammlung bis spätestens zum 1. Oktober 1948 zu erlassenden Gesetzes gewählt werden sollen, der Volksrat als Provisorischer Staatsrat fungieren und seine Leitung die Provisorische Regierung des jüdischen Staates, dessen Name Israel sein wird, bilden soll.

Der Staat Israel wird für die jüdische Einwanderung und die Sammlung der zerstreuten Volksglieder geöffnet sein; er wird für die Entwicklung des Landes zum Wohle aller seiner Bewohner sorgen; er wird auf den Grundlagen der Freiheit, Gleichheit und des Friedens, im Lichte der Weissagungen der Propheten Israels gegründet sein; er wird volle soziale und politische Gleichberechtigung aller Bürger ohne Unterschied der Religion, der Rasse und des Geschlechts gewähren; er wird die Freiheit des Glaubens, des Gewissens, der Sprache, der Erziehung und Kultur garantieren; er wird die Heiligen Stätten aller Religionen sicherstellen und den Grundsätzen der Verfassung der Vereinten Nationen treu sein. [...]

Wir appellieren – sogar während der Dauer des blutigen Angriffs, der auf uns seit Monaten unternommen wird – an die Angehörigen des arabischen Volkes, die im Staate Israel leben, den Frieden zu bewahren und sich am Aufbau des Staates auf der Grundlage voller bürgerlicher Gleichheit und entsprechender Vertretung in allen Institutionen des Staates, den provisorischen und den endgültigen, zu beteiligen.

Wir strecken allen Nachbarstaaten und ihren Völkern die Hand zum Frieden und auf gute Nachbarschaft entgegen und appellieren an sie, mit dem in seinem Lande selbständig gewordenen jüdischen Volke in gegenseitiger Hilfe zusammenzuarbeiten. Der Staat Israel ist bereit, seinen Anteil an der gemeinsamen Anstrengung, den ganzen Vorderen Orient zu entwickeln, beizutragen.

Wir appellieren an das jüdische Volk in der Diaspora, sich um Israel beim Werke der Einwanderung und des Aufbaues zu scharen und ihm in seinem schweren Kampfe um die Verwirklichung des Generationen alten Strebens nach Erlösung Israels zur Seite zu stehen.

Im sicheren Vertrauen auf den Hort Israels unterzeichnen wir zur Bekundung dessen eigenhändig diese Proklamation in der Sitzung des Provisorischen Staatsrats auf dem Boden des Heimatlandes, in der Stadt Tel Aviv.

(A. Ullmann [Hrsg.], Israels Weg zum Staat. München: Deutscher Taschenbuch Verlag 1964, S. 307 ff.)

M 84 Jüdische Einwanderung (Aliya) und Landerwerb in Palästina 1882–1950

Jahr	Einwanderer	– Metrische Dunam[1] – Landerwerb	Landbesitz insg.
1882–1914	55– 70 000	–	16 366
1920	8 223	5 997	22 363
1921	8 294	43 021	65 384
1922	8 685	6 977	72 361
1923	8 175	18 459	90 820
1924	13 892	40 225	131 045
1925	34 386	33 090	164 135
1926	13 855	13 744	177 879
1927	3 034	18 779	196 658
1928	2 178	5 433	202 091
1929	5 249	59 549	261 640
1930	4 944	16 987	278 627
1931	4 075	9 978	288 605
1932	12 553	8 305	296 910
1933	37 337	32 371	329 281
1934	45 267	12 575	341 856
1935	66 472	16 524	358 380
1936	29 595	13 161	371 541
1937	10 629	13 507	385 048
1938	14 675	34 223	419 271
1939	31 195	53 499	472 770
1940	10 643	43 140	515 950
1941	4 592	45 460	561 410
1942	4 206	48 981	610 391
1943	10 063	67 265	677 656
1944	15 552	67 357	745 013
1945	15 259	65 644	810 657
1946	18 760	52 000	862 657
1947	22 098	63 000	925 657
Mai 1948	–	–	936 000
1948	118 984	97 000	1 022 657
1949	239 578	1 101 942	2 124 599
1950	170 213	1 271 734	3 396 333

(F. Ansprenger, Juden und Araber in Einem Land. München: Chr. Kaiser 1978, S. 293)

1   10 Dunam = 1 ha

M 85 Gesetz der Rückkehr vom 5. Juli 1950
1. Jeder Jude ist berechtigt, in Israel einzuwandern.
2. a) Die Einwanderung erfolgt auf Grund einer Einwanderungserlaubnis.
   b) Einwanderungserlaubnis wird jedem Juden gegeben, der wünscht, sich in Israel niederzulassen, es sei denn, der Minister für Einwanderung wird gewahr, daß der Antragsteller:
   1. gegen das jüdische Volk handelt oder
   2. die öffentliche Gesundheit oder die Staatssicherheit gefährdet.
3. a) Ein Jude, der nach Israel kommt und nach seiner Ankunft wünscht, sich hier niederzulassen, hat in Israel Anspruch auf einen Einwandererausweis.
   b) Die Einschränkungen unter § 2 (b) gelten auch in bezug auf die Ausstellung eines Einwandererausweises, dagegen gilt eine Person, die sich eine Krankheit nach ihrer Einwanderung in Israel zugezogen hat, nicht als die öffentliche Gesundheit gefährdend.
4. Jeder Jude, der vor Inkrafttreten dieses Gesetzes eingewandert ist, und jeder Jude, der im Lande vor oder nach Inkrafttreten dieses Gesetzes geboren wurde, wird als eine Person angesehen, die entsprechend den Bestimmungen dieses Gesetzes eingewandert ist.

(A. Ullmann [Hrsg.], Israels Weg zum Staat. München: Deutscher Taschenbuch Verlag 1964, S. 310f.)

Arbeitshinweise

1 *Bewerten Sie die Bedeutung der Balfour-Deklaration (M 80).*
2 *Untersuchen und bewerten Sie die Proklamationsurkunde des Staates Israel (M 83) vor dem Hintergrund des Palästina-Konflikts.*
3 *Äußern Sie sich zur Bedeutung des Staates Israel für das heutige Judentum (M 85 und 92).*

4. Jüdisches Leben in Deutschland nach der Shoah

Die Befreiung und Öffnung der Konzentrationslager brachte das ganze Ausmaß der Shoah an das Licht der Öffentlichkeit. Die Mehrzahl der Überlebenden der Konzentrationslager, der versteckt im Lande lebenden Juden und der der Verfolgung entkommenen aus jüdischen Mischehen war sich darin einig, daß Deutschland nicht länger ein Ort für Juden sein könne. Dennoch entwickelte sich wieder jüdisches Leben in Deutschland. Den ersten Ansatzpunkt dazu bildeten die Überlebenden der Konzentrationslager und die aus ihrer Heimat deportierten Juden, die nach Ende des Krieges in Lagern für sogenannte „Displaced Persons" gesammelt wurden. Mehr als 200000 Juden lebten in den ersten Nachkriegsjahren und Monaten für mehr oder weniger kurze Zeit in diesen Sammellagern. Die meisten von ihnen verließen das Land und wanderten aus. Das Ziel war entweder Palästina oder die USA. Anfang der 50er Jahre zeichnete sich aber ab, daß neben einer kleineren Anzahl deutscher Juden auch ein kleiner Prozentsatz von ehemaligen „Displaced Persons" beabsichtigte, im Lande zu bleiben. Sie spielten eine wichtige Rolle bei der Reorganisation der jüdischen Gemeinden, die zunächst zur Sammlung und Betreuung der Überlebenden der Shoah dienen sollten.

Nach der Überwindung der ersten Nachkriegsnot und der Etablierung eines demokratischen Staatswesens im westlichen Teil Deutschlands und eines erklärtermaßen antifaschistischen, kommunistischen Staates im Osten Deutschlands entschlossen sich einige deutsche Juden zur Rückkehr. Es waren vor allem solche Menschen, die in ihren Emigrationsländern, z.B. in Israel oder in den USA, keine Wurzeln schlagen konnten. Einen wichtigen Impuls erhielt diese kleine Rückwanderungsbewegung durch das „Wiedergutmachungsabkommen" zwischen der Bundesrepublik Deutschland und dem Staat Israel 1952. Mit diesem Abkommen wurde die Bundesrepublik als „Partner" des Staates Israel anerkannt. Durch das Schuldbekenntnis des deutschen Staates wurde die Grundlage für eine Neubestimmung des Verhältnisses von Juden und Deutschen geschaffen.

Während die jüdische Gemeinschaft in der DDR sich zahlenmäßig immer mehr zurückentwickelte von 7600 Juden im Oktober 1946 auf ca. 400 Mitglieder jüdischer Gemeinden 1989, wurde die

Bundesrepublik seit Mitte der 50er Jahre wieder zu einem Einwanderungsland für Juden. Die Zahl der Mitglieder jüdischer Gemeinden wuchs – vor allem durch die Zuwanderung aus Osteuropa – von ca. 17 000 1951 auf ca. 30 000 im Jahr 1989 an.

Nach der politischen Wende (November 1989) in der DDR veränderte sich auch das Umfeld für die dort lebenden Juden. So formulierte die Volkskammer, das Parlament der DDR, ein Schuldbekenntnis hinsichtlich der Verbrechen während der nationalsozialistischen Herrschaft. Auch Bemühungen zur Verbesserung der Beziehungen zum Staat Israel wurden deutlich. Gleichzeitig zeigt sich, daß mit dem offenen Auftreten rechtsextremistischer und neofaschistischer Gruppen auch in der DDR bzw. dem Gebiet der ehemaligen DDR neue Probleme für die jüdische Bevölkerung erwachsen sind.

Das Grundproblem der Nachkriegszeit beschäftigt die seit der staatlichen Einheit 1990 organisatorisch vereinigte jüdische Gemeinschaft in Deutschland auch heute: Dürfen/sollen Juden in Deutschland leben? Diese Frage ist zum Kernpunkt vieler innerjüdischen Diskussionen in der Bundesrepublik geworden und beschäftigt auch die Juden in anderen Ländern, vor allem in Israel, wie in jüngster Zeit die Diskussionen um die Aufnahme sowjetischer Juden in Deutschland wieder zeigte. Wie immer Juden diese Frage für sich persönlich entscheiden, festzustellen bleibt, daß sich wieder neues jüdisches Leben in Deutschland entwickelt hat. Zwar gibt es nur punktuelle Kontinuität zum jüdischen Leben vor dem Nationalsozialismus, aber in den aktiven jüdischen Gemeinden der Bundesrepublik verbinden sich heute Elemente des klassischen deutschen Judentums mit Elementen des osteuropäischen Judentums zu einer neuen Einheit. Es ist nicht auszuschließen, daß hier die Anfänge eines neuen, bundesrepublikanischen Judentums entstehen, das seinen Platz in der jüdischen Gemeinschaft der Welt erhalten wird.

4.1 Die Situation in der unmittelbaren Nachkriegszeit

M 86   Zur Situation der Überlebenden
Hugo Gryn, ein ungarischer Jude, der 1944 im Alter von 13 Jahren nach Auschwitz kam und gegen Kriegsende in ein Außenlager deportiert wurde, beschrieb das Entsetzen, als einziger übrig geblieben zu sein:
„Ich glaube, einer der schmerzlichsten Augenblicke für mich war, als wir in einem Lager in Schlesien, ‚Liebe Rose' genannt, die Erlaubnis bekamen, Postkarten zu schreiben. Am Sonntag Nachmittag erhielt jeder Postkarten und einen Stift. Man konnte überall in die Welt hinschreiben. Es war phantastisch, ich würde schreiben können. Aber dann wurde mir bewußt, daß es niemanden gab, dem ich schreiben konnte."
(C. Kugelmann, Identität und Ideologie der Displaced Persons. In: Babylon. Beiträge zur jüdischen Gegenwart. Heft 5/1989, S. 70)

M 87   Zur Bildung neuer jüdischer Gemeinden in Deutschland
Harry Goldstein berichtet 1952 in einem Artikel des Jewish Travel Guide:
Diese wiedererstandenen alt-neuen Gemeinden sind wenige Stunden oder Tage nach dem Verschwinden der Gestapoverbrecher inmitten der noch rauchenden Bombentrümmer der zerstörten Städte mit unzureichenden Mitteln von Männern ins Leben gerufen worden, die vielleicht seit ihrer Barmitzwah[1] keine Synagoge mehr besucht haben und deren Mitarbeiter aus sogenannten Mischehepartnern bestanden. [...] Alle diese Männer beseelte ein Wille. Sie wollten in dem Chaos retten, was noch zu retten war und helfen, wo zu helfen war, und sie begannen ihr Werk in den meisten Fällen damit, daß sie wie Juden zu allen Zeiten, wenn sie aus der Verbannung zurückkamen, sofort Gottesdienste einrichteten. [...] Sie glaubten damit ihren Dank für ihre Errettung dem Allmächtigen darbringen zu sollen und sie wollten zunächst einen Mittelpunkt jüdischen Lebens in dem wüsten Dasein der ersten Monate nach dem Kriegsende schaffen. Aber sie begnügten sich nicht damit, denn die Probleme häuften sich von Tag zu Tag: Die Rückführung der Überlebenden aus dem KZ Theresienstadt, die Unterbringung der Alten und Kranken, Hilfe für die Untergetauchten, für die Flüchtlinge, die aus den Ländern des Ostens kamen, Einrichtung von Krankenhäusern, Altenhäusern, Öffnung und Instandsetzung der geschlossen gewesen, völlig verwahrlosten, wenn nicht zerstörten Friedhöfe, Hilfe und Beratung für alle Juden, die mittel- und ratlos vor ihren zertrümmerten Wohnstätten und Existenzen standen. Es würde zu weit führen, alle Fragen zu erwähnen, die den verantwortlichen Männern und

1   = Bar Mizwa; vgl. Glossar.

Frauen schwere Sorgen bereiteten, die aber gelöst werden mußten.
(H. Goldstein, Die heutigen jüdischen Gemeinden in Deutschland [1952]. In: H. Maòr, Über den Wiederaufbau der jüdischen Gemeinden in Deutschland seit 1945. Mainz: Diss.Phil.Masch. 1961, S. 12)

M 88 Zur Diskussion um den Neubeginn jüdischen Lebens in Deutschland

Gibt es eine Zukunft für Juden in Deutschland? Wir erinnern uns der Resolutionen, die von verschiedenen jüdischen Körperschaften und Organisationen gefaßt wurden, worin proklamiert wird, daß Deutschland nie wieder ein jüdischer Fuß betreten soll; ja es war sogar die Rede von einem Cherem, einem Fluch und Bann, der nicht nur das Land Hitlers trifft, sondern alle Juden, die auf den Gedanken verfallen sollten, sich in Deutschland niederzulassen. Das ist die begreifliche Gefühlsreaktion des jüdischen Volkes auf die schwerste Unbill und brennendste Schmach, die ihm je angetan wurden. Und dieses Pathos ist ehrlich gemeint. Wir können nicht annehmen, daß es Juden gibt, die sich nach Deutschland hingezogen fühlen. Hier riecht es nach Leichen, nach Gaskammern und Folterzellen. Aber tatsächlich leben heute noch ein paar tausend Juden in Deutschland. Das Nachkriegschaos hat sogar einen Teil Deutschlands zu einem Zentrum für Juden gemacht. Das ist ein Übergangszustand, wie wir verstehen. Dieser Rest jüdischer Siedlungen in Deutschland soll so schnell wie möglich liquidiert werden. Die meisten der hier befindlichen Juden haben unzweideutig ihren Willen ausgesprochen nach Palästina auszuwandern.

Deutschland ist kein Boden für Juden.
(R. Weltsch, Judenbetreuung in Bayern [1946]. In: H. Maòr, Über den Wiederaufbau der jüdischen Gemeinden in Deutschland seit 1945. Mainz: Diss. Phil.Masch. 1961, S. 34)

Arbeitshinweise

1 *Beschreiben Sie die psychischen Probleme der „Displaced Persons".*

2 *Ermitteln Sie die Bedeutung der Displaced Persons für das neuentstehende jüdische Gemeindeleben.*

4.2 Die jüdische Gemeinschaft in der BRD und der DDR

M 89 Deutsch-jüdische Symbiose nach Auschwitz

Seit Auschwitz – welche traurige List – kann tatsächlich von einer „deutsch-jüdischen Symbiose" gesprochen werden – freilich einer negativen. Für beide, für Deutsche wie für Juden, ist das Ergebnis der Massenvernichtung zum Ausgangspunkt ihres Selbstverständnisses geworden, eine Art von gegensätzlicher Gemeinsamkeit – ob sie es wollen oder nicht. Deutsche wie Juden sind durch dieses Ereignis neu aufeinander bezogen worden. Solch negative Symbiose, von den Nazis konstituiert, wird auf Generationen hinaus das Verhältnis beider zu sich selbst, vor allem aber zueinander, prägen. Das wohlfeile und zukunftsfrohe Begehren, größere und immer zunehmendere Distanz zum Ereignis Auschwitz werde die Erinnerung an das Grauen lindern, das Bewußtsein vom Alp jenes Zivilisationsbruches schwächen, hat sich nicht bewahrheitet. Im Gegenteil: Das einer vergangenen Ereignisgeschichte zugehörige Phänomen Auschwitz scheint seine bewußtseinsstiftende Zukunft erst noch vor sich zu haben. Mit zunehmender Distanz zum Geschehen wird der Blick auf das unfaßbare Ereignis schärfer; mit zunehmender Entfernung treten seine Umrisse deutlicher aus dem benebelnden Schock des Zivilisationsbruches hervor, den Auschwitz bedeutet. Sinn erheischt Antwort angesichts des wirklich gewordenen Nicht-Sinnes. Die Erinnerung an Auschwitz, die Präsenz jenes euphemistisch als „Vergangenheit" apostrophierten Geschehens ergreift Besitz vom in Richtung Zukunft flüchtigen Bewußtsein.

(D. Diner, Negative Symbiose – Deutsche und Juden nach Auschwitz. In: M. Brumlik u. a. [Hrsg.], Jüdisches Leben in Deutschland seit 1945. Frankfurt a. M.: Athenäum 1986, S. 243 f.)

M 90 Zur Entwicklung der jüdischen Gemeinschaft in der Bundesrepublik Deutschland

Die Bundesrepublik wurde nicht nur ein Rückwanderungsland, sondern ein Einwanderungsland für Juden. Das entscheidende Wendejahr war 1952, als die Auswanderung der Displaced Persons abgeschlossen war und das Wiedergutmachungsgesetz in Kraft trat. Dieses Gesetz hatte vor allem das politische Ziel, durch eine finanzielle Entschädigung der Überlebenden die Bundesrepublik in der westlichen Welt zum akzeptierbaren Partner zu machen. Zusammen mit dem wirtschaftlichen Aufstieg der Bundesrepublik ermutigte das Gesetz eine wachsende Zahl von früheren deutschen Juden zur Rückwanderung. Die Bundesregierung war durchaus daran interessiert, daß Juden in der BRD lebten – quasi als Beweis der Demokratisierung des Landes. Von 1955 bis 1959 kamen in vier Jahren über 6000 Rückwanderer in die Bundesrepublik, davon etwa 60 Prozent aus Israel, die übrigen oft aus Lateinamerika. Die Rückwanderung aus den angelsächsischen Ländern blieb dagegen gering. Die rückkehrenden deutschen Juden waren überwiegend ältere Menschen, die in ihrem Einwanderungsland oft wirtschaftlich und kulturell nicht hatten Fuß fassen können, oder die die Sprache nicht erlernten oder das

Klima nicht ertrugen. Trotz dieser Rückwanderung machten die früheren deutschen Juden 1959 nur noch etwa ein Drittel der Juden in der Bundesrepublik aus. Durch die Welle der Remigration in den fünfziger Jahren stieg die Mitgliederzahl der jüdischen Gemeinden von 15 000 im Jahr 1955 auf 21 000 im Jahr 1959. Ein so verhältnismäßig starker Zuwachs war später nicht mehr zu verzeichnen, doch wuchs die Zahl der Gemeindemitglieder in den sechziger Jahren weiter auf 26 000 und beträgt seit 25 Jahren kontinuierlich zwischen 27 und 28 000.

Das ist ein fast unbegreifliches Phänomen, wenn man weiß, welcher Fluktuationsprozeß sich hinter diesen Zahlen verbirgt. Da ein Teil der jüdischen Einwanderer, vor allem Israelis, nicht den Gemeinden beitrat, wird die Gesamtzahl der Juden in der Bundesrepublik heute auf etwa 50 000 geschätzt.

(M. Richarz, Juden in der Bundesrepublik Deutschland und in der Deutschen Demokratischen Republik seit 1945. In: M. Brumlik u.a. [Hrsg.], Jüdisches Leben in Deutschland seit 1945. Frankfurt a.M.: Athenäum 1986, S. 21 f.)

M 91 Zum Zwiespalt deutscher Juden hinsichtlich eines Verbleibs in Deutschland

Aus einer Rede zum ersten Jahrestag der neuen jüdischen Gemeinde Stuttgart 1947.
Charakteristisch für diesen seelischen Zwiespalt, für den die Juden außerhalb Deutschlands damals kein Verständnis mehr hatten, sind die folgenden Äußerungen:

„Wir Juden wollten einen Strich unter die Vergangenheit machen. Wir haben die Hand ausgestreckt zur Versöhnung. Sie ist nicht ergriffen worden. Wir haben schon im August 1945 an die Militärregierung geschrieben, daß man nur die Schuldigen packen und zur Aburteilung bringen soll, daß man aber die kleinen Leute und Mitläufer dem neuen Staat einrangieren möge. Wenn wir an Rache denken würden, hätten wir diesen Standpunkt nicht eingenommen. Je länger die Zeit aber dauert, desto verbitterter werden wir, denn wir werden gezwungen zu sehen, daß Deutschland nichts hinzugelernt und nichts vergessen hat. Und das tut uns weh, denn wir sind ja ein Teil dieses Landes, und es ist ja unser Vaterland."
[...]
(H. Maòr, Über den Wiederaufbau der jüdischen Gemeinden in Deutschland seit 1945. Mainz: Diss. Phil.Masch. 1961, S. 13)

M 92 Zur Identität von jungen Juden in Deutschland

Die Blütenblätter, die der holde Jüngling zupft, um zu ergründen, wie es im Herzen seiner Liebsten aussieht, zupfe auch ich. Ich, Elio Adler, 18 Jahre. Mein Zupfen ist allerdings weniger romantisch, denn auf meinen blauen Blütenblättern steht anstatt der Worte „sie liebt mich, sie liebt mich nicht" das bis ins Endlose abgebrühte, durchinterpretierte und auf alle nur erdenklichen Weisen verstandene Wortspiel, auf welches alle meine Überlegungen immer wieder hinauslaufen: „Jude in Deutschland" oder „deutscher Jude"...

Meine Mutter hat ihre Wurzeln in Rußland und Deutschland. Mein Vater kommt aus Rumänien. Er war in der Ukraine in einem Konzentrationslager, wo er fast alle Familienangehörigen verlor. Ich bin in Deutschland geboren und lebe in Düsseldorf. Erzähle ich letztere Sätze Juden aus anderen Ländern, so ist die häufigste Reaktion Unverständnis. „Wie kannst du nur in Deutschland leben?" Ich weiß es nicht, aber ich wurde nicht vor die Wahl gestellt. [...] Frage ich mich [...] nach meinem Wohlbefinden, so muß ich feststellen, daß ich mich hier nicht wie zu Hause fühle, obwohl ich noch nie in einem anderen Land gelebt habe.

Zwischen mir und Deutschland steht die Geschichte. Wie soll ich mich in einem Land zu Hause fühlen, in dem ich mich bei jedem älteren Menschen, den ich auf der Straße treffe, frage, wie dieser sich wohl 1933–45 verhalten hat? Wie kann ich unbefangen meinen deutschen Mitbürgern unter die Augen treten, wo sich doch unter ihnen die Kinder der SS-Mörder, die vielleicht meine damals sehr große Familie radikalst dezimiert haben, befinden? [...]

Ist es hypersensibel von mir, verletzt zu sein, wenn meine deutsche Regierung Waffen an Länder liefert, die eventuell Hitlers Ziel – die Vernichtung des jüdischen Volkes – zu Ende führen wollen, indem sie Israel zu vernichten wünschen? [...]

Was soll ich für dieses Land empfinden, wenn es Israel, welches gerade jetzt internationale Stützen braucht, im Stich läßt und sich beispielsweise in der UNO gegen es stellt?

Spätestens hier ist der Punkt, an dem ich mein Verhältnis zum Staate Israel erklären muß: Israel ist für mich meine gefühlsmäßige Heimat und stellt damit zwangsläufig den Gegenpol zu meiner faktischen Heimat, Deutschland, dar. Während mir also mein Paß sagt, daß ich Deutscher bin, sagt mir mein Herz, daß ich eigentlich nach Israel gehöre. Bin ich also doch nur ein Jude in Deutschland, der sich hier nur auf der Durchreise nach Israel befindet? Nein! Denn wie kann ich von einer vermeintlichen Heimat Israel sprechen, wenn ich dieses Land nur von zirka einem Dutzend Urlaubsreisen her kenne, die größtenteils im alles andere als für das Land repräsentativen Standard des Jerusalem Hilton verbracht wurden, und wenn mein engster Kontakt mit „offiziellen israelischen Stellen" der Eismann am Strand war.

Obwohl ich mir über die Unobjektivität und Realitätsferne dieses Israelbildes bewußt bin, liebe ich dieses Land.

Also, auf nach Israel!? Aber...

Deutsche Ordnungsliebe, Pünktlichkeit und Genauigkeit sind tief in mir verankert; ich brauche diese Dinge und verhalte mich gern konform mit diesen Normen.

Wie mir jedoch auf meiner kürzlich unternommenen Polenreise schmerzlich bewußt wurde, ist es dieselbe Genauigkeit, mit der auch Auschwitz gebaut wurde; dieselbe „Jeckischkeit", mit der unser Volk vernichtet wurde. Es gab also schon einmal Leute, die die deutsche Ordnung genauso geschätzt haben wie ich...

Bin ich also „Jude in Deutschland" oder „deutscher Jude"? Damit ich dieses herausfinden kann, habe ich vor, nach meinem Abitur für einige Zeit nach Israel zu gehen, um zu sehen, ob ich dort zu leben vermag. [...]

Wie lange Juden schon die Identitäts-Blütenblätter zupfen, sehen wir in einem Psalm von König David: „An den Strömen Babylons, dort saßen wir und weinten immer, wenn wir an Zion dachten..."

(E. Adler, Mit der Vergangenheit leben. In: Jüdische Rundschau, 48. Jg., Nr. 24 vom 15.6.1989. Basel, S. 9)

M 93 Zum Antisemitismus nach der Shoah

Die Juden glauben, nach Auschwitz kann und darf es keinen Antisemitismus mehr geben, die Antisemiten müßten dermaßen erschöpft oder wenigstens beschämt sein, daß sie weder Kraft noch Mut zu neuen Aktionen haben sollten; und die Antisemiten, die keine sein wollen, denken, es genüge, sich von Auschwitz zu distanzieren, die Massenvernichtung von Juden zu verurteilen, um über jeden Verdacht erhaben zu sein. Die Juden übersehen dabei, daß es Antisemitismus nicht trotz, sondern wegen Auschwitz gibt, weil die Täter permanent an ihre Untaten und zugleich an ihr Versagen erinnert werden: die Antisemiten wiederum vergessen, daß Auschwitz in der Geschichte des Antisemitismus ein atypischer Exzeß war, der nicht als Maßstab genommen werden kann, daß einer also gegen Auschwitz und dennoch Antisemit sein kann, mehr noch, daß die Verurteilung des NS-Antisemitismus notwendige Voraussetzung für die Entfaltung eines Neo-Antisemitismus ist, der sich von Auschwitz nicht von vornherein diskreditieren lassen möchte.

(H.M. Broder, Antisemitismus – ja bitte! In: Süddeutsche Zeitung vom 18./19.1.1986 [Beilage])

M 94 Antisemitismus in der Bundesrepublik (1988):

Das Berliner Zentrum für Antisemitismusforschung veröffentlichte 1988 eine Studie (gemeinsam mit Allensbach) mit folgenden Angaben:
- Starke antisemitische Vorurteile sind bei ca. 8% der Bevölkerung, also bei rund 7,8 Millionen Bundesbürgern anzutreffen.
- Über diesen harten Kern hinaus wurden bei weiteren 7% klare antijüdische Vorurteile festgestellt.
- Der Personenkreis mit ausgeprägten antijüdischen Vorurteilen muß deshalb auf 15% der Bevölkerung zu veranschlagen sein.
- Dieses Potential setzt sich überdurchschnittlich aus Männern, Alten (ab 60 Jahren), unteren Bildungs- und Berufsschichten und aus der Landbevölkerung zusammen. Von der jungen Generation sind 9% der 16- bis 29jährigen als antijüdisch gesinnt einzustufen, von der ältesten Kohorte sind es 27%.
- Nahezu jeder vierte Bundesbürger glaubt der Studie zufolge, daß die Juden „mitschuldig" an Haß und Verfolgung im „Dritten Reich" seien.

(Uli Jäger/Annette Seeboth [Hrsg.], Eine (r)echte Provokation. Der Rechtsextremismus und sein Umfeld. Tübingen: Verein für Friedenspädagogik 1990, S. 62)

M 95 Bewältigung der Schuld?

Zu dem dauernden Thema, wie nachgeborene Deutsche mit der Schuld des Verbrechens an den Juden leben sollen, antwortet die jüdische Religionslehrerin Edna Brocke:

A.W.: Kann man eigentlich als Deutscher, besonders als Angehöriger der jüngeren Generation, immer mit der Schuld der Vergangenheit leben? Was sagen Sie als Jüdin dazu?

E.B.: Ich persönlich wehre mich gegen das Wort „Schuld". Schuld tragen die Täter, ob sie nun eigenhändig getötet und gemordet haben, oder ob sie – wie Eichmann – „Schreibtischtäter" waren. Schuld tragen auch all jene, die durch Verfehmung, Verfolgung, Vertreibung, Mißachtung der Menschenrechte und der Menschenwürde dazu beitrugen, daß am Ende die Ermordungen so geschehen konnten, wie sie geschahen, d.h. in diesem Ausmaß und in dieser Perfektion. Aber ein Nachgeborener ist nicht schuldig. Er wird in die Geschichte seines Volkes hineingeboren, mit all ihren positiven und negativen Seiten. Für mich ist das ein ganz wichtiger Unterschied. Gleichwohl bedeutet es für die Nachgeborenen in Deutschland, daß sie eine geschichtliche Last zu tragen haben, die vermutlich mit keiner Last zu vergleichen ist, die andere Nachgeborene zu tragen haben. Mit dieser Last zu leben ist – und das wurde mir in all den Jahren, in denen ich hier wohne und lebe, sehr deutlich – eigentlich etwas Unmögliches, vergleichbar etwa damit, daß es überhaupt unmöglich ist, zu begreifen, wie jene Dinge alle geschehen konnten. Aber was hat das für Konsequenzen? Da kommen wir zu der ersten Frage zurück: Indem man diese Geschichte annimmt – nicht als etwas Richtiges oder gar etwas Gutes, sondern schlicht als ein Faktum –, begibt man sich in eine Dialektik, die man in ihrer Spannung sowie in ihrer *Unauflöslichkeit* zu tragen bereit ist. Das ist schwer, und ich weiß nicht, ob ich es könnte. Gleichwohl scheint es mir der einzige gedanklich entfaltbare Wege zu sein.

(Aus: Junge Deutsche und junge Juden nach dem

Holocaust. Edna Brocke antwortet auf Fragen von Andreas Wojak. In: A. Wojak [Hrsg.], Schatten der Vergangenheit. Deutsche und Juden heute Gütersloh: Gütersloher Verlagshaus 1985, S. 162)

M 96 Beschluß der Landessynode der Evangelischen Kirche im Rheinland (11. Januar 1980)

1. Wir bekennen betroffen die Mitverantwortung und Schuld der Christenheit in Deutschland am Holocaust.
2. Wir bekennen uns dankbar zu den „Schriften" (Lk. 24,32 und 45; 1. Kor. 15,3f.), unserem Alten Testament, als einer gemeinsamen Grundlage für Glauben und Handeln von Juden und Christen.
3. Wir bekennen uns zu Jesus Christus, dem Juden, der als Messias Israels der Retter der Welt ist und die Völker der Welt mit dem Volk Gottes verbindet.
4. Wir glauben die bleibende Erwählung des jüdischen Volkes als Gottes Volk und erkennen, daß die Kirche durch Jesus Christus in den Bund Gottes mit seinem Volk hineingekommen ist.
5. Wir glauben mit den Juden, daß die Einheit von Gerechtigkeit und Liebe das geschichtliche Heilshandeln Gottes kennzeichnet. Wir glauben mit den Juden Gerechtigkeit und Liebe als Weisungen Gottes für unser ganzes Leben. Wir sehen als Christen beides im Handeln Gottes in Israel und im Handeln Gottes in Jesus Christus begründet.
6. Wir glauben, daß Juden und Christen in ihrer Berufung Zeugen Gottes vor der Welt und voreinander sind; darum sind wir überzeugt, daß die Kirche ihr Zeugnis dem jüdischen Volk gegenüber nicht wie ihre Mission an die Völkerwelt wahrnehmen kann.
7. Wir stellen darum fest: Durch Jahrhunderte wurde das Wort „neu" in der Bibelauslegung gegen das jüdische Volk gerichtet: Der neue Bund wurde als Gegensatz zum alten Bund, das neue Gottesvolk als Ersetzung des alten Gottesvolkes verstanden. Diese Nichtachtung der bleibenden Erwählung Israels und seine Verurteilung zur Nichtexistenz haben immer wieder christliche Theologie, kirchliche Predigt und kirchliches Handeln bis heute gekennzeichnet. Dadurch haben wir uns auch an der physischen Auslöschung des jüdischen Volkes schuldig gemacht.
Wir wollen deshalb den unlösbaren Zusammenhang des Neuen Testaments mit dem Alten Testament neu sehen und das Verhältnis von „alt" und „neu" von der Verheißung her verstehen lernen: als Ergehen der Verheißung, Erfüllen der Verheißung und Bekräftigung der Verheißung: „Neu" bedeutet darum nicht die Ersetzung des „Alten". Darum verneinen wir, daß das Volk Israel von Gott verworfen oder von der Kirche überholt sei.
8. Indem wir umkehren, beginnen wir zu entdecken, was Christen und Juden gemeinsam bekennen: Wir bekennen beide Gott als den Schöpfer des Himmels und der Erde und wissen, daß wir als von demselben Gott durch den aaronitischen Segen Ausgezeichnete im Alltag der Welt leben.
Wir bekennen die gemeinsame Hoffnung eines neuen Himmels und einer neuen Erde und die Kraft dieser messianischen Hoffnung für das Zeugnis und das Handeln von Christen und Juden für Gerechtigkeit und Frieden in der Welt.
(G.B. Ginzel [Hrsg.], Auschwitz als Herausforderung für Juden und Christen. Heidelberg: Lambert Schneider 1980, S. 404ff.)

M 97 Zum jüdischen Leben in der Bundesrepublik

Die verschwindend kleine Gruppe von etwa 20 000 Juden, die sich Anfang der fünfziger Jahre in den neuen jüdischen Gemeinden der gesamten Bundesrepublik organisierte, umfaßte nicht einmal mehr den jüdischen Bevölkerungsanteil von Frankfurt im Jahre 1933. Ihre Bedeutung für die deutsche Gesellschaft besteht in ihrer Eigenschaft als Opfer der Nazis, und in dieser Rolle sitzen sie in zahlreichen öffentlichen Gremien, Kulturausschüssen, Kontrollinstanzen der Medien. Die Aufgabe, stellvertretend die Millionen ermordeter Juden im öffentlichen Leben der Bundesrepublik zu symbolisieren, wurde ihnen von einem Staat zugesprochen, der mit dem Anspruch gegründet wurde, die Rechtsnachfolge des Dritten Reiches anzutreten. In dem Ausmaß, in dem das deutsche Volk Schuld auf sich geladen hatte, wurden die ehemaligen Opfer zu unmenschlich überhöhten Gerechten idealisiert. In dieser Idealisierung steckte jedoch die Falle der Umkehr, die heimliche Lust, an den Unberührbaren Fehler zu entdecken, die geeignet wären, die große Schuld zu neutralisieren. Die einen suchten in den Juden das durch Leiden geadelte Opfer, die anderen mit denunziatorischem Eifer den Verbrecher. Der Jude als Spekulant, als zionistischer Rassist und als querulatorischer Ankläger bot genauso Entlastung vor dem Bemühen um historische Verantwortung wie die Identifikation mit dem moralisch unantastbaren Opfer. Ihren sprachlichen Ausdruck fand diese Form der „Vergangenheitsbewältigung" in dem Begriff des „jüdischen Mitbürgers", der offensichtlich eingeführt wurde, weil man die Bezeichnung „Jude" für ein Schimpfwort hielt und sich nicht sicher war, wie man die Unterscheidung zwischen den Juden und den deutschen Bürgern treffen könnte. [...]
Bis sich die Juden ein neues, der Nachkriegszeit adäquates Bild von sich selbst machen können, wird noch viel Zeit vergehen. Dann wird ein Judentum entstehen, das weder mit dem klassischen deutschen noch mit dem klassischen polnischen identisch sein wird, sondern mit sich selbst, einem bundesrepublikanischen Judentum.
(C. Kugelmann, Juden in Frankfurt nach 1945. In: R. Heuberger/H. Krohn, Hinaus aus dem Ghetto... Juden in Frankfurt am Main 1800–1950. Frankfurt a.M: Fischer 1988, S. 204)

M 98 Zur jüdischen Gemeinschaft in der DDR

Hans Levy, Vorsitzender der Synagogengemeinde Magdeburg, berichtet:

So wurden unmittelbar nach dem II. Weltkrieg jüdische Gemeinden in Berlin, Dresden, Erfurt, Halle, Karl-Marx-Stadt (ehemals Chemnitz), Leipzig, Magdeburg, Schwerin und Zwickau gegründet.
Die Gemeinde in Zwickau existierte nur kurze Zeit, so daß heute noch 8 jüdische Gemeinden vorhanden sind.
Diese Gemeinden konzentrieren sich nicht nur auf das städtische Territorium (ausgenommen Berlin) sondern die Wirkungsbereiche umfassen den gesamten Bezirk, ja gehen zum Teil noch über deren Grenzen hinaus, wie in Erfurt, Magdeburg, Leipzig und Schwerin.
Im Oktober 1946 wurden im Rahmen einer Volkszählung insgesamt rund 7600 Juden, die aber nicht alle Mitglieder einer jüdischen Gemeinde waren, gezählt.
Ungefähr 3300 Juden waren damals als Mitglieder in den bestehenden Gemeinden registriert.
Heute sprechen wir in der DDR von rund 400 Mitgliedern in jüdischen Gemeinden, davon ca. 200 in Berlin [Ost].
Es leben noch mehr Juden in der DDR, die aber nicht Mitglieder unserer Gemeinden sind.
Wie ist nun der große Rückgang unserer Mitgliederzahl in den letzten 30 Jahren zu erklären?
Einmal bis in den Anfang der 50er Jahre, durch eine hohe Sterblichkeitsziffer, bedingt als Folgen der KZ-Haft.
Zum anderen, auch Anfang der 50er Jahre, durch die Wiedergutmachungsgesetze in der BRD, die Juden zur Abwanderung in die BRD veranlaßten.
Ein weiterer Grund war gegeben in der Möglichkeit der Familienzusammenführung.
Es gab Mitglieder in unseren Gemeinden die allein überlebten, und natürlich auch Familien, die mit ehemals emigrierten Eltern, Kindern und Geschwistern zusammen leben wollten.
Auch der Antisemitismus Stalinscher Prägung sowie der Slansky-Prozeß in der CSSR, die sich zeitweilig bei uns auswirkten, führten zu einer Abwanderung in westliche Länder.
Letztlich muß auch die hohe Altersstruktur unserer Mitglieder beachtet werden, da durch natürlichen Tod die Anzahl der Mitglieder reduziert wurde.
Hinzu kommt noch, daß durch zuwenig junge Juden auch biologisch gesehen der Nachwuchs für unsere Gemeinden zu gering ist.
In allen Gemeinden befinden sich Synagogen beziehungsweise Betstuben.
Nur in Erfurt wurde an der gleichen Stelle, wo die zerstörte Synagoge stand, mit staatlichen Mitteln eine neue erbaut.
Auch die anderen Synagogen wurden mit erheblichen finanziellen Mitteln wieder hergerichtet.

(H. Levy, Jüdische Identität und jüdisches Leben in der DDR – von den Anfängen bis heute. Manuskript des mündlichen Vortrags im Internationalen Haus Sonnenberg, St. Andreasberg am 8.11.1989.)

M 99 Erklärung der DDR-Volkskammer (Auszug)

Gemeinsame Erklärung aller sieben Fraktionen der neugewählten DDR-Volkskammer anläßlich der ersten Sitzung, abgegeben von der Volkskammerpräsidentin Sabine Bergmann-Pohl in Ost-Berlin am 12. April 1990.

Wir, die ersten frei gewählten Parlamentarier der DDR, bekennen uns zur Verantwortung der Deutschen in der DDR für ihre Geschichte und ihre Zukunft und erklären einmütig vor der Weltöffentlichkeit:
Durch Deutsche ist während der Zeit des Nationalsozialismus den Völkern der Welt unermeßliches Leid zugefügt worden. Nationalismus und Rassenwahn führten zum Völkermord, insbesondere an den Juden aus allen europäischen Ländern, an den Völkern der Sowjetunion, am polnischen Volk und am Volk der Sinti und Roma.
Diese Schuld darf niemals vergessen werden. Aus ihr wollen wir unsere Verantwortung für die Zukunft ableiten.
1. Das erste frei gewählte Parlament der DDR bekennt sich im Namen der Bürgerinnen und Bürger dieses Landes zur Mitverantwortung für Demütigung. Vertreibung und Ermordung jüdischer Frauen, Männer und Kinder. Wir empfinden Trauer und Scham und bekennen uns zu dieser Last der deutschen Geschichte.
Wir bitten die Juden in aller Welt um Verzeihung.
Wir bitten das Volk in Israel um Verzeihung für Heuchelei und Feindseligkeit der offiziellen DDR-Politik gegenüber dem Staat Israel und für die Verfolgung und Entwürdigungen jüdischer Mitbürger auch nach 1945 in unserem Lande.
Wir erklären, alles uns Mögliche zur Heilung der seelischen und körperlichen Leiden der Überlebenden beitragen zu wollen und für eine gerechte Entschädigung materieller Verluste einzutreten.
Wir wissen uns verpflichtet, die jüdische Religion, Kultur und Tradition in Deutschland in besonderer Weise zu fördern und zu schützen und jüdische Friedhöfe, Synagogen und Gedenkstätten dauernd zu pflegen und zu erhalten.
Eine besondere Aufgabe sehen wir darin, die Jugend unseres Landes zur Achtung vor dem jüdischen Volk zu erziehen und Wissen über jüdische Religion, Tradition und Kultur zu vermitteln.
Wir treten dafür ein, verfolgten Juden in der DDR Asyl zu gewähren.
Wir erklären, uns um die Herstellung diplomatischer Beziehungen und um vielfältige Kontakte zum Staat Israel bemühen zu wollen.

(In: „Der Tagesspiegel" [Berlin] vom 14.4.1990)

Arbeitshinweise

1 Berichten Sie über die Standpunkte, die Juden zum Problem der Wiederansiedlung in Deutschland nach der Shoah einnehmen (M 91 und 92).
2 Halten Sie es für richtig, daß sich Juden nach 1945 wieder in Deutschland niederließen?
3 Suchen Sie nach Erklärungen für den „Bodensatz antisemitischer Vorurteile" in der bundesdeutschen Gesellschaft.
4 Äußern Sie sich zum Problem der Schuld des deutschen Volkes an der Judenvernichtung.
5 Beschreiben Sie die Situation des Judentums in der DDR vor dem 9. November 1989.
6 Untersuchen Sie die Erklärung der Volkskammer der DDR vom 12.4.1990 (M 99). Inwieweit stellt sie einen Neuansatz im Verhältnis von Nicht-Juden zu Juden dar?

G. Anhang

1. Der jüdische Kalender

I. Die jüdische Zeitrechnung
Sie beruht auf einer Rekonstruktion der in der Bibel befindlichen Daten über die Lebensalter der Urväter, Könige usw. Demzufolge schreiben wir das Jahr 5751 seit der Weltschöpfung [dies entspricht dem bürgerlichen Datum von 1990/91].

II. Der Mondkalender
Die Berechnung des Monats erfolgt nach den verschiedenen Mondphasen. Demnach beginnt jeder Monat mit dem Sichtbarwerden der Mondsichel. Im jüdischen Kalender besteht das Jahr aus 12 Mond-Monaten (Mondjahr), während die Jahre nach der Sonne berechnet werden (Lunisolar-Jahr). Die Monate eines Jahres haben abwechselnd 29 bzw. 30 Tage.
Um das Mondjahr dem Sonnenjahr anzugleichen, werden im Laufe eines Sonnenzykluses von 19 Jahren weitere 7 Monate hinzugefügt, d.h. jedes 3. bzw. 4. Jahr ist der Monat Adár ein Doppelmonat. Ein Schaltjahr im jüdischen Kalender hat demzufolge 13 Monate mit Adár Rischón (der 1. Monat Adár) und Adár Schení (der 2. Monat Adár).
Für die Festlegung des Jahresbeginns gibt es zwei verschiedene Ausgangspunkte des jüdischen Kalenders:

1. Der Kalender nach der Volksgeschichte:
Der Beginn des Jahres wird im Frühling mit dem 1. Nissán gerechnet, wie auch der Frühling ein Symbol der Wiedergeburt der Natur ist und sich in diesem Monat die 12 Stämme Israels beim Auszug aus Ägypten im Monat Nissán zu einer Volkseinheit gefunden haben.

2. Der Kalender der jüdischen Feiertage:
Dieser beginnt im Herbst am 1. Tischrí (Rosch Ha'Schaná/Neujahrsfest), weil nach einer traditionellen Überlieferung die Welt an diesem Tag erschaffen wurde. Da bereits die alten Babylonier ihren Kalender nach dem Herbst-Jahresbeginn ausrichteten, beeinflußte dies auch den jüdischen Kalender.

III. Die 12 Monate
1. Nissán entspricht März/April
2. Ijár entspricht April/Mai
3. Siwán entspricht Mai/Juni
4. Tammús entspricht Juni/Juli
5. Aw entspricht Juli/August
6. Ellúl entspricht August/September
7. Tischrí entspricht September/Oktober
8. Cheschwán entspricht Oktober/November
9. Kisslév entspricht November/Januar
10. Tewét entspricht Dezember/Januar
11. Schwat entspricht Januar/Februar
12. Adár (Rischón) entspricht Februar/März

zusätzlich in einem Schaltjahr:
13. Adár (Schení) entspricht März/April

(Rabbiner Dr. Meir Ydit: Kurze Judentumskunde. Für Schule und Selbstunterricht. Neustadt a.d. Weinstraße: Jüdische Kultusgemeinde der Rheinpfalz 1984, S. 59 u. 61)

2. Glossar

Adar: Name des 12. (und 13.) Monats im jüdischen Kalender (Februar/März)
Akeda: wörtlich „Fesselung", meint die Opferung Isaaks, Symbol für das Märtyrertum
Alija: wörtlich „Hinaufziehen", Bezeichnung für die Einwanderung der Juden nach Palästina
Antisemitismus: im engeren Sinne: die rassische Variante der Judenfeindschaft; im weiteren Sinne: Sammelbegriff für alle Formen der Judenfeindschaft, insbesondere des 19. und 20. Jahrhunderts („moderner Antisemitismus")

Ashkenasim: Bezeichnung für die Juden aus Mittel- und Osteuropa
Aw: Name des 5. Monats im jüdischen Kalender (Juli/August)
Bar Mizwa: wörtlich „Gebotspflichtiger"
1. Bezeichnung für einen 13jährigen Knaben, der in die Gemeinde aufgenommen und zur Einhaltung der religiösen Gesetze verpflichtet wird.
2. Akt der Aufnahme eines Jungen in die Gemeinde

Bar Mizwa: der Bar Mizwa entsprechende Bezeichnung für Mädchen

Berit Mila: „Bund der Beschneidung" – Beschneidung der männlichen Nachkommen am 8. Tag nach der Geburt

Chaluz: „Pionier", Mitglied zionistischer Organisationen, die auf die Einwanderung nach Palästina vorbereiteten

Chanukka: wörtlich „Einweihung", achttägiges Lichterfest beginnend am 25. Kislew zur Erinnerung an die Tempelweihe des Makkabäers Juda

Chassidismus: „Bewegung der Frommen" – mystisch-religiöse Bewegung, die im zweiten Drittel des 18. Jahrhunderts in Polen entstand

Cheschwan: Name des 8. Monats im jüdischen Kalender (Oktober/November)

Dunam: im Orient gebräuchliches Flächenmaß
1 Dunam = 1000 m²

Ellul: Name des 6. Monats im jüdischen Kalender (August/September)

Emanzipation: Folge gesetzgeberischer Akte, durch die die Ausnahmestellung der Juden aufgehoben wurde und durch die die Juden zu gleichberechtigten Staatsbürgern wurden. Der Prozeß der E. vollzog sich auf dem Boden der Aufklärung seit dem 18. Jahrhundert. In einigen europäischen Ländern endete er erst im 20. Jahrhundert.

Galut(h): wörtlich „die Wegführung ins Exil", die historische Tatsache der Vertreibung aus Palästina; im weiteren Sinne gleiche Bedeutung wie Zerstreuung, Diaspora

Gemara: Teil des Talmuds, Interpretationen der Sammlung von Lehrsätzen (→ Mischna)

Goi: Nicht-Jude

Hachschara: „Tauglichmachung" – Vorbereitung auf das Arbeitsleben in Palästina

Haggada: 1. erzählender, nichtgesetzlicher Teil des Talmuds
2. volkstümliche Erzählung vom Auszug aus Ägypten, die am Pessach-Abend vorgelesen wird

Halacha: Religions- und Sittengesetz in der nachbiblischen Literatur

Haskala: wörtlich „Erkenntnis", Bezeichnung für die jüdische Aufklärung; vgl. Kap. E, M 27

Holocaust: wörtlich: „Brandopfer". Bezeichnung für die Vernichtung des europäischen Judentums durch das nationalsozialistische Deutschland (vgl. Kap. F.2.3, M 71)

Ijar: Name des 2. Monats im jüdischen Kalender (April/Mai)

Jom Kippur: Versöhnungstag am 10. Tischri, hoher jüdischer Festtag, letzter der 10 Bußtage zu Beginn des jüdischen Kalenderjahres

Judenordnung: Verordnungen von Städten und Territorien bezüglich der rechtlichen, wirtschaftlichen, sozialen und kulturellen Lebensmöglichkeiten der dort lebenden Juden; J. existieren vom Mittelalter bis zur Emanzipation.

Kabbala: wörtlich „Überlieferung", Bezeichnung für die jüdische Mystik, gebräuchlich seit dem 13. Jahrhundert.

Kaddisch: wörtlich „Heiliger" – Abschlußgebet des Gottesdienstes u. Trauergebet für Verstorbene, auch Bezeichnung für den ältesten Sohn, der am Grab das Trauergebet für den Vater spricht.

Kammerknechtschaft: mittelalterliches Rechtsinstitut, mit dem Juden unter den besonderen Schutz des Kaisers gestellt wurden; diese Sonderstellung, die gegen Bezahlung Schutz vor Übergriffen gewähren sollte, führte faktisch zur rechtlichen Ausgrenzung der Juden aus der mittelalterlichen Gesellschaft.

Ketuba: wörtlich „das Geschriebene" – Eheurkunde

Kiddusch Haschem: wörtlich „Heiligung des Namens", Bezeichnung für den Selbstmord der Juden in höchster religiöser Bedrängnis z. B. während der Pogrome zur Kreuzfahrerzeit

Kislew: Name des 9. Monats im jüdischen Kalender (November/Dezember)

koscher: tauglich, erlaubt entsprechend den jüdischen Speisegesetzen wie sie in den Büchern Leviticus und Deuteronomium der Bibel festgelegt sind

Marcheschwan: Name des 8. Monats im jüdischen Kalender (Oktober/November)

Maskilim: wörtlich „Denkende", Träger der → Haskala

Midrasch: wörtlich „Forschung", Methode religiöser Schrifterklärung und Form der Darstellung der mündlichen Lehre

Mikwe: rituelles Tauchbad

Minjan: für den Gottesdienst erforderliche Zahl von zehn erwachsenen Männern

Mischna: Sammlung von rabbinischen Lehrsätzen, Teil des Talmuds

Nes Ammim: wörtlich „Zeichen der Völker", Name einer christlichen Siedlung in Israel

Nissan: Name des 1. Monats im jüdischen Kalender (März/April)

Pessach: wörtlich „Vorüberschreiten", eines der drei Hauptfeste des jüdischen Kalenderjahres am 14.–21. Nissan zur Erinnerung an den Auszug aus Ägypten

Pijut: die im Mittelalter in die jüdische Liturgie aufgenommenen Dichtungen für Feiertage

Purim: wörtlich „Lose", Bezeichnung für das jüdische Freudenfest in Erinnerung an die Errettung der jüdisch-persischen Diaspora vor dem Anschlag Hamans, Halbfeiertag am 14. Adar

Rabbiner: Gesetzeskundiger

Rokeach: wörtlich „Salbenbereiter", Hauptwerk des Rabbi Eleason b. Juda b. Kalonymos (ca. 1160 – ca. 1230)

Rosch Ha-Schana: wörtlich „Jahresanfang", Neujahrsfest der Juden am 1. und 2. Tischri, Beginn der 10 Bußtage, wird wie → Jom Kippur als einer der höchsten jüdischen Feiertage begangen

Sabbat: Wöchentlicher Ruhetag – Höchster Feiertag des Judentums

Schawuot: Wochenfest, sieben Wochen nach Pessach, Fest der Offenbarung und des Bundes Gottes mit Israel

Schewat: Name des 11. Monats im jüdischen Kalender (Januar/Februar)
Schulchan Aruch: wörtlich „Gedeckter Tisch", nach Sachgebieten geordnete Zusammenstellung der mosaisch-talmudischen Gesetzeslehre von Joseph Caro Mitte des 16. Jahrhunderts
Selicha: wörtlich „Verzeihung", das Bußgebet
Sephardim: Bezeichnung für die Juden der Iberischen Halbinsel
Shoah: wörtlich „Unheil", Bezeichnung für den nationalsozialistischen Völkermord an den Juden (vgl. Kap. F.2.3, M 71)
Simchat Thora: Fest der Freude über die Thora an den letzten Tagen von Sukkot
Siwan: Name des 3. Monats im jüdischen Kalender (Mai/Juni)
Sohar: Hauptwerk der → Kabbala
Sukkot: wörtlich „Hütten", Laubhüttenfest, Herbstfest, 15.–22. Tischri zur Erinnerung an das provisorische Hüttenleben der Juden während der Wüstenwanderung
Synagoge: wörtlich aus dem Griechischen „Haus der Zusammenkunft" – Ort des Betens und des Lernens
Tallit: Gebetmantel
Talmud: „Belehrung" – Zusammenfassung der Lehren und Überlieferungen des nachbiblischen Judentums
Tammus: Name des 4. Monats im jüdischen Kalender (Juni/Juli)
Tewet: Name des 10. Monats im jüdischen Kalender (Dezember/Januar)
Thora: die fünf Bücher Mose
Tischri: Name des 7. Monats im jüdischen Kalender (September/Oktober)

3. Zum jüdischen Leben in Deutschland heute

Jüdische Gemeinden
5100 Aachen, Oppenhoffallee 50, Telefon 02 41/50 16 90
8450 Amberg, Salzgasse 5, Telefon 0 96 21/1 31 40
8900 Augsburg, Halderstraße 8, Telefon 08 21/51 79 85
6550 Bad Kreuznach, Gymnasialstraße 11, Telefon 06 71/2 69 91 und 6 25 89
6350 Bad Nauheim, Karlstraße 34, Telefon 0 60 32/56 05
7570 Baden-Baden, Luisenstraße 10, Telefon 0 72 21/2 38 33, Werderstraße 2, Telefon 0 72 21/2 21 42
8600 Bamberg, Willy-Lessing-Straße 7, Telefon 09 51/2 32 67
8580 Bayreuth, Münzgasse 2, Telefon 09 21/6 54 07
1000 Berlin 12, Joachimstaler Straße 13, Telefon 0 30/8 84 20 30
4800 Bielefeld 1, Stapenhorststraße 35, Telefon 05 21/12 30 83
4630 Bochum, siehe Recklinghausen
5300 Bonn 1, Tempelstraße 2–4, Telefon 02 28/21 35 60
3300 Braunschweig, Steinstraße 4, Telefon 05 31/4 55 36
2800 Bremen, Israelitische Cultusgemeinde, Schwachhauser Heerstraße
6100 Darmstadt, Osannstraße 11, Telefon 0 61 51/4 87 19
4600 Dortmund 1, Prinz-Friedrich-Karl-Straße 9, Telefon 02 31/52 84 97
4000 Düsseldorf 30, Zietenstraße 50, Telefon 02 11/48 03 13
2950 Emden/Ems, Zwischen beiden Sielen
4300 Essen/Ruhr, Sedanstraße 46, Telefon 02 01/27 34 13
6000 Frankfurt am Main, Westendstraße 43, Telefon 0 69/74 07 21-25
7800 Freiburg i. Br., Holbeinstraße 25, Telefon 07 61/7 42 23, 7 54 11
8510 Fürth, Blumenstraße 31, Telefon 09 11/77 08 79
6400 Fulda, Kunzellerstraße 13, Telefon 06 61/7 02 52
4650 Gelsenkirchen, Von-der-Recke-Straße 9, Telefon 02 09/2 31 43
6300 Gießen, Marburgstraße 44, Telefon 06 41/3 34 50
5800 Hagen i. W., Potthofstraße 16, Telefon 0 23 31/1 32 89
2000 Hamburg 6, Schäferkampsallee 29, Telefon 0 40/44 09 44-46
3000 Hannover, Haeckelstraße 10, Telefon 05 11/81 27 62
6900 Heidelberg, Sofienstraße 18, Telefon 0 62 21/2 08 20
4900 Herford, Riegelkamp 8 b, Telefon 0 52 21/7 27 39
4690 Herne, siehe Recklinghausen
8670 Hof/Saale, Altstadt 9, Telefon 0 92 81/36 40
6750 Kaiserslautern, Basteigasse 4, Telefon 06 31/6 97 20

7500 Karlsruhe, Knielinger Allee 11, Telefon 07 21/7 20 36
3500 Kassel, Bremer Straße 9, Telefon 05 61/1 29 60
5400 Koblenz, Schlachthofstraße 5, Telefon 02 61/4 22 23
7750 Konstanz, Sigismundstraße 19, Telefon 0 75 31/2 30 77
5000 Köln, Roonstraße 50, Telefon 02 21/23 56 26/27
4150 Krefeld, Wiedstraße 17b, Telefon 0 21 51/2 06 48
2400 Lübeck, An der Mauer 136, Telefon 04 51/7 66 50
6500 Mainz, Forsterstraße 2, Telefon 0 61 31/61 39 90
6800 Mannheim 1, Maximilianstraße 6, Telefon 06 21/44 12 95
3550 Marburg/Lahn, Pilgrimstein 25, Telefon 0 64 21/3 28 81
4950 Minden, Kampstraße 6, Telefon 05 71/2 34 37
4050 Mönchengladbach-Rheydt, Albertusstraße 54, Telefon 0 21 61/2 38 79
4330 Mühlheim/Ruhr-Duisburg-Oberhausen, Kampstraße 7, Telefon 02 08/3 51 91
8000 München, Reichenbachstraße 27, München 5, Telefon 0 89/2 01 49 60
4400 Münster i. W., Klosterstraße 8–9, Telefon 02 51/4 49 09
6730 Neustadt/Weinstraße, Hauber Allee 13, Telefon 0 63 21/26 52
8500 Nürnberg, Johann-Priene-Straße 20, Telefon 09 11/5 62 50
6050 Offenbach/Main, Kaiserstraße 109, Telefon 0 69/81 48 74
4500 Osnabrück, Postfach 11 45, Telefon 05 41/5 75 75
4790 Paderborn, Pipinstraße 32, Telefon 0 52 51/2 25 96
4350 Recklinghausen, Am Polizeipräsidium 3, Telefon 0 23 61/1 51 31
8400 Regensburg, Am Brixener Hof 2, Telefon 09 41/5 70 93
6600 Saarbrücken 3, Lortzingstraße 8, Kaiserstraße 5, Telefon 06 81/3 51 52
8440 Straubing, Wittelsbacherstraße 2, Telefon 0 94 21/13 87
7000 Stuttgart, Hospitalstraße 36, Telefon 07 11/29 56 65 und 29 51 42
5500 Trier, Kaiserstraße 25, Telefon 06 51/4 10 96 oder 3 32 95
8480 Weiden, Ringstraße 17, Telefon 09 61/3 27 94
6200 Wiesbaden, Friedrichstraße 33, Telefon 0 61 21/30 18 70
5600 Wuppertal, Friedrich-Ebert-Straße 73, Telefon 02 02/30 02 33
8700 Würzburg, Valentin-Becker-Straße 11, Telefon 09 31/5 11 90
Zentralrat der Juden in Deutschland, Sekretariat: Rüngsdorferstraße 6, 5300 Bonn 2, Telefon 02 28/35 70 23

Deutschsprachige jüdische Zeitungen
Allgemeine Jüdische Wochenzeitung, Rüngsdorfer Str. 6, 6300 Bonn 2
Aufbau, deutschsprachige Emigrantenzeitung Amerikas, 2121 Broadway, New Yor, N.Y. 10023, USA
Babylon – Beiträge zur jüdischen Gegenwart, Verlag Neue Kritik, Kettenhofweg 53, 6000 Frankfurt
Frankfurter Jüdische Nachrichten, Gottfried-Keller-Str. 16, 6000 Frankfurt
Die Gemeinde, Bauernfeldgasse 4, A-1190 Wien
Illustrierte Neue Welt, Judengasse 1a, A-1010 Wien
Israelitisches Wochenblatt, Florastraße 14, CH-8008 Zürich
Israel Nachrichten, Rehor Harakewet 52, Tel Aviv/Israel
Jüdische Rundschau, Leonhardsstraße 37, CH-4009 Basel
Jüdische Zeitung, Reichenbachstraße 27, 8000 München 5
Der Landesverband der Israelitischen Kultusgemeinden in Bayern, Effnerstr. 68, 8000 München 81
Semit, Zeitschrift für Politik, Gesellschaft und Kultur, Buchschlager Allee 28, 6072 Dreieich
Tribüne, Zeitschrift zum Verständnis des Judentums, Habsburger Allee 72, 6000 Frankfurt
(H. M. Broder/H. Recher [Hrsg.], Fünftausendsiebenhundertfünfzig – Der jüdische Kalender. Augsburg: Ölbaum-Verlag 1990, Anhang)

Jüdische Gemeinden in der ehemaligen DDR
Jüdische Gemeinde Berlin, 1040 Berlin, Oranienburger Straße 28, Telefon 2 82 33 27
Jüdische Gemeinde zu Dresden, 8060 Dresden, Bautzener Straße 20, Telefon 5 54 91
Jüdische Landesgemeinde Thüringen, Sitz Erfurt, 5020 Erfurt, Juri-Gagarin-Ring 16, Telefon 2 49 64
Jüdische Gemeinde zu Halle/Saale, Große Märkerstr. 13, Telefon 2 69 63
Jüdische Gemeinde Chemnitz, 9048 Chemnitz, Stolberger Straße 28, Telefon 3 28 62
Israelitische Religionsgemeinde zu Leipzig, 7010 Leipzig, Löhrstraße 10, Telefon 29 10 28
Synagogengemeinde zu Magdeburg, 3024 Magdeburg, Gröperstraße 1a, Telefon 5 26 65
Jüdische Gemeinde Schwerin/Mecklenburg, 2700 Schwerin, Schlachter Straße 3–5, Telefon 81 29 97
(aus: Nachrichtenblatt des Verbandes der Jüdischen Gemeinden in der Deutschen Demokratischen Republik. Dresden, Juni 1990, S .40f.)

Gesellschaften für Christlich-Jüdische Zusammenarbeit
5100 Aachen: Friedrich-Wilhelm-Platz 5–6, Telefon 02 41/2 50 11
8900 Augsburg: Postfach 10 16 52
6350 Bad Nauheim: W.-von-Eschen-Str. 15, Telefon 0 60 32/3 10 30
8600 Bamberg: Eisgrube 16, Telefon 09 51/5 66 35
5275 Bergneustadt: Bruchhausener Str. 10, Telefon 0 22 61/4 21 68

1000 Berlin 33: Laubenheimerstr. 19, Telefon 0 30/8 21 66 83 u. 8 21 28 83
4800 Bielefeld: Wertherstraße 53, Telefon 05 21/12 30 46
5300 Bonn: Landgrabenweg 30, Telefon 02 28/47 55 23
2800 Bremen: Postfach 10 43, Telefon 04 21/3 63 05 11
3100 Celle: Rehbockstr. 18, Telefon 0 51 41/4 74 06
6100 Darmstadt: Victoriastr. 50 a, Telefon 0 61 51/2 16 53
6340 Dillenburg-Eibach: Burgring 15, Telefon 0 27 71/2 22 22
4930 Detmold: Bülowstraße 18, Telefon 0 52 31/2 47 76
6400 Dortmund: Adlerstr. 44 (Schule), Telefon 02 31/14 05 22
4100 Duisburg 13: Fabrikstraße 18, Telefon 02 03/8 11 64
4000 Düsseldorf 1: Pempelforterstr. 34, Telefon 02 11/36 57 57
4300 Essen 16: Rebstock 9, Telefon 02 01/49 33 88
6000 Frankfurt/Main 1: Bleichstr. 44, Telefon 0 69/29 49 31
7800 Freiburg: Runzstr. 63 (Erdgeschoß), Telefon 07 61/3 50 98
7990 Friedrichshafen: Georgstr. 9/1, Telefon 0 75 41/2 24 96
6400 Fulda: Gutberletstr. 20, Telefon 06 61/5 27 22
6300 Gießen: Jenaer Str. 13, Telefon 06 41/5 72 35
3400 Göttingen: Henry-Dunant-Str. 52, Telefon 05 51/2 44 74
5800 Hagen: Walddorfstraße 73, Telefon 0 23 31/58 65 17
2000 Hamburg 36: Große Bleichen 23, Telefon 0 40/34 31 83
3250 Hameln: Ostertorwall 13, Telefon 0 51 51/2 99 10
6900 Heidelberg: Zähringerstraße 23, Telefon 0 62 21/2 44 20
4900 Herford: Stadtholzstraße 2, Telefon 0 52 21/8 11 97
6238 Hofheim/Ts: Postfach 14 72, Telefon 0 61 92/54 91
7500 Karlsruhe 41: Pfaffstraße 14, Telefon 07 21/49 28 92
3500 Kassel-W.: Druseltalstraße 68, Telefon 05 61/3 25 53
2300 Kiel 14: Grillenberg 24, Telefon 04 31/71 16 29
5000 Köln 1: Kämmergasse 1, Telefon 02 21/2 40 10 90
3308 Königslutter: Postfach 11 41, Telefon 0 53 53/72 70 o. 37 81
7750 Konstanz: Postfach 1184, Telefon 0 75 31/2 47 74 o. 6 16 29
6740 Landau: Vogesenstraße 39, Telefon 0 63 41/8 74 14
3012 Langenhagen: Elbeweg 134, Telefon 05 11/73 15 09

2950 Leer: Ulrichstr. 13, Telefon 04 91/1 34 30
2400 Lübeck: Narzissenweg 12, Telefon 04 51/8 41 64
6438 Ludwigsau-Friedlos: Falkenblick 1, Telefon 0 66 21/7 62 55
6500 Mainz: Augustinerstr. 34, Telefon 0 61 31/23 21 86
6800 Mannheim: K 1, 7–13, Telefon 06 21/2 93 25 27
3550 Marburg/Lahn: Unterer Eichweg 17, Telefon 0 64 21/3 28 81
4950 Minden: Martinikirchhof 1, Telefon 05 71/2 69 02
4050 Mönchengladbach: Hamerweg 239, Telefon 0 21 61/5 33 17
4130 Moers 1: Schopenhauerstr. 6, Telefon 0 28 41/3 05 57
8000 München 2: Dachauer Str. 23, Telefon 0 89/59 47 20
4400 Münster: Ewaldistr. 5, Telefon 02 51/66 25 57
8902 Neusäß: Breslauer Str. 47, Telefon 08 21/46 46 60
8500 Nürnberg: Tuchergartenstr. 10, Telefon 09 11/55 70 58
6370 Oberursel: Postfach 11 25, Telefon 0 61 71/47 98
6050 Offenbach: Herrenstr. 55, Telefon 0 69/8 00 24 26
2900 Oldenburg: Tonweg 39, Telefon 04 41/5 45 57
4500 Osnabrück: Rückertstr. 2, Telefon 05 41/4 17 51
5421 Osterspai/Rhein: In der Hostert 3, Telefon 0 26 27/85 45
4790 Paderborn: Widukindstr. 31, Telefon 0 52 51/7 56 63
8481 Pirk: Postfach 20, Telefon 09 61/53 21
4350 Recklinghausen: Hans-Böckler-Str. 20, Telefon 0 23 61/4 54 21
8400 Regensburg: Hutweide 1b, Telefon 09 41/4 77 83
6600 Saarbrücken: Johannisstr. 27, Telefon 06 81/3 49 70
6453 Seligenstadt: Jahnstraße 24, Telefon 0 61 82/2 14 71
5900 Siegen 1: Burgstr. 21 (Haus der Kirche), Telefon 02 71/2 01 00
7000 Stuttgart 1: Marienstr. 1B (Wilhelmsbau), Telefon 07 11/29 60 06
5500 Trier: Eugenstraße 48, Telefon 06 51/3 68 60
7981 Waldburg: Hochgratstraße 10, Telefon 0 75 29/23 95
5276 Wiehl-Dreisbach: Am Hohen Haus 34, Telefon 0 22 96/3 69
6200 Wiesbaden: Richard-Wagner-Str. 82, Telefon 0 61 21/52 04 63
4156 Willich 2: Gietherstr. 44, Telefon 0 21 56/24 71
5600 Wuppertal 21: Am Rohm 45, Telefon 02 02/72 31 17

8700 Würzburg: Falkenstr. 12, Telefon 09 31/27 30 13
Deutscher Koordinierungsrat der Gesellschaft für Christlich-Jüdische Zusammenarbeit e. V., Barckhausstr. 18, 6000 Frankfurt/Main 1, Telefon 0 69/72 44 57 o. 72 44 61

Jüdische Sammlungen in deutschen Bibliotheken
Augsburg: Staats- und Stadtbibliothek Augsburg, Schaezlerstraße 25, Telefon 08 21/3 24 27 39
Berlin: Bibliothek der Jüdischen Gemeinde Berlin, Fasanenstraße 79/80, 1 Berlin 12, Telefon 0 30/8 81 35 38
Bochum: Universitätsbibliothek, Universitätsstraße 150, Telefon 02 34/7 00 23 50
Bonn: Stadtbücherei, Bottlerplatz 1, Telefon 02 28/77 36 58
Braunschweig: Stadtbibliothek, Steintorwall 15, Telefon 05 31/4 70 24 48
Bremen: Universitätsbibliothek, Bibliothekstraße 33, Telefon 04 21/2 18 26 02
Darmstadt: Alexander-Haas-Bibliothek, Luisenstraße 12, Telefon 0 61 51/2 50 06
Detmold: Lippische Landesbibliothek, Hornsche Straße 41, Telefon 0 52 31/2 28 24
Duisburg: Universitätsbibliothek, Bürgerstraße 15, Telefon 02 03/3 05 25 12
Düsseldorf: Bücherei der Jüdischen Gemeinde Düsseldorf, Zietenstraße 50, Telefon 02 11/48 03 13
Erlangen: Bibliothek Religions- und Geistesgeschichte, Kochstraße 4, Telefon 0 91 31/85 29 01
Frankfurt: Stadt- und Universitätsbibliothek, Bokkenheimer Landstraße 134–138, Telefon 0 69/79 07
Fürth: Stadtbibliothek, Schloßhof 12, Telefon 09 11/74 12 89
Fulda: Hessische Landesbibliothek Fulda, Heinrich-von-Bibra-Platz 12, Telefon 06 61/7 20 20
Gießen: Universitätsbibliothek Gießen, Bismarckstraße 37, Telefon 06 41/7 02–23 30
Göttingen: Niedersächsische Staats- und Universitätsbibliothek, Prinzenstraße 1, Telefon 05 51/39 52 31
Hamburg: Institut für die Geschichte der deutschen Juden, Rothenbaumchaussee 7, 2 Hamburg 13, Telefon 0 40/41 23 26 17
Hamm: Stadtbücherei Ostenallee 1–5, Telefon 0 23 81/10 15 15
Heidelberg: Universität Heidelberg, Wissenschaftlich-theologisches Seminar, Kisselgasse 1, Telefon 0 62 21/54 72 80e
Kassel: Bibliothek des Landeskirchenamts, Wilhelmshöher Allee 330, Telefon 05 61/30 83–2 56
Koblenz: Bundesarchiv-Bibliothek, Am Wöllershof 12, Telefon 02 61/3 99–2 41
Köln: Germania Judaica, Josef-Haubrich-Hof 1 (Zentralbibliothek), Telefon 02 21/23 23 49
Mainz: Jüdische Bibliothek, Saarstraße 21, Telefon 0 61 31/39 25 45
Marburg: Universitätsbibliothek, Wilhelm-Röpke-Straße 4, Telefon 0 64 21/28 51 00
München: Bayerische Staatsbibliothek, Ludwigstraße 16, Telefon 0 89/21 98-1
Neuendettelsau: Augustana-Hochschule-Bibliothek, Collegium Judaicum, Waldstraße 15, Telefon 0 98 74/3 14
Oldenburg: Landesbibliothek, Ofener Straße 15, Telefon 04 41/7 10 38

(H. M. Broder/H. Recher [Hrsg.], Fünftausendsiebenhunderteinundfünfzig. Der jüdische Kalender. Augsburg: Ölbaum-Verlag 1990, Anhang)

4. Karten

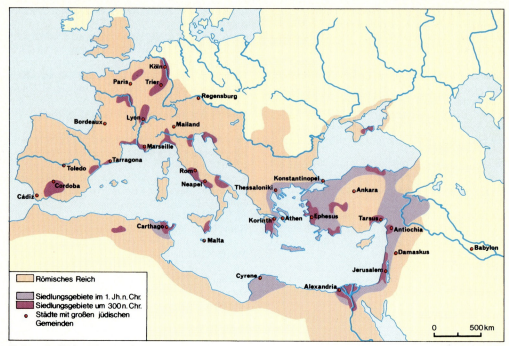

K 1 Jüdische Diaspora bis 300 n. Chr.

K 2 Jüdische Diaspora um 1100 n. Chr.

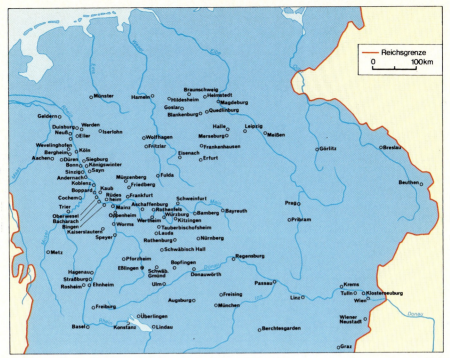

K 3 Jüdische Siedlungen in Deutschland vor 1238

K 4 Die Emanzipation der Juden in Europa

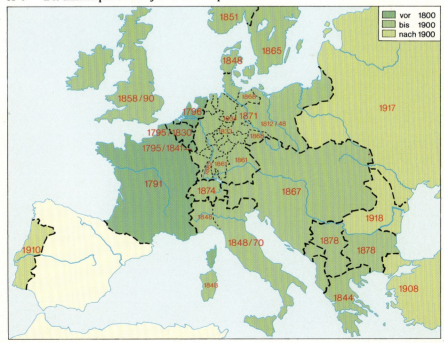

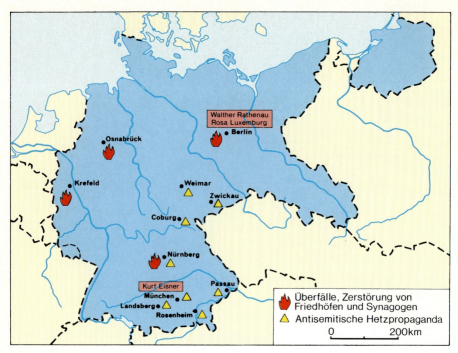

K 5 Gewalt gegen Juden in Deutschland 1918–1932

K 6 Die Juden in Deutschland Mitte 1933

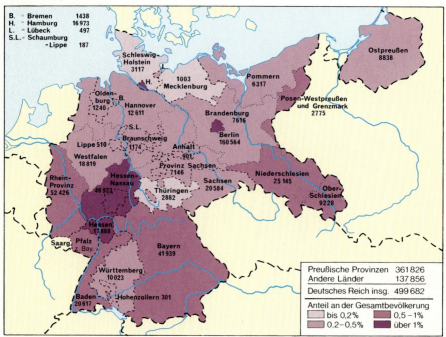

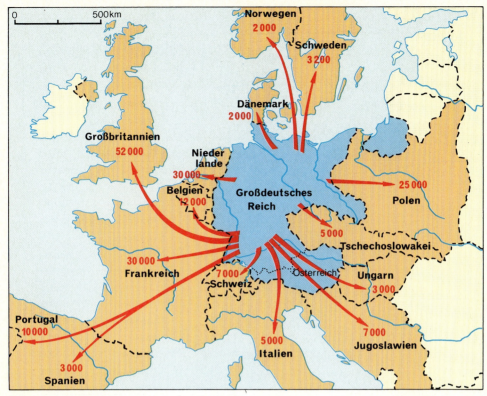

K 7a Flucht und Asyl für Juden 1933–1938 in Europa

K 7b Flucht und Asyl für Juden 1933–1938 in außereuropäische(n) Länder(n)

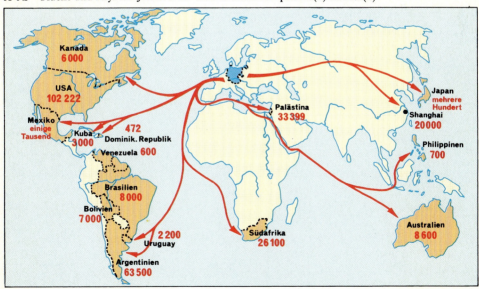

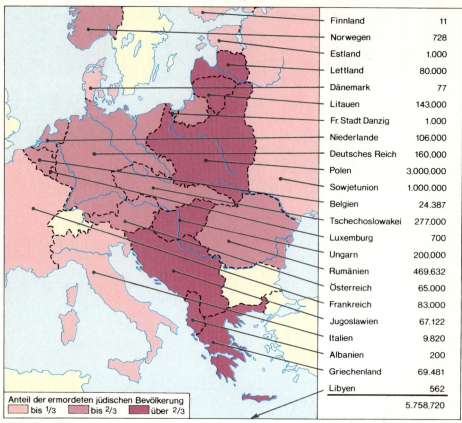

Land	Zahl
Finnland	11
Norwegen	728
Estland	1.000
Lettland	80.000
Dänemark	77
Litauen	143.000
Fr. Stadt Danzig	1.000
Niederlande	106.000
Deutsches Reich	160.000
Polen	3.000.000
Sowjetunion	1.000.000
Belgien	24.387
Tschechoslowakei	277.000
Luxemburg	700
Ungarn	200.000
Rumänien	469.632
Österreich	65.000
Frankreich	83.000
Jugoslawien	67.122
Italien	9.820
Albanien	200
Griechenland	69.481
Libyen	562
	5.758.720

Anteil der ermordeten jüdischen Bevölkerung: bis 1/3 — bis 2/3 — über 2/3

K 8 Schätzung der Zahl der zwischen dem 1. September 1939 und dem 8. Mai 1945 ermordeten Juden

K 9 Entstehung und Entwicklung des Staates Israel

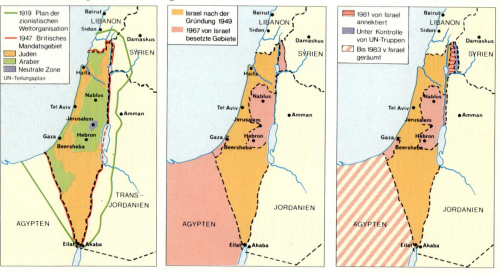